編集復刻版

水原克敏 編・解題

戦後改革期文部省実験学校資料集成 第Ⅱ期 第5巻

不二出版

〈復刻にあたって〉

一、原本自体の破損・不良によって、印字が不鮮明あるいは判読不能な箇所があります。

一、資料の中には人権の視点から見て不適切な語句・表現・論もありますが、歴史的資料の復刻という性質上、そのまま収録しました。

一、解題（水原克敏）は第1巻巻頭に収録しました。

（不二出版）

〈第5巻　目次〉

資料番号―資料名◆編・著◆発行所◆発行年月日……復刻版頁

〈初等教育研究資料〉

◎収録一覧

巻		資料名	出版社	発行年月日
		〈初等教育研究資料〉		
第1巻	1	第１集　児童生徒の漢字を書く能力とその基準	明治図書出版	1952(昭和27)年５月10日
	2	第２集　算数　実験学校の研究報告(１)	明治図書出版	1952(昭和27)年６月５日
	3	第３集　算数　実験学校の研究報告(２)	明治図書出版	1953(昭和28)年１月20日
	4	第４集　算数　実験学校の研究報告(３)	明治図書出版	1953(昭和28)年３月５日
	5	第５集　音楽科　実験学校の研究報告(１)	音楽之友社	1953(昭和28)年５月10日
第2巻	6	第６集　児童生徒のかなの読み書き能力	明治図書出版	1954(昭和29)年５月１日
	7	第７集　児童の計算力と誤答	博文堂出版	1954(昭和29)年３月25日
	8	第８集　算数　実験学校の研究報告(４)	明治図書出版	1954(昭和29)年６月１日
	9	第９集　算数　実験学校の研究報告(５)	明治図書出版	1955(昭和30)年６月５日
第3巻	10	第10集　算数　実験学校の研究報告(６)	明治図書出版	1955(昭和30)年10月５日
	11	第11集　国語　実験学校の研究報告(１)	明治図書出版	1956(昭和31)年２月10日
	12	第12集　読解のつまずきとその指導(１)	博文堂出版	1956(昭和31)年２月22日
	13	第13集　教育課程　実験学校の研究報告	明治図書出版	1956(昭和31)年９月５日
第4巻	14	第14集　頭声発声指導の研究―音楽科実験学校の研究報告(２)	教育出版	1956(昭和31)年７月20日
	15	第15集　算数　実験学校の研究報告(７)	明治図書出版	1956(昭和31)年９月５日
	16	第16集　小学校社会科における単元の展開と評価の研究―実験学校の研究報告	光風出版	1956(昭和31)年12月10日
	17	第17集　国語　実験学校の研究報告(２)	明治図書出版	1957(昭和32)年６月10日
	18	第18集　読解のつまずきとその指導(２)	明治図書出版	1956(昭和31)年11月15日
第5巻	19	第19集　漢字の学習指導に関する研究	明治図書出版	1957(昭和32)年６月15日
	20	第20集　国語　実験学校の研究報告(３)	明治図書出版	1958(昭和33)年９月
	21	第21集　色彩学習の範囲と系統の研究―図画工作実験学校の研究報告(１)	博文堂出版	1958(昭和33)年９月５日
	22	第22集　家庭科　実験学校の研究報告(１)	学習研究社	1959(昭和34)年11月15日
第6巻	23	第23集　小学校　特別教育活動の効果的な運営―実験学校の研究報告	光風出版	1960(昭和35)年５月15日
	24	第24集　小学校ローマ字指導資料	教育出版	1960(昭和35)年７月15日
	25	第25集　構成学習における指導内容の範囲と系列―図画工作実験学校の研究報告	東洋館出版社	1961(昭和36)年８月30日
		〈文部省初等教育実験学校研究発表要項〉		
	26	昭和28年度　(文部省初等中等教育局初等教育課)		1954(昭和29)年５月
	27	昭和29年度　(文部省初等中等教育局初等教育課)		1955(昭和30)年５月

初等教育研究資料第XIX集

漢字の学習指導に関する研究

文部省

漢字の学習指導に関する研究

文部省

はしがき

漢字の学習指導に関しては，昭和27年5月に初等教育研究資料第1集として，「児童生徒の漢字を書く能力とその基準」が発行されている。

それは，いわゆる教育漢字881字が，小学校第1学年から中学校第3学年までの義務教育期間中に，どのように習得されているかを全国的にとらえた調査研究であった。この研究資料は各都道府県教育委員会や小中学校の現場において活用されてきたが，それが昭和24・25年度の実態であったために，その後の実態をとらえてほしいとの要望を，しばしば聞いた。

そこで，その希望に沿うため，当時文部省実験学校であった，栃木県日光市立清滝小学校に依頼して，教育漢字の読み書きに関し，その学年的発展の実態をとらえることにした。

この第Ⅰ部に収めたものは，その調査研究の結果である。

この調査研究はたまたま，教育漢字の学年配当の研究が，文部省調査局国語課により30年3月中間発表されたので，学年配当された後に，現場においては，どのようにこれに処していったならば，その趣旨に沿って，漢字指導の効果をあげることができるかの問題と関係づけて研究したものである。

第Ⅱ部の新潟県西五十沢小学校の研究は，日常の作文，学習帳など児童の身近な生活の中から，漢字学習の問題をひろいあげて，児童の生活と密着した漢字学習をねらったものである。いずれの面においても，一つの研究がその成果をあげるためには，じっくりとその問題に取り組むことが必要である。

その点，西五十沢小学校は，山間の小規模の学校であるが，全校職員が，漢字の学習指導の問題を中心に，ここ数年来，根気強く，着々と研究を積み

重ねている点，敬服に値するものがある。その時，その時の目新しい研究問題に飛びついていくことは，容易なことであるが，そのような態度では，基礎的な研究はいつまでも解決されず，表面的な研究に流れやすい。

このような意味からも，正常な学校経営のかたわら，一つの研究にじっくりと取り組んでいく研究態度は，高く評価されてもよいと考えている。

第Ⅲ部は徳島大学学芸学部の三木助教授の研究である。教職員養成の学部においてのこの種の研究が，卒業後小中学校に奉職する若い教師に，現場ですぐ当面する漢字指導の問題について，いろいろな角度から示唆を与えることが大きいところに，その価値を認めたい。もちろん，研究内容そのものも現場の教師に益することが多く含まれていることは，いうまでもないことである。

漢字の学習指導に関しては，これらの研究のほかにも，いろいろ問題が残されているであろうが，これらの研究の目ざすところを，それぞれ察知されて，漢字学習の効果をあげるために活用されることを希望したい。

最後に，これらの調査研究を寄せられた，清滝・西五十沢両校と三木助教授に，心から感謝の意を表したい。

昭和32年4月

初等・特殊教育課長

上　野　芳　太　郎

この書を読まれる方のために

この書は，第Ⅰ部は栃木県清滝小学校の調査報告を，第Ⅱ部は新潟県西五十沢小学校の実験研究を，第Ⅲ部は徳島大学の三木助教授の調査研究を集めて一本としたものである。

いずれも，教育漢字 881 字の，効果的な学習を目ざしての研究であるので，それぞれ異なる地域の，異なる立場における研究として，読者に示唆することが多いと思われる。

第Ⅰ部・第Ⅱ部・第Ⅲ部のそれぞれの研究立場をかいつまんでここに紹介し，これらの研究を利用されるばあいの手がかりとしたい。

第Ⅰ部の調査報告をした清滝小学校は，昭和28年度から30年度までの３か年間，文部省の初等教育実験学校として，「読解のつまずきとその指導」の研究課題のもとに，実験研究をしてきた学校である。

清滝小学校では，読解力を高める一助として，教育漢字 881 字の習得状況を，毎年実施してきたが，30年度は，文部省調査局国語課が発表した「漢字の学年配当」に従って，881 字の全数調査結果と比較検討した。

それが，ここに報告されている。この報告によって，学ぶところは，次の諸点であろう。

1. 教育漢字の学年配当は，その学年で指導を開始することを示したものであるが，個々の文字によって，その習得率には，かなりの高低がある。
2. したがって，その学年で指導を開始するとしても，どの文字にどれだけの比重をかけて指導するかが異なってくる。
3. この比重のかけかたを誤ると，その学年では習得しにくい文字にも，

比重がかかるため，国語学習全体の中における，漢字学習に力がさかれる結果，その他の学習面に手ぬかりを生ずることにもなるおそれがある。

4. 習得率は，個々の文字によっても異なるが，教科書における提出回数とも関係してくる。したがって，習得率も低く，提出回数も少ない文字については，特別の方法を考える必要が生じてくる。
5. 第６学年になっても，習得率の低い文字に対しては，義務教育期間中に完全習得をねらうとすれば，当然，それらの文字群を指摘して，中学との連絡をはかり，その後の指導に手ぬかりのないようにすることを考えなければならない。

以上のような問題点が，清滝小学校の報告から読みとれる。

第Ⅱ部に報告されている西五十沢小学校は，昭和25年度以降30年度まで，過去６か年の継続研究を実施している学校である。なお，この研究は31年度にも引き続いて行われている。ひとつの研究問題とじっくり取り組んで，その結果を積み重ねている努力に対して，敬意を表したい。

この学校の研究は，

1. こどもを取り巻いている環境の中では，どのような漢字が使われているか。
2. それぞれの学年の，それぞれの教科書の中で，こどもは，どの漢字に，どのように触れているか。
3. こどもたちは，以上のようにして，目に触れた漢字を，作文や学習帳の中にどのように使いこなしているか。
4. これらの実態調査の上に立って，どの漢字を，どの学年に，どのように指導すれば効果があるか。

のことについて，第２年次は第１年次の反省の上に立ち，数量的にも習得率にも検討を加えながら，しだいに研究を積み重ね，より効果ある学習指導の

樹立を目ざしている。

この実験研究を利用される場合には，どんな機会をとらえて，どのような方向に，どのような方法で指導すれば，効果があがるかに留意して読んでいかれることを希望したい。

第Ⅲ部の徳島大学の三木助教授のは，理論的な研究が主となっている。(1)から(3)は，その序論的な位置にあり，(4)から(8)までのところで，学習主体(児童）と学習資料との二つの角度から，漢字学習を能率化する条件，能率化を妨げる条件とに分けて，あらゆる角度から論じられている。しかも，それらの論のいたるところに，児童の実態が織りこまれていて，現場のかたがたにも，身近な問題が随処に見られる。

(9)の漢字の難易に関する部分は，この報告書の中で注目すべき三木氏の独自な実験研究で，興味のあるものである。この実験研究のねらうところは，

1. 漢字の記憶の持続度と困難度とは，混同されている。
2. したがって，困難度の調査は，一応，記憶の持続度とは，別個の調査によるべきである。

として，881字の漢字を，各学年7名ずつの児童に，10秒間の露出カードによって，丹念に実施されている。

3. 以上の実験結果に基いて，学年配当がくふうされている。

この実験研究の難点は，実験された児童数と，未習の漢字に対する露出の意味とに残るわけであるが，それは，今後の問題点として，今後検討されることを希望したい。

（初等・特殊教育課　沖山　光）

第 Ⅰ 部

教育漢字の学年配当と読み書き調査

栃木県日光市立清滝小学校長
上　吉　原　　寿

第I部　目　次

1. 調 査 の ね ら い

漢字の学年配当については，文部省調査局国語課から，昭和30年3月30日刊行された「国語シリーズ　24」に，その試案が，実験研究に基いて発表されている。

本校では，さきに，文部省初等中等教育局初等教育課から昭和27年5月10日に刊行された「児童生徒の漢字を書く能力とその基準」によって，各学年にわたり881字の全数調査を実施してきた。

今回さらに，さる昭和31年2月下旬に，各学年にわたって，調査局国語課が発表した，各学年別読み書き調査問題を使用して，(前に掲げた刊行物の38～55ページに載せられている各学年別読み書き調査問題—昭和27年度終末テスト問題—）調査を実施した。

調査局国語課の調査方法は,「各学年の配当漢字について，読み書きともに施行した」(「漢字の学年配当」P.32）のであるが，本校においては，初等中等教育局初等教育課で，さきに実施したと同様の方法を採用した。

つまり，調査問題は，国語課と同一のものを取り，実施方法は，その学年の配当漢字だけというわくをはずして，各学年に教育漢字881字の全数を与えて実施した。

その理由は，

(1) 本校児童は，国語課の示した学年配当漢字のわくの中で，特に事前指導を行ってきたのではないから，その学年の配当漢字だけの読み書き調査では，それ以外の漢字の読み書きの実態がとらえられない。

(2) 現実の学習の場においては，児童の漢字負担は，単にその学年に初出される漢字だけでなく，既出漢字の中のいくつかが習得困難のまま負担となってくることが予想される。

(3) 教科書の提出回数と習得との関係はどうか。

以上の点がおさえられれば，現場において，既出，初出のどの字に，どれだけの点重をおいて指導したらよいかの目やすがつかめ，漢字指導の計画が立てられると考えたからである。

2. 調査の時期・方法・児童数

(1) 調査の時期

この調査は，昭和31年2月下旬に実施した。

その学年の修了時をねらって調査することが，その学年の能力をとらえる時期としては最適と考えられるので，この時期を選んだ。

(2) 調査の方法

国語課が作製した，各学年の読み・書き調査問題を使い，その学年に配当された漢字だけでなく，どの学年にも一律に881字のすべてについて調査した。

各学年とも，同一の日時に開始した。問題の与え方は，第1学年用問題，第2学年用問題というように，学年の順を追って，1日45分ずつ，数回に分けて実施した。

(3) 調査した児童数

第1回の調査から最後の調査まで，途中欠席しないで受けた児童の数を

（第1表） 調査人員

学年＼種	読み	書き	計
Ⅰ	337	346	683
Ⅱ	356	365	721
Ⅲ	200	204	404
Ⅳ	201	201	402
Ⅴ	244	240	484
Ⅵ	269	270	539
計	1,607	1,626	3,233

示したものが，右に示す第1表である。

調査を途中一回でも休んだ児童は，この数から除いてあるので，読み・書き調査対象の人数は，必ずしも一致していない。

3. 調査の問題

これについては，文部省刊行物として昭和30年3月30日に刊行された，「漢字の学年配当」（国語シリーズ 24）に載せられている各学年別の読み・書き問題（同書38〜55ページ）を，そのまま使用した。

ただし，調査字数は，調査局国語課で採用した，その学年だけの配当字数というように制限しないで，どの学年にも，881字のすべてを提出し，読み・書きできる文字については，学年のわくにしばられることなしに，読み・書きを要求した。

ここに各学年別のすべてを掲げることは避けて，第1学年の分だけを，さきに記した刊行物から転載したものが，次に示す調査問題である。

（1年　よみ）

（ ）の　なかに　よみかたを　かなで　かいて　ください。

( )右の　( )手。( )左の　( )足。( )口の　( )中。( )白いひげ。　( )火のようじん。( )一。( )二。

( )三。( )四。( )五。( )六。( )七。( )八。( )九。( )十。( )お月さま。( )目と( )耳。( )赤い( )花。さくらの( )木

(　)(　)(　)(　)(　)　　　(　)(　)　　　　(　)(　)(　)
の下。山の上。本を　よむ。人が　立っています。大きな川。青い　うみ。

(　)　　　(　)(　)　　　(　)　(　)　(　)
水を　のむ。先生。日ようび。お正がつ。小さい　子ども。

（1年　かき）

□の　なかに　かんじを　かいて　ください。

□(ぎみ)　の□(て)。□(ひりだ)の　□(だし)。□(くち)の　□(なか)。□(しろ)いひげ。□(ひ)のようじん。□(いち)。□(に)。□(さん)。□(し)。□(ご)。□(ろく)。□(しち)。□(はち)。□(く)。□(じゅう)。お□(つき)さま。□(め)と□(みみ)。□(あか)い□(はな)。さくらの□(き)　の　□(した)。□(やま)　の□(うえ)。□(ほん)をよむ。□(ひと)が□(た)っています。□(おお)きな□(かわ)。□(あお)いうみ。□(みず)をのむ。□(せん)□(せい)。□(にち)ようび。お□(しょう)がつ。□(ちい)さい　□(こ)ども。

4. 調査結果の検討

(1) 読み・書き正答率50パーセント以上の漢字

（第2表）　正答50%以上の字数

学年＼種	配当字数	読み	書き
Ⅰ	40字 (4.5)	34字 (85.0)	34字 (85.0)
Ⅱ	110 (12.5)	85 (77.3)	25 (22.7)
Ⅲ	170 (19.3)	118 (69.4)	20 (11.8)
Ⅳ	220 (24.9)	99 (45.0)	7 (3.1)
Ⅴ	182 (20.7)	97 (53.3)	1 (0.6)
Ⅵ	159 (18.0)	81 (50.9)	13 (8.2)
計	881 (100)	513 (58.7)	100 (11.4)

第2表は，各学年に配当された漢字の中で，正答率が50パーセント以上になっている字数を示したものである。

第2表の中で，かっこの中に示された数字は，配当字数の欄のものは881字に対する，それぞれの学年の配当字数の比率を示したものである。第1学年についていえば，この学年の配当字数は40字で，それは881字に対して4.5

パーセントに当るという意味である。

読み，書きの欄についていうと，第1学年では，40字配当の中の34字が読み，書きできることを示し，かっこの中の数字は，読み，書きできた字数は，配当字数の40字に対してそれぞれ，その85パーセントに当ることを意味している。

それぞれの学年の配当字数に対して，読める字の中で，50パーセント以上の正答を示しているものは，第1学年の85パーセントを最高とし，学年の進むにつれて，正答の比率は，しだいに減少している。目だっているのは，第3学年と第4学年との間に24.4パーセントと，およそ25パーセントに近い断層があることである。

このことは，おおまかにいうと，第1学年から第3学年までは，それぞれの学年に配当された漢字の70～85パーセントが読めることを示し，第4学年から第6学年までは，それぞれの学年に配当された漢字の45～53パーセントが読めることを示していると解釈することができる。

第1学年から第3学年までを，かりに低学年とし，第4学年から第6学年までを高学年として考えてみたとき，低学年と高学年との間の読みの能力の開きが，およそ30パーセントあるということは，どのように解釈したらよいであろうか。

このことは，前学年までに学年配当漢字として提出された漢字の中で，20パーセント近いものが，不完全習得漢字として，次の学年にそれぞれおくりこまれていることを度外視しては，解釈のつかないことである。これら前学年までの不完全習得の漢字が，高学年に背負わされていくので，高学年のそれぞれの学年配当漢字の消化量が50パーセント台に低められてくることは，漢字の学習指導に当って注目すべき事実である。

したがって，それぞれの学年の完全習得している実量は（前学年までの配当漢字の不完全習得漢字）＋（当該学年配当漢字完全習得）となってくるのが，児童の漢字習得の実態である。このことに関しては，さきに初等中等教育局初等教育課が「児童生徒の漢字を書く能力とその基準」(昭和28年５月10日刊行）において，すでに発表された漢字負担量の報告が示唆していることと，ほぼ同じ傾向が本調査結果にも現れている。

これらの第２表に示した実態を図表化したものが，第１・２図である。

第１学年は，漢字の負担量が，この学年に配当されただけの字数にとどまっているので,読み，書きの完全習得50パーセント以上のものが,完全につりあっている。第２学年になると，学習する漢字の領域は，第１学年と第２学年とを合わせた量となってくるので，次のような事情が学習の条件として加わってくる。

（第１図） 正答50％以上の字数

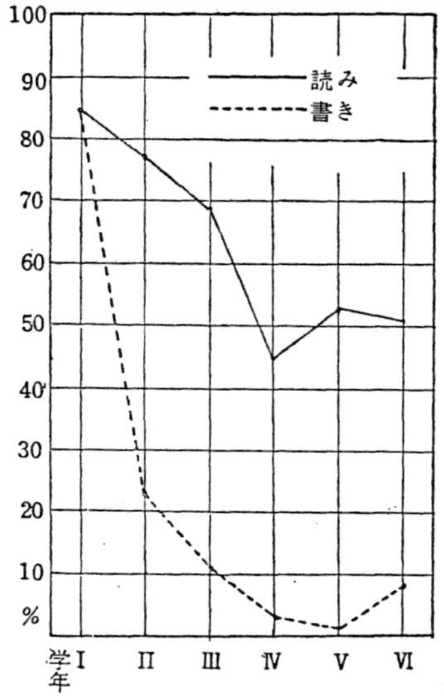

（第２図） 正答50％以上の字数

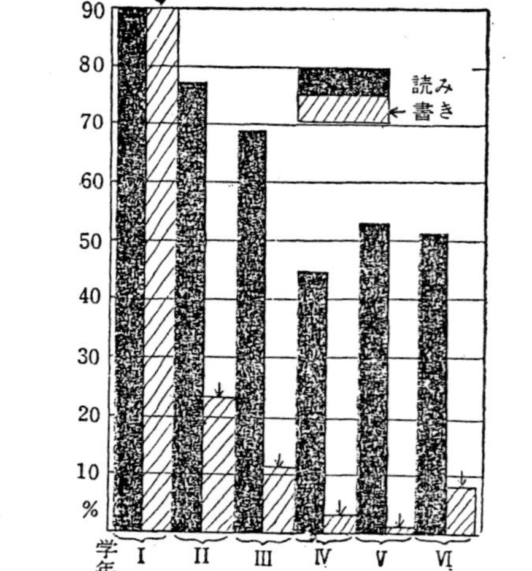

1. 前学年に完全習得した漢字の記憶持続の努力が，多かれ少なかれ考えられる。
2. 前学年の不完全習得漢字に対する完全習得への努力が要求される。
3. 当学年の初出漢字（配当漢字）への完全習得の努力が，前掲 1.2 とは異なる強さで要求される。

このような条件のもとで学習されていくのが，それぞれの学年の当面している実態である。さらに以上掲げた 1.3 の学習条件の強さは，

1. 読み・書きによって,その強さを異にする。読みに加わる条件よりも，書きに加わる条件のほうが強い。
2. 学年が上昇するにつれて，漢字の量は累加されてくるので，前掲の条件の強さが強まっていく傾向が見られる。

このような事情を念頭において，第1.2図を検討していくと，グラフに示される変化の推移がうなずける。

このような，学年の漢字学習に対する条件の強さを一応認めるとすれば，初出漢字の読み・書き指導についての計画は，これらのグラフに描かれた児童の実態をじゅうぶんにおさえて立案されなければ，いたずらに児童の学習を混乱させることとなり，結果としては，漢字習得そのものの能力をも低下させる原因をつくり出すことになる。

(2) 負担量と正答数との関係

漢字の負担量は，さきに述べたように，単に，その学年に配当された漢字だけではなく，配当漢字に既習漢字のいくつかが，未習得漢字としてこれに加わってくる。このことは第３表および第３図に現われた各種の正答率の変化を検討してみても，うなずけることである。

（第３表） 負担数と正答50％以上の字数

学年＼項	a. 負担数	b. 読み	c. 書き	b/a	c/a	c/b
I	40字 (4.5)	44字 (10)	41字 (7)	110%	102.5%	93.2%
II	150 (17.0)	131 (46)	66 (41)	87.3	44.0	50.4
III	320 (36.3)	293 (175)	138 (118)	91.6	43.1	47.1
IV	540 (61.2)	420 (321)	175 (168)	77.8	32.4	41.7
V	722 (81.9)	630 (533)	253 (252)	87.3	35.0	40.2
VI	881 (100)	789 (708)	429 (416)	89.6	48.7	54.4

（第３図） 負担量と読み・書き

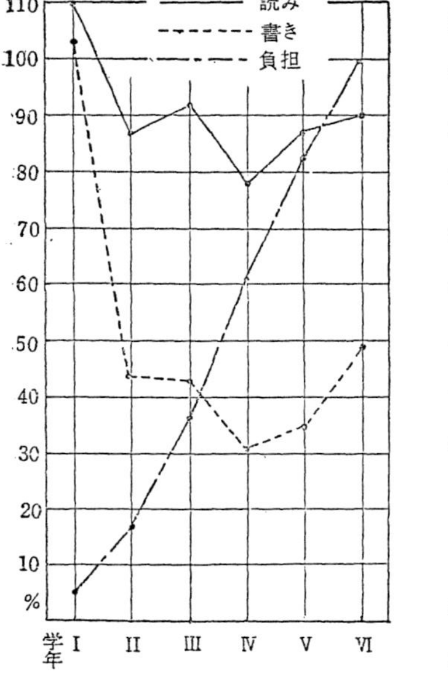

第３表についていうと，a. 負担数は，第２学年以上は，前学年までの既出漢字と，その学年の配当漢字との合計で示した。厳密な意味では，既出漢字の中でも，すぐ思い出せるもの，なかなか思い出せないものなど，負担としてせまってくる重さは違っているのであるが，ここでは，児童が既出・初出の合わされた範囲内で読み・書きをしているという意味で，この合計を負担数とした。

b. 読み・c. 書きの字数は，この調査が881字の全数調査を実施したので，その学年の配当漢字に限らず，881字の中で，正答率が50パーセント以上の字数を示した。

かっこの中の字数は，その学年に配当された以外の漢字で読み，書きできた

ものを示した。第１学年でいえば，この学年の配当漢字は，40字で，881字の中で44字が読めて，41字が書けたことを示している。また読めた44字の中で10字は配当以外の漢字が読めたことを示している。したがって，44字から10字を引き去った34字が，配当漢字の中で50％以上の数である。

配当漢字だけの調査では，配当漢字以外に読み，書きできる漢字やその数をとらえることができない。このようなところにも，881字の全数調査をする意味があると思われる。

b/a，c/a，c/bの欄は，それぞれ，負担数に対する読みの比率，負担数に対する書きの比率，読みに対する書きの比率を示した。

このことを第１学年についていえば，b/a，c/aは，それぞれその学年で読めた字数または書けた字数の負担字数に対する比率を示したもので，読めた字数は44字であるから，これは配当漢字の40字に対して 110 パーセントであることを示し，書けた字数の41字は，配当漢字40字に対して，その102.5パーセントに当ることを意味している。

第１学年においては，配当負担量の40字というのは，読み・書きともに，じゅうぶんに消化できることがわかる。ただしこのことは，読み得た44字の中で，かっこ内に示した10字はこの学年に配当された文字ではなく，他の学年に配当されていることを示しているから，個々の漢字について言えば，配当漢字の中で，44－10＝34　だけ50％以上のものが読めており，40－34＝6 は，50％以上のものが読めていないことになる。

したがって，第３表・第３図は，ともに，学年配当の個々の漢字の吟味は一応考慮の外において，学年配当された字数について，どのくらい消化できるかを量的に吟味したものである。

なお負担数は（初出＋既出）と累加されていることが，学習の実状なのであるから，学年の進むにつれて累加され，第６学年の負担数は 881 字となっ

ている。

読み・書きの負担数に対する比率を見ると第1学年は，既出漢字を負担しない特殊な事情にあるので，これは一応除いて考えると，3年と4年との間に，一つの断層のあることが見られる。

第1～3学年の読みは，おおまかに言って90パーセント前後であり，書きは43パーセント前後に止まっている。

第4・5学年の読みは，おおまかに言って，80パーセント前後であり，書きは，32パーセント前後で，いずれも，第2・3学年より10パーセント下まわっている。第6学年は第4・5学年より10パーセントほど上まわっている。

どの学年にも共通して言えることは，書きが読みよりも50パーセントほど下まわることである。これらの事情を図示したのが，次に掲げる第4図である。

（第4図）　読み・書き消化率

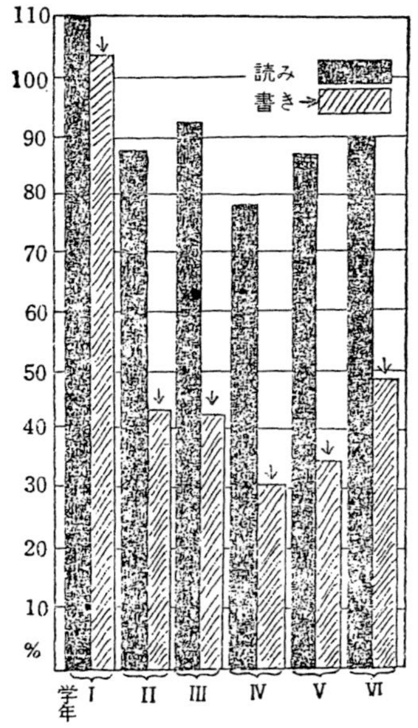

どの学年でも，書きが読みよりも50パーセントほど下まわるということは，漢字学習において，書きの学習がかなりの重さをもって児童に背負わされていることがわかる。

第4学年が読み・書きともに前後の学年より10パーセントの差があることは，この学年がかなりの消化力を持っているにもかかわらず，負担量が漸増して，その結果消化力を弱めている事実を示しているものと解釈される。

(3)　正答率29％以下の漢字

漢字の学年配当は，その学年で指導を開始するものを示したものであるが，この場合，これらの漢字の完全習得（正答50パーセントになることを目やすにしたもの）を，どの時期にまでずらしていったら，過重な負担になることを避けて，所期の目的を達することができるかの計画は，かなり重要な研究問題の一つである。

読みの指導に関しては，第4図にも示したように，一応配当された学年で，その完全習得を目標に指導しても，あまり大きな負担はないものと思われるが，これに書きの習得をどの線までねらっていくかによって，負担量に大きな変化が起ってくる。

もともと学年配当のねらいの一つには，あまり無理なく，漢字の読み・書きの習得が可能であるようにとのことがあると思われる。そのためには，この負担量の限界を，じゅうぶんに考慮しないと，国語学習の分野における漢字学習への努力が，かなりの比重を占めることとなり，ひいては国語学習の正常な姿がゆがめられる結果ともなる。

これに対する対策の一つとして，書きの指導に対して，本校では，ここ2・3年来文部省実験学校（国語科）の研究の一端として，この問題とも取り組んできた。それは，書きの習得率の低いものを，1学年あるいは2学年ずらして，その習得をねらっていくという計画である。この線にそって，漢字のワークブックを各学年別に作製して，国語学習の中における漢字学習の位置づけを考えてきた。

各学年で，書きの正答率29パーセント以下のものは，次のとおりである。

(正答率)　第 1 学 年　(3字)

20～11　赤

10～ 1　青，足

第 2 学 年　(53字)

29～21　海，休，空，黒，今，春，少，色，千，前，組，走，池，冬，入，文，母，方

20～11　夏，作，秋，所，西，多，長，父，北，毎

10～ 1　雲，何，会，玉，考，合，谷，国，紙，字，地，書，切，知，鳥，読，南，波，馬，麦，風，来

0 ～　向，歩，両

第 3 学 年　(116字)

29～21　引，画，絵，岩，記，級，橋，庫，指，室，者，集，重，炭，柱，昼，通，同，発，板，表，野，役，葉，様，里

20～11　安，暗，運，遠，開，角，帰，客，急，銀，苦，原，午，根，細，死，使，事，取，受，拾，住，助，乗，進，星，待，着，弟，度，肉，買，売，坂，美，返，曜，落

10～ 1　悪，意，駅，横，荷，歌，寒，感，岸，起，喜，究，球，教，強，研，後，黄，号，始，写，弱，勝，息，茶，注，追，庭，鉄，都，当，投，配，番，皮，病，品，勉，由，流，旅，列，路

0 ～　芽，散，送，短，負，陸

別，決，深

第 4 学 年　(191字)

29～21　案，温，化，加，貝，活，競，曲，言，交，仕，姉，週，昭，植，数，線，代，調，丁，登，放，末，問，洋，陽

20～11　以，員，有，械，関，季，機，業，具，君，血，士，式，守，種，

順，初，身，静，節，争，第，治，底，点，転，湯，童，働，秒，夫，部，福，粉，勇，利，理，良，料，類，練

10～ 1　囲，位，医，移，委，育，印，院，飲，泳，英，貨，改，害，館，観，願，期，旗，器，挙，共，群，係，軽，結，建，現，固，幸，候，港，告，祭，最，刷，察，残，歯，詩，失，借，暑，唱，章，照，信，真，成，勢，整，席，積，説，折，戦，選，銭，続，卒，他，打，対，題，達，置，帳，直，定，停，低，的，伝，努，等，堂，熱，念，農，倍，反，悲，鼻，必，不，服，変，便，包，法，報，防，望，味，民，無，綿，油，予，要，輪，令，冷，連，老，労

0 ～　階，覚，鏡，景，航，菜，試，消，族，孫，編，命

愛，商，焼，隊，徒，付

第 5 学 年　(169字)

30～21　因，栄，河，官，久，漁，区，極，句，芸，史，司，質，祝，性，精，団，俵，布，薬，容

20～11　圧，永，億，果，快，完，義，議，均，型，欠，健，厚，在，雑，賛，示，志，識，舎，周，宿，術，常，情，織，臣，政，浅，倉，側，測，帯，張，導，博，非，費，筆，貧，府，副，兵，保，牧，量，歴，録

10～ 1　演，往，応，恩，過，価，課，解，格，確，管，希，寄，規，技，求，救，許，協，興，敬，経，件，験，限，護，功，康，講，際，昨，殺，参，師，似，謝，修，従，準，序，承，賞，状，製，責，接，設，祖，想，造，像，増，則，素，尊，退，態，単，断，築，貯，敵，適，展，討，統，特，得，任，燃，破，敗，判，飯，肥，備，票，評，標，富，婦，武，復，豊，満，脈，務，迷，輸，余，

養，浴，留，領，例，論

0 ～ 資，授，善

第 6 学 年 (99字)

29～21 営，衛，可，仮，株，幹，眼，禁，系，券，兼，険，構，罪，至，詞，釈，除，招，職，誠，績，総，属，存，損，難，派，版，否，陛，律，率

20～11 異，遺，壱，益，延，革，拡，額，供，勧，歓，基，貴，逆，境，勤，訓，減，厳，故，効，耕，穀，妻，採，策，視，辞，需，衆，就，純，処，諸，条，推，是，絶，創，象，蔵，俗，貸，著，賃，提，程，認，納，拝，犯，複，奮，補，墓，暴，盟，訳，預，略

10～ 1 疑，潔，混，称，欲，臨

以上各学年の正答率29パーセント以下の漢字を示した。右側の数字は正答率を示したものである。そのうち0符号はそれらしい文字は書いているが，文字の体裁をなしていないか，またはまったく書けていないことを示している。

これらを一括して，図表に示したものが，第4表，第5図，第6図である。

(第4表) 書きの正答区分

学年 ＼ %	配当数	29%以下	30～49%	50%以上
I	40字 (100%)	3字 (7.5)	3字 (7.5)	34字 (85.0)
II	110 (100%)	53 (48.2)	32 (29.1)	25 (22.7)
III	170 (100%)	116 (68.2)	34 (20.0)	20 (11.8)
IV	220 (100%)	191 (86.8)	22 (10.0)	7 (3.1)
V	182 (100%)	169 (92.9)	12 (6.6)	1 (0.5)
VI	159 (100%)	99 (62.3)	47 (29.6)	13 (8.2)

第4表について見ると，第1学年の配当数は40字であり，その40字の中で正答率29パーセント以下の文字は3字で，それは40字に対して7.5パーセント(かっこ内の数字)に当

る。正答率30パーセントから49パーセントの間にある文字は3字で，それは40字に対して7.5パーセントに当る。正答率50パーセント以上の文字は34字で，それは40字に対して85パーセントに当るなどのことを意味している。

(第5図) 書きの正答区分

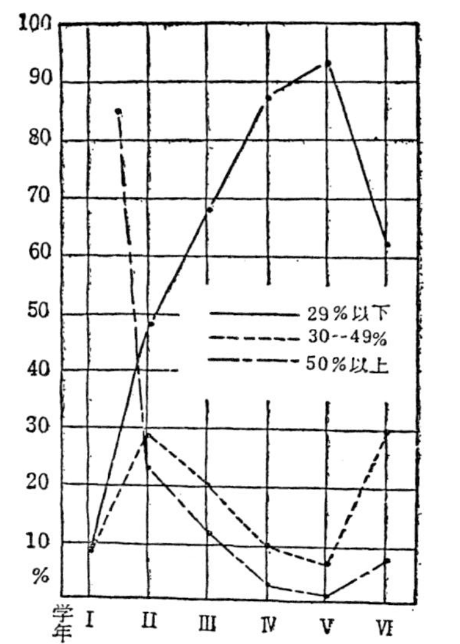

(第6図) 書きの正答区分

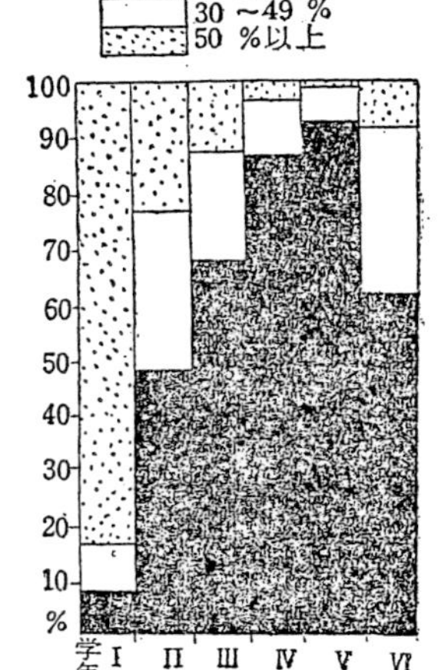

以下第2学年から第6学年まで，同様の意味を示したものが，この第4表である。

第5図，第6図は，第4表に示された数量的なものの中で，かっこ内に示された，それぞれの正答率の区分の百分率の関係を，見やすいように，線グラフあるいは棒グラフで示したものである。第4表，第5図，第6図ともに，それぞれの学年の配当字数を100とみて，各学年相互に比較しやすいようにした。

第6図で見るように，それぞれの学年配当字数に比べて，正答率29パーセント以下の文字群が，配当字数の中に占める百分率は，学年の進むにつれて上昇していくことが目だっている。それにつれ，正答率50パーセント以上の文字群は，学年の上昇とともに減少していることがわかる。

このことから考えられることは，漢字の学年配当の示す意味が，それぞれの学年の初出漢字を示したものであり，読み・書き指導開始の時期（学年）を示したということを，再確認することの重大性である。

もしこの学年配当が，漢字の読み・書きの完全習得を要求しているものと考えると，第4表，第5図・第6図に示したような，正答率30パーセント以下の文字が，第2学年で配当字数のおよそ半数に当る49パーセント，第3学年ではおよそ70パーセント，第4.5学年ではおよそ90パーセントとなっている。このことは世間で一般に言われている，第4･5学年は，漢字の習得率の最も高まる時であるから，漢字配当数も多くてよいという常識論とは，かなりかけ離れた結果を示していることである。

このことは，児童の漢字を消化していく能力の限界が，数量的にはここに明らかに示せないとしても，あるということである。消化しきれない事情が，第6図に示すような現象を表わしているものと判断される。

このように，学年配当の漢字の正答率が低いことは，当校が漢字指導に関して特別の事情があるのかとも考えられるが，当校は昭和28年度以降昨年度までの3か年，文部省実験学校として，読解指導の研究に当ってきた関係もあって，他の学校よりも特に漢字の指導がおろそかにされたということは考えられない。

これらの現象は，多かれ少なかれ，881字の全数調査を行えば，これと似かよった結果が現われてくるものと予想される。そのことは，学年配当のわくをはずして，どれだけ書けるかという結果から見ると，さきに第3表に示した

ように，第2・3・6学年は，読める漢字数に対して，そのおよそ50パーセント前後の数が書けるし，第4・5学年においては，読める字数に対して，そのおよそ40パーセントが書けている。

この関係を比較するものとしては，さきに国立教育研究所が主となって行った，日本人の読み・書き能力調査の際に，小学校5年以上に行った予備調査の実態が報告されている。それによれば，読める字数に対する書ける字数の比率は，第5学年が，48.2パーセント，第6学年が51.0パーセントとなっている。

当校の今回の調査結果は，さきに述べたように，第5学年が40.2パーセント，第6学年が54.4パーセントであるから，その差は第5学年は8パーセント下まわり，第6学年は3.4パーセント上まわっている。この差は，当校が，漢字指導において，一般の学校よりひどく劣っているということにはならない。

他の学校が示す実態も，当校のものとあまり違った形にはならないであろうといったのは，いま述べたような比較に基いてのことである。

以上述べたような事実に基いて，配当漢字の書きの最終段階を1学年ずらすか，2学年ずらすかによって，国語学習における漢字学習の比重が重くならないようにすることが，現場で研究されなければならない。これに対して当校では，調査の実態に照して，漢字指導の学習計画を立て，各学年別漢字のワークブックを編集して，ここ2年ほど実験中である。

(4)　正答率と教科書における漢字の提出回数

各学年の漢字の正答率は，教科書における，その漢字のそれまでにおける提出回数と関係があると，初等教育課の漢字調査報告書には分析されている。

当校の調査に現われた正答率と，使用国語教科書における提出回数との関係は，どうであろうか。

当校の使用教科書（東京書籍株式会社発行・1～3年は「新編　あたらしいこくご」4～6年は「改訂　新しい国語」）の漢字音訓別の提出回数の最少は，「衣」（い）などで1回，最高は「人」（ひと）の587回となっている。そこで，1回しか提出されていないものについて，その6学年における書きの正答率を示すと次のとおりである。かっこ内の数字は，その漢字が教科書に初出された学年を，まるの中の数字は文部省の配当学年を示している。

なお，この提出回数調査は，発行会社の編集部が発表したものによった。

1	衣（6の上）～⑥	46%	24	群（6の上）～④	22%
2	胃（4の下）～⑥	51	25	系（6の上）～⑥	26
3	遺（6の上）～⑥	14	26	欠（5の上）～⑤	41
4	永（6の下）～⑤	59	27	券（4の下）～⑥	29
5	往（6の上）～⑤	26	28	兼（5の下）～⑥	22
6	可（6の上）～⑥	23	29	后（6の上）～⑥	37
7	仮（6の上）～⑥	26	30	講（5の下）～⑤	29
8	価（6の下）～⑤	34	31	穀（6の上）～⑥	11
9	課（4の上）～⑤	28	32	再（5の上）～⑥	38
10	我（6の上）～⑥	48	33	災（5の下）～⑥	36
11	革（6の下）～⑥	14	34	策（6の上）～⑥	14
12	拡（6の下）～⑥	18	35	酸（6の上）～⑥	33
13	額（5の上）～⑥	17	36	支（6の上）～⑥	35
14	株（5の下）～⑥	28	37	氏（5の下）～⑥	49
15	勧（6の上）～⑥	14	38	司（4の上）～⑤	44
16	貴（6の下）～⑥	14	39	視（6の上）～⑥	20
17	官（6の上）～⑤	57	40	試（6の下）～④	16
18	給（6の上）～⑥	40	41	資（6の上）～⑤	8
19	挙（4の上）～④	42	42	积（6の上）～⑥	25
20	共（6の下）～④	47	43	需（6の上）～⑥	13
21	協（6の下）～⑤	55	44	収（6の上）～⑥	30
22	境（6の上）～⑥	19	45	宗（6の上）～⑥	32
23	兄（6の下）～③	79	46	就（6の上）～⑥	13

47	処（6の上）～⑥	15	69	展（6の上）～⑤	24
48	諸（6の上）～⑥	15	70	党（6の上）～⑥	41
49	称（6の下）～⑥	6	71	派（6の上）～⑥	25
50	証（6の上）～⑥	30	72	犯（6の下）～⑥	15
51	食（4の上）～③	74	73	否（6の下）～⑥	21
52	臣（6の上）～⑤	57	74	俵（5の上）～⑤	46
53	是（5の下）～⑥	15	75	票（4の上）～⑤	22
54	清（6の上）～④	86	76	秒（4の下）～④	64
55	績（6の下）～⑥	25	77	復（6の上）～⑤	25
56	銭（5の下）～④	49	78	複（5の上）～⑥	12
57	善（6の上）～⑤	15	79	奮（6の上）～⑥	19
58	祖（6の上）～⑤	33	80	陸（6の上）～③	24
59	足（6の下）～①	96	81	辺（6の上）～⑤	64
60	孫（6の下）～④	32	82	補（4の下）～⑥	12
61	隊（6の上）～④	14	83	墓（6の下）～⑥	17
62	著（6の下）～⑥	17	84	脈（6の上）～⑤	81
63	帳（5の上）～④	54	85	迷う（6の上）～⑤	33
64	腸（6の上）～⑥	38	86	盟（6の上）～⑥	17
65	貨（5の下）～⑥	11	87	輸（6の上）～⑤	39
66	丁（6の上）～④	75	88	預ける（5の下）～⑥	11
67	提（6の下）～⑥	13	89	律（6の上）～⑥	25
68	程（4の下）～⑥	18	90	臨む（6の下）～⑥	2

6か年を通じて，100回以上提出されている文字の6学年における正答率は次に記すとおりである。かっこの中の学年は，その文字が教科書に初出された学年と教科書の巻数を示したものである。まるの中の数字は，文部省の配当学年を示している。

1	一（1の中）①	98%	9	月（1の下）①	99
2	屋（2の上）③	76	10	間（2の下）②	96
3	音（1の下）②	91	11	顔（3の上）③	57
4	何（2の下）②	78	12	気（2の上）②	91
5	花（2の上）①	97	13	帰（3の下）③	61
6	家（2の下）②	87	14	形（3の上）③	85
7	会（2の下）②	86	15	見（1の下）②	85
8	学（2の上）②	99	16	言（3の下）④	64

17 五（1の中）① 99
18 口（1の中）① 99
19 考（3の上）② 79
20 行（2の上）② 87
21 校（2の上）② 99
22 合（2の下）② 85
23 国（3の上）② 97
24 今（2の上）② 86
25 作（2の上）② 91
26 三（1の中）① 99
27 山（1の下）① 99
28 子（1の下）① 98
29 仕（3の上）④ 77
30 四（1の中）① 96
31 私（4の上）⑥ 62
32 使（3の下）③ 55
33 思（2の下）② 92
34 紙（2の下）② 75
35 字（3の下）② 80
36 自（2の下）③ 87
37 専（3の上）③ 66
38 持（2の下）③ 64
39 時（2の下）② 98
40 耳（2の下）① 95
41 者（3の下）③ 62
42 手（1の下）① 98
43 取（3の下）③ 51
44 十（1の中）① 98
45 出（2の上）② 95
46 所（2の下）② 82
47 書（2の下）② 79
48 小（1の下）① 97
49 少（2の上）② 93
50 上（1の下）① 99
51 場（3の上）③ 78
52 心（2の上）② 95
53 新（3の上）③ 84

54 人（1の下）① 100
55 水（1の下）① 99
56 生（1の下）① 97
57 声（2の上）② 88
58 川（1の下）① 99
59 先（1の下）① 95
60 前（2の下）② 87
61 大（1の下）① 99
62 地（3の上）② 92
63 着（3の下）③ 43
64 中（1の下）① 98
65 町（2の上）② 98
66 長（2の下）② 92
67 通（3の上）③ 51
68 田（1の下）② 99
69 土（1の下）② 94
70 同（3の上）③ 72
71 動（2の下）③ 82
72 道（2の下）② 88
73 読（2の下）② 68
74 二（1の中）① 99
75 日（1の下）① 99
76 入（2の上）② 87
77 年（1の下）② 98
78 馬（3の上）② 84
79 八（1の中）① 98
80 飛（3の下）④ 62
81 美（3の上）③ 70
82 表（3の上）③ 68
83 物（3の上）③ 80
84 分（2の下）② 89
85 文（2の下）② 88
86 聞（1の上）③ 75
87 歩（3の上）② 69
88 方（2の上）② 84
89 木（1の中）① 99
90 本（1の下）① 99

91 目（1の下）① 98
92 様（3の下）③ 71
93 来（3の上）② 95

94 立（1の下）① 94
95 六（1の中）① 99
96 話（2の下）② 85

以上取り出した文字について整理してみると，6か年を通じて，わずかに1回しか提出されない文字は総計90字，100回以上提出されている文字は総計96字である。

（第5表）　6か年の提出回数と字数

回数＼学年	I	II	III	IV	V	VI	計
提出回数1回だけのもの	1 (1.1)		2 (2.2)	11 (12.2)	21 (23.3)	55 (61.1)	90 (100)
提出回数100回以上のもの	28 (29.2)	43 (44.8)	21 (21.9)	3 (3.1)		1 (1.0)	96 (100)

文部省調査局国語課の学年配当試案による，どの学年の文字と，どのような関係にあるかを見たのが第5表である。6か年を通して1回しか提出されていない文字は，その大部分が5・6学年向きの文字である。1回しか提出されていない文字は90字あるが，その中の84パーセントの76字は5・6学年配当の漢字で占められている。特に6学年配当の漢字が55字にのぼっている。

文字そのものの難易の度も高学年向きのものであることと，6か年間にたった1回しか目に触れる機会がなかったこととが原因して，さらにこれらの文字の習得度を困難にしていることは，ここに改めて説くまでもない。90字の中で50パーセント以上の正答率をもつものは，胃，永，官，協，兄，食，臣，清，足，帳，丁，秒，辺，脈の14字で，これは90字の15.6パーセントに当る字数である。

これらの文字は，教科書には，6か年を通じて，わずかに1回しか提出されていなくても，日常生活の中で，あるいは他教科の学習との関連の上で，かなり使用される文字であるために，このように正答率が高くなっていると思われる。ただし，あまり使われない「臣」の字が正答率の高くなっている理由は，社会科の学習において「大臣」なる用語が多く板書されたためかとも考えられる。

正答率30～49パーセントの文字は，24字で，90字に対して，その26.7パーセントに当っている。正答率29パーセント以下の文字は52字で，90字に対して，その57.8パーセントに当っている。

これに対し，6か年の間に100回以上も，くりかえして出されている文字の96字の中には，正答率50パーセント以下になるものは1字も見あたらない。

これらのことから考えてみて，提出回数が少なくても正答率の高い特殊な文字もあるが，その数は少ない。多くの文字は提出回数を多くした方が，正答率は高くなるということが，一般的に言えるのではあるまいか。

なお，ここに示した正答率は，すべて書くことについての正答率である。ここで考えられることは，どのような語いとして，読ませたか，書かせたかによって，たとえ同一文字であっても，正答率は異なってくることが予想される。たとえば，書写のばあい「境」の字を「境目」として書かせるか「国境」として書かせるか「境内」として書かせるかによって，おそらくその正答率は異なってくるであろう。したがって，ここに今まで吟味された正答率は，すべて文部省の国語課が作製した調査問題によればという前提のもとに論じてきたものであることに注意していただきたい。

5. 漢字指導に対する当校の態度

当校ではこれまでに，昭和28年度に文部省初等教育実験学校に指定されるとともに，初中局作製の調査問題によって第1回の881字の書写力全校調査

を行い，それに基いて漢字のワークブックを作製して，書写力の向上を目ざしてきた。

さきにも触れたように，正答率の30パーセント以下の文字については，漢字指導のカリキュラムともいうべき指導計画を立てて，たとい教科書に学年として初出されている文字であっても，完全習得の時期はこれを1学年あるいは2学年ずらして，国語学習の中で，漢字の学習だけに比重がかかり過ぎないように，しかも効果的にその習得を高めるようにと配慮した。

これらの実験第1年次の結果を検討する意味もあって，29年度にも，第1年次と同様の全校調査を行い，漢字のワークブックにも訂正を加えて30年度の第3年次にはいった。このようにして第3年次末，つまり昭和31年2月に実施した全校調査が，ここに報告された，調査局国語課作製問題によるものである。

この調査結果の正答の分布は，第4表に示したように，正答率30パーセント以下の文字が，第2学年以上において，その学年に配当された漢字の過半数を占める結果となって現われている。これの指導計画をどのようにするかは，今後かなり研究を要する問題であると思う。

学年配当は，初出漢字として，その学年で指導を開始することを意味しているところに，意味深いものがある。ただし，これを完全習得の方向に考えるとすれば，国語指導における漢字指導の比重や，児童の漢字学習に対する過重な負担などの危険をはらんでいることに思いをいたして，これの指導計画をするときは，慎重な態度で臨みたいと思っている。

漢字指導に関する研究の一端は，さきに文部省から発表された，初等教育研究資料第XII集「読解のつまずきとその指導」(1)の，本校の実験報告の中に載せてあるので，ここには省略したい。

6. 学年別配当漢字とその正答率

(1) 第1学年配当漢字

漢字 ＼ 種・学年		読み I	II	III	IV	V	VI	書き I	II	III	IV	V	VI
1	一	94	95	96	99	99	99	92	90	99	98	99	98
2	二	85	94	97	98	98	98	75	89	100	98	98	99
3	三	95	95	97	99	99	99	96	90	100	96	98	99
4	四	92	95	97	97	98	99	85	88	100	98	93	96
5	五	89	95	94	97	98	99	63	85	99	98	98	99
6	六	92	93	96	97	98	99	85	87	99	98	98	99
7	七	93	98	96	98	97	99	85	84	99	97	98	98
8	八	91	95	96	95	98	99	85	83	96	97	98	98
9	九	91	96	95	97	95	93	82	83	97	96	98	98
10	十	86	94	96	98	99	100	88	83	95	97	98	98
11	右	36	90	93	95	96	99	49	84	86	94	97	98
12	火	94	97	99	99	98	99	92	91	99	98	97	98
13	花	32	96	99	99	100	100	30	79	90	94	98	97
14	月	68	81	87	99	95	97	84	90	97	98	98	99
15	下	93	97	96	99	100	99	90	91	97	98	98	99
16	口	96	95	98	99	100	100	93	95	97	97	99	99
17	左	37	89	94	95	98	99	40	80	85	95	97	99
18	山	94	96	99	100	100	100	96	96	98	100	99	99
19	子	95	98	100	100	99	100	79	92	96	95	96	98
20	耳	83	93	95	97	99	99	57	52	81	78	87	95
21	手	88	93	97	100	99	99	66	84	81	92	93	98
22	小	91	94	95	99	98	99	86	85	94	94	98	97
23	上	99	96	96	99	99	99	90	88	97	95	99	99
24	人	90	95	98	96	100	99	90	90	96	92	99	100
25	水	90	88	98	98	99	99	89	93	97	98	98	99
26	正	89	94	95	97	93	98	75	75	80	89	97	98
27	生	94	98	99	99	100	99	76	84	80	92	96	97
28	青	22	94	93	97	97	99	8	63	79	88	95	98
29	赤	36	96	98	99	100	99	20	82	76	85	95	95
30	川	95	98	99	100	99	100	90	87	98	95	98	99
31	先	95	97	100	98	100	99	66	71	82	84	94	95
32	足	17	88	93	99	99	99	7	67	83	91	98	96
33	大	92	95	99	100	98	100	89	92	98	97	98	99
34	中	97	96	99	99	100	100	95	95	99	100	98	98
35	日	83	91	98	98	98	99	83	95	92	98	98	99
36	白	90	96	96	99	99	99	84	90	96	97	93	99
37	木	91	96	97	99	100	100	93	91	96	98	98	99
38	本	85	97	99	99	100	99	86	93	97	94	98	99
39	目	83	93	99	98	100	98	89	88	97	92	98	98
40	立	88	92	96	95	96	97	77	71	89	87	93	96

以上　40字

(2) 第2学年配当漢字

漢字 ＼ 種・学年		読み I	II	III	IV	V	VI	書き I	II	III	IV	V	VI
1	雨	33	92	98	98	99	99	16	60	81	91	95	97
2	雲	1	30	94	95	98	100	1	8	52	76	81	94
3	音	63	80	90	95	98	100	50	34	69	76	83	91
4	何	1	19	89	89	98	94		5	33	52	61	78
5	夏	3	75	92	95	98	99	1	16	37	65	82	82
6	家	2	82	91	97	98	99	1	50	61	71	90	94
7	会	35	46	93	94	98	98	3	9	69	80	90	86

8	海	3	69	92	95	98	97	1	29	51	74	79	94
9	外	2	81	88	87	95	95	1	50	57	74	83	87
10	学	10	85	94	97	93	98	5	49	87	97	96	99
11	間	1	67	86	89	98	95		59	87	80	94	96
12	気	3	83	91	95	97	98		53	62	83	86	91
13	汽	2	86	96	99	98	98		40	51	73	79	74
14	休	7	76	92	95	98	99	1	24	51	65	88	86
15	牛	5	82	92	94	99	99	3	49	56	56	75	84
16	玉	13	39	82	88	96	97	3	8	69	83	87	90
17	近	0	64	79	87	93	94		34	40	48	69	85
18	金	64	82	76	90	92	94	34	50	65	80	91	97
19	空	20	81	91	97	98	99	4	26	59	76	85	87
20	犬	80	78	85	94	98	97	70	64	70	80	81	91
21	見	72	88	94	95	98	100	43	54	72	88	90	85
22	元	1	78	85	92	95	98		49	60	82	85	87
23	戸	5	64	74	86	94	92		30	36	62	80	85
24	光	21	83	93	94	97	99	14	45	80	90	91	97
25	向	1	20	72	80	96	95		0	33	38	60	77
26	考	1	18	87	91	96	98		2	44	48	74	79
27	行	6	86	96	95	98	97	1	44	69	81	84	87
28	校	5	86	95	97	99	99	2	43	84	88	95	99
29	高	8	77	96	97	98	99	2	44	71	83	94	81
30	合	5	46	84	92	97	95		1	40	64	85	85
31	谷	3	25	77	89	96	97	1	5	35	56	67	71
32	国	3	42	95	95	96	98	2	6	62	86	94	97
33	黒	7	66	93	97	99	99		21	53	73	92	93
34	今	1	71	80	94	98	98		23	44	69	73	89
35	作	1	65	83	89	95	96		19	59	66	78	91
36	糸	89	93	96	95	99	97	55	41	83	85	93	94
37	思	3	71	92	94	97	97	1	40	70	82	85	92
38	紙	1	35	84	94	96	97		4	48	45	60	75
39	字	3	39	76	92	95	94	1	8	44	64	85	80

40	地	1	6	66	84	91	93	0	2	43	60	87	92
41	時	1	69	87	93	97	95		55	82	84	95	98
42	車	2	87	75	94	98	99	0	62	71	92	94	95
43	秋	1	70	94	95	98	98	0	18	53	59	78	85
44	出	20	84	94	95	94	99	13	68	89	94	93	95
45	春	20	76	95	97	98	99	9	29	76	91	90	96
46	所	1	73	82	89	93	96		15	42	48	65	82
47	書	1	64	89	93	93	99		10	32	40	63	79
48	女	38	91	99	98	100	100	28	67	88	95	96	98
49	少	6	46	93	95	98	98	1	27	62	73	79	93
50	色	7	78	90	92	98	98	1	27	56	63	73	86
51	心	18	69	83	92	95	98	10	55	68	82	90	95
52	森	36	83	90	95	98	99	40	72	84	90	97	98
53	西	4	57	77	92	94	95	1	20	39	76	84	88
54	声	4	89	94	95	98	97		37	45	76	81	88
55	夕	5	68	88	94	96	95	3	47	75	80	88	92
56	石	62	69	94	95	99	99	42	49	76	89	91	96
57	切	2	43	74	86	97	94		1	12	33	50	68
58	雪	9	86	95	94	97	98	1	56	75	89	92	97
59	千	8	50	86	94	98	99	4	24	77	87	95	96
60	前	2	71	90	92	96	98	1	24	57	72	86	87
61	組	24	64	95	95	99	99	7	23	77	87	91	97
62	早	5	80	89	94	98	97	1	52	41	58	77	84
63	走	1	57	77	90	93	96		24	24	53	63	65
64	草	4	83	96	96	99	98	2	42	58	68	88	90
65	村	11	84	90	96	98	98	7	33	64	78	89	92
66	多	1	50	84	90	97	95	0	19	60	64	71	81
67	男	32	86	96	95	99	99	27	74	86	92	95	99
68	池	2	62	56	81	91	92	1	22	27	57	68	85
69	知	4	75	83	87	94	96	1	9	18	27	53	68
70	竹	2	65	84	95	93	98	1	35	63	74	88	90
71	虫	5	90	78	96	98	99	4	41	55	56	88	85

72	町	6	92	91	97	99	98	3	59	80	94	95	98
73	長	8	84	91	89	98	98	1	18	40	73	85	92
74	鳥	11	53	95	96	98	99	1	2	49	61	79	88
75	朝	2	57	86	89	95	94	1	37	42	78	81	91
76	天	11	65	86	94	98	97	5	31	61	74	88	92
77	田	89	91	99	98	29	99	87	75	92	97	96	99
78	土	77	70	90	95	98	96	75	61	85	91	95	94
79	冬	4	67	94	93	99	98	1	28	85	90	94	91
80	東	4	73	85	91	92	92	2	38	66	84	89	96
81	道	4	84	92	96	98	97		36	61	75	83	88
82	読	2	67	82	89	98	97		7	18	29	54	68
83	南	0	33	89	93	96	96		6	24	57	79	86
84	入	5	82	90	92	95	97	1	29	57	61	74	87
85	年	39	64	90	93	98	98	29	40	77	89	94	98
86	波	1	11	78	75	92	95		1	16	28	47	65
87	馬	6	30	93	97	98	99	1	1	44	68	83	84
88	麦	2	25	81	90	94	94	0	1	24	35	62	67
89	半	1	83	91	91	97	97		55	50	43	72	82
90	百	6	65	84	89	95	96	5	42	67	77	87	73
91	父	7	41	96	93	98	98	3	11	77	77	95	86
92	風	17	61	95	92	97	100	3	7	60	56	72	82
93	分	1	80	90	90	97	97		40	70	71	88	89
94	文	3	68	88	89	95	97	9	24	55	72	77	88
95	米	5	82	91	95	99	99	1	56	64	74	93	97
96	歩	0	11	72	90	94	94		0	16	34	48	69
97	母	10	49	95	97	98	99	6	26	85	93	87	97
98	方	1	69	86	91	95	97		28	56	68	83	84
99	北	4	38	83	90	96	95	1	13	57	85	88	90
100	毎	1	43	76	88	95	94	0	15	34	53	63	86
101	名	16	88	93	97	99	99	1	47	46	78	90	93
102	門	7	71	90	93	98	95	8	55	81	81	90	92
103	夜	5	79	89	93	97	97	0	34	36	39	58	74

104	用	15	73	73	89	93	91	8	39	74	84	86	89
105	友	14	86	95	95	99	97	0	37	62	79	85	92
106	来	5	38	93	95	98	99	1	2	79	74	84	85
107	両	0	8	79	80	94	92		0	46	40	58	73
108	力	12	80	92	95	99	97	16	69	81	90	93	94
109	林	73	61	90	94	96	97	85	82	82	86	99	94
110	話	2	75	93	94	98	98		32	63	74	78	85

以上　110字

(3)　第３学年配当漢字

漢字 ＼ 種・学年		読み						書き					
		Ⅰ	Ⅱ	Ⅲ	Ⅳ	Ⅴ	Ⅵ	Ⅰ	Ⅱ	Ⅲ	Ⅳ	Ⅴ	Ⅵ
1	悪		1	54	50	82	91			7	5	7	33
2	安	1	6	43	79	91	92		1	13	35	67	81
3	暗		0	43	67	87	91		0	16	18	47	58
4	意			26	77	88	89			9	23	45	59
5	引	1	0	68	77	85	87	6		21	11	35	40
6	運			44	76	86	85			17	35	48	61
7	駅		2	55	82	98	94			5	24	50	55
8	円	54	68	89	90	98	98	40	39	83	85	83	93
9	遠	1	3	68	78	90	92			13	30	50	60
10	王	3	7	81	84	91	94	5	8	66	64	76	80
11	横		1	7	53	89	94			1	11	45	48
12	屋	1	24	66	88	96	93		23	49	43	70	76
13	荷	2	8	71	90	86	88			8	28	23	42
14	歌	1	3	71	89	97	97			10	24	38	66
15	芽		1	5	60	79	79			0	8	14	33
16	画	0	2	59	63	85	90			29	35	54	77
17	回	9	6	79	76	91	91		1	59	58	79	86

18	界	2	9	85	92	97	97		1	35	53	71	83
19	開		1	41	48	85	79			12	21	49	60
20	絵	0	1	66	82	92	96	0		25	32	45	61
21	角	1	6	68	81	95	96	2	0	11	26	38	70
22	寒	0	2	84	91	95	95			10	15	44	55
23	感	0	1	41	65	88	87			5	14	23	47
24	岸	1	5	50	74	92	92			10	14	37	54
25	岩	1	44	65	84	95	93	0	19	28	40	55	70
26	顔	0	2	85	78	94	94		0	37	37	36	57
27	記	6	26	87	93	97	93		0	25	46	68	30
28	起		3	12	67	81	86			1	10	23	34
29	帰	0	2	67	92	94	94			14	30	54	61
30	喜			34	59	81	85			4	4	24	25
31	客		6	62	85	96	96			11	33	45	64
32	究		1	7	86	95	97			1	31	38	72
33	急	1	1	51	64	86	85			13	10	25	52
34	級	0	7	52	65	88	86	0	0	24	35	58	67
35	球		1	82	92	96	92			6	27	43	57
36	去		3	72	92	84	95			74	58	60	68
37	魚	7	14	63	65	92	94	1	1	32	44	71	74
38	京	22	92	91	95	100	98	3	71	77	83	90	92
39	教	0	1	79	92	90	93			9	17	60	58
40	強	0	1	34	69	83	88			1	23	41	55
41	橋	2	4	85	91	94	96	1	1	25	36	44	61
42	銀	2	9	60	72	81	88			19	43	42	67
43	苦		2	58	81	80	92			14	24	44	65
44	兄	2	14	81	83	97	94	1	7	68	61	74	79
45	形	3	12	84	93	98	94		1	57	61	76	85
46	決		1	8	74	88	87				19	38	50
47	研		0	7	87	93	98			1	31	53	71
48	原	2	5	64	84	90	88	1	1	14	35	59	75
49	古	4	20	87	91	96	96	1	7	68	76	78	92

50	庫	3	10	84	88	93	94			29	45	57	65
51	午	0	1	51	81	91	93			18	46	55	69
52	後		0	29	74	82	91		1	6	22	40	62
53	語	20	48	83	99	98	98	5	12	41	74	92	94
54	工	2	9	91	93	96	95	1	1	53	64	80	84
55	黄		1	71	83	92	91			6	11	40	47
56	広	3	3	84	71	86	95	0	0	46	62	76	87
57	号	7	40	74	90	97	95		2	6	41	48	63
58	根	1	2	51	82	93	91	0	0	18	31	54	70
59	細	2	4	44	63	86	87	1	0	13	33	57	70
60	散			4	42	68	58			0	8	17	25
61	市	4	12	60	64	86	85	4	8	65	57	74	86
62	死	1	11	76	91	96	97		0	14	22	37	60
63	使		0	41	75	81	87		0	17	11	23	55
64	始		0	14	70	81	90			2	19	34	46
65	指			70	57	85	86			24	24	25	42
66	寺	1	19	77	82	93	97		2	41	41	72	91
67	自		3	38	64	88	93			37	51	70	87
68	事		0	43	64	78	81			18	26	36	66
69	持	0	34	75	81	80	85		13	30	42	48	64
70	室	0	1	76	91	94	87			23	20	41	63
71	実		2	79	90	92	92		0	47	57	51	78
72	写	0	2	28	78	93	94	3	1	8	29	50	72
73	者		3	63	68	89	91			26	26	50	62
74	弱	0	1	21	48	75	80			1	9	36	55
75	主	0	3	64	66	83	89			38	39	63	74
76	取		0	62	72	86	86			18	24	36	51
77	首		69	81	79	92	94		43	30	34	45	65
78	受			61	68	82	88			13	19	19	41
79	拾			39	55	57	77			16	24	30	58
80	終	2	2	88	91	95	96		0	31	41	49	73
81	集	0	1	68	69	86	88			26	25	50	68

82	住	0	0	59	73	90	92			20	22	52	68
83	重	1	3	76	86	94	90		1	27	37	49	70
84	助	1	2	54	65	80	87			12	27	31	50
85	勝	0	2	26	65	91	93			1	12	26	43
86	乗			63	76	86	90			18	17	36	36
87	場	0	6	65	68	91	91			34	37	64	78
88	食	4	12	92	93	96	98		0	51	45	64	74
89	申		3	41	69	74	81		1	46	48	48	58
90	新	1	4	86	95	97	99		1	40	40	65	84
91	神	15	30	81	89	98	97	3	5	30	38	76	86
92	深		1	5	65	86	86				9	30	42
93	進		1	65	77	90	93			16	33	57	71
94	親		1	73	80	88	91		1	41	39	47	74
95	図	0	3	65	82	93	95		0	40	59	55	80
96	世	6	10	87	90	97	97		2	40	60	80	89
97	星	6	33	82	89	95	99	4	7	19	43	63	76
98	晴		3	69	83	94	94		1	37	55	60	85
99	船	2	3	88	91	97	96	0	1	54	41	59	86
100	送		1	3	33	71	74			0	18	30	46
101	息			9	38	79	81			1	8	33	41
102	太	9	11	72	67	87	91	3	1	56	44	70	78
103	待		1	22	42	55	61		0	12	12	31	44
104	台		53	51	68	83	88		16	37	33	54	78
105	炭	7	4	15	79	98	95			24	22	50	64
106	短			6	59	79	79			0	6	22	36
107	茶	1	10	55	87	96	92	0	0	2	19	49	59
108	着		0	60	82	89	91			13	14	33	43
109	注			22	77	87	87			3	16	28	51
110	柱		1	53	71	84	83		0	22	31	47	65
111	昼	0	1	79	92	95	95		0	25	42	63	70
112	追			19	88	77	84			10	12	41	46
113	通	1	1	74	85	95	93		0	21	21	25	51

114	弟		3	88	79	93	93			19	21	50	67
115	庭	0		74	76	90	92			9	11	42	58
116	鉄		1	21	92	95	95		0	1	32	45	74
117	店	1	5	72	78	90	92			39	38	45	70
118	電		8	67	88	95	94	1	19	50	69	83	88
119	都		1	22	47	70	85			9	29	55	77
120	度		1	44	89	98	97			17	54	62	85
121	刀	1	24	34	72	87	91	2	11	33	70	81	86
122	当	2	5	61	80	96	94			10	22	74	79
123	投	2	6	70	78	95	93			5	9	37	47
124	島	5	8	80	87	97	97	2	3	40	53	74	85
125	答		1	70	86	95	96		1	50	69	81	84
126	頭	0		67	74	84	91		0	31	34	47	64
127	同	1	1	59	84	95	87		0	22	24	50	72
128	動	0	12	67	97	96	97		3	41	51	69	82
129	肉	1	2	43	74	72	92		1	13	41	74	82
130	配	1	4	37	89	94	89			1	21	28	37
131	買	1	4	67	87	93	94			14	25	45	54
132	売	0	3	53	76	89	89		1	16	29	50	63
133	発		7	61	89	95	93			29	59	74	82
134	畑	0	3	78	88	93	93	0	1	39	55	65	74
135	坂	1	34	49	68	84	84		11	11	37	59	63
136	板		0	82	84	86	94			21	34	49	76
137	番	1	4	60	83	97	95			2	19	46	62
138	皮		2	7	53	78	78		0	2	27	40	55
139	美	5	19	74	86	95	95	1	1	17	28	47	70
140	表			66	73	89	86			24	37	52	68
141	病	0	3	47	88	95	94		0	1	26	26	63
142	品	1	3	24	72	89	93		1	8	31	50	74
143	負	1	1	27	69	86	90			0	13	29	48
144	物	0	4	83	97	98	96	0	1	36	57	74	80
145	聞	0	4	87	95	96	99	3	1	32	39	55	75

		読I	読II	読III	読IV	読V	読VI	書I	書II	書III	書IV	書V	書VI
146	平	5	12	61	87	93	93	1	1	33	52	62	66
147	別		1	6	60	76	84		0		13	36	47
148	返		0	25	48	59	75			15	13	23	41
149	勉	1	4	65	95	98	96			3	31	52	67
150	妹	1	1	79	84	87	84	1		42	49	49	57
151	明	6	69	89	95	98	97	2	43	46	68	83	84
152	鳴	0	1	74	79	88	90	1	0	40	43	44	61
153	面		2	81	87	95	96	0	1	49	49	70	87
154	毛	3	52	79	78	91	92	1	39	53	57	77	83
155	野	6	10	83	94	77	94	3	0	29	53	61	72
156	役		1	60	63	86	90			27	26	45	64
157	由		1	16	51	86	92		0	7	23	63	84
158	遊	0	5	86	74	91	92			40	45	52	69
159	葉		2	75	86	92	93			25	29	41	70
160	様	2	6	82	86	95	96	1	0	24	39	58	77
161	曜	38	49	91	93	98	97			14	29	52	60
162	落	1	4	87	90	96	96		0	18	21	28	39
163	楽	0	3	71	85	95	94			34	39	51	83
164	里	1	6	37	74	80	92	0	1	23	56	73	87
165	陸		1	3	54	76	87			0	18	28	53
166	流	0	2	86	90	97	96	0		9	22	47	66
167	旅	0	2	47	79	99	90			4	18	20	39
168	礼	4	7	77	82	91	88	1	1	46	50	64	79
169	列			53	52	77	79			7	9	21	41
170	路	2	6	24	83	89	92			2	22	25	50

以上 170字

(4) 第4学年配当漢字

漢字 \ 学年 / 種		読み I	II	III	IV	V	VI	書き I	II	III	IV	V	VI
1	愛	0	1	5	32	66	87			0		9	45
2	案	0	0	1	73	82	84			0	21	38	50
3	以		0	5	60	84	90			0	14	30	61
4	囲				6	41	64				7	18	35
5	位				7	55	62				4	19	35
6	医	0	4	28	75	86	93				10	13	38
7	委			1	46	65	71				7	17	39
8	移				62	50	65				1	11	32
9	育			3	26	40	71			2	6	9	45
10	印		0	1	14	64	85		0	0	2	16	48
11	員			16	47	67	83			12	16	31	61
12	院	6	19	27	80	84	94		0		9	13	38
13	飲		2	43	69	77	90			5	10	13	39
14	有	2	3	8	54	85	93			1	17	34	76
15	泳		1	40	66	75	80			10	10	15	42
16	英	0	2	10	39	70	94	1	0	1	4	9	43
17	園		4	30	84	93	94		0	2	32	42	61
18	温		2	41	88	95	95			4	21	41	49
19	化	11	40	66	78	97	97	2	0	2	22	62	84
20	加	4	13	28	63	78	85			0	27	32	52
21	科	0	10	62	81	89	92	2		4	34	70	77
22	貨	1	2	3	47	76	86				7	27	42
23	改				43	55	62				8	12	28
24	械			4	58	94	95				15	38	50
25	階		2	5	33	56	85				0	12	22
26	貝		1	76	46	56	84			21	28	42	61
27	害		0	1	23	65	63				3	17	33

28	覚				9	43	82				0	11	24
29	活	2	4	19	72	84	96			2	22	40	77
30	関			40	73	79	92			4	14	19	37
31	館	5	11	58	65	93	96			7	6	18	39
32	観				50	58	85				9	8	32
33	願		1	42	40	65	86			7	2	12	24
34	季			2	47	84	84				14	18	37
35	期	1	7	54	68	81	92			9	5	10	33
36	旗				49	70	85				9	5	11
37	器			12	32	67	86			3	7	26	65
38	機			23	66	95	92			20	18	51	71
39	挙				12	39	73				3	7	42
40	共			2	11	38	69				2	13	47
41	鏡	0			17	63	80				0	5	26
42	競			1	54	68	82				22	25	34
43	業			2	46	76	93			1	16	42	70
44	曲	0		68	62	71	67			28	30	35	51
45	局	0	1	6	89	89	93				37	41	69
46	具	1	5	70	65	89	91			38	39	38	54
47	君	1	6	46	86	96	97			2	16	55	75
48	群			1	17	67	77				1	5	22
49	係		0	4	44	69	83			0	10	25	48
50	計		1	20	78	94	95		1	9	32	61	74
51	景	0	0	2	19	48	88				0	6	43
52	軽				42	52	69				7	5	24
53	血	0	3	20	55	88	95		1	4	11	38	66
54	結				18	42	70				5	15	40
55	建			1	43	59	91				4	10	44
56	県	1	4	40	86	98	96			4	57	56	79
57	言		0	23	63	77	90			8	27	48	64
58	現			1	11	56	75				1	17	86
59	固			1	17	71	85			0	9	22	44

60	湖			5	53	68	78			0	32	35	60
61	公	2	6	33	84	93	94		15	17	39	45	72
62	交		3	38	83	94	98			1	25	35	62
63	幸	1	5	12	55	78	91		0	3	10	41	66
64	航			1	14	67	82				0	9	25
65	候				26	66	79				2	8	22
66	港		1	41	49	68	86			4	8	13	34
67	告				10	41	84				5	12	43
68	才	2	13	47	73	92	95		2	21	30	45	82
69	祭		3	15	55	86	88				5	20	34
70	菜		1	3	18	72	89				0	8	27
71	最			1	41	73	81				10	17	39
72	材			64	67	77	91			27	32	35	63
73	刷				13	61	88			0	2	8	36
74	察				48	50	59				9	5	26
75	算		1	20	78	96	97			11	42	50	75
76	残			1	32	58	75				3	12	30
77	士		1	12	46	75	87			5	14	40	59
78	止		28	72	76	84	90		17	19	31	38	61
79	仕	3	21	81	92	94	99		0	22	28	32	77
80	姉		1	63	65	70	80			17	28	29	45
81	歯		2	26	69	86	92			0	9	12	33
82	詩		1	1	29	64	85			0	10	23	42
83	試		10	38	62	78	88				0	3	16
84	次		1	15	93	95	93				36	43	66
85	式			3	43	77	92			2	13	31	52
86	失		1	2	13	37	53		0	2	8	21	39
87	社		18	77	90	97	98		4	56	77	89	91
88	借			27	47	55	79			4	4	8	25
89	守	0	3	52	56	70	86		1	15	25	28	59
90	種				65	83	89				16	27	40
91	州	2	8	31	93	98	98	1	2	7	81	84	85

92	習			1	72	89	95				40	56	82
93	週	1	11	56	77	86	93			13	29	30	51
94	順			1	49	66	76			0	16	20	34
95	初			1	42	74	80			0	11	22	29
96	暑		0	2	59	85	91			5	7	10	31
97	昭	1	21	66	90	95	97		1	9	26	49	76
98	消		0	7	46	83	84				6	23	48
99	唱		0	6	29	48	69			0	1	3	19
100	商	1	4	44	49	78	91			7	25	25	43
101	章	1	1	2	30	70	76			6	6	25	38
102	照	1	1	5	48	72	88			1	9	19	36
103	焼		0	1	10	74	85					9	22
104	植	0	3	34	78	88	89				23	32	55
105	身	1	0	41	52	81	88			5	17	32	48
106	信	0	0	1	26	75	84			0	9	32	58
107	真	0	4	26	49	81	96			0	1	9	56
108	数			10	65	90	94				29	62	68
109	成	5	14	32	44	80	90			2	9	32	57
110	清	4	9	28	48	83	88	5	10	46	54	64	86
111	勢		1	1	53	48	59				6	15	30
112	静		0	9	83	90	95		0	1	13	35	56
113	整		0	8	33	71	84			3	4	8	26
114	席		3	4	32	66	87				1	5	21
115	積			1	19	64	67				3	19	33
116	折			29	36	54	68			2	12	22	33
117	説			4	24	62	77			6	15	17	33
118	節			2	48	84	85		0	1	20	26	39
119	銭		1	1	21	76	85				28	38	49
120	線			8	40	81	86			18	22	42	63
121	戦		1	5	33	74	87				1	12	39
122	選		0	3	38	68	87				6	20	57
123	全		1	50	75	89	94			27	34	53	66

124	争			1	51	70	80				12	18	39
125	相			5	66	72	86			16	33	37	56
126	速		1	12	46	85	84		0	5	36	35	56
127	族	0	1	29	33	77	92			5	5	9	25
128	続				40	75	87				10	19	37
129	卒			1	44	72	93				2	28	57
130	孫				10	9	74				0	6	32
131	他			1	18	63	91			0	3	24	65
132	打	0	1	10	48	68	80			3	5	14	25
133	体	0	1	64	85	96	97		0	39	63	72	84
134	対				39	65	81				2	11	30
135	隊	0	0	9	29	44	67					1	14
136	第		3	43	78	91	96			7	17	33	53
137	代	1	5	19	54	86	93			6	26	55	78
138	題			45	47	82	85			14	13	19	43
139	達				49	69	73			0	7	17	37
140	談			3	72	71	85			2	32	38	49
141	治	0	1	2	26	57	80			4	18	29	58
142	置				5	46	56				1	12	28
143	帳		2	6	38	76	87				6	26	54
144	調		1	1	70	81	92				22	30	50
145	直		4	4	30	75	71				4	28	43
146	丁	2	9	23	54	76	92	0	1	17	29	54	75
149	低			5	54	76	84				7	18	34
148	定				16	47	74				1	14	35
149	底			26	53	67	74			5	11	13	21
150	停		1	2	34	61	78				4	5	25
151	的		1	3	43	72	89				5	29	51
152	点		0	12	61	89	94			1	15	45	59
153	転	2	10	31	47	88	87			1	17	30	59
154	伝			3	22	66	82				3	19	36
155	徒	1	8	16	45	67	87					7	22

156	努	0	2	6	36	50	70				3	3	16
157	湯		3	34	64	81	90			9	20	20	44
158	登	5	15	66	85	89	96			28	24	43	44
159	等	3	23	58	87	94	98				4	19	46
160	燈	1	2	24	55	80	89			6	5	20	36
161	堂	1	6	50	67	86	96			3	2	21	43
162	童		3	15	62	79	89				15	19	28
163	働			6	35	75	86			4	17	40	69
164	内	2	5	15	76	83	86			4	41	65	68
165	熱			2	43	79	88				4	28	44
166	念		0	2	38	71	86				3	12	32
167	農			1	14	82	88				1	25	58
168	倍		5	8	12	72	73				1	20	36
169	反			1	40	68	86				7	29	56
170	飛		3	79	92	97	99			14	32	43	62
171	悲		1	6	21	39	81				3	4	52
172	鼻			37	53	71	86			10	9	10	31
173	必				10	31	59				3	17	41
174	氷	3	9	10	82	86	92		5	55	52	68	75
175	秒		1	9	60	89	86			0	18	33	64
176	不			2	25	54	80			0	6	33	48
177	夫	1	1	1	17	77	81			13	19	45	61
178	付				8	55	72				0	17	42
179	部		1	48	69	89	93			5	13	33	53
180	服		1	23	74	89	90			6	9	24	41
181	福	1	5	13	59	84	91	1	1	1	19	48	74
182	粉			5	56	76	87			0	20	37	48
183	変			22	56	79	87			3	2	19	38
184	編				11	55	74			0	0	15	28
185	便			1	49	84	91				1	31	44
186	包				28	60	72				5	9	26
187	放	1	1	6	89	90	98				28	28	57

188	法		1	3	21	75	89				6	26	55
189	報				11	46	81				2	8	22
190	防				18	64	77				3	19	34
191	望				37	64	78				7	7	23
192	末			2	56	82	87				29	48	70
193	万	4	26	58	82	94	93		2	17	46	65	78
194	味			4	25	80	80				6	35	54
195	民	0	1	16	63	91	91			1	8	35	66
196	無			5	28	78	84				2	15	44
197	命		1	4	21	60	82				0	9	42
198	綿				18	63	65				1	9	33
199	問		2	46	45	81	86		3	24	28	31	54
200	約				18	79	92				2	33	95
201	油		3	15	47	84	90		0	2	7	37	69
202	勇		1	9	61	65	80		0	5	15	34	51
203	予				26	54	81				2	14	44
204	洋	0	2	22	75	86	92			6	29	49	62
205	要				10	36	73				7	10	30
206	陽	1	7	68	91	95	89		1	19	27	45	66
207	利		1	1	42	86	88			6	14	48	69
208	理		1	9	36	75	80			6	12	21	59
209	良			2	50	62	62			2	16	20	41
210	料		0	57	57	66	85			10	20	15	40
211	緑		1	3	76	85	93			1	42	33	64
212	輪		1	2	47	57	68				9	13	23
213	類			1	65	84	91			1	13	33	44
214	令		1	1	15	59	83				1	6	42
215	冷			6	26	86	86				2	23	25
216	連		1	5	50	61	82			0	10	19	37
217	練				74	88	92				20	40	62
218	老		2	17	50	77	86				1	14	33
219	労		1	6	42	73	82				1	16	44

220	和	1	23	70	90	95	92		5	27	55	71	82

以上　220字

(5)　第５学年配当漢字

漢字 ＼ 種・学年		読み I	読み II	読み III	読み IV	読み V	読み VI	書き I	書き II	書き III	書き IV	書き V	書き VI
1	圧				4	35	54				2	19	44
2	因			1	18	78	78				3	25	64
3	栄			1	9	42	77			1	2	23	43
4	永	4	2	2	19	32	55			2	12	12	59
5	塩	1	1	4	43	95	93			1	4	43	47
6	演				5	30	69				0	2	29
7	央		0	1	15	36	78			0	10	35	43
8	往				5	7	54				0	2	26
9	応				4	14	62			0	1	3	33
10	億				6	74	80				4	20	46
11	恩		2	6	31	52	80				5	5	51
12	果				17	59	81				4	20	52
13	河		0	1	21	50	61			3	14	27	57
14	過				1	9	36				0	4	26
15	価	1	0	2	22	61	72				2	5	34
16	課			4	45	67	76				4	4	28
17	快				3	22	22					15	20
18	解				11	28	67					6	30
19	各				18	52	86			0	13	34	69
20	格				2	20	62					2	15
21	確				7	59	52					7	17
22	完				30	51	76				8	14	43
23	官			6	33	60	80			3	7	22	57

24	漢	2	1	5	80	91	94				3	15	43
25	管		1	3	36	55	80				4	5	32
26	希		0	4	18	81	86				1	9	29
27	寄	1	4	6	43	61	78				6	9	25
28	規				2	16	41					3	19
29	抜				3	27	52					3	19
30	義				7	54	78				0	18	57
31	議		1	7	39	80	92			1	1	13	44
32	久	1	1	4	19	40	50	1	1	12	20	30	53
33	求				2	26	67				1	9	43
34	宮	3	13	21	59	72	71		3	22	36	46	79
35	救				1	31	55				1	5	30
36	居				2	61	68				1	23	33
37	許				7	39	57				5	10	29
38	漁				4	48	68			0	5	26	59
39	協		0	1	6	24	72			0	1	6	55
40	興				2	20	59				0	5	30
41	区		0	1	20	59	74			3	19	23	46
42	極	2	3	5	68	89	86				9	27	48
43	均		1		29	62	68				5	15	28
44	句			1	19	61	76			0	5	24	52
45	型		1	3	24	59	81				1	16	31
46	敬				1	9	58					2	18
47	経	0	1	1	16	22	63				1	1	25
48	芸			1	18	39	75				8	26	65
49	欠		1	2	11	52	62			0	1	15	41
50	件	0	1	5	27	51	85				0	2	32
51	健			1	32	66	81				5	18	44
52	験			2	19	65	79				1	9	83
53	限				1	41	46					5	29
54	護			2	11	33	64					3	14
55	功				36	76	77				8	10	24

56	厚			2	8	64	82				1	16	27
57	康				31	64	80				5	10	36
58	講	0	1	1	38	70	88				0	8	29
59	際				14	57	82				0	5	25
60	在				10	61	81				1	13	39
61	昨		1	6	57	69	80				6	9	46
62	殺			1	43	50	79				4	4	24
63	雑			1	16	61	82					13	31
64	参				42	68	81				6	10	44
65	産			1	27	56	74				26	53	68
66	賛				4	52	61				2	19	36
67	示				24	32	59				19	14	44
68	史				10	57	93					22	69
69	司			3	32	55	67				10	24	44
70	志				6	30	54				1	13	30
71	師				4	32	56					4	17
72	資					15	57					0	8
73	似				14	33	63				4	5	27
74	識				16	69	59				0	11	33
75	質				25	74	77				6	21	45
76	舎		1	4	19	52	69			0	4	14	44
77	謝				35	55	64				4	5	26
78	酒		5	25	72	90	87		1	4	17	31	53
79	授				2	3	20				1	0	22
80	周				4	53	61				3	13	33
81	修				4	44	66				1	10	15
82	従					24	44					4	15
83	宿		1	7	51	83	83				4	15	40
84	祝		0	8	35	64	84			1	7	24	50
85	術		1	1	17	45	65				3	13	57
86	準				2	49	61				0	7	16
87	序				37	37	52				7	5	19

88	承				4	55	55					9	18
89	省				12	58	77				2	42	75
90	賞		2	9	29	54	73			0	2	8	49
91	状				4	20	47					1	20
92	常				5	66	67					15	23
93	情		1	1	9	31	66				2	11	39
94	織				8	57	81				1	13	43
95	臣		2	9	32	53	84			0	3	13	57
96	性				23	72	78				6	22	44
97	政			1	11	77	86				1	20	62
98	精			3	38	64	80			1	10	22	38
99	製				3	51	73					3	20
100	責				3	40	66					3	27
101	接				2	9	61				0	2	24
102	設			7	25	46	60					8	18
103	浅			1	24	48	67				7	17	41
104	善				2	11	51					0	15
105	然			1	26	88	94				2	32	50
106	祖			1	5	21	62					4	33
107	倉		1	3	23	48	76					12	46
108	想				16	59	74				1	8	30
109	造				6	45	64				2	5	30
110	像				15	69	78				0	10	25
111	増			5	21	50	68			1	3	6	23
112	則				2	32	49				1	8	28
113	側			2	40	55	77				13	20	33
114	測				6	61	68				1	11	26
115	尊				1	14	64					2	27
116	退				1	11	36					1	38
117	帯			1	14	53	74				3	20	48
118	態			1	10	17	41				1	10	17
119	単			2	3	20	48				1	4	25

120	断				3	16	70				1	2	32
121	団		1	7	34	53	74			0	4	27	36
122	築				3	19	69					2	28
123	貯		2	3	28	77	83				1	4	30
124	張				2	34	61					13	41
125	敵			2	13	58	75					3	14
126	適				25	42	66				2	3	22
127	展				5	34	73				0	3	24
128	討					2	58					2	24
129	統				9	34	53					3	13
130	銅			7	43	70	83		0	5	13	42	70
131	導				9	44	43				2	14	35
132	特			1	25	38	71				4	6	29
133	得				1	28	63					3	14
134	毒			28	40	61	75			11	15	22	54
135	独				2	77	76				0	39	43
136	任				3	38	66				0	5	31
137	燃			1	37	54	67				10	16	23
138	破			1	5	49	55				1	7	22
139	敗			1	27	67	85				4	8	39
140	博		2	11	49	66	85				6	11	38
141	判				6	14	71					3	47
142	飯		0	5	43	60	85				7	7	20
143	比			1	6	58	57					40	67
144	肥				2	32	84				2	7	21
145	非				7	67	62				1	16	38
146	費				9	77	79				1	18	60
147	備				1	53	61				0	7	9
148	筆				26	53	79				5	18	56
149	俵			3	22	73	78					21	46
150	票				32	55	67				8	5	22
151	評				8	24	62				0	6	23

152	標				22	48	62				10	18	21
153	貧				7	69	71				3	15	28
154	布			2	14	40	58				12	23	43
155	富		1	1	7	28	50				1	7	30
156	府				11	68	85				1	16	64
157	婦			1	12	32	67				5	8	30
158	武		1	4	16	36	61			0	1	7	23
159	副			1	23	59	76				9	11	37
160	復				9	18	67					1	25
161	兵		1	2	22	64	78				5	19	48
162	辺			1	19	45	75			2	16	40	64
163	保			1	12	35	59			2	1	11	44
164	豊	1	1	1	8	25	47				0	3	26
165	牧		1	37	63	75	77			8	10	15	33
166	満				11	61	81				2	10	32
167	脈			1	10	63	82					7	81
168	務				4	29	66					1	13
169	迷				12	18	37				1	3	33
170	薬			19	41	60	84			17	16	29	56
171	輸				4	38	66				1	9	39
172	余				2	9	52				1	2	34
173	容			1	3	46	75				0	23	25
174	養			1	7	41	76					3	36
175	浴	4	6	37	43	63	92				2	9	36
176	留				15	29	58				6	7	47
177	量				10	59	67				1	19	31
178	領				31	39	59					3	14
179	例				2	38	42				2	6	22
180	歴				9	54	89				0	15	63
181	録			30	47	67	74			6	10	20	33
182	論				4	7	67					6	25

以上　182字

(6) 第6学年配当漢字

漢字＼種・学年		読み I	読み II	読み III	読み IV	読み V	読み VI	書き I	書き II	書き III	書き IV	書き V	書き VI
1	衣			1	3	14	70					4	46
2	易				2	32	87				1	4	54
3	胃			1	10	32	79				5	5	51
4	異					3	24						12
5	遺					3	30						14
6	壱					1	42				1	0	20
7	営				2	9	40					4	25
8	衛				13	50	84					6	28
9	益			1	5	4	35					1	20
10	液				1	8	77				8	5	43
11	延				1	2	14					3	16
12	可			1	3	30	49				4	5	23
13	仮			2	2	13	40				0	9	26
14	我				3	20	67					3	48
15	賀	2	6	17	50	74	85		0	2	16	48	70
16	革				0	10	38					2	14
17	拡				1	3	39					1	18
18	額					17	84					1	17
19	株			1	2	31	50				0	8	28
20	刊				5	16	67				0	2	33
21	幹				0	46	57				0	11	23
22	勧						26					0	14
23	慣				33	27	74				1	6	36
24	歓				5	17	57					1	13
25	眼				6	9	56					1	28
26	紀			1	8	36	71				2	11	50
27	基			1	2	8	69				0	0	18
28	貴				1	6	39					0	14
29	疑				1	2	38						10
30	逆				9	30	57				2	5	20
31	旧			1	2	4	58				2	2	40
32	給			1	13	17	49			1	14	25	40
33	供			1	12	16	30				8	6	20
34	境					6	36				0	0	19
35	勤				4	56	62				1	3	18
36	禁				1	7	39				8	3	29
37	訓					14	30					3	16
38	軍			2	12	30	69			0	6	13	55
39	郡			1	15	32	73				3	11	48
40	系			1	5	4	47				3	4	26
41	潔			1	3	4	71						8
42	券	2	4	9	61	72	86				4	8	29
43	兼					38	47					5	22
44	絹				25	53	59				11	19	[illegible]
45	権				1	11	67						35
46	憲			2	6	19	89				0	2	30
47	険			2	27	81	78				3	9	23
48	減					1	33					0	13
49	厳					8	21						13
50	己					8	46					6	47
51	故				6	21	21					2	17
52	個				18	19	78				1	5	65
53	誤					4	59						34
54	后				13	13	66				1	2	37
55	効					52	71				1	4	16
56	皇				4	14	64				2	3	41
57	耕			6	9	26	31			3	2	2	14
58	鉱				16	45	67				2	20	38
59	構				11	39	73				1	4	24
60	穀				1	1	37					0	11

61	混				2	26				0	10
62	査			20	50	70			3	5	35
63	差			13	48	57			2	13	37
64	再			0	29	66				4	38
65	災			2	7	42			0	5	36
66	妻		2	9	52	59			1	6	18
67	採			11	20	26			2	4	18
68	済			4	13	78			0	3	40
69	財		1	5	56	76			0	9	30
70	罪		1	5	20	57			1	3	27
71	策				3	30				2	14
72	蚕			12	38	37			8	19	42
73	酸			1	18	70				0	33
74	支			2	8	34				5	35
75	氏		3	27	60	81		2	10	19	49
76	検		1	21	52	72			2	8	35
77	至				5	41				3	23
78	私	1	2	27	26	52	4	16	26	35	62
79	視			2	5	46				3	20
80	詞		1	5	27	47			0	2	25
81	児	1	27	65	84	91			8	14	61
82	孝	1	3	17	33	73	1	11	16	19	55
83	辞			18	70	81			0	9	16
84	釈			1	6	52					25
85	需				1	20					13
86	収			3	13	39			0	3	30
87	宗			0	4	44				1	32
88	衆			7	17	62				1	20
89	就			0	3	46				0	13
90	述				57	84				13	37
91	純				5	38				0	20
92	処			0	2	34					15

93	諸				4	31				0	15
94	除				1	42					22
95	招		1	1	5	47					23
96	称				1	22				1	6
97	証			12	26	67				4	30
98	条			1	14	52				1	18
99	職			0	7	47				2	29
100	仁		2	20	25	72			14	10	48
101	推				5	16					15
102	是				9	24				6	15
103	制			7	52	75			2	2	32
104	聖			1	10	51					31
105	誠			4	12	22			0	7	21
106	税				3	46					32
107	績		1	7	43	64				5	25
108	舌		1	23	50	58			20	23	48
109	絶			2	6	30				3	14
110	宣			3	12	63			1	1	46
111	専			1	5	64				5	36
112	素			1	19	70				1	51
113	創				5	49					17
114	総			2	20	61				2	23
115	象		1	44	31	61		0	6	18	20
116	蔵		1	6	30	47			3	2	18
117	俗			0	8	29				1	14
118	属		1	1	35	64			1	2	24
119	存			0	12	36					23
120	損			3	9	30			2	1	23
121	貸			33	41	66			7	7	17
122	忠	1	2	14	27	62		2	10	8	44
123	著				2	18				2	17
124	賜		1	4	21	73				1	38
125	賃			1	42	68			0	7	11

126	提			6	49			0	13
127	程		19	18	34		2	2	18
128	典	1	18	53	82		6	15	38
129	党	3	21	43	79		0	5	41
130	徳	2	15	33	72		2	3	36
131	届		1	11	41		1	6	32
132	難		0	6	38				25
133	弐		8	16	44		1	9	31
134	認			13	41			1	19
135	納			2	23			0	17
136	能		4	9	48		3	10	43
137	派			4	23			0	25
138	拝		3	7	33			3	13
139	犯		6	7	35		0	0	15
140	版		2	50	74		0	13	21
141	否			3	30			2	21
142	複		2	13	66			4	12
143	仏	14	18	50	85	5	18	19	73
144	奮			2	42			0	19
145	陛		5	18	19			1	24
146	弁	1	30	43	52		12	23	44
147	補		0	7	34			2	12
148	墓	1	13	30	72		1	1	17
149	貿		1	32	79		1	3	50
150	暴	1	6	43	70			5	16
151	未		12	51	64		10	40	64
152	盟		3	6	54			0	17
153	訳		0	7	33				14
154	預		1	2	20			4	11
155	欲		2	17	35		1	1	10
156	律	1	3	13	63				25
157	率			7	43				21
158	略		1	23	25			13	14
159	臨		2	4	61			0	2

以上　159字

7.　教科書における漢字の提出回数

漢字	音	訓	提出回数 I Ⅱ	I Ⅲ	Ⅱ 上	Ⅱ 下	Ⅲ 上	Ⅲ 下	Ⅳ 上	Ⅳ 下	Ⅴ 上	Ⅴ 下	Ⅵ 上	Ⅵ 下	計
愛	アイ											1	4	12	17
悪	アク														
		わるい						5			3		6	19	33
圧	アツ										2				2
安	アン							3	1	5	4	5	10	2	30
		やすい						4	1		1	1	2	4	13
案	アン								6	4	2				12
暗	アン														
		くらい						5		1	2	3	3	5	19
以	イ								2	4	5	4	4	2	21
衣	イ												1		1
		ころも													
囲	イ										1		2		3
		かこむ									1	3	4		8
位	イ										2	1	3	1	7
		くらい										2			2
医	イ									1		1	5	1	8
委	イ								8			2			10
胃	イ									1					1
移	イ											1			1
		うつる									1	2	2		5
異	イ										1		2	4	7
		ことなる													
意	イ							8	8	2	14	10	12	8	62
遺	イ												1		1
	ユイ														
育	イク													1	1
		そだてる											8	3	11
一	イチ		3	22	24	63	32	40	37	40	59	65	51	64	500
	イツ								17	14	14	26	16	15	102
		ひとつ		3	8	6	5	15	8	33	14	2	30	25	149
壱	イチ														

漢字	音	訓	提出回数 I		II		III		IV		V		VI		計
			II	III	上	下	上	下	上	下	上	下	上	下	
引	イン														
		ひく					4	3	3	10	6	13	6	3	48
印	イン									1			8	2	11
		しるし									3		3	4	10
因	イン											2		3	5
		よる													
員	イン							7	9	2	2	5	2	2	29
院	イン									1			11	14	26
飲	イン														
		のむ						6	1		1	3		3	14
右	ウ										1	1	1	2	5
	ユウ														
		みぎ			10	1	3	1	1	3	2	1	3	2	27
雨	ウ						3				1	1			5
		あめ			9	5	9	5	14	3	17	7	1	6	76
運	ウン								7	3	7	8	1	3	29
		はこぶ					5		5	5	9	1	5		30
雲	ウン										1				1
		くも					3		1		8		2	1	15
永	エイ													1	1
泳	エイ										3			1	4
		およぐ						9		5	25				39
英	エイ												7	2	9
栄	エイ										1	52			53
		さかえる												1	1
営	エイ										1		7		8
		いとなむ													
衛	エイ											53	8		61
易	エキ												4	1	5
	イ													1	1
益	エキ										1		1		2
液	エキ													7	7
駅	エキ								3	14			2	1	20
円	エン				9	1		9				1			20
延	エン														
		のびる											2		2
塩	エン											23			23
		しお										8			8

漢字	音	訓	提出回数 I		II		III		IV		V		VI		計
			II	III	上	下	上	下	上	下	上	下	上	下	
遠	エン									1	1			6	8
	オン														
		とおい						5	5	4	7	15	5	4	45
演	エン											4	2		6
園	エン							2	5	6	1	1	2	2	19
		その								3		1			4
王	オウ							18				2			20
央	オウ												3	2	5
往	オウ												1		1
横	オウ														
		よこ								6	7	5	3	3	24
応	オウ												2		2
黄	オウ														
	コウ														
		き						5		8	1			5	19
屋	オク												5		5
		や			26	1	17	11	1		22	5	11	6	100
億	オク											1	5	2	8
音	オン								42	4	14	28	8	1	97
	イン														
		おと		10	7	21	2	4	25	9	12	4	5	8	107
恩	オン												3	1	4
温	オン									1		6	2		9
下	カ							3	1	1	1		4	2	12
	ゲ							2					2	1	5
		した		5	6	9	13	5	7	10	4	10	5	5	79
		しも					5		10	3		9	1		28
		もと										4	3		7
		さげる			3		1	3	2	1	2	2	2	1	17
		くだる				6	3	2	2				1	1	15
火	カ				4		2		3	2					11
		ひ		10	9	1	1	3		3	4				31
化	カ										2	7	15	4	28
	ケ														
		ばける													
加	カ								1			6	2	2	11
		くわえる								1		3	2	1	7
可	カ												1		1

漢字	音	訓	提出回数 I II	I III	II 上	II 下	III 上	III 下	IV 上	IV 下	V 上	V 下	VI 上	VI 下	計
仮	カ ケ														
		かり											1		1
何	カ														
		なに				7	17	16	14	17	10	17	23	17	138
果	カ										13	1	1	2	17
		はたす										1	1	4	6
河	カ										2				2
花	カ						3			8	2				13
		はな			8	1	43	21	30	30	7	4	3	48	195
科	カ							4		1	5	7	4	5	26
夏	カ										1				1
		なつ			9	3	3	3	6	7	5	4	1	6	47
家	カ							6	1		3	7	30	12	59
	ケ												5		5
		いえ				11	24	7	27	14	10	23	35	13	164
		や									1	1	1		3
荷	カ														
		に						3	1	4			1		9
貨	カ								2	2		2	3		9
過	カ										1		1		2
		すぎる									6	2	2		10
		すごす										3	1		4
歌	カ										5	2	1		8
		うたう						4	4		5	4	14	8	39
価	カ													1	1
		あたい													
課	カ						1								1
我	ガ														
		われ											1		1
賀	ガ									3					3
芽	ガ														
		め								13		2	1		16
画	ガ							5	1		2	3	2	29	42
	カク								3			6	2		11
会	カイ					3	12	4	20	5	10	24	20	28	126
	エ														
		あう					9		3			2	1	2	17
回	カイ						9	2	9		3	1	11	2	37
	エ														
		まわす							7	5	2	8	5	4	31

漢字	音	訓	提出回数 I II	I III	II 上	II 下	III 上	III 下	IV 上	IV 下	V 上	V 下	VI 上	VI 下	計
快	カイ												1	3	4
		こころよい										2			2
改	カイ									1	1		1		3
		あらためる									1		1		2
界	カイ						4	1	6		8	10	6	15	50
海	カイ								4	8	4	16	14	2	48
		うみ				3	17	8	4	2	3	16	5	4	62
械	カイ									2	4	9	2	1	18
開	カイ								1		3	9	1	1	15
		ひらく						3	6	4	1	15	13	3	45
階	カイ											4	1	1	6
絵	カイ														
		え						5	7	3	4	2	6	22	49
解	カイ											1	4	6	11
	ゲ														
		とく												1	1
貝		かい						3	1		2				6
外	ガイ									1	4		31	5	41
	ゲ														
		そと ほか			6	5	4	2	1	6	3	2	3	6	38
害	ガイ								1		1				2
各	カク								2			6	2	8	18
		おのおの													
角	カク										1	3	2	1	7
		つの										2		1	3
革	カク													1	1
客	カク									4			4		8
	キャク							4	3	8	15	1	4		35
格	カク												2	2	4
確	カク										3	1			4
		たしか										2		1	3
拡	カク													1	1
覚	カク														
		おぼえる										1	8	4	13
学	ガク				8	19	15	20	58	12	23	45	62	51	313
		まなぶ									1	2	2		5

漢字	音	訓	提出回数 I		II		III		IV		V		VI		計
			II	III	上	下	上	下	上	下	上	下	上	下	
楽	ガク								2	1		4	10	1	18
	ラク								1		1				2
		たのしい						4	8	5	8	7	8	8	43
額	ガク										1				1
		ひたい													
活	カツ								3	3	7	20	6	12	51
月	ガツ			24	17	6	12	1	25	27	10	17	9	26	174
	ゲツ				5	1	4	1	3			2	1		17
		つき				11	2	1	1			3	2	5	25
株		かぶ										1			1
刊	カン												3		3
完	カン									1		1		8	10
官	カン												4		4
寒	カン														
		さむい						4		4	10	2	3	1	24
間	カン					9	5	2	14	8	2	12	12	51	115
	ケン						6	1	3	13	13	12	2	4	54
		あいだ				9	5	2	6	5	14	14	15	6	76
		ま				4	6	4	7	6	4	5	10	9	55
幹	カン														
		みき									1	6			7
感	カン							5	7	5	16	11	15	6	65
勧	カン														
		すすめる											1		1
慣	カン								1					2	3
		なれる										1		1	2
漢	カン									3		21	4		28
管	カン														
		くだ								2					2
関	カン							4		29	9		9	2	53
		せき													
歓	カン										2				2
館	カン									3		13	8		24
観	カン							9		3	2	1	5	1	21
岸	ガン							3	2			2	4	2	13
		きし					5	1	2		6	9	1	1	25

漢字	音	訓	提出回数 I		II		III		IV		V		VI		計
			II	III	上	下	上	下	上	下	上	下	上	下	
岩	ガン										2	4			6
		いわ			4		2	6	9	4	4	11	1	5	46
眼	ガン												1	1	2
		まなこ													
顔	ガン														
		かお					11	12	30		26	5	5	27	116
願	ガン											1	1		2
		ねがう						7		1	4	6		2	20
希	キ										2			1	3
汽	キ					10	4	8	3	15	1		7	3	51
季	キ								1		4	2			7
紀	キ												2	1	3
気	キ				11	18	26	7	28	46	57	27	39	47	306
	ケ												1	1	2
記	キ						6	4	27		1	10	14		62
起	キ												1		1
		おきる							4	3	3		2	5	17
		おこる							1	1	7	4	8	4	25
基	キ												1		1
		もとい													
		もとづく									1		1		2
帰	キ													1	1
		かえる						21	2	36	12	18	7	13	109
寄	キ														
		よる								2	2	4	4	2	14
規	キ										1	1			2
喜	キ														
		よろこぶ						3	7	4	10	7	2	3	36
期	キ							4		1	1		1	1	8
	ゴ														
貴	キ													1	1
旗	キ												2		2
		はた								2	1	1	1		5
器	キ									1	19	1	9	1	31
		うつわ												1	1
機	キ							6	1	31	13	12	13	15	91
		はた													

漢字	音	訓	提出回数 I Ⅱ	I Ⅲ	Ⅱ 上	Ⅱ 下	Ⅲ 上	Ⅲ 下	Ⅳ 上	Ⅳ 下	Ⅴ 上	Ⅴ 下	Ⅵ 上	Ⅵ 下	計
技	ギ										2		4	4	10
義	ギ											3		18	21
疑	ギ												1		1
		うたがう									1		1	1	3
議	ギ										1	2	4	11	18
逆	ギャク	さからう							1		1		2		4
九	キュウ		2				1		1	2	1	1	2	2	12
	ク		1	3	2				1		2				9
		ここのつ		1				1			1				3
久	キュウ														
	ク											1			1
		ひさしい									1	1			2
旧	キュウ												4		4
休	キュウ											1	2		3
		やすむ			8	3	10		10	10	8	5	3	7	64
求	キュウ													1	1
		もとめる									1		1	6	8
究	キュウ									4	4	6	4	32	50
急	キュウ								1	4	9	3	3	7	27
		いそぐ						4	7	2	2	10		4	29
宮	キュウ グウ ク												2		2
		みや											1		1
級	キュウ							11	32	4	2	1	2	5	57
救	キュウ													1	1
		すくう									1	3		1	5
球	キュウ						4		5	2	5	6	2	4	28
給	キュウ												1		1
牛	ギュウ									5					5
		うし			6	9	17			4	1	1	1	14	53
去	キョ						6	1	6	3				1	17
	コ														
		さる						4			3	1	1	3	12
居	キョ													1	1
		いる										1		1	2

漢字	音	訓	提出回数 I Ⅱ	I Ⅲ	Ⅱ 上	Ⅱ 下	Ⅲ 上	Ⅲ 下	Ⅳ 上	Ⅳ 下	Ⅴ 上	Ⅴ 下	Ⅵ 上	Ⅵ 下	計
挙	キョ								1						1
許	キョ	ゆるす							1			5		1	7
魚	ギョ							4							4
		うお						6		1	1	6	1	1	16
漁	ギョ												1		1
	リョウ											3			3
共	キョウ	とも												1	1
供	キョウ ク														
		とも							13	5	12	6	22	5	63
		そなえる									1	1			2
京	キョウ ケイ					7	4		11	3	1		50		76
協	キョウ													1	1
教	キョウ							4	7	1		1	4	3	20
		おしえる						5	5	4	3	2	8	6	33
強	キョウ								2		1	1	7	3	14
	ゴウ														
		つよい							3	6	5	5	5	5	29
境	キョウ ケイ	さかい											1		1
橋	キョウ								2	1					3
		はし					6	1		3			11	5	26
興	キョウ											1	4	1	6
	コウ												1	1	2
		おこる													
鏡	キョウ	かがみ											1	2	3
競	キョウ									2	4		4	1	11
	ケイ													1	1
		きそう													
業	ギョウ ゴウ								3		2	5	9	3	22
曲	キョク											8			8
		まがる						12	4	4	3	1	2	1	27
局	キョク								5		5	4	1	3	18

漢字	音	訓	提出回数 Ⅰ Ⅱ	Ⅰ Ⅲ	Ⅱ 上	Ⅱ 下	Ⅲ 上	Ⅲ 下	Ⅳ 下	Ⅳ 上	Ⅴ 上	Ⅴ 下	Ⅵ 上	Ⅵ 下	計
極	キョク									7		4	2		13
	ゴク											1	1		2
玉	ギョク														
		たま						3		5				1	9
近	キン								2	3		1	8	2	16
		ちかい				8	4	9	5	10	13	5	12	7	73
均	キン									4					4
金	キン				6		8	3	1	4	5	4	6		37
	コン														
		かね						7		3	9	11	4	2	36
勤	キン														
		つとめる									4		1		5
禁	キン									2			5	1	8
銀	ギン						4	2			1		4		11
区	ク								2	1	1		3		7
句	ク										9			7	16
苦	ク								1		2	1	4	3	11
		くるしい					4		4		5	6	3	4	26
		にがい													
具	グ							6	1			1		2	10
空	クウ									5	6	1	2		14
		そら			3		7	3	6	2	10	9	7	2	49
君	クン										8	1	4	1	14
		きみ									2	1	3	12	18
訓	クン											7			7
軍	グン										1		16		17
郡	グン														
群	グン										3		4		7
		むらがる											1		1
		むれる									12		1		13
兄	ケイ													1	1
	キョウ										2		3	2	7
		あに									4	1	3		8
形	ケイ										3	5	13		21
	ギョウ						4	24	1	1	2	1	7		40
		かた								2	5				7
		かたち					5	2		9	12	13	6	10	57

漢字	音	訓	提出回数 Ⅰ Ⅱ	Ⅰ Ⅲ	Ⅱ 上	Ⅱ 下	Ⅲ 上	Ⅲ 下	Ⅳ 上	Ⅳ 下	Ⅴ 上	Ⅴ 下	Ⅵ 上	Ⅵ 下	計
系	ケイ												1		1
係	ケイ										1	3	2	2	8
		かかる							3		1	3		1	8
型	ケイ											2			2
		かた										2			2
計	ケイ								5		3	7	4	1	20
		はかる								1					1
敬	ケイ												1	1	2
		うやまう												1	1
景	ケイ										2		5	11	18
経	ケイ										2	1	10		13
	キョウ														
		へる										1		1	2
軽	ケイ														
		かるい								4	9		9	2	24
芸	ゲイ								5			5	15	19	44
欠	ケツ														
		かける									1				1
血	ケツ														
		ち									5				5
決	ケツ								1	3	7	5	9	5	30
		きめる							17	2	2	6	7	5	39
結	ケツ									1	2	7	1	1	12
		むすぶ							1		2	1	3	4	11
		ゆう													
潔	ケツ												1		1
		いさぎよい													
犬	ケン											2			2
		いぬ		6	1	2	3				21	2	1		36
件	ケン												2		2
見	ケン						7	5	3	13		7	3	16	54
		みる		6	43	34	61	66	59	70	51	85	56	84	615
券	ケン									1					1
研	ケン									4	4	6	4	31	49
建	ケン												2		2
		たてる							1			3	10	2	16
兼	ケン														
		かねる										1			1
健	ケン								2	8				3	13
		すこやか													

漢字	音	訓	提出回数 I II	I III	II 上	II 下	III 上	III 下	IV 上	IV 下	V 上	V 下	VI 上	VI 下	計
絹	ケン														
		きぬ								1			5		6
權	ケン													3	3
	ゴン														
憲	ケン												1	1	2
県	ケン								7	1	12		1		21
険	ケン										2	2	1	1	6
		けわしい													
検	ケン									2					2
験	ケン										9	2		1	12
元	ゲン				5	6	5		6	5	4	3	8	7	49
	ガン									2					2
		もと								1				1	2
言	ゲン								8			1	9		18
	ゴン												1		1
		いう こと						27	65	48	85	32	61	130	448
限	ゲン									2				1	3
		かぎる									5	4	2	3	14
原	ゲン										3	2	1		6
		はら							14	3	7		10	8	42
現	ゲン										2				2
		あらわれる									7	5	3	6	21
減	ゲン											1		1	2
		へる											2		2
厳	ゲン										1	1			2
	ゴン														
己	コ											1		3	4
戸	コ														
		と			5	2	3	5	1					3	19
古	コ									3			4	1	8
		ふるい					6		1	2	3	8	15	4	39
固	コ														
		かためる									1	6	4	3	14
故	コ											1	1		2
個	コ								1					23	24

漢字	音	訓	提出回数 I II	I III	II 上	II 下	III 上	III 下	IV 上	IV 下	V 上	V 下	VI 上	VI 下	計
庫	コ							13		1			2	1	17
湖	コ								4	2	2	9			17
		みずうみ							1				1		2
五	ゴ		3	5	3	17	20	7	7	17	36	24	35	17	191
		いつつ		1		2	2	1		14		1	2		23
午	ゴ						5		4	2	2	3	4	1	21
後	ゴ								2	4	6	9	8	6	35
	コウ											2	2	1	5
		のち								2	1	5		3	11
		うしろ						4	2	3	2	1	8	7	27
語	ゴ											14	28		42
		かたる									2	3	4	6	15
誤	ゴ													6	6
		あやまる													
護	ゴ										1		1		2
口	コウ										1	2	2		5
	ク											1			1
		くち	3	1	3	1	5	19	16	9	25	14	9	5	110
工	コウ						4	5		7		11	12	15	54
	ク											4		1	5
公	コウ										1		2	1	4
		おおやけ													
功	コウ									1	3	1	3	3	11
	ク														
交	コウ									5		1	9	2	17
		まじわる まじる													
光	コウ										1	1	2	2	6
		ひかる				4	2	3		1	1		2	15	28
后	コウ												1		1
向	コウ									1	2	1			4
		むく					11	24	10	9	11	13	12	5	95
考	コウ								1	2		1	2	1	7
		かんがえる					15	13	5	4	14	28	22	38	139
行	コウ						3	2	4	13	2	9	15	12	60
	ギョウ											2	2		4
	アン														
		いく			63	49	60	74	41	50	40	47	30	47	501
		ゆく								2				1	3
		おこなう									3	8	9		20

漢字	音	訓	提出回数 I		II		III		IV		V		VI		計
			II	III	上	下	上	下	上	下	上	下	上	下	
孝	コウ												1		1
効	コウ										12	1		1	14
幸	コウ									1		2	1	11	15
		さいわい													
厚	コウ											1	1		2
		あつい									1	1		1	3
皇	コウ												4		4
	オウ												3	1	4
校	コウ				8	14	11	8	21	7	7	26	8	20	130
耕	コウ												1	2	3
		たがやす						3	2						5
航	コウ											1	2		3
候	コウ									1			1		2
高	コウ									2	7	1	3	3	16
		たかい			5	3	9	3	11	7	7	7	20	15	87
康	コウ									8				3	11
港	コウ											1			1
		みなと						4				1	12		17
鉱	コウ											2			2
構	コウ									1				3	4
		かまえる									2				2
広	コウ											2	4		6
		ひろい					12		5	3	10	8	2	3	43
講	コウ											1			1
合	ゴウ										10	2	5		17
		あう				5	19	25	20	23	26	37	19	19	193
号	ゴウ								1	6	11	1	6	2	27
告	コク										1	2	4	2	9
		つげる											2	1	3
谷	コク														
		たに					11	1	2	4	1	7		2	28
国	コク						5		1	8	13	18	79	11	135
		くに					9	9		4	8	52	33	14	129
黒	コク							6	1		1	1		1	10
		くろい				3	3	6	4	5	8		3	3	35

漢字	音	訓	提出回数 I		II		III		IV		V		VI		計
			II	III	上	下	上	下	上	下	上	下	上	下	
穀	コク												1		1
今	コン								3	1	1	1	1	3	10
	キン														
		いま			6	4	7	4	14	19	21	25	35	18	153
根	コン										1		2	1	4
		ね					5		1	10	7	3	6	7	39
混	コン														
		まぜる												2	2
左	サ										1	31	7	2	41
		ひだり			8	4	7	4		7		1	2	1	34
査	サ									2		1	4		7
差	サ										1		1		2
		さす													
才	サイ												1	5	6
再	サイ														
		ふたたび									1				1
災	サイ														
		わざわい										1			1
妻	サイ														
		つま									2				2
採	サイ								2						2
		とる										2			2
菜	サイ												1	2	3
		な												34	34
祭	サイ														
		まつる								1		1	21	1	24
細	サイ											1		13	14
		ほそい								2		4	2	3	11
		こまかい									4			1	5
最	サイ								2	3	10	5	6	10	36
		もっとも										3	3	2	8
済	サイ												5		5
		すむ													
際	サイ										1	1	2	2	6
在	ザイ										2	1		1	4
材	ザイ				8	3	2		4			1	1	2	21
財	ザイ						6	5				4		1	16
罪	ザイ											1		1	2
		つみ													

漢字	音	訓	提出回数 I II	I III	II 上	II 下	III 上	III 下	IV 上	IV 下	V 上	V 下	VI 上	VI 下	計
作	サク					7	5	7	26	2	2	3	1	5	58
	サ										2	1	2		5
		つくる			5	11	6	30	26	21	44	39	15	37	234
昨	サク									1	3				4
策	サク												1		1
刷	サツ								1			9	2	1	13
		する										10			10
殺	サツ サイ														
		ころす							1	1		1	1		4
祭	サツ									3			1	2	6
雑	ザツ ゾウ										1	5	4	1	11
三	サン		3	19	14	26	20	31	13	24	31	33	34	16	264
		みつ		7		7	5	1	1	4		1	4	13	43
山	サン								1		15		7		23
		やま		9	4	12	22	58	47	22	38	35	41	17	305
参	サン								2	2	3	2		2	11
		まいる													
蚕	サン											1			1
		かいこ						1							1
散	サン											5			5
		ちる						1	2	1	4	1	1		10
産	サン									2	1	2	2	1	8
		うむ												1	1
算	サン								2	1			1		4
賛	サン									1		2		1	4
酸	サン												1		1
残	ザン									1	26		1	2	30
		のこる								6	7	5	6	3	27
士	シ									1	11	9		20	41
子	シ							2	2		3	5	1	29	42
	ス														
		こ		4	56	85	85	40	96	32	32	44	29	19	512
支	シ												1		1
止	シ									3			1	1	5
		とまる				10	3	3	2	1	7		2	4	32

漢字	音	訓	提出回数 I II	I III	II 上	II 下	III 上	III 下	IV 上	IV 下	V 上	V 下	VI 上	VI 下	計
氏	シ													1	1
		うじ										1			1
仕	シ						9		18	5	12	25	6	26	101
		つかえる											1		1
史	シ											1	8	4	13
司	シ								1						1
四	シ		2	2	1	4	8	4	7	4	7	9	8	2	58
		よつ	1	5	1	10	5	1	26	6	8	9	11	19	102
市	シ									3		2	4		9
		いち													
示	シ									2					2
		しめす								7			1	1	9
死	シ									1	1	11	1		14
		しぬ						6	1	2	1	1		12	23
至	シ														
		いたる											1	1	2
志	シ										1	3			4
		こころざす											1		1
私	シ														
		わたくし							45	74	16	44	41	109	329
糸	シ														
		いと		5	1	1		7			2	2	3	2	23
使	シ										1		2	2	5
		つかう						16	26	12	20	15	10	12	111
姉	シ														
		あね						4		2					6
始	シ											2			2
		はじめる							16	7	11	10	12	8	64
思	シ												1		1
		おもう				22	22	41	39	45	55	48	46	65	383
指	シ								2	6	1	4	1		14
		ゆび						24	2	1	2	3	1	1	34
師	シ										1			3	4
紙	シ							15	4			7	4	2	32
		かみ				5	1	9	12	13	16	38	2	6	102
歯	シ														
		は								4					4
視	シ												1		1
詞	シ										20				20
詩	シ										4	3		3	10

漢字	音	訓	提出回数 I II	I III	II 上	II 下	III 上	III 下	IV 上	IV 下	V 上	V 下	VI 上	VI 下	計
試	シ													1	1
		こころみる												1	1
資	シ												1		1
字	ジ							6	2	15	4	119	20	3	169
		あざ													
寺	ジ												5	2	7
		てら						3				1	9	6	19
次	ジ												1	6	7
	シ										1	1	1	2	5
		つぎ							10	14	10	8	15	12	69
耳	ジ														
		みみ		5	1	1	2	3	6		1	5	2	3	29
自	ジ					5	3	5	16	12	20	32	35	53	181
	シ														
		みずから									20	5	3	7	35
似	ジ														
		にる								1	1		1	1	4
事	ジ							6	4	12	3	4	12	11	52
		こと					10	1	18	2	12	26	12	24	105
治	ジ									3	1	2	6	2	14
	チ														
		おさめる								1		1			2
児	ジ									1				1	2
	ニ														
持	ジ										1				1
		もつ				9	9	9	28	15	27	29	19	33	178
時	ジ					15	5	1	20	7	8	18	34	8	116
		とき				24	21	19	35	38	38	33	43	46	297
辞	ジ									10		9			19
式	シキ									3		1	1	1	6
識	シキ									26	1	1	1		29
七	シチ		3	5	3	2	6	2	4	3	5	21	6	1	61
		ななつ		1					14		13	2	3	2	35
失	シツ								1		5		9	2	17
		うしなう										1		2	3
室	シツ							10	7	1	1	1	2	3	25
		むろ									2				2
質	シツ シチ									5	9	1	2	10	27

漢字	音	訓	提出回数 I II	I III	II 上	II 下	III 上	III 下	IV 上	IV 下	V 上	V 下	VI 上	VI 下	計
実	ジツ							3	2	8	9	5	10	16	53
		み					4	1	3	23				1	32
		みのる							1	1	1			1	4
写	シャ										1	2	1	32	36
		うつす										3		5	8
車	シャ					56	10	9	10	55	24	9	18	5	196
		くるま				6	3	1	8	23	1	1		4	47
舎	シャ											1		1	2
社	シャ						4	2	3	5	3	3	21	5	46
		やしろ													
謝	シャ								2			4	1		7
者	シャ								3	1	9	11	12	19	55
		もの						16	9	1	7	4	13	17	67
借	シャク														
		かりる						6				2	5	2	15
釈	シャク												1		1
弱	ジャク												2		2
		よわい								2		1	2	1	6
手	シュ									2	13	11	34		60
		て		5	9	15	25	21	41	23	52	66	22	59	338
主	シュ							9	4		9	3	2	8	35
	ス											1	1		2
		ぬし													
守	シュ												1		1
	ス														
		まもる								1			2	1	4
取	シュ	とる						16	20	15	9	14	17	9	100
首	シュ												3		3
		くび				3	2	3		4	5	1	1	9	28
酒	シュ											3			3
		さけ										1	1		2
種	シュ									18	9	5	4	8	44
		たね								17	2			1	20
受	ジュ										2				2
		うける						7	5	1	4	7	6	7	37
授	ジュ											2		1	3
		さずける												1	1
需	ジュ												1		1
州	シュウ ス								2	3	1	3	1	1	11

漢字	音	訓	提出回数 I II	I III	II 上	II 下	III 上	III 下	IV 上	IV 下	V 上	V 下	VI 上	VI 下	計
収	シュウ												1		1
		おさめる													
周	シュウ										1		2		3
宗	シュウ														
	ソウ												1		1
拾	シュウ														
	ジュウ														
		ひろう						4	3	2	1	1		3	14
秋	シュウ														
		あき				4	4	8	3	4	9	4	5		41
修	シュウ											1		1	2
	シュ												2	1	3
		おさめる										2	1		3
習	シュウ								4		1	4		2	11
		ならう												1	1
週	シュウ							4	2	8		2	1		17
衆	シュウ												5	3	8
	シュ														
終	シュウ										2		1		3
		おわる					6	6	7	7	7	7	4	9	53
就	シュウ												1		1
	ジュ														
集	シュウ								3			5	3	2	13
		あつまる					11	4	7	3	10	4	8	12	59
十	ジュウ		5	22	16	10	30	3	32	28	34	33	34	30	277
		とお		1	2		3		3	5	1	7		2	24
住	ジュウ														
		すむ					5	3	2	4	5	14	7	4	44
重	ジュウ									5	2	1	3	4	15
	チョウ												2	1	3
		おもい					3	3	2	3	1	2	1	1	16
		かさねる							1	1			3	2	7
		え									3				3
従	ジュウ												1		1
		したがう									1	3		2	6
祝	シュク												1		1
		いわう							3			1	2	3	9
宿	シュク														
		やど									6		1		7

漢字	音	訓	提出回数 I II	I III	II 上	II 下	III 上	III 下	IV 上	IV 下	V 上	V 下	VI 上	VI 下	計
出	シュツ						3		1	1	7	11	5	2	30
	スイ														
		でる			50	23	22	29	13	19	24	43	24	11	258
		だす			12	29	18	35	23	42	36	15	12	38	260
述	ジュツ														
		のべる										2	1	3	6
術	ジュツ									4		1	7	14	26
春	シュン												1		1
		はる				2	8	1	7	2	5	8	4	12	49
純	ジュン													5	5
順	ジュン								9	16	1		1		27
準	ジュン										1	1	8		10
処	ショ												1		1
初	ショ								1	2	4	1	2	1	11
		はじめ							8	12	13	4	6	10	53
		はつ													
所	ショ						8		5	1	10	10	9	6	49
		ところ				11	22	10	8	33	23	28	15	20	170
書	ショ									11		17	4	2	34
		かく				25	28	44	12	21	12	37	11	8	198
暑	ショ														
		あつい								1	2	2	2	1	8
諸	ショ														
													1		1
女	ジョ					5		2		2	1	11	1	2	24
	ニョ														
		おんな			3	3	1	3	3	3	4	7	1		28
助	ジョ									1	1	4	2		8
		たすける						4		5	2	15	54	5	85
		すけ													
序	ジョ									9					9
除	ジョ														
		のぞく											1	1	2
小	ショウ					3		1	2			4	15	5	30
		ちいさい		7	7	13	7	7	10	20	18	11	11	25	136
		こ		4	14	3	29	22	3	4	12	30	3	39	163
		お							2						2
少	ショウ								1		3	2	7		13
		すくない			3	2			1	2	1	1	6	3	19
		すこし					8	10	5	10	15	14	11	12	85

漢字	音	訓	提出回数 I II	I III	II 上	II 下	III 上	III 下	IV 上	IV 下	V 上	V 下	VI 上	VI 下	計
招	ショウ														
		まねく											2		2
承	ショウ														
		うけたまわる										1			1
昭	ショウ									1	2			2	5
省	ショウ											3	4		7
	セイ											2	2		4
		かえりみる													
		はぶく													
消	ショウ												1	1	2
		きえる									3	1	2	1	7
		けす						1	1						2
称	ショウ													1	1
唱	ショウ											5			5
		となえる													
商	ショウ							3					14		17
		あきなう													
章	ショウ								2		19		1		22
象	ショウ										2	2			4
	ゾウ									2		3			5
勝	ショウ									2		1	7		10
		かつ									3			1	4
証	ショウ												1		1
照	ショウ												1		1
		てる								3	2		1		6
賞	ショウ										2			1	3
焼	ショウ														
		やく									13	2	3		18
上	ジョウ						4	2	4	4	15	2	8	4	43
		うえ		6	9	14		14	23	38	13	22	21	20	180
		かみ					8	10			8	1			27
		あげる			11	4	19	17	16	9		15	5	2	98
		のぼる				9	4			1			1	2	17
状	ジョウ										1	1			2
乗	ジョウ												1		1
		のる						15	9	11	16	5	7	2	65
常	ジョウ											4		1	5
		つね									1				1

漢字	音	訓	提出回数 I II	I III	II 上	II 下	III 上	III 下	IV 上	IV 下	V 上	V 下	VI 上	VI 下	計
情	ジョウ										2	3	7	1	13
		なさけ									1		1		2
条	ジョウ											1	6		7
場	ジョウ						18	1	4	1	7	14	8	3	56
		ば					4	21	2	1	5	2	11	6	52
色	ショク											1	2	3	6
	シキ												3	6	9
		いろ			6	1	11	12	2	16	12	4	2	9	75
食	ショク									4	9	5	4	10	32
	シキ														
		くう							1						1
		たべる					8	6	6	15	10	6	1	1	53
植	ショク								5	2	2	4	4		17
		うえる							1	1	5	2		4	13
織	ショク														
	シキ														
		おる											3	1	4
職	ショク										3	1		2	6
心	シン							7	8	4	15	22	9	14	79
		こころ			3	1		1	7		12	20	14	23	81
申	シン												1		1
		もうす						7		1		1	4		13
臣	シン												1		1
新	シン							8	27		1		54	5	95
		あたらしい					9	2	1	1	4	5	3	40	65
		あらた										1			1
身	シン									8	1	2	5	1	17
		み					3			1	6	4	9	8	31
信	シン									5	27	5	2	9	48
真	シン										1	1	6	31	39
		ま									2	1	1	3	7
神	シン												4	1	5
	ジン									1	2		4		7
		かみ								1		1	2	1	5
深	シン														
		ふかい									5	6	4	1	16
森	シン										4		1		5
		もり			4			9	2		1	11	4		31
進	シン									1	1	1		2	5
		すすむ					3	4	1	3	3	6	8		28

漢字	音	訓	提出回数 I Ⅱ	I Ⅲ	Ⅱ 上	Ⅱ 下	Ⅲ 上	Ⅲ 下	Ⅳ 上	Ⅳ 下	Ⅴ 上	Ⅴ 下	Ⅵ 上	Ⅵ 下	計
親	シン								3	2	9		1	1	16
		おや					18	3	1			2	2	1	27
		したしむ									1	2	4	2	9
人	ジン						5	2	5	1	33	10	66	38	160
	ニン			14	1	19	15	38	17	17	19	35	7	63	245
		ひと		15	22	16	30	27	45	46	61	119	86	120	587
仁	ジン													2	2
水	スイ				4	1	5	10	4	7	16	1		2	50
		みず		6	35	6	16	8	8	8	7	4		8	106
推	スイ												1	1	2
		おす													
数	スウ								1		1	10	11	4	27
		かず							1	1	1	9	7	8	27
		かぞえる							1				1	1	3
世	セ						5	1	2	4	5	10	9	18	54
	セイ											1		3	4
		よ							2	1		2	4	18	27
是	ゼ											1			1
生	セイ			19	16	27	21	31	38	16	21	66	19	27	301
	ショウ											1	1	1	3
		いきる				8	5	1	1	3	2	5	4	9	38
		うまれる				4	2		1	1	3	7	17	12	47
		き										1			1
		なま							1			2		2	5
正	セイ										3	8			11
	ショウ			8	4	3	3	2	25	4	7				56
		ただしい							1			4	2	1	8
西	セイ										2	1	9	2	14
	サイ												3		3
		にし				2		1	3	4	2	2	30		44
成	セイ									3	3	4	2	12	24
	ジョウ														
		なる												1	1
声	セイ											10	2		12
		こえ			5	31	16	16	18	4	22	16	5	10	143
制	セイ									2	4		2	1	9
性	セイ									3	8	2	1	7	21
	ショウ														
青	セイ										3	2			5
	ショウ														
		あおい			10	3	2	6	6	5	5	3	9	1	50

漢字	音	訓	提出回数 I Ⅱ	I Ⅲ	Ⅱ 上	Ⅱ 下	Ⅲ 上	Ⅲ 下	Ⅳ 上	Ⅳ 下	Ⅴ 上	Ⅴ 下	Ⅵ 上	Ⅵ 下	計
政	セイ										2	8	10	2	22
	ショウ														
		まつりごと													
星	セイ											14			14
		ほし										4			4
清	セイ												1		1
		きよい									1				1
晴	セイ														
		はれる					10		10	9	7	3	2	3	44
勢	セイ											2	2		4
		いきおい								3	1			2	6
聖	セイ											1		3	4
精	セイ								1				3	2	6
	ショウ														
製	セイ										1	2	1	2	6
誠	セイ														
		まこと										1		1	2
静	セイ														
	ジョウ														
		しずか							6	1	2	4	6	8	27
整	セイ									1		2			3
		ととのえる									1			1	2
税	ゼイ												9		9
夕	セキ														
		ゆう			9	3	3	7	13		3		3	8	49
石	セキ								1		2	23	1	1	28
	シャク														
	コク												2		2
		いし		5	1		9	14	5	6	8		7	9	64
赤	セキ														
	シャク														
		あかい			13	4	4	15	5	8	15	7		12	83
席	セキ									1	1	2		5	9
責	セキ										1			1	2
		せめる													
積	セキ										1	6		1	8
		つむ								5		7	2		14
績	セキ													1	1

漢字	音	訓	提出回数 I II	I III	II 上	II 下	III 上	III 下	IV 上	IV 下	V 上	V 下	VI 上	VI 下	計
切	セツ								3	3	7	4	3	9	29
	サイ													1	1
		きる						6	7	7	12	2	6	13	53
折	セツ														
		おる						3	2						5
接	セツ												2		2
設	セツ											1	4		5
		もうける											1		1
雪	セツ										30	10			40
		ゆき				14	4		3	9	3	38	4	3	78
説	セツ ゼイ							8		3		10	7	4	32
		とく											2		2
節	セツ								1		1	2	1	1	6
		ふし												1	1
舌	ゼツ														
		した							3	3		1			7
絶	ゼツ														
		たえる										1	1	3	5
千	セン						3				1	5	21		30
	チ									1					1
川	セン														
		かわ		8	18	2	39	10	18	3	27	4	19	7	155
先	セン			4	14	15	16	26	19	12	16	24	4	10	160
		さき				5	3	8	4	7	12	11	5	9	64
宣	セン										1			2	3
浅	セン														
		あさい							1		3				4
専	セン													2	2
船	セン							10			8	1	27		46
		ふね						30			3	7	3		43
銭	セン											1			1
		ぜに													
線	セン						6	1		9	10	4	2	2	34
戦	セン										5		10	3	18
		たたかう									5		4		9
選	セン								1	1	10	3	32		47
		えらぶ							3	4	3		2		12
全	ゼン						8	3	9	8	7	6	7	8	56
		まったく									1	3	3	4	11
前	ゼン						4		3		1	8		2	18
		まえ				12	8	15	19	22	48	32		15	171

漢字	音	訓	提出回数 I II	I III	II 上	II 下	III 上	III 下	IV 上	IV 下	V 上	V 下	VI 上	VI 下	計
善	ゼン												1		1
然	ゼン										21	2	1	7	31
	ネン													2	2
祖	ソ												1		1
素	ソ ス												1	2	3
組	ソ														
		くむ					7			4	17	12	2	4	46
早	ソウ												1		1
		はやい			11	9	10	4	12	9	4	3	8	14	84
走	ソウ										1		3		4
		はしる				14	4	5	5	12	16	5	8	12	81
争	ソウ									1	3			2	6
		あらそう										2	2	1	5
草	ソウ													2	2
		くさ				10	12		3	2	6	8	4	10	55
相	ソウ								15			1		2	18
	ショウ												1		1
		あい									9			1	10
倉	ソウ												10		10
		くら								3				1	4
送	ソウ								17	1			2		20
		おくる							1	2	6	2	3		14
創	ソウ												2	1	3
想	ソウ									1	1	1		6	9
総	ソウ										1		1		2
造	ゾウ									1	20			1	22
		つくる								2	1		2	1	6
像	ゾウ										2	1	1	3	7
増	ゾウ												2	1	3
		ます								1	1				2
蔵	ゾウ									1		1	1		3
		くら													
足	ソク									1	2			6	9
		あし				4	10	2	4	4	12	4	5	32	77
		たりる												1	1
則	ソク										3	2			5

漢字	音	訓	提出回数 I II	I III	II 上	II 下	III 上	III 下	IV 上	IV 下	V 上	V 下	VI 上	VI 下	計
息	ソク												2		2
		いき									5	1	2	1	9
側	ソク														
		かわ								9	1	1	1	1	13
測	ソク									1	2	13	1		17
		はかる												1	1
速	ソク									4	2	1	3	1	11
		はやい						4	1	2	3	5		4	19
俗	ゾク											1	1		2
族	ゾク							8				5		1	14
属	ゾク										2		1	2	5
続	ゾク													6	6
		つづく							10	9	13	13	10	6	61
卒	ソツ										2	3		1	6
存	ソン													1	1
	ゾン										1			1	2
村	ソン									1	1				2
		むら			5	4	11	9	6	7	2	11	2	7	64
孫	ソン														
		まご												1	1
尊	ソン												2	1	3
		たっとい									1	2	1	7	11
損	ソン									2				3	5
太	タ								1						1
	タイ						3		2	2	3	3	1	12	26
		ふとい						3	1	1		2			7
他	タ										2	2	3	10	17
多	タ										1	5	1	4	11
		おおい			4	1			3	3	5	13	17	17	63
打	ダ														
		うつ					3	1		5	3	3	3	2	20
大	タイ								4	5	10	9	13	2	43
	ダイ				3		4	3	3	12	6	13	18	11	73
		おおきい		11	41	19	25	34	39	62	11	38	44	29	353
体	タイ							8	2	11	8	2	1	7	39
	テイ														
対	タイ								1	3	1	1		4	10
	ツイ														

漢字	音	訓	提出回数 I II	I III	II 上	II 下	III 上	III 下	IV 上	IV 下	V 上	V 下	VI 上	VI 下	計
待	タイ												1		1
		まつ					7		1	4	6	10	1	3	32
退	タイ												1		1
		しりぞく											1		1
帯	タイ									2	1		4		7
		おび												2	2
隊	タイ												1		1
貸	タイ														
		かす						8				1			9
態	タイ										1	3		1	5
第	ダイ								16	2	4	10	12	5	49
代	ダイ										2	4	14	2	22
		かわる							5	4	1	5	2	3	20
		よ													
台	ダイ					8	3	5		6	3	4	2	5	36
	タイ										2				2
題	ダイ							4			3	2	1	1	11
達	タツ										2	1		1	4
炭	タン											27			27
		すみ						3				3			6
単	タン													3	3
短	タン										1				1
		みじかい									1	7			8
男	ダン											1			1
	ナン														
		おとこ			23	14	1	2	7	4	8	2	4	11	76
断	ダン											1		1	2
		たつ													
		ことわる										1			1
団	ダン										1			1	2
談	ダン								15		1				16
地	チ						14	5	4	17	25	11	32	9	117
	ジ						6	2	4		1	6	5	4	28
池	チ									7					7
		いけ				4		1	1	1				2	9

漢字	音	訓	提出回数 I		II		III		IV		V		VI		計
			II	III	上	下	上	下	上	下	上	下	上	下	
知	チ									1	2	1	1	1	6
		しる			13	6	6	6	3	9	11	14	11	14	93
置	チ										2			1	3
		おく							7	7		2	1	2	19
竹	チク														
		たけ			5			9	13	4	5			1	37
築	チク												1	1	2
		きずく											1	1	2
茶	チャ								3	1	38		1	3	46
着	チャク										1		3	1	5
		きる						10	3	7	5	3	23	8	59
		つく						7	3	11	7	1	7	8	44
中	チュウ						6	27	1	11	5	3	27	5	85
		なか		11	24	10	41	23	23	37	22	22	21	48	282
虫	チュウ								1		2		1		4
		むし				5	12	1		6	3	4		1	32
忠	チュウ											1		1	2
注	チュウ								3	2	1	1	3		10
		そそぐ											1	1	2
柱	チュウ														
		はしら					4			3					7
昼	チュウ										1		1		2
		ひる					6	1	1	4	1	6	1		20
貯	チョ										4				4
著	チョ														
		あらわす													
		いちじるしい												1	1
町	チョウ									1	8	1	3	7	20
		まち			11	5	6	14	1	7	5	11	47	5	112
長	チョウ								13	26	2	3	18	10	72
		ながい				6	8	2	3	5	20	7	13	16	80
帳	チョウ										1				1
張	チョウ												1	2	3
		はる										6	1	4	11
鳥	チョウ									7	2				9
		とり					11	4	6	6	12	1	2	11	53
朝	チョウ												4		4
		あさ				5	4	1	9	7	5	2	10	10	53
腸	チョウ												1		1
調	チョウ								3		3	6	3	3	18
		しらべる							5	13	3	4	4	7	36

漢字	音	訓	提出回数 I		II		III		VI		V		IV		計
			II	III	上	下	上	下	上	下	上	下	上	下	
直	チョク										1		1	4	6
	ジキ										1				1
		なおす									1	7	1	4	13
		ただちに													
賃	チン											1			1
追	ツイ														
		おう						4	2	4	5	3	1	2	21
通	ツウ								3	10	10	2	13		38
		とおる					10	5	4	16	5	4	20	4	68
		かよう													
丁	テイ														
	チョウ												1		1
低	テイ										1				1
		ひくい							3	1	3	3	7	2	19
弟	テイ										2		5	2	9
	ダイ														
		おとうと					4	4	7		6	1	12	1	35
定	テイ										5	1	2		8
	ジョウ														
		さだめる									2	1	2	3	8
底	テイ									2	1				3
		そこ						3		1	2	4			10
庭	テイ								1			1	2		4
		にわ						6		3					9
停	テイ									1	4		2	1	7
提	テイ													1	1
程	テイ									1					1
的	テキ									1	1		5	6	13
		まと											1		1
敵	テキ										2		6	1	9
適	テキ								1		2		1	1	5
鉄	テツ								6	10	4				20
天	テン					3	2	3	9		3	2	6	8	36
		あめ													
典	テン											8			8
店	テン							5			3		4		12
		みせ					3	11		1	3		2		20

漢字	音	訓	提出回数 I		II		III		IV		V		VI		計
			II	III	上	下	上	下	上	下	上	下	上	下	
点	テン									2	10	1		2	15
展	テン												1		1
転	テン								1	2		5	3	1	12
田	デン											22			22
		た		6	13	3	14	30	1	37	22	11	21		153
伝	デン										2	6		3	11
		つたえる							10	4	6	13	12	4	49
電	デン					11	7	3	9	3	54	3	3		93
図	ト											14	1		15
	ズ							12	6	1	23	4	2	2	50
		はかる													
徒	ト										1	5		1	7
都	ト						8		2	2	1		29		42
	ツ										1				1
		みやこ										2	6		8
土	ド			4	4	7	7	1	2	1		2	1	2	31
	ト								3	2	6	3	16		30
		つち				3	7		6	13	1	5		5	40
努	ド									1	1			4	6
		つとめる									2	1	2		5
度	ド							5	6	6	10	19	8	12	66
刀	トウ														
		かたな						3						1	4
冬	トウ														
		ふゆ				5	3	1	3	3	7	14	3	4	43
当	トウ								1	1	3	8	4	3	20
		あたる						4	5		1	7	3	3	23
投	トウ								1				1		2
		なげる					4			1		5	6	4	20
東	トウ					7	3			2	6	3	26		47
		ひがし				3	1		2	2	2	3	9	1	23
島	トウ									3	2		3		8
		しま						4	1		3	2	15	2	27
討	トウ													2	2
		うつ													
党	トウ												1		1
湯	トウ											1			1
		ゆ						4		3		1			8

漢字	音	訓	提出回数 I		II		III		IV		V		VI		計
			II	III	上	下	上	下	上	下	上	下	上	下	
登	トウ														
	ト										4				4
		のぼる						6	2	3	10	3	1	2	27
等	トウ									3	9		7	3	22
		ひとしい													
答	トウ														
		こたえる					4	11	4	1	1	3	7	11	42
統	トウ											1	1	1	3
		すべる													
燈	トウ							6				4	2		12
頭	トウ						11	2		1	4	4		3	25
	ズ													1	1
		あたま					5	9	1	18	5	5	3	14	60
同	ドウ										5	2	4	3	14
		おなじ					6	1	14	20	10	8	14	16	89
動	ドウ						3	6	8	27	16	11	7	14	92
		うごく				4	4	7	2	8	12	5	6	15	63
堂	ドウ							4			2	2	3	8	19
童	ドウ									2			3	1	6
働	ドウ													1	1
		はたらく							2		4	11	2	12	31
道	ドウ						3	5	7	28	2	11	21	4	81
		みち				11	12	10	7	4	6	3	16	9	78
銅	ドウ											3	1	1	5
導	ドウ									3	1	2			6
		みちびく									1		1		2
特	トク									3	1		2	1	7
得	トク											1		4	5
		える									2	1	2	2	7
徳	トク													2	2
毒	ドク							4	1					1	6
独	ドク											12	1	1	14
読	ドク												1	3	4
	トク														
		よむ				26	15	40	7	3	12	32	40	7	182
届		とどける									2	4			6

漢字	音	訓	提出回数 I II	I III	II 上	II 下	III 上	III 下	IV 上	IV 下	V 上	V 下	VI 上	VI 下	計
内	ナイ								3	1	1	9	15	6	35
	ダイ												1		1
		うち							1	4		2		3	10
南	ナン									7	2	1	2	1	13
		みなみ				1	5	1	6	4	2	1	1	1	22
難	ナン												2	1	3
		かたい													
二	ニ		3	27	23	21	32	28	35	44	42	55	56	40	406
		ふたつ		3		3	5	3	4	13	2	4	5	7	49
弐	ニ														0
肉	ニク											4		1	5
日	ニチ			22	15	4	26	11	17	44	24	35	69	36	303
	ジツ								1	4	5	1	2		13
		ひ		25	28	8	22	18	14	12	20	20	12	7	196
		か		4	3	3	8		4	4	2	2	1	1	32
入	ニュウ									6	3	3	2		14
		いれる			11	11	2	7	15	24	1	7	14	16	108
任	ニン								1		1			3	5
		まかせる							1						1
認	ニン														
		みとめる									3		2		5
熱	ネツ									3		5	1	2	11
		あつい									5			1	6
年	ネン			14	4	11	10	6	42	11	32	86	48	39	303
		とし			7	1	2			3		2	4	6	25
念	ネン									1	8		5	4	18
燃	ネン									1					1
		もえる									2				2
納	ノウ トウ ナ												2		2
		おさめる									1		3		4
能	ノウ									1			1	7	9
農	ノウ										3	7			10
波	ハ								1				1		2
		なみ						6		1		1	1	1	10
派	ハ												1		1
破	ハ	やぶる									4	6			10

漢字	音	訓	提出回数 I II	I III	II 上	II 下	III 上	III 下	IV 上	IV 下	V 上	V 下	VI 上	VI 下	計
馬	バ									1	10	4	1	1	17
		うま					11	7	22	16	3	7	1	16	83
拝	ハイ	おがむ									1		2		3
配	ハイ								1	2	2	8	7	3	23
		くばる								2	1	1	1		5
敗	ハイ								1		5	1	2	2	11
		やぶれる											1		1
倍	バイ										1	3	2		6
買	バイ											1			1
		かう						7	1	4	6	1	12		31
売	バイ							3				1	2	3	9
		うる					4	1		4		2	1	3	15
白	ハク ビャク										4	1	1	2	8
		しろい		4	1	2	7	12	6	2	22	10	5	12	83
博	ハク									2	3	1	8	18	32
麦	バク	むぎ					5		1				1	1	8
畑		はた はたけ					5	2	2	7		2	2	3	23
八	ハチ		3	4	17	3	10		8	5	10	12	11	18	101
		やつ		1									1		2
発	ハツ ホツ						4	7	6	10	9	20	14	29	99
反	ハン								3		1	1	2	1	8
	タン								3			1		1	5
半	ハン					4	3	2	3	6	3	4		5	30
		なかば									2			1	3
犯	ハン	おかす												1	1
判	ハン												1	4	5
坂	ハン	さか				4			2	6			1		13
板	ハン バン							9	2	1	1	1		1	15
		いた							1	8			1	2	12
版	ハン												8	1	9
飯	ハン									1	1		1		3
		めし												2	2
番	バン								1	3	3	7	1	5	20

漢字	音	訓	提出回数 I II	I III	II 上	II 下	III 上	III 下	IV 上	IV 下	V 上	V 下	VI 上	VI 下	計
比	ヒ											1			1
		くらべる									3	2	1		6
皮	ヒ	かわ							2	1	5	1			9
否	ヒ	いな												1	1
肥	ヒ	こえる									1	1		1	3
非	ヒ											5	2	2	9
飛	ヒ												4	9	14
		とぶ						21	15	26	25	8	11	12	118
悲	ヒ												2		2
		かなしい											2	6	8
費	ヒ										1	2	1		4
		ついやす												1	1
美	ビ												3	12	15
		うつくしい					3	5		1	11	7	26	32	85
備	ビ	そなえる									1	2	2		5
鼻	ビ	はな						4	3	1		1		2	11
必	ヒツ									1	6	1	6	2	16
		かならず							3	1		2	1		7
筆	ヒツ										2	1	2		5
		ふで											2	3	5
百	ヒャク				9	10	6	5	2	2	12	22	22	1	91
表	ヒョウ							9	6	25	1	9	2	5	57
		おもて					4	2	1				2		9
		あらわす							5		21	13	8	11	58
氷	ヒョウ												2		2
		こおり					5		1		7			2	15
俵	ヒョウ										1				1
		たわら													
票	ヒョウ								1						1
評	ヒョウ												1	2	3
標	ヒョウ								3	5		1	7	1	17
秒	ビョウ									1					1
病	ビョウ								1	5			2	7	15
		やむ やまい													

漢字	音	訓	提出回数 I II	I III	II 上	II 下	III 上	III 下	IV 上	IV 下	V 上	V 下	VI 上	VI 下	計
品	ヒン								1		2	1	9	21	34
		しな									4	1	7	14	26
貧	ヒン												1		1
	ビン														
		まずしい								1		1	1		3
不	フ										6	3	4	10	23
夫	フ	おっと										16	1	2	19
父	フ													1	1
		ちち						5	3	2	3	5	21	48	87
付	フ													1	1
		つける									18	10	1	5	34
布	フ										6	1			7
		ぬの							4	1	4		1		10
府	フ										2	2	6	2	12
負	フ											1	1		2
		まける おう										3	6	1	10
富	フ	とむ										1	1		2
婦	フ								2				1		3
武	ブ ム											3	10	1	14
部	ブ						11	1	5	3	5	15	15	3	58
風	フウ						5				2	1	11	2	21
		かぜ					11	3	13	2	9	7	2	2	49
服	フク							3		1		1	2	2	9
副	フク								1		3				4
福	フク									1		3	1	5	10
復	フク												1		1
複	フク										1				1
仏	ブツ	ほとけ						15			1				16
物	ブツ						5	5	1	35	15	16	10	11	98
	モツ						3	1	1	5		2	5		17
		もの						17	5	4	39	17	33	10	125

漢字	音	訓	提出回数 I II	I III	II 上	II 下	III 上	III 下	IV 上	IV 下	V 上	V 下	VI 上	VI 下	計
分	フン					4	1			1	4		2		12
	ブン					7	11	7	12	7	22	42	53	55	216
	ブ									3			1	1	5
		わける				3	3	2	7	1	5	3		3	27
粉	フン									8					8
		こ								2					2
		こな										5	1		6
奮	フン												1		1
		ふるう													
文	ブン					9	8	19	6	1	27	33	17	13	133
	モン							3			3	18	7		31
聞	ブン							6	18		1		60	2	87
		きく					25	22	55	17	16	18	20	16	189
平	ヘイ						5		1	5	4	3	12	11	41
	ビョウ														
		たいら ひらたい									4	2		1	7
兵	ヘイ										2		5		7
陛	ヘイ												1		1
米	ベイ												1		1
	マイ														
		こめ			12			1	4						71
別	ベツ								2	5	9	1	4	2	23
		わかれる							1	2	1	7	1	5	17
辺	ヘン												1		1
返	ヘン							3	2		1	1	3	1	11
		かえす						17			2	4	4	3	30
変	ヘン											2		3	5
		かわる						4	1	2	15	4	2	2	30
編	ヘン											4	2		6
		あむ									1				1
弁	ベン									1		5	1	1	8
便	ベン										5	3	1	1	10
	ビン										19	4			23
勉	ベン								3		1	1	4	3	12
歩	ホ									5	1	5		4	15
	ブ													1	1
		あるく あゆむ					5	7	11	29	3	5	5	19	84
保	ホ								2		1	1			4
		たもつ												1	1

漢字	音	訓	提出回数 I II	I III	II 上	II 下	III 上	III 下	IV 上	IV 下	V 上	V 下	VI 上	VI 下	計
補	ホ	おぎなう								1					1
母	ボ	はは						3	7	7	1		4	16	38
墓	ボ	はか												1	1
方	ホウ				4	17	31	15	32	24	50	32	55	25	285
		かた			8	5	9	9	5	9	11	20	6	16	98
包	ホウ	つつむ							11		1	1	2	1	16
放	ホウ								17	1	1	7	2	1	29
		はなす								2	1	1	1	4	9
法	ホウ								1	1	8	2	6	3	21
報	ホウ	むくいる								2	5	3	11	2	23
豊	ホウ	ゆたか										2	4		6
防	ボウ									1			1	1	3
		ふせぐ									3	1	1		5
望	ボウ モウ										2			2	4
		のぞむ								1	1		1		3
貿	ボウ												4		4
暴	ボウ バク											1	1		2
北	ホク								3	4	2	10	5	1	25
		きた				1	1	1	2	1	4	9	8	2	29
木	ボク									1	1				2
	モク				4		5	1	2		2	1	2		17
		き	7	2	9	1	17	14	28	15	15	28	30	7	173
牧	ボク						14		1		5	3			23
		まき							1				1		2
本	ホン			5	13	16	14	46	17	27	31	76	54	28	327
毎	マイ				10		2	4	2	1	9	2	16	5	51
妹	マイ	いもうと					4	2	2	5					13
末	マツ								2				1		3
		すえ							1		1	2	1	5	10
万	マン バン									1		2	7		10
満	マン										2			4	6
		みちる									1	1			2

漢字	音	訓	提出回数 I		II		III		IV		V		VI		計
			II	III	上	下	上	下	上	下	上	下	上	下	
未	ミ											1		6	7
味	ミ										3	3	10	7	23
		あじ									3	1	1	2	7
脈	ミャク												1		1
民	ミン										2	13	14	12	41
		たみ													
務	ム										1		1	1	3
		つとめ												1	1
無	ム									1	3	1	2	3	10
	ブ														
		なし									1		1	1	3
名	メイ								5		17	10	8	8	48
	ミョウ											2	1		3
		な				9	8	1	16	2	46	12	4	8	10
命	メイ										1	6	4	1	12
	ミョウ														
		いのち									1			1	2
明	メイ							9		8	10	5	9	11	52
	ミョウ														
		あきらか									1	1			2
		あける							2	3	2		3	4	14
		あかるい				6		1	2	3	10	4	4	2	32
迷	メイ														
		まよう											1		1
盟	メイ												1		1
鳴	メイ													1	1
		なく					11		3	3	8	5	3	3	36
		なる						4	2		4	1	3	1	15
面	メン						7	9	4	1	9	11	21	8	70
		おも									1				1
		おもて													
綿	メン														
		わた									1			1	2
毛	モウ														
		け				3	5	3			4	1		9	25
目	モク									1	6		7	1	15
		め		4	5	3	8	9	12	13	27	19	29	30	159
門	モン				3	1	2	1		1	1	3	9	4	25
		かど													
問	モン							4		2	5	7	16	1	35
		とう								9					9

漢字	音	訓	提出回数 I		II		III		IV		V		VI		計
			II	III	上	下	上	下	上	下	上	下	上	下	
夜	ヤ								5		1			1	7
		よ				9		1	6	1	6	2		6	31
		よる				4	3			3	9	5	6	5	35
野	ヤ						6		6	1	1	1	3		18
		の							15	3	8		13	7	46
役	ヤク						11	15	1	3	16	15	15	4	80
	エキ														
約	ヤク										1	1	1		3
訳	ヤク														
		わけ								1	1			1	3
薬	ヤク													3	3
		くすり						4	1		1	1	6	1	14
油	ユ											1	2		3
		あぶら										3	1	1	5
輪	ユ												1		1
友	ユウ										2		5		7
		とも				5	37	2	25	2	1	2	3	6	83
由	ユウ								1	1	6	2	1	12	23
	ユ											1			1
		よし													
有	ユウ										7	3	3	7	20
	ウ														
		ある										3			3
勇	ユウ								2		5		2	1	10
		いさましい									1				1
遊	ユウ													1	1
		あそぶ						6			6	3	4	5	24
予	ヨ									1			4		5
余	ヨ												2		2
		あまる											3	1	4
預	ヨ														
		あずける										1			1
用	ヨウ					3		9	7	1	17	14	3	10	64
		もちいる							1		7	9	1	6	24
洋	ヨウ								1	9	1	3	10	2	26
要	ヨウ									1	7	1	7	3	19
容	ヨウ										4	2	2	2	10
葉	ヨウ														
		は					6	2	3	15	2	3	5	4	40

漢字	音	訓	提出回数 I II	I III	II 上	II 下	III 上	III 下	IV 上	IV 下	V 上	V 下	VI 上	VI 下	計
陽	ヨウ						4		3	1	5	1	3	1	18
様	ヨウ										4	2		2	8
		さま						28	1	14	31	17	11	2	104
養	ヨウ													2	2
		やしなう										1			1
曜	ヨウ						13	1	5				1		20
浴	ヨク	あびる								1		2	1		4
欲	ヨク									3			1		4
		ほっする													
来	ライ							4		1	5	3	8		21
		くる					70	39	41	36	69	65	82	46	448
落	ラク													2	2
		おちる					15	4	6	7	4	5	7	8	56
利	リ										10	6	5	12	33
里	リ	さと								3				1	4
理	リ							6	3	2	3	7	7	10	38
陸	リク										2	1	9	1	13
立	リツ										1	8	2	2	13
		たつ		6	4	2	14	10	9	9	31	17	18	16	136
律	リツ												1		1
率	リツ ソツ	ひきいる									3				3
略	リャク										1	4			5
流	リュウ										2	2	3	1	8
	ル	ながれる					26	2	6	2	10	10	8	17	81
留	リュウ										2				2
	ル	とめる								1					1
旅	リョ									6	2	6	10	1	25
		たび						4	1	2	4	1	2		14
両	リョウ						7	2	3		2	3	7	6	30
良	リョウ	よい								1	1				2

漢字	音	訓	提出回数 I II	I III	II 上	II 下	III 上	III 下	IV 上	IV 下	V 上	V 下	VI 上	VI 下	計
料	リョウ							7	3	1	4		1	1	17
量	リョウ	はかる								2	1	10	3	3	19
領	リョウ										3	1			4
力	リョク								1	7	2	2	1	14	27
	リキ											1			1
		ちから				3	9	1	7	8	7	18	4	7	64
緑	リョク												1	1	2
	ロク	みどり							9	12	2	1	3	7	34
林	リン								9		5		8	1	23
		はやし		8	1	1	5	7	3	8	2	2	2		39
輪	リン								6	2	2	1	1		12
		わ							1		2		1		4
臨	リン	のぞむ												1	1
類	ルイ									21	3	10	3	9	46
令	レイ										1	2	6		9
礼	レイ						3		4	3	3	3	5	2	23
冷	レイ									1					1
		ひえる つめたい									3	1		2	6
例	レイ										5	2		2	9
歴	レキ											1	8	3	12
列	レツ							7	2	1	6	1	2	2	21
連	レン									1			7	6	14
		つらなる つれて								1	1	2	3	5	12
練	レン	ねる							3			2			5
路	ロ									21	2		12	1	36
	ジ										1		1	1	3
老	ロウ										1		10	1	12
		おいる										1			1
労	ロウ										1		1	2	4
六	ロク		3	6	3	10	10	3	14	1	24	26	11	6	117
		むつ		1		2		1	4			2		1	11

漢字	音	訓	提出回数 I II	I III	II 上	II 下	III 上	III 下	IV 上	IV 下	V 上	V 下	VI 上	VI 下	計
録	ロク							4	3			4	1	1	13
論	ロン										1		2	7	10
和	ワ	やわらぐ							7	1	3		1	1	13
話	ワ	はなす								1	3	3	1		8
						35	34	31	30	20	10	33	11	19	223

第Ⅱ部

わが校における漢字調査とその指導

新潟県南魚沼郡西五十沢小学校長

坂　井　勝　司

第Ⅱ部　目　次

1. 漢字の学習指導

(1) 漢字学習指導のねらい

漢字指導のねらいは，漢字ひとつひとつの読みや書きを学習させることに終始することではない。漢字は，思考の中，話の中，文の中で語いとして位置づけられているものである。したがってその位置づけを理解し，思考や話や文を効果的に表現したり，理解したりするような位置づけをする力をつけることをねらって，指導にあたるべきである。

そのためには，漢字の働く全領域から，児童の経験・能力の面から適切な学習領域を打ち出して，それをどう指導したらよいかを検討したい。

漢字は，それが読めても書けなかったり，書かけても使用しなかったりする場合がある。

また，話の中で使用し，聞くときに理解できても，書かれたものを見て読めなかったり，文の中で書こうとしても書けなかったりすることがあるものである。

漢字の文中での働きを理解したり，文中に働かせたりする能力をつけるためには，その漢字の文中における働きぐあいを考えてみることがたいせつである。

語いの中で漢字を考えてみると，次のようないろいろの場合が考えられる。

1. 読みの機会の多いもの，書きの機会の多いもの，話の中での機会の多いもの。

2. 読めれば語いとして理解されやすいもの。

（例：風雨・競走・水泳・体育・鼻・歯……等）

3. 言いかえで理解できるもの。

（例：提出・願望・集合……等）

4. 内容がわからなければ，いいかえでは理解できないもの。

（例：貿易・公使・憲法・政治・予防……等）

5. 語いと漢字との関係

イ　低学年向きのことばで，しかも低学年向きの漢字。

（例：石・水・川・海・山……等）

ロ　低学年向きのことばであるが，高学年向きの漢字。

（例：電燈・映画……等）

ハ　高学年向きのことばで，低学年向きの漢字。

（例：屋上・思い出……等）

ニ　高学年向きのことばで，高学年向きの漢字。

（例：兼任・需要・納税・遺業……等）

以上のことから考えて，漢字の習得について次のような留意点が導き出せる。

1. それぞれの学年でよく読める字と読めない字とがある。
2. それぞれの学年で読めるが，書けない字がある。
3. それぞれの学年で書けるが，生活の中で使用しない字がある。
4. 習得の速い字，興味づけると習得上効果のある字，誤りやすい字などがある。
5. 児童の生活中によく出る字と，そうでない字とがある。
6. 他教科で研究する機会をもっている字と，そうでない字とがある。
7. それぞれの学年で書きやすい字，書きにくい字がある。

8. 文字によって学校で多く使用される字，家庭で多く使用される字，その他の所で多く使用される字などの別がある。

これらのことから，漢字は，

1. その漢字自体の上から，
2. その漢字を含んだ語いの上から，
3. その語いが使用される場所の上から，
4. 取り扱う教師の上から，
5. 学習する児童の上から，

それぞれの習得の方向や難易の度合が違ってくることが予想される。

(2) 児童の発達と漢字

児童の学習経験により，児童をとりまく環境により，精神的発達により，文の理解や習得の程度が左右されることを考え合わせると，それぞれその学年で習得にあまり支障のない時期に提出されることが理想である。

第2学年と第6学年とに例をとって，それぞれの学年に提出が適当であると考えられるものについて調査した結果を示すと次のとおりである。

調査した漢字　文部省初等教育課示唆案　（2年，6年のもの）

学　年　第2学年，第6学年
時　期　26年9月，28年3月，29年3月
調査方法　書き881字，全字について調査

第　2　学　年　（120字）

時＼字	円	王	夏	家	快	界	間	岩	汽	季	気	休	牛	魚	近	苦	兄	犬
年月																		
26.9	90	84	74	91	8	82	20	87	59	44	82	74	89	87	70	0	93	84
28.3	93	83	85	84	19	87	82	83	83	75	91	94	89	63	96	69	91	98
29.3	100	93	100	100	64	87	85	92	72	64	90	89	87	72	82	56	93	98

字＼時	元	原	戸	語	光	考	厚	高	谷	国	黒	今	作	糸	思	紙	字	自
26.9	75	74	75	84	95	49	33	77	82	90	87	82	74	75	85	72	77	90
28.3	96	79	85	91	98	77	33	96	89	100	87	91	93	100	89	83	96	77
29.3	92	87	97	84	100	71	36	92	85	95	97	97	100	92	92	92	90	92
字＼時	事	時	車	春	書	色	食	心	申	森	親	世	生	正	西	声	星	晴
26.9	64	80	87	92	49	82	72	97	70	85	62	90	65	89	92	87	65	59
28.3	67	96	91	98	91	98	83	98	82	96	83	98	91	96	96	100	96	83
29.3	82	97	95	97	80	87	87	100	67	100	69	87	100	100	92	93	72	78
字＼時	夕	石	切	千	先	船	銭	出	組	走	草	足	村	多	知	竹	虫	町
26.9	92	98	64	90	87	67	44	72	89	77	77	87	93	41	46	85	84	95
28.3	93	98	77	91	98	83	61	93	94	93	93	100	91	81	79	98	96	100
29.3	93	100	85	80	98	64	72	92	93	85	87	100	92	77	71	92	89	95
字＼時	鳥	弟	土	徒	都	東	道	南	入	麦	発	半	百	品	不	父	文	米
26.9	82	57	93	23	51	84	82	56	80	52	74	64	70	48	20	82	73	92
28.3	96	96	94	73	71	93	98	85	85	79	89	82	90	80	63	93	93	81
29.3	90	74	97	75	72	92	90	87	89	87	87	90	92	78	51	98	100	100
字＼時	母	方	北	名	明	門	夜	野	友	用	葉	力	林	礼	列	話	意	安
26.9	95	85	85	74	85	77	56	64	84	89	84	92	98	54	44	82	51	87
28.3	98	85	95	93	81	87	89	89	91	91	73	96	98	63	67	71	81	87
29.3	100	98	95	97	89	83	85	85	93	92	84	98	98	72	72	97	80	71

字＼時	音	駅	海	波	返	由	私	朝	全	天	島	立
26.9	95	49	82	56	44	13	95	80	84	90	87	77
28.3	96	75	93	71	73	73	73	98	96	100	89	94
29.3	100	67	100	82	57	87	85	93	82	95	87	100

第 6 学 年　　(221字)

字＼時	圧	案	胃	異	遺	壱	印	営	衛	益	液	延	往	応	過	価	課	芽
26.9	18	15	25	0	0	11	26	3	41	0	8	48	2	13	0	5	0	31
28.3	21	52	67	17	22	31	40	52	79	57	44	36	28	26	21	21	31	67
29.3	62	57	49	41	6	15	44	13	11	16	38	36	52	69	61	51	72	57

字＼時	解	革	確	拡	額	株	完	働	歓	眼	基	寄	規	貴	疑	逆	旧	救
26.9	3	0	0	0	3	39	16	0	0	0	0	5	3	0	0	2	0	52
28.3	42	42	42	48	50	36	34	20	26	46	32	31	19	26	21	19	24	31
29.3	77	28	44	31	30	33	66	36	36	26	38	42	34	15	18	16	33	21
字＼時	居	挙	許	境	競	均	勤	禁	訓	群	系	型	敬	極	潔	件	券	兼
26.9	11	8	0	0	8	10	3	3	2	15	5	7	5	29	11	7	3	0
28.3	32	83	42	42	42	34	54	73	48	54	67	38	42	24	38	28	17	15
29.3	57	54	48	38	49	54	15	26	42	42	33	57	44	52	3	57	41	21
字＼時	権	絹	憲	険	限	減	厳	己	故	固	個	誤	護	后	効	耕	鉱	構
26.9	2	38	0	7	2	0	3	0	5	11	10	10	3	2	3	8	31	0
28.3	50	15	46	22	32	19	28	73	26	38	54	40	42	31	42	20	48	52
29.3	15	42	33	30	41	15	11	51	34	38	59	18	31	25	11	21	56	9
字＼時	興	講	穀	混	査	差	妻	採	済	際	在	財	罪	策	刷	殺	参	蚕
26.9	13	0	0	0	10	26	3	3	0	3	3	16	7	0	2	3	10	2
28.3	56	21	31	26	57	48	31	36	38	32	19	22	59	16	28	26	77	67
29.3	44	34	5	8	34	33	26	26	26	46	38	21	33	8	25	44	52	41
字＼時	残	司	示	至	視	資	似	辞	借	釈	需	授	収	拾	修	衆	就	従
26.9	7	3	54	25	3	0	11	2	5	0	0	5	13	31	2	13	0	0
28.3	50	34	59	17	24	4	21	56	20	54	50	36	46	77	21	32	31	13
29.3	38	18	64	56	26	30	34	30	18	42	44	44	23	64	33	34	9	25
字＼時	述	純	準	処	諸	除	招	称	象	証	焼	状	条	職	推	是	勢	聖
26.9	2	3	5	8	2	0	0	0	10	8	13	5	3	3	0	5	33	0
28.3	32	36	40	57	38	50	42	11	77	20	38	69	21	50	34	31	32	31
29.3	28	13	31	21	39	41	18	15	54	21	20	44	18	62	11	25	49	8
字＼時	税	折	接	舌	絶	宣	専	素	宗	争	創	像	増	蔵	俗	属	存	孫
26.9	38	11	0	15	3	0	7	7	3	8	0	10	0	0	0	0	8	2
28.3	34	34	19	40	21	31	54	61	50	44	36	21	6	4	24	24	20	38
29.3	25	49	21	61	36	28	26	56	18	54	34	34	26	34	18	5	15	23
字＼時	尊	損	帯	貸	態	置	築	貯	著	腸	賃	丁	低	底	提	程	敵	適
26.9	5	2	15	3	2	3	0	11	2	7	0	31	13	36	0	3	0	18

28.3	26	28	31	20	28	31	51	22	13	54	6	40	22	32	32	24	7	7
29.3	34	18	44	20	30	52	51	18	21	30	20	48	48	26	21	34	25	33

字／時	展	討	党	統	独	届	難	認	燃	納	派	破	犯	飯	版	否	肥	備
26.9	0	0	8	0	8	0	0	0	16	13	8	3	7	7	0	2	0	5
28.3	36	31	40	24	50	44	19	38	24	65	87	48	38	36	34	36	15	50
29.3	49	28	21	66	54	15	9	21	72	18	23	48	18	34	16	8	52	34

字／時	俵	票	標	貧	付	布	復	仏	奮	陛	編	弁	補	墓	報	貿	暴	務
26.9	7	8	0	23	15	38	0	2	0	2	2	8	0	21	11	0	0	21
28.3	73	61	24	50	46	63	40	69	15	61	42	52	36	20	32	32	22	21
29.3	12	48	56	71	38	71	41	38	11	28	20	39	11	25	31	33	16	49

字／時	盟	綿	輸	余	預	要	浴	欲	律	率	略	量	領	輪	臨	連	録	慣
26.9	3	0	3	3	0	8	0	0	7	7	0	70	0	18	0	11	18	15
28.3	22	56	36	20	9	50	20	20	50	44	34	32	21	34	13	38	24	31
29.3	23	41	44	44	18	69	9	9	16	30	56	59	21	59	5	54	56	38

字／時	複	酸	断	訳	仮
26.9	0	2	2	6	0
28.3	42	36	21	44	20
29.3	16	28	41	26	18

この表から考えられることのひとつに，第2学年の漢字の習得に各年度とともに良好であること，それに比べて第6学年のそれは良好でないことがわかる。このことからも漢字には，それぞれの学年に適したものと，そうでないものがあることがわかる。

低学年の漢字の機能と，高学年の漢字の機能（たとえば，低学年のものは，日常語の中で理解され使用されるものが多い。高学年のものは，理解までに努力を必要とするものが多いこと，特殊語で，生活の中で読んだり，書いたりする機会の少ないものが多いこと）に違った面があることを考えると，それぞれの学年において，それぞれの漢字を生かすような指導計画が立てられ

なければならない。指導の方法において，調査の方向において高学年と低学年とがいつも同歩調であってはならない。

2. 児童の実態と指導漢字

(1) 調査に関して

i 調査経過

ここに当校の調査結果を示すが，それについては，これまでの指導の方向，学年，調査問題，調査方法等を説明しなければならないが，それについては，この報告の中で随時そのことに触れていくことにしたい。

ここで取り上げたおもな調査資料の中で，調査事項とそれの対象となった人員にてつい次に述べる。

調査学年と人数

期間＼学年	I	II	III	IV	V	VI
25年4月～26.3	76人	50人	63人	56人	57人	63人
26.4～27.3	51	76	50	63	56	57
27.4～28.3	43	51	76	50	63	56
28.4～29.3	44	43	51	76	54	63
29.4～30.3	86	44	43	51	74	63
30.4～31.3	78	86	44	43	51	74

調査事項（25年～30年7月）

イ，教育漢字調査
ロ，既習漢字調査
ハ，使用調査（漢字・語い）
ニ，計画調査
ホ，読み・書き・使用の誤り調査

学年と作文調査回数

学年	I	II	III	IV	V	VI
回	3—5	8—10	15	25	30	30

計画調査（27年３月～28年３月）語い調査事項

イ，教室でのことば

ロ，作文での語い

ハ，校内放送のことば

調査に要した日数と字数

項＼学年	II	III	IV	V	VI
日　数	1 日	1 日	2 日	2 日	2 日
字　数	10字	20字	40字	60字	60字

ii　読みの調査とその結果

ここに示される読み・書き・使用その他の調査結果は全校のもの 881 字のすべてにわたるものの中からの一例をあげたものである。

読むことの生活，書くことの生活を考えると，ただ単にその漢字が書けないということで指導をなげてしまってはならない。こうした漢字は高学年向きの漢字に多いが，それを読んで理解する大きな役割りをもっていることを考えれば，その線にそって，その漢字を指導することが必要である。

25年から29年３月までの間，児童の使用しなかった字の読みについて調査してみた。

使用しなかった 126 字中，◎我が国，◎順序のように意味のすぐ通じるものを除いた残りの46字の読みと理解を第６学年74名について調査したのが第１表である。

Ｉ　期日　26年９月と30年11月

II　問題　調査語いの中で（心境・推進・勧ゆう・兼任・安否）の５語いのほかは，指導ずみのものである。

III　調査事項　読み・理解（どんなことを云っているのか。どんな所で使用するか）。

（第１表）

項＼漢字		異	遺	営	央	額	拡	確	勧	基	疑	漁	境	兼	減	厳
調査語い		異議	遺業	経営	中央	総額	拡大	確実	勧ゆう	基本	疑問	漁業	心境	兼任	増減	厳守
読み	月日 26. 9	3	0	5	23	30	6	6	18	3	3	36	15	24	10	5
	30. 11	16	8	14	81	47	3	54	11	26	22	66	26	7	4	9
理解	30. 11	7	0	1	55	20	1	37	0	19	16	42	0	0	8	4
効	混	策	産	至	視	需	就	証	称	失	税	績	接	絶	善	創
効果	混合	策略	産物	至急	視察	需要	就職	証明	名称	焼失	納税	功績	接近	絶望	改善	創立
10	13	3	35	24	3	0	0	18	0	30	47	33	5	23	16	5
45	12	3	62	57	16	47	4	66	15	14	15	28	16	27	23	14
20	7	1	38	49	16	14	1	23	7	18	7	0	9	15	16	1
総	存	著	導	納	否	複	補	包	未	欲	適	耕	推			
総合	生存	著書	指導	納入	安否	複雑	補助金	包囲	未開地	意欲	適任	耕作地	推進			
30	26	6	18	19	6	18	16	3	6	6	33	18	0			
47	15	12	66	20	20	64	18	1	20	7	23	17	0			
20	4	1	45	3	1	11	15	3	8	0	5	16	0			

この表の字の中には，児童の生活中にあまり出てこないものもあるが，それらも文を読むとき，話を聞くときに生活の中のどこかに出てき，理解を必要とする場合のあることを考えて指導することの必要であることが考えられる。

この表から

1.　「増減」・「混合」の熟語の中で，「増す」「減る」「混ぜる」「合わせる」とすればわかるが，「ぞうげん」「こんごう」の熟語となるとその読みがわからないというものがある。

以上のことから，理解させる，書かせるためには，まず読みの指導がじゅうぶんに行われていなければならないことがわかる。

2. 不明確な覚え方の者には，次のような誤りがみられる。「著書」を「本を書いた人」，「複雑」を「本だなが複雑（乱雑の間違い）」「汽車が複雑（混雑の間違い）」，「名称」を「しょ名」，「停車」を「とまる所」，「漁業」を漁場」と考えている者がある。これに対しては指導の際に，それら類似の語いの異同を正確にしておくことがたいせつである。

次に高学年に出てくる字で，読めれば理解できるものについて，第6学年の74名について調べた結果を示したものが次の第2表である。

（第 2 表）

項	漢字	河	訳	族	専	在	綿	拝	差	祝	防	財	恩	再	勤	周
調査	語い	河口	訳す	家族	専門	存在	綿	拝む	差がある	祝日	消防	財産	親の恩	再び	勤める	周囲
読み	26. 9 30.11	40 46	19 68	42 82	3 72	48 76	10 96	15 66	44 77	50 76	66 80	35 82	19 80	29 62	6 65	21 68
書き	26. 9 28. 3 29. 3	38 31 67	6 44 26	13 32 52	7 56 26	3 19 38	0 56 72	5 28 15	26 48 33	36 31 52	16 61 49	16 22 21	7 17 57	26 42 16	3 54 15	26 38 51
舎	招	衣	職	述	永	則	諸	損	孫	堂	求	弁	姉	価	許	典
校舎	招待	衣料	職業	述べる	永久	法則	諸君	損害	孫	食堂	要求	弁当	姉	価	許す	式典
15 61	6 66	16 59	3 84	3 49	23 69	21 70	13 77	3 59	11 62	47 81	50 59	5 91	73 89	6 51	10 61	18 76
15 75 71	0 42 18	15 44 39	2 40 25	2 32 28	49 31 44	5 46 36	2 38 39	2 28 18	2 38 23	5 31 33	20 34 51	8 52 39	25 54 59	5 21 51	0 42 43	15 28 18

給	悲	居	属	必	液	奮	階	承	臨	眼	側	穀	均	幹	殺	査
配給	悲しい	住居	金属	必ず	液体	奮う	階下	承知	臨時	眼科医	右側	穀物	平均	幹	殺す	検査
26 46	58 93	44 43	6 65	47 72	13 61	18 85	61 43	27 51	2 64	16 61	66 77	0 57	35 73	79 64	48 70	27 73
20 56 41	59 48 59	11 32 57	40 24 5	46 57 59	8 44 38	0 15 11	11 57 62	8 7 18	0 13 5	0 46 26	38 44 56	0 31 5	10 34 54	16 42 21	3 26 44	10 57 34
険	飲	算	守	貯	挙	鼻	氏	誤	毒	測	直	照	応	済	丁	路
危険	飲む	計算	守る	貯金	選挙	鼻	氏名	誤る	毒	測量	宿直	照る	応えん	共済組合	横丁	道路
44 88	51 79	95 82	95 95	62 82	55 81	90 85	45 76	24 66	61 91	35 61	62 58	84 84	59 58	6 52	64 88	81 73
7 22 30	21 50 41	75 91 85	88 93 77	11 22 48	8 83 54	21 32 80	13 56 38	0 40 18	26 28 67	26 15 25	44 44 48	54 52 57	13 26 69	0 38 26	31 40 48	21 54 51
輸	府	容	折	歴	統											
輸出	大阪府	容易	折れる	歴史	統計											
10 66	48 64	26 50	29 74	45 80	6 76											
3 36 44	10 42 48	11 38 46	11 34 49	11 21 62	0 24 66											

この表によって検討すると，書きは悪いが，読みはできるという字がたくさんあることがわかる。

これらの調査結果から考えられることは，漢字指導にあたっては，それを理解語いとして文の読解とも関連させて指導することがたいせつであるということである。

書くことの結果が悪いということについては，漢字指導にあたって無理に書きの方向だけに走らないで，国語学習の中における指導としては，読みに大きな領域のあることを忘れないようにしたいと考えている。

読みの指導にあたって留意することは，「境」を「心境」「焼」を「焼失」「犯」を「犯す」，「姉」を「姉妹」，「包」を「包囲」として指導することは学習上困難だということである。ただし，このことから「国境」•「炭焼」「犯人」•「姉」•「包む」といった，学習容易の方向にだけ終始することは，漢字の働きをせばめることであり，その結果理解度までを低くすることになるから，指導段階としては，「国境」•「炭焼」のように読みの容易なものから開始するが，それを発展させて「心境」•「焼失」の領域にまで進むことが効果的である。字によっては初出指導の時に，書かせるときの領域に出す語いの位置づけと，読書領域を広めるために出す語いの位置づけとが考えられる。これを効果的にするためには，理解指導の機会，表現指導の機会，その漢字の難易度，児童の実態等をよく見比べて計画的に指導したい。

iii 書きの調査とその結果

その漢字がその学年でどんな習得状況であるか，このことから提出する時期や指導方法をどう考えたらよいかの資料を得るために，書きについての調査をした。

(1) 調 査 し た 漢 字

i 定期的に行われている漢字について

ii 2年生で3回調査され，4，5，6年生にわたって調査されているもの

iii 3年生の同様な漢字

第3表は30年12月までに整理されたものである。問題は，同系統または同

じ語いのものとした。27年度の空欄は，その年にその学年で調査されなかっ

（第3表）

学年	等	家	学	雨	光	作	石	走	村	田	土	読	入	年	文	方	名	夜	運	遠
II年	27.	66	92	92	94	84	92	74	67	100	96	60	84	76	88	90	68	66	50	41
	28. 3	64	66	86	84	56	82	66	70	98	96	60	78	68	72	80	76	68	37	71
	30. 12	35	81	93	79	33	92	59	87	87	80	30	23	74	80	55	35	30	2	7
IV年	26. 9	69	83	73	81	59	40	55	74	74	84	6	51	70	85	69	58	26	2	13
	27.	30	96	90	88	94	36	32	42	–	98	30	–	–	–	–	–	26	–	54
	30. 12	82	95	98	93	84	100	47	100	98	100	51	67	98	93	81	77	35	26	44
V年	26. 9	70	85	84	85	67	93	58	84	65	82	14	73	84	60	73	75	65	60	42
	27.	89	97	98	92	84	94	–	92	97	94	–	30	79	79	92	71	63	50	73
	30. 12	96	96	94	86	94	92	71	96	–	–	88	71	72	–	90	55	71	73	73
VI年	26. 9	91	97	97	95	74	98	77	93	92	93	23	80	75	73	85	74	56	54	52
	27.	55	93	84	91	95	–	56	88	66	89	66	64	95	–	73	70	70	50	82
	28. 3	84	85	100	98	93	98	93	91	96	94	75	85	98	93	85	98	89	73	82
	29. 3	100	100	100	100	100	100	85	92	100	97	89	89	93	100	98	97	85	69	75

学年	等	屋	歌	感	帰	終	場	進	待	通	当	島	配	買	発	板	美	負	物	勉	明	曜
II年	27.	23	64	20	26	76	42	35	28	14	45	46	12	62	81	64	54	57	22	46	86	57
	28. 3	23	57	27	32	64	46	47	38	23	42	50	27	43	62	54	47	47	27	27	53	45
	30. 12	32	43	32	59	32	27	68	76	48	57	55	45	14	52	32	56	43	14	43	57	45
IV年	26. 9	15	46	0	51	44	38	45	11	19	35	53	8	13	30	44	10	0	36	47	44	18
	27.	–	0	–	–	–	38	22	10	28	–	–	40	–	30	–	14	–	26	–	72	–
	30. 12	42	9	0	28	72	23	64	0	54	19	68	23	26	54	7	12	7	26	28	86	70
V年	26. 9	51	66	20	38	62	53	35	20	64	64	78	29	11	60	27	55	67	58	62	62	51
	27.	73	31	61	31	87	60	89	29	81	94	82	–	–	89	82	52	61	29	66	71	91
	30. 12	82	–	45	55	92	61	71	31	–	47	82	20	88	59	67	59	51	77	79	88	70
VI年	26. 9	64	59	34	54	80	52	54	26	72	72	87	25	21	74	48	67	29	54	16	85	51
	27.	64	66	70	82	46	84	68	–	82	80	80	–	–	36	66	75	41	75	–	91	76
	28. 3	75	79	71	82	87	83	89	73	96	89	89	87	82	89	79	93	57	85	82	81	93
	29. 3	87	80	66	74	69	72	84	42	85	92	87	87	62	87	85	85	61	89	75	89	77

たものである。

i　2年生の文字について「家」・「走」・「読」・「夜」は誤りやすい字である。作文などにもこれらの字はあまり使用していない。しかし理解の上からは，2年生に不適当な字だとは思われない。字画の上や，発音の上から低学年としての困難点があるので，「家」の「豕」・「走」と「足」との混同「夜」の「夂」などは指導に力を入れるようにしたい字である。

ii　3年生の文字について

「感」・「待」・「負」などは，高学年にいってもその習得率はあまりよくない字である。「屋」・「帰」・「通」・「島」・「物」などは，学年の進むにつれてよくなると思われる字である。「終」・「明」・「曜」などは，低学年からよい習得率を示している。

このような調査を通して，その漢字の指導語いをくふうし，その漢字の理解度に応じて誤答の傾向をつかんで，誤りの習性をつけないように指導することができる。

さきにも述べたように，漢字の習得のためには，その漢字の理解，その字を含む語い，文中での理解，話中での受容が調査結果とにらみ合わせて計画的に指導され，語いとして機能的に練習されることが肝要である。

そして，その字が習得されたかどうかということの判定は，「近」が「近い」，「近所」，「接近」などの語いとして理解できる。使用されるということで決められるということで決められるのであって，このことはいわゆる練習学習と呼ばれて，「近」を10回くり返えして書くということでは達成されないことを反省すべきである。

第3表は書きについての習得状況を示したものであるが，これらの結果はそこに示された語いについての習得率で，別種の語いについて調査すれば習得率は異なってくることに注意したい。

これは当校の計画，調査で昭和30年度のものである。調査学年は第6学年A組で，在籍児童37名について使用の多いと思われる字について，30年10月から31年1月まで毎月およそ15字ずつを調査した。

漢字 / 項	情	暗	際	示	実	散	職	真	似	昼	通	浴	境	望	輪	希
調査語い	同情	暗示	実際	暗示	実際	散歩	職業	真昼	似ている	昼食	通る	浴びる	国境	希望	輪転機	希望
26.9	28%	62	3	54	70	20	2	34	11	74	72	8	0	8	18	5
28.3	57	89	32	59	79	81	40	28	21	79	96	51	42	52	34	42
29.3	56	74	46	64	75	36	25	48	34	71	85	51	38	46	59	49
30.	83	58	75	58	92	58	92	86	39	92	53	81	86	72	39	86

（以上10月）

漢字 / 項	焼	黄	場	純	祝	陽	悲	遊	博	美	住	念	旗	広	単
調査語い	夕焼け	黄色	場所	単純	祝日	太陽	悲しい	遊ぶ	博らん会	美しい	住む	信念	旗	広い	単純
26.9	13%	44	52	3	36	61	59	48	10	67	61	38	11	82	26
28.3	38	56	83	36	31	81	48	79	38	93	75	73	42	83	61
29.3	20	57	72	16	52	90	59	84	51	85	57	56	41	89	78
30.	92	89	92	68	95	100	86	92	81	92	86	89	92	95	92

（以上11月）

漢字 / 項	欲	講	差	改	勤	標	息	演	熱	調	冷	準	則	仮	法	創
調査語い	欲しい	講演	差がある	改って	勤める	標本	ため息	演出	熱心	調子	冷たい	標準	法則	仮分数	方法	創作
26.9	0%	0	26	5	3	0	38	2	0	31	21	5	5	0	31	0
28.3	20	21	48	50	54	24	85	15	59	71	31	40	46	20	73	36
29.3	9	34	33	36	15	56	51	54	59	61	61	31	36	18	64	34
30.	97	67	83	75	74	78	57	70	86	89	91	68	83	83	85	78

（以上12月）

漢字＼項	洋	験	悪	刷	責	犯	感	主	重	題	罪	経	化	授	反	厳
調査語い	太平洋	経験	悪口	印刷	責任	犯かす	感心	主題	厳重	主題	罪人	経験	文化祭	授業	反対	厳守
26.9	% 67	7	36	2	33	7	34	44	51	36	7	2	33	5	15	3
28.3	69	42	57	28	36	38	71	85	81	83	59	56	75	36	44	28
29.3	97	57	69	25	42	18	66	77	61	72	33	49	85	44	71	11
30.	81	54	86	71	78	54	81	84	81	84	73	75	84	51	92	48

（以上１月）

（２） **同一漢字について，違った語いでの調査**

i　目的…語いの変化と漢字の習得の変化をみる。

ii　期日…30年10月，対象…第６学年73名

iii　方法…上欄Ａ語いから先に調査した。

先の調査で「暗」「散」「通」「輪」などを除いては，26年，28年，29年の調査より30年のほうが概して良好であった。

語いの発展の面から考えれば，２年生で「暗い」が習得良好であったら，６年生で「暗示」となっても同様に習得が良好ということにしたい。そのことのためには，語いの発展とその難易の度を考えて，６年生になっても「暗い」でとどまっているということがないように，計画的に指導することが必要である。

この月々の調査結果が，その漢字の理解を深める機会，練習の機会を与え，正常の習得率をもちこたえられるようにと努力したい。そのためには習得したものの継続指導の計画を，初出漢字指導の際にうち立てるべきである。

初出指導で完全習得することをねらうのでなく，それを糸口として完全習得へと進んでいくように計画すべきである。

これらの調査結果から考えられることは，「試」をとれば，「試験」という

漢字＼語い	雨	屋	絵	学	苦	兄	計	見	原	語	残	止	試	庭	入	馬	売	筆
語い（Ａ）	風雨	家屋	絵画	学ぶ	苦労	兄弟	計る	発見	原因	語る	残念	中止	試みる	家庭	入場	馬車	売店	鉛筆
%	22	22	8	41	28	51	8	62	23	34	14	32	0	72	43	59	35	14
語い（Ｂ）	雨がふる	とこ屋	絵日記	学校	苦しむ	兄と妹	計算	見る	野原	国語	残る	止める	試験	お庭	入る	馬	売る	筆
%	90	55	92	92	36	92	97	82	86	97	27	8	22	79	67	84	52	50

表	仏	歩	望	所	祝	招	消	食	神	親	生	走	送	知	朝	目	勇	養
時間表	仏像	散歩	希望	住所	祝日	招待	消防	食事	神社	親類	生活	競走	放送	知識	朝礼	目的地	勇気	栄養
86	14	51	22	39	47	8	46	73	43	15	91	34	45	28	58	51	18	37
表へ	仏様	歩いて	望む	所へ	祝う	招く	消える	食べる	神様	親しい	生まれる	走る	送る	知って	朝	目の中	勇ましい	養う
63	41	81	14	86	47	1	53	95	70	26	82	64	45	45	93	71	30	39

語い練習で終始し，「学」は「学校」で終始するということが，いちばん早道と思われるが，「試」は，「試みる」「試運転」とも使われるし，「学」は，「学問」「学ぶ」とも使用されるので，ある特定の語いに固定してしまうことは，他の語いに発展する応用力を忘れた指導となり，読解力を高めるためにも支障となることを反省したい。

書きについて，教育漢字881字の調査から，各学年に配当された字を６年生がどのくらい習得しているかを文部省初等教育課（児童生徒の漢字を書く能力とその基準）の示唆案と比較したものが第４表である。

（第 4 表）

学年配当＼調査時		I	II	III	IV	V	VI	全数
		50字	120	140	160	190	221	881
25年9月	名 62	% 90	73	53	41	24	8	38
28.3	54	99 (98.6)	87	77	65	48	36	58
29.3	61	99 (99.4)	87	75	66	54	34	61

漢字の習得率は，提出回数・練習回数だけに左右されるのでなく，提出の時期の適不適にもかなり左右されるように思われる。

この表によってみると低学年に配当された字は6年生にとっては習得容易といわれるが，2年生の配当の字を2年生に実施してみたら，この表に示すような習得率を示すかどうかは断定できない。

（3） 作文の中で，どのように使用されているかの調査

作文の中に漢字がどのように使用されているかということは，どのような語いがどの学年の児童に理解されているかの問題に発展することである。その漢字が学年の進むにつれてどんな語いとして使用されているかをみて，そこから指導上の留意点を見いだしていきたいための調査である。

教育漢字881字について，全校児童につき25年度以来，30年7月までに調べたものの一部分を示したものが第5表である。

（第5表）

字＼学年	II	III	IV	V	VI
雨	雨がふった	○	○	雨の日	風 雨
屋		とこ屋さん	屋 根	名古屋	屋 上 馬小屋
家	家の前	○	○	家内中	家 族 家 庭
眼	眼いしゃ		○	眼 科	眼医者
橋		橋の上	橋立先生	鉄 橋	橋 上
見	見 る 見つける	○	○	見わたす	見 物
原	原っぱ	川 原	○	○	原 因
合	合わせる	話し合い	○	○	集合所
国	国ごのじかん	日本の国	三国川	○	全 国 独立国
事	そんな事 火 事	朝仕事		返 事	食 事 行事表
室	教 室	室の中			宿直室
車	車をひいていく		自転車	発 車 汽 車	機関車
食			食べる	○	夕 食 朝 食
名	名まえ	名 前	○	名古屋	有 名 名 所
手	手がぶるぶる	右の手	手つだい	相 手	選 手 手 本
出	出ました	小出えき	出 発	声を出す	思い出
所	先生の所へ	近所へ	○	便 所 場 所	修理所
小	小さい 小とり	小 川	○	小 説	小使さん 小人数
植		植える	○	田 植	植民地
心	火の用心	○	心 を	心 理 安 心	心 中 苦 心
新		新学年	学級新聞	新学期	新がた 新 道
生	先 生	生まれる	○	一生けんめい	生 活 衛 生
石	石だん	○	石けり	○	鉱 石
足	足のもげた人	両 足	遠 足	○	○
大	大よろこび	○		大統領	大部分 大成功
中	家の中	○	村 中	○	心 中 中肉の人
朝	朝おきて	○	○	朝 礼	朝 食
平			平にしました	○	平 和 不 平
立	立っている	○	○	○	立 派 独立国

この語いを低学年，中学年，高学年と拾ってみると，低学年は「雨が降った」「家の前」「原っぱ」等の訓読みの語いが多いのに対し，高学年は「風雨」「屋上」「家庭」などのように音読みが多い。このような発達も考えて，語いの指導，漢字指導のはいり方，練習のしかた，発展のさせ方等を考えたい。

以上の例をもう少し広げて使用している語いを発達段階にそって例をあげてみると，そこに児童の経験や考え方，見方，言い表わし方の様子がわかってくる 。

25年度から30年度までの作文や記録から高学年の児童が使用したものを拾ってみたのが，次にしるす語いである。

今夜・調査・再び・災害・採用・現在・中止・志望・失望・車内・収獲・準備・消毒・生活・政治・制度・責任・説明・相談・予想・法則・連続・提出・同等・反省・判断・不幸・内容・転任・予算

低学年から使用されている語いで，それに使われている漢字が高学年になって初出となるものに次のようなものがある。

野菜・残念・漢和辞典・豊作・賞品・粉雪・規則・貯金・議長・編み物・料理・練習・物置・電燈・鉛筆・勝負・機関車・春季・清そう・教科書・看病・身体検査

これら低学年から語いの理解がすでにできているものについては，学習の機会をとらえて，読みや書きの指導をはやめに行ってもよいと考えられる。

ただし計画にあたっては，全体としての観点から考えられることと，各個人について考えられることの両面がある。そのことを検討して全体を前進させるために個人個人の状況も考え合わせて個人を伸ばすとともに，学年全体の指導のバランスがくずれないよう，調査の実態の上に立って指導の計画を立てるようにしたい。

当校で実験的に調査し，指導している26名の児童のうちのA・Bふたりの

児童について，「語い記録」から漢字使用の状況を学年別にどのように発展してきたかを取り上げ，次にしるしてみたい。

(A) 5 年生，　M子　国語科学習活動　上位

期間　昭和 27 年 4 月～ 30 年 7 月
記録回数　28 回（1 回原稿用紙 400 字詰 2～4 枚）

2 年生のときに新しく使用した漢字

先・生・日・火・時・間・市・川・学・校・母・私・言・小・子・入・人・年・水・町・行・元・気・出・上・下・早・内・ロ・家・絵・記・青・今・正・久・保・田・見・前　(40字)

3 年生の時に新しく使用した漢字

朝・持・兄・思・夕・方・用・心・月・中・赤・足・雨・山・空・京・事・大・作・所・手・答・止・音・父・今・教・室・時・間　(30字)

4 年生の時に新しく使用した漢字

文・芸・会・才・死・写・真・良・所・高・春・幸・福・終・自・分・伝・花・後・橋・立・顔・期・話・勉・強・組・仕・明・卒・業・式・休・都・売・女・喜・度・竹・病・炭・感　(42字)

5 年生 7 月までに新しく使用した漢字

続・長・運・動・島・帰・転・車・紙・歩・考・夜・関・遊・羽・犬・起・金・柱・体・庭・馬・歌・清・勇・足・食・点・始・全・地・面・聞・集・旅・汽・場・買・洋・服・頭・晴・牛・雲・曜・林・天・様・色・合・同・志・本・国　(54字)

(B) 6 年生　S子　国語科学習活動　上位

期間　昭和 26 年 4 月～30 年 7 月
記録回数　35 回

2 年生の時に新しく使用した漢字

火・気・見・学・月・作・木・行・人・元・家・思・私・所・水・赤・先・生・村・早・知・子・朝・時・日・年・白・母・来・大　(30字)

3 年生の時に新しく使用した漢字

言・手・目・方・空・中・出・買・校・川・町・王・前・動・物・半・汽・車・小・駅・名・本・王・間・古・新・友　(27字)

4 年生の時に新しく使用した漢字

用・心・声・聞・局・帰・話・国・長・道・鳥・清・父・男・春・始・業・式・休・教・室・組・分・山・会・切・今　(27字)

5 年生の時に新しく使用した漢字

夕・外・犬・下・高・上・夜・光・林・足・考・文・風・運・音・楽・全・力・紅・畑・仕・事・赤・映・画・場・石・船　(28字)

6 年生7月までに新しく使用した漢字

最・遊・幸・福・旅・雨・暗・集・合・地・明・発・久・野・汽・薬・歌・近・県・屋・北・館・荷・科・兄・田・君・宮・橋・立・通・船・台・持・宿・海・波・神・社・国・放・送・魚・部・公・園・店・写・真・活・便・科・和・多・自・軽・親・孝・育・供・東・京・員・紙・金・医・葉　(67字)

このように 5, 6 年で使用漢字が増加する傾向がみられるが，その字は，3, 4 年で初出されるものが多い。これは作文の取材において，考え方においてまだ高学年の字を必要とする機会をもつまでに，その生活範囲が広がっていないということを示唆するものではあるまいか。

人　　員　(340名～380名)

	使用した字数	使用しなかった字数
年 月　年 月 25. 9 ～ 26. 3	547字	332字
25. 9 ～ 27. 3	710	171
25. 9 ～ 29. 3	755	126
25. 9 ～ 30. 7	822	59

全校児童の（25年度から30年7月まで）使用漢字記録から，その期間中の使用字数についてみると，左に示すとおりである。

29年3月までの使用しなかった126字について，その字を出して使用のことばを，29年6月に6年生51名について書かせてみると，意識的には残りの126字も全部使用できた。どのような語いとして使用しているかを示したものが次の第6表である。

（第6表）

漢字	使用語	漢字	使用語	漢字	使用語	漢字	使用語	漢字	使用語
異	異議	遺	遺書	営	市営 野営	演	講演	央	中央
河	氷河 河がみえる	確	確か 確信	拡	(拡大)	額	貿易額	管	鉄管 真空管
歓	歓声	基	(基本)	貴	(貴重 貴金属)	疑	(疑問)	逆	逆にとぶ
旧	旧道 旧正月	救	命を救う	許	許す	漁	漁場 漁業	仮	仮分数 仮面
勧	(勧ゆう)	協	協同組合 協力	境	国境	均	均一 平均	禁	(禁止)
訓	(教訓)	型	・グライダー型	券	株券 ひきかえ券	兼	(兼任)	絹	絹織物
険	たん険 ぼう険	減	加減	厳	(厳守 厳禁)	己	(知己 自己)	効	(効果)
航	航海	穀	穀物	混	混血児	財	(財産)	罪	(犯罪 罪人)
策	(政策・策略)	産	・産業	賛	賛成	酸	酸素	至	冬至 至急
視	無視する	詞	(名詞 動詞)	資	(資料 資本)	児	混血児	識	知識
釈	(解釈)	需	需要	就	(就学)	従	(従業員)	述	(著述)
処	処置	招	(招待)	承	(承知)	称	(名称)	象	(気象)
証	預り証 証券	焼	焼け死んだ	状	年賀状	織	織物工場	仁	(仁愛)
推	・推定実収高	是	是正する	聖	(聖書 聖人)	製	製作	誠	・誠一君
税	税金 村税	績	・成績	接	接戦	舌	(舌うち)	絶	絶命
宣	宣教師	専	(専売 専門)	善	最善をつくす	祖	(元祖 祖先)	創	創立
倉	(米倉 倉庫)	総	総立ち	像	想像	俗	(風俗)	属	金属
存	(生存者)	孫	孫子の代	尊	(尊敬)	損	損害	帯	工業地帯
態	・態度	著	著わす	腸	(胃腸)	賃	(汽車賃)	敵	(大敵)
展	・展らん会	討	(討論)	党	自由党 社会党	導	導く 指導	弐	弐千円
納	納める	拝	拝む	版	いも版	否	否定する	俵	・米俵
府	・政府	複	複雑	奮	(奮起)	陛	(天皇陛下)	補	(補給 補助金)
墓	(お墓)	包	(小包 包囲)	暴	暴力	牧	・牧場	未	・未来 未満

脈	(山脈)	訳	(通訳)	預	預り証	欲	(欲する)	略	(計略)
論	論説 世論	臨	臨む	歴	歴史	適	(適当 適任)	際	自衛隊
輪	輪転機								

〔表の中で（　）は指導語いを，・は30年8月～30年12月間に使用した語いを意味している。〕

881 字全体からみると，まだ 59 字が使用されていないが，これらの字も読みの機会には読めるとか，書写練習のときには書けるとか，意識的に提出されれば適当な語いとして指摘できるとか，その指導の機会は，どこかに見いだされるわけであるから，その字のもつ働きのうち，児童にとって最も関係深い点をとらえて，そこから指導していくことを考えたい。このことは881 字の中に，どのような点から検討しても，児童にとって適さないというような字はないともいえるわけである。

(2) 習得のよい字，悪い字

i 書きの結果について

話す学習の中で，聞く学習の中で，書く学習の中で，読む学習の中で，書きについてどの字が習得がよいか，また悪いかについて，昭和28年3月から29年3月の間に実施した2回の正答率を比較検討して，正答率 70 %以上のものを示したのが次の第7表である。

（第7表）

100%～90%

円・下・家・外・音・火・花・会・海・一・雨・学・雲・英・夏・玉・君・見・
気・兄・月・元・休・形・犬・戸・九・供・金・空・五・左・子・字・校・今・
三・時・口・高・国・作・山・糸・思・工・光・黒・四・耳・車・手・女・小・
上・心・人・生・声・七・日・所・少・森・正・社・秋・十・春・世・西・出・

色・新・水・青・雪・草・男・竹・中・長・夕・前・虫・石・川・組・足・村・
大・赤・先・早・地・町・鳥・朝・天・電・当・土・年・白・八・百・通・田・
東・道・二・馬・冬・文・本・名・右・楽・力・聞・米・母・北・毎・目・父・
平・木・立・風・分・方・友・用・理・和・六・林　(138 字)

89%～80%

界・暗・園・歌・客・王・化・何・科・間・意・屋・画・京・業・原・岩・帰・
球・近・記・宮・教・顔・級・牛・強・仕・市・指・自・谷・紙・寺・合・語・
行・広・算・習・食・主・週・数・守・州・書・進・図・星・晴・切・全・走・
炭・千・茶・注・体・庭・頭・南・肉・畑・半・板・美・弟・答・同・読・入・
飛・刀・発・番・表・鉄・島・内・麦・物・毛・夜・洋・陽・病・夫・民・鳴・
野・由・様・部・歩・明・面・門・勇・遊・曜・話　(102 字)

79%～70%

愛・囲・引・運・回・活・関・育・絵・安・役・駅・遠・温・角・岸・喜・久・
究・去・機・急・血・県・汽・銀・具・起・郡・古・持・向・私・詩・考・根・
細・死・号・才・使・事・首・重・昭・深・舎・拾・集・助・申・信・省・実・
乗・場・室・弱・終・勝・親・神・池・昼・線・治・帳・太・題・談・知・船・
選・多・着・配・売・俵・追・転・度・投・皮・店・徒・動・道・都・波・買・
坂・万・脈・予・勉・油・利・品・別・妹・来・里・流・末・問・葉・落・両・
福・類　(110 字)

次に正答率 30 %以下のものを示したのが，次の第8表である。

（第8表）

后・遺・壱・仮・我・格・規・貴・疑・逆・旧・救・軽・潔・券・兼・険・減・
厳・誤・効・厚・耕・航・講・穀・混・再・菜・財・策・刷・司・師・視・貿・
資・似・借・修・就・従・純・序・承・称・証・焼・条・推・是・聖・誠・接・
絶・善・増・蔵・測・俗・属・存・損・貸・態・著・賃・停・提・程・敵・適・
典・届・難・式・拝・犯・判・版・否・武・奮・補・暴・盟・預・留・領・臨・
複　(91 字)

これらの漢字は，児童の生活中にあまり使用されないことが考えられるが，理解漢字として機会をみつけて指導し，使用へと発展させていきたい。

ii　教育漢字の習得段階

それぞれの漢字の習得を，書き，使用，配当の面から考えて，その段階をつけて難易を考えてみた。これのための調査や参考文献は次のとおりである。

A．書き　計画調査　1～6 の各学年

教育漢字書き調査（6 年）26年 9 月，28年 3 月，29年 3 月

B．使用　作文，記録での使用　2～6 の各学年（25年～29年 3 月）

C．配当参考文献

i　文部省初等教育課示唆案（「児童生徒の漢字を書く能力とその基準」）

ii　文部省国語課27年度案（国語シリーズ24，「漢字の 学年配当」）

iii　大阪府教育研究所案

使用語い調査の例

字＼学年	II	III	IV	V	VI
下	下へいって 下の土	○	ごめん下さい	○	下手な字
火	火のようだ・火 よう日・火ばち	火の用心 火事	花火	○	火事場
化		文化の日		○	世界文化文 化祭
労		きん労かんし ゃの日		○	苦労
六	六年生	○		○	○
録					記録帳
論					論説
和	和美さん	○	昭和28年	○	平和
話		話をした	○	○	世話する

○は前学年と同程度の使用のもの。

評点を出した基本表の一例（当校の教育漢字調査）

項目			下	火	化	寺	次	耳	読	届	内
調査	書 計画調査	1 年	84	63				76			
		2 年		90		80			60		
		3 年					45		38		72
		4 年	42		58				30		
		5 年		98	58	73	50			53	
		6 年	97	57	62	62			66		79
	字 八八一字	一 26年9月	89	85	33	82	29	82	23	0	77
		二 28年3月	98	96	75	91	56	93	75	44	94
		三 29年3月	100	98	85	85	72	100	87	15	72
		評　価	5	5	4	5	3	5	4		5
	使用調査	2 年	8	18					12		4
		3 年	19	35	2				6		2
		4 年	41	56				2	17		
		5 年	83	46	2	3	12	5	22	4	18
		6 年	73	49	2	3	16	18	13		21
		評　価	5	5	4	2	2	3	5	2	5
	配当調査	一 文・初	1	1	4	3	4	1	5	6	3
		二 大　阪	1	2	4	4	3	1	2	5	4
		三 文・国	1	1	4	3	4	1	2	6	4
		評　価	5	5	2	3	3	5	3	1	3
評価点	書字調査	一 26・9	5	5	2	5	2	5	2	0	4
		二 28・3	5	5	4	5	3	5	4	3	5
		三 29・3	5	5	5	5	4	5	5	1	4
	使用調査	範　い	5	5	3	2	2	3	5	1	4
		最　初	5	5	4	2	2	3	5	2	5
	配当調査	一 文・初	5	5	2	3	2	5	1	1	3
		二 大　阪	5	4	2	2	3	5	4	1	2
		三 文・国	5	5	2	3	2	5	4	1	2
合　計			40	39	24	27	20	36	30	10	29

5 段階　8 項目：計 40 が満点　　略号　1．文・初～文部省初等教育課案
2．文・国～文部省国語課案
3．大阪～大阪府教育研究所案

以上のようにして段階を分けてみたものが次に示すものである。

合計 40 を 100 とした。　　◦印は30年度選定の字
×印は30年7月までに使用しなかった字

(100)　下花月口山子日手小上人水青川中白本目（18 字）

(98) 火学赤先組足大右（8 字）

(95) 雨金空校黒女生男田冬入風（12 字）

(93) 家音海外光国今左思時出春色心森声石早村町土道方友力（25 字）

(90) 間気休犬見元戸高作糸耳車秋少生雪千走朝東年半百父分文母毎名門（30 字）

(88) 雪会岩語紙字夕草島南木用立林（16 字）

(85) 円夏玉近行谷書世前地竹夜葉話（14 字）

(83) 汽記牛京古事所西長問弟美（12 字）

(80) 何原合私新星答明雨（9 字）

(78) 魚界教光自兄実終知虫昼動波天歩野切船（18 字）

(75) 屋画級形工向広持室社習勝食晴太通読馬売畑発坂物平妹楽和（27 字）

(73) 安意遠歌顔帰宮強場信神親図数台庭電内買番米鳴曜来里（25 字）

(70) 運回角喜後幸取深全多体池治茶注店度頭麦板表病北遊落利（26 字）

(68) 復王科寒君考根死市寺写守週昭乗申着鉄点当同勉毛洋陽礼（26 字）

(65) 園荷械客岸久究球供橋銀決言号才算進清代送都登肉品方様理列(28字)

(63) 急具研孝始詩首章息題岩帳追刀配飛富由勇良（20 字）

(60) 暗英活去苦午公細仕静柱転部返面門（16 字）

(58) 開絵感関具血黄士使者受助第達別保予流（18 字）

(55) 受育引泳駅芽季業芸散主州集住身成節線待負服味福（23 字）

(53) 横加各指弱拾還速短念皮氷不足（14 字）

(50) 以飲温階漢機紀共局計次式失順消照真説銭相対談直徒燈働鼻粉辺便放命油旅類（35 字）

(48) 悪位医曲舎種唱章植政忠投等必有緑冷老（18 字）

(45) 院栄可起期郡景結建現交最止姉酒省勢席伝努秒法末薬浴労悲（27 字）

(43) 囲員永改願給系係欠告材歯初暑情性浅争側団調的湯農倍約料令練路

（30 字）

(40) 塩応貨害競句県庫祭示試精戦族他単定熱博非付布要陸例（25 字）

(38) 委胃移快館観器求挙群固湖功候昨察残借商常臣整然打退丁統堂反筆票貧変脈迷養連（37 字）

(35) 案印因衛延億課覚刊官眼希旗技議鏡区軽健験厚港鉱災参蚕支史司質祝宿賞職想続卒置童銅持徳燃婦兵弁豊防望満務綿量得（54 字）

(33) 易果過我解完居軍敬護康興査菜賛積設素貸低底停毒派破比費備副（29 字）

(30) 圧液河賀革株義漁協極勤経権個差刷殺雑師周責独判飯肥俵評府複仏編報無（35 字）

(28) 依史往恩価格幹寄件限航構再際産氏志似辞謝収授準除象織仁制折舌総造則際断築貯張任能標武輸余率録容（47 字）

(25) 額管救禁訓潔憲検己改誤后皇耕採修衆諸序焼製宗蔵測程導届敗陛牧未盟律留領輪歴論慣複妻（41 字）

(23) 壱益演確規許均型絹講済在罪至詞児积需純処条税績専倉孫腸提典覚認納犯墓貿訳（36 字）

(20) 営拡勧境険効財酸視述術証是絶善祖像増尊帯態難拝包略（25 字）

(18) 異歓基旧券厳識招宣創存損適討弐否資著（18 字）

(15) 仮責疑逆兼穀混就従承状推聖誠接俗属賃敵展版補暴欲（24 字）

(13) 遺滅策称奮預臨（7 字）

以上計　871 字

以上の調査からも，漢字を書くことの指導において各学年で，どの字にどれだけの比重をかけて指導すればよいかの計画をより確かに立てることができる。

(3) 指導漢字について

i 使用漢字

漢字指導を効果的にするためには，それぞれの漢字が適時に指導されなくてはならないが，そのひとつの目やする定める方法として，どんな字が各学年に適しているかを考えてみた。このために，それぞれの学年で多く使用している漢字を調査した一例を次に示した。

低学年でよく使われるもの

赤花家海川山学校休村町年月日子大小出入先生青中東西南北目耳口……

中学年でよく使われるもの

体育運泳場所遠横荷歌絵寒暑顔急級強苦形計算数市県死教室病流会……

高学年でよく使われるもの

圧貿授積結済財至従称準政宗想策努統否補務輪容旧混職党令留……

これらの漢字の群をみて，それぞれの漢字の働く領域を考察してみることも，指導の時期を考える場合の参考となるであろう。

その漢字がその時期の児童に適しているかどうかを考えるときに，当然その漢字を含む語いが問題となってくる。そのことについて，その漢字を使用した最初の語いと使用学年とを，881字の中から10番目，20番目と機会的に拾ってみたのが次に示すものである。（該当字が使用されていない場合は，その次の字をとった）

漢字	語い	学年	漢字	語い	学年	漢字	語い	学年	漢字	語い	学年	漢字	語い	学年
位	これ位	5	壱	壱千円	6	永	永松	4	駅	駅につく	5	応	応えん	4
加	つい加	4	荷	荷をもつ	3	回	三回	4	解	明解辞典	6	覚	覚える	6

漢字	語い	学年	漢字	語い	学年	漢字	語い	学年	漢字	語い	学年	漢字	語い	学年
間	時間	2	観	観察日記	6	気	元気	2	旗	国旗	6	休	夏休み	2
牛	牛がくる	2	教	教室	2	極	積極的	6	苦	苦心苦しみ	5	系	理科体系	6
血	はな血	5	建	建設	5	元	元気	2	古	名古屋	3	護	看護	5
行	行きました	2	康	健康	6	号	一月号	4	査	検査	5	最	最初	5
刷	印刷	6	算	算数	3	史	れきし史	3	使	使い	3	詩	詩を作る	3
事	そんな事火事	2	日	絵日記	2	弱	弱い者	5	授	授業	5	終	終る	3
術	にん術	5	書	書く	2	昭	昭和	4	賞	賞をもらう	5	食	食べる	4
真	写真	5	数	算数	3	性	性質	6	整	整理	5	積	積極的	6
千	千円	4	戦	戦い	5	走	走って	2	造	造る	4	族	民族	5
他	その他	5	貸	貸して	5	短	短かい	5	竹	竹やぶ	3	貯	貯金	6
直	宿直	4	停	停電	5	点	25点	6	度	速度	4	登	登山	4
働	働く	5	届	届ける	5	熱	熱をもつ	5	馬	馬こう	3	畑	畑の中	3
番	とう番	3	美	美しい	4	評	評判	6	布	布きれ	6	復	復習する	5
平	平にする	4	便	便所	5	法	方法	3	本	本をよむ	2	務	任務	5
毛	頭の毛	4	輸	輸出	6	用	火の用心	3	来	来ました	3	律	法律	6
領	大統領	5	列	二列	4	和	昭和	4						

その学年で漢字を指導する時に，この程度の語いで指導すれば，初出漢字の指導のときにも児童の発達段階に応じた指導が行われる。

そしてその語いを話の中に，文の中に価値ある位置づけができるまで指導を続けることがたいせつである。漢字については，その語いに固定することがないように，他の働き場所を整えて発展的に指導したい。

ii 指導漢字としての基本文字

読まれること，書かれること，使用されることを目標として，30年度に今までに実施した調査結果と，学習目的についての必要度から考えて，次の漢字を選んで指導した。

雨円音下花火夏家会海外学間岩気記休宮牛魚供教近金空君兄形月犬見元原戸語口光行校高合谷国黒今左作山算子糸使思紙寺耳時日事手秋習終出春所書女小少勝上場色食心新森進人図水数世生正西声青夕石赤切雪千川先船前組早走草足村大男地中虫町長鳥朝通天田電土冬東島答動道年白発百父風分平母方木本毎名明目門夜野友右用楽力立林話南北文（119 字）

これら選ばれた漢字は，使用することによってその字の理解を深め，他の字との構成語いの理解を深め，文の読解への力となることをねらって選んだものである。読み，書きの力をつけるためには，使用の機会をできるだけ多くとらえて練習することがたいせつである。

ここに選んだ字は，指導中に，特に取り出してやるというのではなく，低学年ではこれらの漢字を注意して，それによって他の字の向上をはかる手がかりとする。中学年では，読み書きができるようにする。高学年では，作文や日記や記録の学習時にできるだけ使用する。

その学年の指導漢字は，どれだけの数を，どんな機会に，記憶の持時間や，指導方法などいろいろの角度もにらみ合わせて，検討されなければならないことではあるが，まず，881 字の中から，その学年に適当した字を選び出すことがたいせつである。

それには，その学年の漢字の領域から，その学年に適した領域を検討することを忘れてはならない。

低学年で指導してよい漢字を高学年へもっていくことにならないように，また，高学年にならないと理解しにくい字，機会の少ない字を，低学年でぽつんと出して，重荷をしょって高学年まで苦しませることにならないようにしなければならない。

以上のことから，教科書や今までにすでに発表されている配当案で，4 年

を境として上下している漢字の中からいくつかを取り上げて，その処置を考えてみたい。

検討の符号の「上」は高学年へ移行したほうがよいと思われる字であり，「下」は低学年へ移行したほうがよいと思われる字である。

「社会」「算数」「身体けんさ」など学校へ入学するとすぐ使用する語いは早く出してもよいと思われるし，「編物」「貸す」などの語いはかなで書きやすいことや，誤りやすいということから高学年へ移行するほうがよいと思われる。ただし，これらの処置は調査とにらみ合わせて慎重に行うべきである。

漢字	語い	検討	漢字	語い	検討	漢字	語い	検討	漢字	語い	検討	漢字	語い	検討
器	電熱器	上	群	群島	上	現	現在	上	算	算数	下	昭	昭和	下
資	資本 資料	上	失	失望	上	社	社会	下	情	人情	上	職	職業	上
身	身体 けんさ	下	数	算数	下	舌	舌	上	貸	貸せる	上	体	身体けんさ	下
置	物置	上	的	目的地	上	点	二十五点	下	編	編物	上	無	無事	上
有	有名	上	要	必要	上									

3. 漢字の学習指導計画

(1) 指導計画の方向

i　指導計画を立てるための観点

1. 読むことは，家庭の中における生活の中でも進展するが，書くことは学校が主体となる。
2. 習得が悪い漢字については，機会がないのか，理解ができないのか，不

明確に覚えてしまっているのか，その原因を検討してみることが必要である。

また，それは読みにおいてか，書きにおいてか，使用においてかも合わせて考えなければならない。

3. 学習においては，活用の機会をのがさないこと，そして，できるだけ活用の機会を計画的に生み出すことを考えたい。
4. 文中での漢字の位置づけ，語いの中での位置づけに追われて，漢字の指導という筋をなくしてはならない。
5. 正しく読むことから始める。その上に立って書くことを通して，読むことを正確にする。
6. 誤りは，その原因をつきとめて，できるだけ早く直し，それが習慣化されないようにする。
7. 話す，聞く，読む，書くというすべての指導の中で，漢字指導が行われることを再確認する。

ii 指導の方向

1. 児童の身についている読み，書き，使用の能力を正しくつかみ，児童のもっている話題や語いについても，教師は常に観察してこれを指導の中に取り入れる。
2. 漢字学習の記録を整理し，それを材料として反省し，効果的な方向へと盛り上げる。
3. 学習の資料は，教師の作るもの，児童の作るもの，いっしょに作るものなどがあるが，それぞれの学習目的に従って，効果的に利用する。
4. 文，語いの理解という観点に立って漢字指導をするとともに，漢字ひとつひとつの働きを理解し，それを表現する指導をする。

5. 児童の学習上の誤りや困難点を見通して，要点を見のがしていないか，指導上のむだをしていないかについて検討し，反省する。
6. 国語科の全領域で漢字指導が行われることと同時に，他教科の指導中にも漢字指導の機会をとらえる。
7, 漢字の理解が表現力を育て，正しい漢字語いの表現から，その字の理解がさらに深められるように指導する。

(2) 漢字の指導計画

i 低学年の漢字指導

低学年の漢字指導にあたって留意すべきことは，漢字の習得が自主的に行われることは少ないということである。このことは低学年の児童が経験に乏しいことや，論理的に学習をするまでに成長していないので体系づけられないこと，また，批判力がないので，比較して誤りを発明したり，反省したりすることができないという理由によるものである。したがって教師が主体となって計画されなければならない。

低学年の指導としては，正しい発音で読む，正しい筆順で書くなどの基礎的指導がたいせつである。しかもこれらのことは，自主的に進行することがないので，教師を通さなければならない。適切な時機に漢字を取り上げて，その字を学習させるという漢字の取り上げ方や，機会をとらえるということに，教師の手ぬかりがあってはならない。

語いも豊富でないから，その漢字の指導にもってくる学習語いが，よく検討され整理されていなければならない。

低学年の字は，高学年にまでまたがっその使用の機会が多いものであるから，その点から考えてもよく整理して，練習の機会，使用の機会をとらえたり，作ったりすることがたいせつである。

その一例として，次に掲げるものは低学年においては，自主的に学習の機会をとらえて習得することが少ないので，学校での既習字と未習字との習得率の差が大きい。これを示したものが次の第9表である。

調査問題　文部省初等教育課示唆案
文部省国語課案(27年)　両案の2年生配当で一致した漢字

調査項目
対　　象　書き　二年生（86名）30年10月

（注）ゴシックは既習漢字

（第9表）

漢字	%	漢字	%	漢字	%	漢字	%	漢字	%	漢字	%
夏	1	家	35	海	78	間	1	汽	22	気	80
休	14	牛	71	近	12	元	53	戸	65	光	79
考	72	高	81	谷	2	国	20	黒	53	今	15
作	33	糸	11	思	52	紙	60	字	5	時	21
車	64	春	28	書	40	色	36	心	27	森	81
西	9	声	63	夕	34	石	29	切	22	千	33
組	74	走	59	草	52	村	87	多	0	知	19
竹	72	虫	28	町	33	鳥	34	朝	4	天	50
土	80	東	58	道	59	南	1	入	23	波	0
麦	38	半	0	百	55	父	4	文	80	米	1
母	36	方	55	北	9	名	35	門	5	夜	50
用	40	友	58	力	8	林	44				

低学年の漢字は，見慣れ，聞き慣れているので，練習の機会が多いわけであるが，教師に計画性がないとその機会をとり逃がしている場合がある。このようなことから低学年の児童は習得の機会をとり逃がすことも多いことが

考えられる。

低学年の字は理解語が多いので，指導しやすいということがいわれているが，児童にとっては，高学年の児童が高学年配当の字を学習するときの困難と変りはない。

漢字自体が，習得しやすいということで，その漢字を学習する児童の発達程度を考えないと，漢字の習得は困難となる。

これらのことから低学年の漢字指導には，次のことに留意したい。

1. 興味ある練習を考える。
2. 変化のある学習を行う。
3. 正しい発音と正しく書くことに重点をおく。
4. 使用させてみることによって，習得を正確にする。
5. 漢字の整理，語いの整理を行って，実態の上に立つ計画をする。

ii　高学年の漢字指導

高学年の指導において取り扱う漢字は，低学年のものと違って，日常生活中に出てくる機会が少ない漢字がかなりある。

それでその漢字，その漢字を含む語いの理解という仕事の領域が広くなる。

第2にそれに触れる機会が少ないから，できるだけ機会を作って練習する計画が必要になってくる。

第3に使用ということにより，読書中で読むことによって習得する部面が多い。

このような高学年にでる漢字の性質を考えた上で，その発達段階にも合わせ，次のような指導上の留意点が考えられる。

1. 論理的になり，判断力をもってきているから，この発達段階に合わせて漢字の意義，辞典の活用などに力を入れるようにする。

2. 自主的に研究するよう，そのための整理帳や，既習語練習表を考える。
3. 興味の点から，その練習も掲示板のくふうとか，記録の付け合い競争とか，図書利用での漢字集めとか，低学年の場合とは違った方向で行う。
4. 高学年の漢字は，特に読解対象としての語いの研究の中で行われるから，語い研究の方向と，その習得との関係から計画を立てる。
5. 初出漢字についても，低学年の場合とは違って，経験の広さにおいて辞典の活用において自主的になってきているから，この方向に伸ばすようにする。

iii 国語科の中における指導計画

国語科全体の中で，漢字の学習指導をどう考えているか，各年度の国語科計画表を次に示したい。

昭和25年度	昭和26年度	昭和27年度
実態調査	ことばづかいを正しくする	学習の重点
ことばづかい	発表力の向上	お話会
漢字	家庭と学校	語い
読み	各学年の指導領域	読書発表
書き	漢字の習得	漢字習得
使用	語い	子供会
環境調査	漢字	図書館利用
	文	
	話しことば	
	指導の機会の研究	

昭和28年度	昭和29年度	昭和30年度
目標	難易にそっての漢字指導	家・近所・学校
調査記録の活用	語い指導のくふう	家の人・友だち・近所の人
学習指導のくふう	話すことの体系	聞いたこと・話したこと 書いたこと・読んだこと 考えたこと・やったこと
漢字習得	かな・漢字	内容・ことがら・ことば
話すこと	ことばづかい	話すことの指導
ことばづかい	かなづかい	漢字の指導
図書館利用	作文	環境・資料・機会
		技術・教具・方法

iV 漢字指導の計画

1. どのように指導してきたか

A 初出漢字，学習のはじめ

家の人から聞く，辞書をひいてみる，友だちと話す，先生から聞く，黒板・語い板に書いてあるのをみる，練習帳で調べる，新聞・雑誌による学習。

B 練習（理解を深め，表現を高める。）

教科書の文・作文・その他の読み物，友だちとの話，先生との話，辞典での研究，文の中で考えてみる，漢字・語いを正しく読む・書く。

C 整理・研究

ノートや練習帳の整理，新しい字，研究した字のメモ，自主的研究，書いた字の反省，辞典，参考書による研究，881 字全字表による整理，掲示板，伝言板の活用。

2. **どのように指導するか**

—低学年—

短文板，お話台，読字カード，絵と漢字カード，習った漢字書き，語い記録，テスト後の全体・グループ・個人までの指導，正しい発音，正しく書く，興味づけ（字集め，ことば集め，動作と漢字，お話と漢字）

—中学年—

カード箱，語いカード，多く使用される語い指導，輪番の日記，伝言板，大意ノート，日常語い調査，学校での使用の語い指導（算数・国語・こども会・遠足・運動会・身体検査等）漢字書き，興味づけ（音・訓遊び，漢字しりとり，へん・つくり研究）

—高学年—

881字の読み・書き，使用のメモ，漢字研究帳・使用漢字の整理，他教科での指導，使用語の整理，新聞・掲示の活動，興味（読書による漢字集めの研究，作文による使用漢字調べ，進級グラフ等）

3. **他教科の中でどのように学んでいくか**

漢字を学習するとき，その漢字を含む語いを研究するとき，漢字の習得を深めていくためには，他教科との連関を当然考えていかなくてはならない。

たとえば「資源」「条約」「単位」などの語いは，他教科で研究する機会が多い。

国語科で読まれ，書かれるようになったからといって，その語い，漢字の習得の目的が達せられたと簡単には考えられない他教科で，その理解を深めることによって，読みや書きの向上をはかる必要がある。

他教科でどのような語いの研究の機会があるかを拾いあげて次に記してみたい。

i　社会科で考えられるもの

輸出入，貿易，綿工業，政策，条約，同盟，民主主義，平均気温，原料，制度，資源，北極……など。

ii　算数科で考えられるもの

単位，計算，体重，直角，図形，測定，容積，統計，面積，正味，収入，秒速，何部……など。

iii　理科で考えられるもの

星座，支点，実験，電気，標本，発電，岩石，金属，合金，酸素，加工，動力，配線，発動機……など。

その他，音楽・体育・図工・家庭科などにおいても同様の観点から，指導語いを整理しておく必要がある。

4. **漢字学習のための教具**

i　教具のいろいろ

① （カード箱）語い・漢字の練習　② （漢字台）漢字の練習

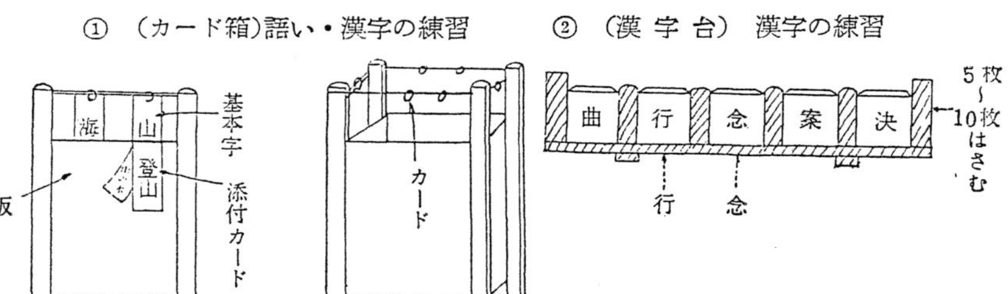

③ （お話台）話と漢字指導　④ おやカード　子カード

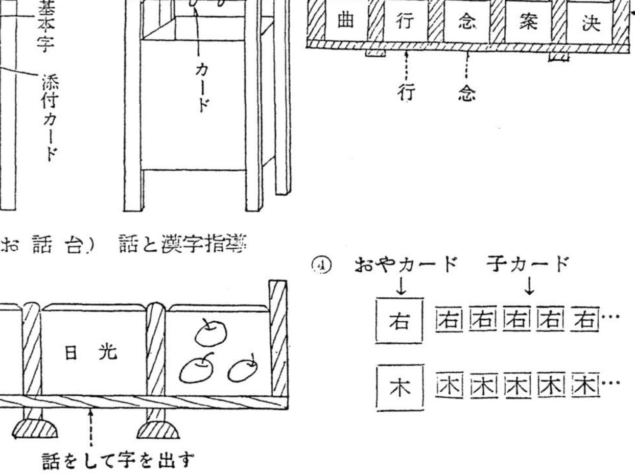

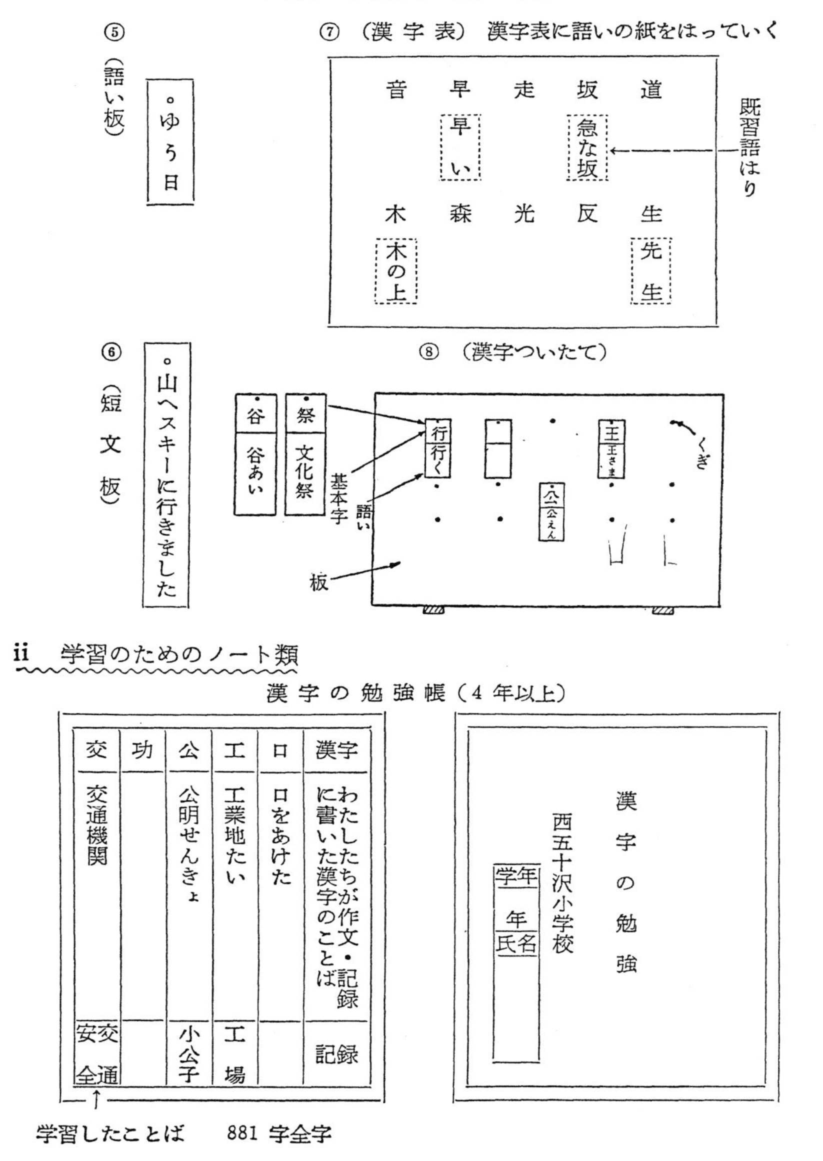

進級ノート（2年）

漢字のれんしゅうちょう
No. 1
2年 組
なまえ

○さむい夜
○先生
お礼をいう
○二年生です
○学校

一さつ 50語～60語、○印は、おぼえたしるし。

漢字の整理表（5年以上）

わたしの漢字整理つづり
上村 忠

。五年以上に持たせる
。読・書・は定期調査（学期末）にできたもの
。各児で整理する

漢字の整理表（五年）例
No. 5
上村 忠

漢字	野	陸	険	雪	魚	鳥	黄	黒
読み	○			○	○	○	○	○
書き	○			○	○	○		○
使用				○		○		
学習したことば 使用したことば	平野	陸上		こな雪		小鳥をかっています		

漢字の整理表は，教育漢字881字を印刷したものを各人に持たせてある。読み，書きができたとき，使用したとき，そのつどこれにしるしをつけさせるようにしている。

必要に応じて学級全体としての集計をして，これを児童にも示し，各自のものと比べさせ，正しく学習できているかどうか，忘れないで整理しているかどうかを反省させるように役だてる。

国語科の基礎的なものの習得記録として，国語科学習記録（個人カード）を作製している。次に示すのがその例である。

3　年　生

氏　名	石田稔					
項＼月	7	9	12	1	3	評
漢字	書 34/80	書 29/60	書 70/80			
言ばづかい	6/10	5/10	5/10			
語い						
かなづかい	6/10		3/10			
記録・発表・読書 行動		礼儀正しく話すことができる				
		帳面の処理がよい				
		筋のとおった話ができる				
		放送のメモをとっている				
参考	学習 読書					

5　年　生

氏　名	山木アイ子					
項＼月	7	9	12	1	3	評
漢字	書 4年	341/881			227/240	
言ばづかい	8/10	7/10	5/10			
語い						
かなづかい	4/10	6/10	6/10			
記録・発表・読書 行動		読書感想の記録をとっている				
		新聞に原こうをよく出す				
		読書発表をする				
		日記をつけている				
		メモ帳にメモしている				
参考	他教科 教科外 学習					

4.　漢字学習指導の方法

(1)　漢字の学習指導の反省

漢字の学習指導は国語科の全領域において行われている。特に事がらを調べる，批判的に読むということは，漢字の読みの学習と関連して行われ，内容を聞きとることばづかいについて，語法について，筆順については，漢字の書きの学習と関連づけて行われる。しかもそれぞれの学習の領域の中で，それぞれのおさえ所がなければならない。このことは漢字の学習指導に対して筋の通った計画性がなければならないということになる。

漢字指導の領域を考えてみると，次の二つの方向が考えられる。

i　「車」という漢字を指導する場合，「車がいく」，「雨の中を車がいく」，「夜おそいのに車がいく」という作文つくりの方法と，

ii　「車」・「荷車」・「うば車」・「手おし車」・「自転車」・「発車」・「車内」という単語のつくりでいく方法とがある。

これらの方法のいずれをとるかは，その学級，児童の能力，環境などによって適切に行われなければならないが，練習した漢字が数的に多くても，ひとつひとつの漢字のもつ働きの領域をせばめすぎてしまっては，ただ単にその文字を読み，書きができるという固定的な狭いものになってしまって，漢字学習の効果はあがらないと思う。

その漢字学習についてのはいり方の検討と，その漢字についての適切な指導領域の研究と合わせて行われなければならない。その領域研究にあって注意したいことは，「興」という漢字を学習する場合に例をとれば，「興味」・「余興」・「雨興」・「興じる」をお互いに出し合ってみたり，辞典で学習するときに熟語集めや，それを使用する作文にだけ走って，その字の読み方や書き方を明確に習得する仕事を忘れてはならない。「興」の習得であることをしっ

かり頭に入れて学習させる必要がある。

漢字学習について，児童は「どう読むのですか」とか，「くるまという字はどう書くのですか」などは，教室でよく見かけることであるが，その場合教師は児童が質問する前に，辞典をひいてみたか，自分の漢字帳を調べてみたか，文の中で考えてみたかどうかを注意することが必要である。

そうでないと，その時きりの思いつきの指導で通りすぎ，その結果児童の身につく学習へとは育たないで，同じ質問を何回もくり返すようなことになる。教師は児童が質問した事がらをどう効果的に学習に活用しているかを，たえず見とどける計画性がなければならない。同じ質問をくり返さないためには，「質問のメモ帳」を持たせると効果がある。

(2) 漢字の学習についての試み

当校では，児童に次のような漢字学習の手びきを与えている。

1. 漢字の読めないもの，ことばのわからないものは，ノートに書いておきましょう。
2. 新しく出てきた漢字やことばを書いておきましょう。
3. その字を使ってことばを言ってみましょう。
4. 本を読むときには，新しい字，習った字はどこに出ていて，どんなふうに使ってあるかに注意しましょう。
5. この文の中で，使ってある漢字やことばで，自分が使ったことのあるものはどれでしょう。
6. 自分の使っていることばの中に，その漢字があったら書いてみましょう。
7. グループで見せ合いましょう。語い板，カード，練習帳，ノートなどもよく生かして使いましょう。

(3) 初出漢字の学習指導

初出漢字の指導は，教科書の中の語いについての学習から始められることが多いが，それといっしょに，その漢字をその児童たちに理解されやすい語いの中で，また使用の多い語いの中で指導することもたいせつである。漢字には，児童にとって早く理解できるものとそうでないものとがあり，使用度の多いものと使用度の少ないものとがあることに留意して，初出漢字の指導をすることが必要である。習得は必ずしも提出回数によるとか，使用していることばの中の漢字であるから早いと簡単には考えられない。

次の方法は，漢字の読みとともに，その使い方にも気付かせる点で効果がある。

○家屋の「屋」はとこ屋の「屋」
○学ぶの「学」は学校の「学」
○放送の「送」は送るの「送」

またその漢字を使っての「ことば作り」の方法は，語いを広げるのに役立つ方法である。次にあげるものは，当校児童の学習から拾ったものである。

○近いの「近」～「近所」・「近火」・「近日」・「近眼」・「近代的」
○感心の「感」～「感情」・「感覚」・「感じる」
○続けるの「続」～「続々」・「連続」・「続出」・「続行」

その他，次のような指導計画もたっている。

i　その漢字単独に指導するものの例

下・手・千・川・長・鳥・足・両・空・左・人・村・冬・根・形・湖・鼻・男・中

ii　送りがなをつけて指導するものの例

青い・多い・白い・赤い・正しい・少ない・大きい・安い・高い・引く・出る・

来る・美しい・短い・長い・早い・暗い

iii　熟語として指導するものの例

省・校・先・和・気・営・社・洋・算・界・科・法・利・理・主・化・練・衛

いずれの場合にしろ，基礎調査の上に立って，計画的に指導することの重要性を感じている。

(4)　漢字指導の二三の例

i　2年生

指導漢字　「夕」・「玉」・「入」・「両」

指導語い　「夕日」・「お手玉」・「入れる」・「両手」

a.　夕日ということばは本のどこにあるか，しるしをつけさせる。

b.　その所を読ませる。

c.　「夕日」と書いてみる。

d.　黒板・帳面を使って，筆順や発音の指導をする。

e.　ワークペーパーで学習する。

(A)　の空欄に先生のいう字を書いて，となりの人と見せ合って調べる。

(B)　の空欄に(A)で習った字を書く。

ワークペーパー

	炭	汽	夕	玉	入	両
調べる所(A)→						
	すみ	き	ゆう	お手だま	い	りょう
自分で書く(B)→						
		車	日		れる	手

(5)　漢字の整理指導

i　漢字整理帳

漢字の指導について，黒板に書いたり，語い板に書いたりする。指導の語いは，教科書の文から，話合いの中から，作文，記録の中からとるという方法に加えて，当校では，漢字整理帳の中から適当なものを取り出して指導する方法をとっている。これによっても，かなりの効果をあげている。この方法は児童の身近な語いが選べるという点でも利点がある。

次に各児童が個別に持っている整理帳の例を5年生にとって示したい。

（五年）坂井勝司

字	勉強したことば	わたしの書いたことば
陽	太陽	陽一君
精	精いっぱい	精神
展	展らん会	
悪	悪口	悪人
示	けい示板	けい示部

左に示すような，個別の整理表によって，学級全体，あるいは学年全体の児童が，それぞれの漢字をどのような漢字語いとしてとらえているかが見わたせるから，学級として学年としての指導語いを容易に選ぶことができる。

上記の児童の使用したことばと同一のものは，この学級50名の児童の中で，「陽一」～28名，「悪人」～7名，「けい示部」～6名というように共通に書きあげている。「展らん会」の自習欄は空白になっているが，このようにできなかった字，むずかしいと思った字は，下に示すような形式で練習させるようにしている。組全体の傾向をみんなで研究しあって，練習することも効果のある方法である。

ii　漢字整理のためのワークペーパー

このようなワークペーパーを活用して読みの練習をしたり，書いてみたり，

拡	拡大・拡げる
基	基本
兼	兼任・兼ねる
己	自己

使用してみたりすることから，漢字の学習に大きな興味を育てることもできた。

また，これらワークペーパーや整理帳の学習をもとにして話し合い

1. 覚えにくいもの…………疑・勧・厳
2. かなで書いてしまうもの……………………………俵・舌・倉
3. 身のまわりに，あまり出てこないもの………………承・貴・兼

などと整理することによって，どの漢字にどれだけの重点をおいて学習したらよいかを，児童各自に自覚させることもできる。

iii 使用漢字の班別整理

作文に使用した漢字を，各自に整理し，それを5～7名のグループで互いに検討しあって，そのあと組の表を作って，それをもとにして毎月1回総練習をしている。

次に示す表が，各グループごとにまとめたもので，これは教室に掲げて随時活用できるようにしている。

漢字使用表　5班

月日	文題	使用した漢字
4/7	わたしの考えていること	新・年・気・生・持
		番・意・見・人・間
5/16	新潟旅行	魚・着・元・集・合
		乗・置・宿・機・関
7/22	一学期の反省	期・実・楽・質・悲
9/25	映画見学	路・感・想・明・刀
10/17	冬	雪・暗・寒・葉・山

語いカード　5班

月日	新しく使われた語い
4/7	六年生・気持で・小さい
	当番・意見・注意・文化人
5/16	魚野川・着いた・集合・物置

(6) 漢字使用の学習指導

書く先に読む指導が正しく行われなければならない。児童が語い板や，掲示板をいつも正しく読んでいるかどうか注意し，進んで読む習慣をつけること，教師も声を出して読ませる機会を作ってやることなどがたいせつである。

読むことは，その漢字の使用のときにも，使用後にも正しく行われていなければ，身につかないことを常に反省してみる必要がある。

使用の仕事のひとつとして，「この間」・「木の根」・「今」・「勉強」・「時計」・「自由」などその題材で学習した漢字について，この中から二つ以上のものを使用して文を書かせてみるなどは，実施してみて効果があった。

この場合留意することは，作られる文には生活文的なものもあり，記録的なものもあり，伝達的なものもあるが，漢字使用にばかり急で心にもないことを書いたり，筋がとおらなかったりしないようにしなければならない。

3年の指導について一例を次にあげてみたい。

- 指導漢字～「里」・「寒」・「横」・「橋」・「住」・「父」・「母」
- 指導語い～「半里」・「寒い」・「家の横」・「長い橋」・「住む」・「父と母」

その漢字を使用している語いを書かせてみて，それを印刷し，みんなで短文を作って発表させた。

> ○山から里にくまが出た。○横にばたりと倒れた。○汽車が鉄橋をわたった。
> ○父のかたきうち。○こうくう母かん。○かがみ里。○大寒。○横ぎる。○三里。
> ○寒い風。○横づな。○ふる里。○父兄会。○横ちょう。○横はま。

こられの語いは，使用の機会をできるだけ見付けて使用するようにしている。

このような学習において，グループや学級の使用漢字，使用語いの整理の

時間の取り方に問題があるが，これは，

第1に，自主的に行うようにすること。

第2に，整理しやすいよう，表やノートを常に備えつけていること。

第3に，整理のしかたについて教師はいつも指導すること。

第4に，整理したものについて，ときどき読むとか，書くとかの機会を作ってやること。

などがたいせつである。

読みを正しくするという立場から漢字を使用させることも効果がある。とにかく，一つでもふたつでも使用して発表させると喜んで学習するようになり，その間に正しい読みの指導もでき，漢字語いに対する理解を深めることもできる。

児童の文を全部かなで書いたものを印刷して各自に渡し，漢字に直される所を漢字にし，グループごとに研究して，さらにそれを学級全体で検討することも興味のある方法である。

例文　5年　(30年6月)

ぼくの　にっきから　　　小杉　清二

6がつ 14かに，たうえをしました。ねえさんたちは，ぼくよりもさきに，たになえをうえはじめましたので，ぼくは，いっしょうけんめいに，ねえさんたちにつづこうとしたが，なえの植えばがなくなったので，おとうさんからもらっているうちに，まけてしまいました。…………

この文の中へ学級全体で入れた漢字を整理すると次のようなものであった。「日記」「月」「日」「先に」「始める」「続く」「負ける」

このようにして学習した漢字は，めいめいノートに記録して，その後の使用への意欲を高めるようにくふうしている。

(7)　漢字を取り出しての指導

語いの中や文の中に使われている漢字を集めているが，その中でも，習得の困難度とにらみ合わせて指導の必要な漢字は別個に拾い出して指導し，認識をより確かにすることがなければならない。

それによって，その字の意義を知り，その字の働く領域を習得することになり，その字の活用が効果的になってくる。

それについては，当校で試みている左図に示す「漢字練習台」も効果があった。「漢字練習台」には10枚のカードが，はさまれるように作った。ここに示される漢字「川」について学習の一例を次にしるしてみる。

木	山	目	今	森	川

「川へ行く」「魚野川」「谷川」などのように，その漢字を使っての語い，短文などを言わせる，それを書いてみる，などのことによって，その読み，書き，使用の三部面について，学習をくり返していく。

一つの漢字がいくとおりにも使えることは，次のような「親カード」と語いカードとを用意することによって効果をあげている。

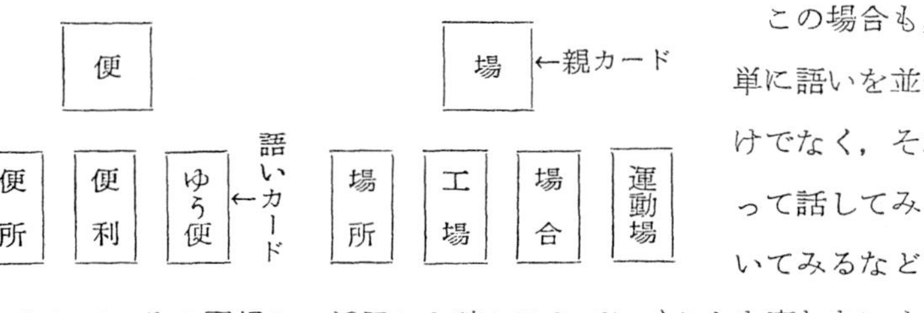

この場合も，ただ単に語いを並べるだけでなく，それを使って話してみる，書いてみるなどの学習をとおして，その習得と，活用とを確かにしていくことを忘れないようにしている。

(8) 話合による漢字指導

。かおや口は，いつもきれいにしておきましょう。
。ふゆになって，ゆきやけにならないように，手や足をよくふいておきましょう。
。きょうは，えいせいけんさです，耳もしらべます。

こんな話から，「口」「耳」「手」「足」などを書いたり，読んだりする機会が作られる。

児童たちにも，これらの漢字を使用させて話をさせてみる。低学年では動作化できるものは，これと結んで習得させることもよい方法である。たとえば「手をあげる」「足を出す」の語いカードにつれて児童がその行動をするといった方法である。

児童に話をさせ，その中で漢字を練習する作文や記録，日記にも関連して，

「ぼくは　きょう，あさ　しちじに　おきて，かおを　あらって，ごはんをたべて，がっこうへ　きました。きょうしつへ　はいると，もう　おともだちは　たくさん　きて　いました。」

これらの話の中で，どんな漢字が使われているかを考えさせ，書き出させる。

こどもたちから，「朝」・「七時」・「起きる」・「顔」・「食べる」・「学校」・「来ました」・「教室」・「お友だち」などの漢字が出てくる。それをみんなでもう一度書いてみるというように展開している。

いつも話している語いであるから，その漢字ははやく習得するだろうと思ってはならない。たとえば社会科，国語，音楽などの教科に関するもので．「子供会」・「放送」・「看護」・「当番」・「図書室」などの漢字は，いつも話している語いであり，生活の中でもたびたび目にする漢字ではあるが，書くとなると正しく書けないことが多いことでもわかる。これらの漢字語いは，指導しやすいということは言いうるが，そのことがそのまま習得がしやすいということにはならない。

それにしても，指導の手がかりや，指導語いをとらえるために，児童が使用している話の中にどんな漢字があるかを，教師は絶えず調べて知っている必要がある。

(9) 辞典による漢字の学習指導

辞典による漢字の学習にあたっては，次のことが考えられる。

1. 辞典をひくこと。
2. 文の理解を深めるために，その漢字語いを文中に位置づけること。
3. 漢字の研究，意義，働きなどの学習をすること。

辞典指導の機会を考えてみるに，「鼻」「歯」「競争」などのように，読めればよいもの，「最良」・「整理」・「連続」など他の漢字語いに言いかえられるもの，「政府」・「文化」・「宗教」などのように内容の理解困難なものなどがあるが，これらについて，辞典の活用を指導する。文章理解の必要から辞典をひいたときには，必ず文に即した理解をするようにすること，それには辞典をひいてすぐノートにそれをひき写すだけに終らないで，文の中で何べんもくり返し正しく位置づけをしてから，ノートに書くように訓練したい。このことを通して，はじめてノートに書いたことが明確に覚えられていくからである。書くときの注意としては，見ながら写すということで，しっかりした読みをやらない場合があるから，ときどき書いたノートを読ませてみることが必要である。

辞典をひかずにすぐ隣席の児童に聞いたり，教師に質問したりしてまにあわせるくせをつけないで，辞書利用の機会をできるだけ活用するようにしたい。

⑽ 読み書きの誤りを直す指導

漢字の読み誤り，書き誤り，使用の誤りについて，いろいろ調査しても，その原因をつきとめて誤らないようにしなければ調査が生きてこない。

i どんなところを読み誤るか

1. 発音や表記の誤り

岩（えわ）　毎（まえ）　家（いい）

2. 音と訓，またはそのことばの意味を書くもの

平野（たいらの）・（へいの）　使用（つかいよう）・（つかう）

3. 関係語からくる誤り

左（みぎ）　右（ひだり）　林（もり）　秋（はる）　先（せい）

4. 字画からくる誤り

兄（あし）　足（あに）　島（とり）

これらはその漢字語いを使い分けすることの不足から起ってきていると思われる。指導の場合に，「右」と「左」，「林」と「森」など比較して，はっきりさせておくことが必要である。

ii どんなところを書き誤るか

1. 字画の似たものからくる混同

暗～楷・暗・暗，使～使・便・使，寒～寒・寒，死～死・死

2. あて字からくる誤り

回～海・会，引く～火く・日く，屋～矢，汽～気，開く～平く，岩～岸，教～強，形～計，工～校，公～考，心～信，新～親，清～青，実～味・美，社～車，者～物，早～走，坂～板・反，注～中，有～夕

3. その字の意味関係からくる誤り

雲～曇，絵～画，外～表，原～野，語～話，行～来，歩～走，買～売

4. 類字あるいは熟語からくる誤り

泳～水，屋～家，喜～楽，供～子，原～野，語～国，後～前，車～電，場～所，早～速

5. 文字構造の位置の転移からくる誤り

暗～部，私～私，新～新，始～始，味～味

これらの誤りは，書いてみて疑問を起すまでになっていないことを示しているが，部分的に覚えているわけである。ここから指導の糸口を見つけていくことがたいせつである。

6. 二種類の漢字の部分的な組み合わせの誤り

雲(曇)→雲　顔(頭)→頭　球(野)→球　後(前)→前　去(昨)→作
苦(若)→苦　者(物)→物　走(表)→表　着(者)→者　昼(夜)→夜
毎(今)→今　板(坂)→坂

（　）内は書こうとした漢字である。

以上分類したように，いろいろな誤りが見られ，その原因も一様ではない。したがって，これらを正しく書けるように指導するには，その誤りの原因をつきとめてその点を指導しなくてはならない。

調査やテストの時には，一点一画を注意して検討するが，作文や記録の中で誤っているのは見のがしがちである。これについてもテストの時と同様に誤答の傾向を分類しておくことが効果的な指導へのたいせつなことである。

⑾　漢字指導に興味をもたせるために

学習の興味を育てるには児童の発達にそうことがたいせつである。1年生の興味の方向と6年生の興味の方向とは，この観点からすれば違うことが考えられる。この方向にそわないで単なる機械的な練習をしいることは，学習効果をあげることにはならない。当校で実施してきたいくつかの方法を次に示したい。

i　カードの場合

- カードに自分で考えた語いをはる。
- 語いカードでグループごとに短文を作る。
- カードに示されたことを行動化する。
- カード合わせをする。

ii　進級ノート

- 進級表を作成して自己評価させる。

iii　漢字集め

- その字を使ったことば集め。（例：～正しい，お正月，大正）
- 長音集め。（例：～王様，校舎，相談）
- 漢字しりとり。（例：～雪―木―黄色―論説）
- 関係語遊び。（例：～右―左，上―下，東―西）
- へん・つくりの同じもの集め。
- 形の似た字集め。

漢字	読み 四年	読み 五年	読み 六年	書き 四年	書き 五年	書き 六年
	%	%	%	%	%	%
内	55	70	90	35	56	79
外	76	44	83	33	58	84
大	90	94	97	45	65	75
中	100	93	98	89	89	100
小	95	86	95	73	84	95
太	53	79	74	38	56	38
細	26	34	76	11	11	70
寒	50	81	87	3	36	64
暑	6	83	70	0	27	20
雨	90	98	100	73	84	97
雪	81	87	95	69	82	92
雲	84	86	97	53	76	74
鳥	97	89	97	62	73	82
花	91	91	97	66	75	90
東	79	73	97	59	73	84
西	79	84	97	69	82	92
南	59	73	74	44	76	56
北	91	83	85	62	76	85
生	77	84	95	55	63	65
死	53	71	89	89	13	57
新	74	84	95	40	76	92
古	74	71	81	51	55	69
姉	44	54	73	10	24	25
弟	50	61	77	42	67	57
妹	45	79	79	13	36	56
兄	76	83	91	62	85	93
深	11	73	76	5	33	64
浅	8	49	47	2	4	25

漢字	読み 四年	読み 五年	読み 六年	書き 四年	書き 五年	書き 六年
	%	%	%	%	%	%
強	53	57	81	16	31	44
弱	3	30	64	2	20	51
父	70	89	95	61	76	82
母	81	87	97	73	85	95
春	93	89	95	73	76	92
夏	87	93	98	56	71	74
秋	70	84	98	35	67	67
冬	67	96	100	76	85	92
目	91	96	95	62	76	76
鼻	67	51	95	3	2	21
歯	3	75	95	0	26	39
耳	85	93	93	64	64	64
口	85	91	98	81	87	90
山	97	91	100	97	95	100
川	98	100	100	95	91	100
海	85	96	98	53	76	82
火	84	93	95	62	75	85
水	91	98	98	85	85	98
町	97	94	98	73	78	95
村	85	89	93	74	84	93
市	61	65	91	16	45	56
郡	16	79	81	10	44	64
県	35	83	97	8	62	67
国	91	91	100	69	82	90
月	91	94	96	74	89	97
日	91	86	90	79	87	89
毒	11	17	61	6	4	26
薬	2	65	66	11	27	56

漢字	読	み		書	き		漢字	読	み		書	き	
	四年	五年	六年	四年	五年	六年		四年	五年	六年	四年	五年	六年
多	67	88	87	44	60	41	研	10	34	70	2	20	69
少	79	83	83	29	67	80	究	6	32	45	0	16	41
高	90	93	95	36	75	77	先	81	84	93	84	80	87
低	2	27	44	0	13	13	生	77	84	95	55	62	65
男	95	96	97	67	85	85	練	3	21	21	2	9	18
女	98	96	98	81	95	97	習	36	87	93	5	53	75
教	36	38	64	2	38	52	善	21	7	16	0	5	3
室	51	66	81	18	51	56	悪	13	43	67	0	2	36
学	84	87	87	83	85	97	苦	13	47	53	6	29	58
校	84	94	95	84	80	87	楽	67	83	93	53	73	85
病	59	100	91	6	18	48	手	81	86	95	74	82	82
気	85	89	95	55	71	82	足	89	98	97	61	84	87
勉	55	50	79	47	62	16	出	83	83	95	40	40	77
強	53	57	81	16	31	44	入	90	93	95	36	75	77
試	2	11	44	0	2	8	遠	59	79	90	13	42	81
験	0	18	42	0	2	7	近	67	86	89	30	47	21
左	84	77	89	73	65	89	朝	90	94	100	69	62	80
右	84	81	84	70	82	95	夜	87	91	100	26	65	80
長	89	93	98	50	80	90	勝	27	81	98	10	20	82
短	0	38	70	3	5	33	負	5	18	45	0	7	29
天	76	89	95	56	71	90	明	85	73	97	44	62	82
地	55	73	90	42	67	85	暗	24	56	84	11	35	62
前	73	84	87	21	31	74	牛	56	79	87	47	53	89
後	33	61	70	2	64	51	馬	89	91	100	38	58	70
軽	0	21	42	0	7	20	魚	97	94	90	64	84	87
重	51	75	89	29	64	51	鳥	97	89	97	69	73	82

○同訓，同音集め

以上の方法は，児童が興味をもって，喜んで学習に参加するが，注意すべきことは，これらの学習が遊びに終らないようにするということである。

この指導にあたっては，前のような表を指導計画のために利用している。

この正答率は，昭和26年度の381字調査の結果である。調査人員は，4年生63名，5年生57名，6年生63名である。

なお，この関係語いの正答率をみると，それぞれの学年で，読みの正答と書きの正答にかなりの開きのあるものがある。このような字については，正答率の高低，つまり難易度に応じて指導の計画が立てられなくてはならない。ことに書く正答率の低いものは，理解語として，話しの中や読むことの計画に加えることはよいが，これと同時に書くことを要求する計画は無理である。

(12)　漢字を生活の中で生かすことの指導

漢字習得の問題点の一つは，児童ひとりひとりの漢字に対する関心の度合いに関係してくる。児童が漢字に対してどのように関心をもち，どのように学習しているかをいつも観察し，そこから計画を立てることがたいせつである。

理解から表現へ，表現から理解へという相互関係によって，はじめてより確かな習得へと導くことができる。

こどもの生活を観察すると，学年によって，取り上げられる話題，興味をもっている事がら，内容，語いの広がりの度あいなどにかなりの差がある。漢字指導においても，当然このことは考慮に入れられなくてはならない。

低学年では，家庭生活，学校生活中心に漢字を学んでいく。たとえば教科の名称の「国語」「算数」「音楽」とか,「運動場」「校門」「便所」「教室」「日記」「季節だより」「帳面」などの語いが話の中に出てくる。

ただし，この中のどの語いを手がかりとして漢字学習にはいるかは，さきに示した正答率調査によって検討しなければならない。

中学年では，だんだん学校行事や部落活動にも参加するためか，「こども会」「討議」「分団」「計画」「賛成」「選挙」などの語いが議題になってくる。

高学年になると，関心の領域も社会的なことにまで広がるとともに，新聞・ラジオ・読書などの影響もあって，漢字まじりの理解語いも多くなり，同じ内容の語いであっても,「休む」──→「欠席」,「大かぜ」──→「暴風」というように漢熟語として使用するようになる。

このようなことから，児童が家庭で漢字に接する部面，学校で漢字に接する部面，地域社会で漢字に接する部面，社会的な面から漢字に接する部面等をその学年，その児童に適するように考えておく必要が生じてくる。

たとえ，このようにして学年別に整理された語い表があっても，それを教室の壁面にただ掲げておくのであってはならない。語い表の漢字習得が目的なのであるから，それについて読ませたり，書かせたりして次へ進んでいくように常時活用しなければならない。

そのためには教室の語い表，漢字板がいつも同じであったり，児童の漢字学習帳が思いつきの時だけ開かれていたりしたのでは，漢字習得は望まれない。どんなに努力して作製された漢字表があっても，利用されないでいたのでは価値のないものとなる。

先に掲げた学校の選定字155字について，30年5月に第2学年以上について調査したのが,読み,書きの正答率とともに，それが作文や記録の中にどれだけ使われているかを調査してみた。

問題は2年生から，6年生まで同問題とした。第3学年以上，読み書きと

もに問題はないが，調査においては，このような正答率を示しても，そのことがそのまま使用率も高いとはいいきれないところに今後の指導上の問題がある。

読　　み

学年	II	III	IV	V	IV
人員	80人	44	40	50	74
%	28	75	87	96	96

書　　き

学年	II	III	IV	V	VI
人員	80人	44	40	50	74
%	19	59	71	88	90

(13) ひとつひとつの漢字指導

けっきょく漢字はその字その字の性格に応ずる児童との関係的な働きによって習得される。習得状況についても共通した群がある。読むことの成績はよいが，書くことの成績は悪いというグループ，読みも書きもともによいグループに大きく分けて，次に例を示したい。

読みの成績はよいが，書きの成績の悪いグループ

皮	読	書	汽	読	書	姉	読	書	服	読	書	芽	読	書	流	読	書
4年	15%	3		69	29		44	10		30	6		44	3		76	21
5年	58%	18		91	53		54	24		60	15		50	4		86	44
6年	94%	52		90	59		73	25		83	34		77	31		91	38
落	**読**	**書**	**遊**	**読**	**書**	**歯**	**読**	**書**	**遠**	**読**	**書**	**鼻**	**読**	**書**	**題**	**読**	**書**
4年	58	6		50	19		3	0		59	13		67	8		3	2
5年	79	22		81	35		75	36		79	42		51	2		68	38
6年	83	49		90	48		95	39		90	52		90	21		84	36

日常生活の中で使用しているもので，記録の中にはかなで書いてしまうものに次のような文字がある。

授業・身体検査・衛生検査・討論会・ぼう険・倉・象・編物・損・胃腸・俵・包・山脈

1・2年から作文などに使用している文字とその使用率を示したものが次の例である。

字＼学年	II	III	IV	V	VI	字＼学年	II	III	IV	V	VI	字＼学年	II	III	IV	V	IV
下	8%	19%	41%	83%	37%	火	13%	35%	56%	46%	49%	家	35%	62%	87%	98%	100%
外	10	27	32	65	40	花	20	33	43	44	33	会	26	23	24	93	98
雨	8	15	37	71	69	見	26	31	59	68	73	月	20	39	63	89	62

3・4年から使用しはじめているものの例

字＼学年	III	IV	V	VI	字＼学年	III	IV	V	VI	字＼学年	III	IV	V	VI	字＼学年	III	IV	V	VI
運	21	35	58	79	雲	2	21	44	56	君		49	68	45	橋	4	22	29	29
顔	2	32	44	50	食		30	31	48	終	8	32	62	80	登		14	18	26

5・6年で使用しはじめているものの例

字＼学年	V	VI	字＼学年	V	VI	字＼学年	V	VI	字＼学年	V	VI	字＼学年	V	VI	字＼学年	V	VI
暗	36	27	官		42	開	5	19	覚		8	技	24	54	験	10	8
案		3	件		2	検		4	規		2	潔	2	4	費		4

身のまわりで使用している語いの中の漢字であるから，使用度も高いとい

うわけにはいかない。またその漢字が正しく早く習得されるとはかぎらない。

2年生51名について，27年4月から28年3月までの1年間の作文10回の中で，使用された漢字について拾ってみると，次のようである。

使用字	水	中	先	生	大	子	日	明	昼	町	二	人	車	花	五	行	石
使用人員	24人	24	18	22	16	36	22	5	1	13	22	25	2	10	12	22	3
使用回数	22回	66	70	122	51	615	57	18	1	18	68	50	2	15	30	79	7
使用字	言	空	外	月	読	事	思	火	九	年	方	走	草	入	名	田	口
使用人員	17人	1	5	10	6	2	10	9	3	14	20	1	1	4	1	10	7
使用回数	103回	4	13	15	10	4	17	13	5	63	62	3	1	6	2	23	8
使用字	上	学	校	木	手	土	十	円	四	川	雨	出	正	山	三	目	小
使用人員	12人	48	41	13	8	1	12	9	14	20	4	18	5	22	15	11	13
使用回数	32回	192	141	22	15	2	45	28	17	10	11	40	12	45	60	13	16
使用字	六	時	間	見	地	家	糸	声	一	書	夜	門	八	男	女	前	森
使用人員	9人	16	2	13	1	18	3	2	8	6	4	4	5	3	3	7	2
使用回数	22回	28	5	46	3	45	3	5	97	9	12	12	9	4	4	12	4
使用字	買	分	林	赤	自	光	文	合	何	今	高	夏	牛	早	下	知	美
使用人員	7人	1	2	2	1	1	5	1	1	7	4	1	1	14	4	1	4
使用回数	6回	5	6	5	1	5	12	1	1	9	4	1	1	56	6	5	5
使用字	母	本	習	父	夫	私	右	色	百	順	実	青	少	音	国	南	利
使用人員	12人	16	2	3	5	8	2	2	2	1	1	1	1	2	2	1	1
使用回数	74回	39	2	17	32	58	2	2	15	5	1	1	2	5	3	1	1
使用字	冬	多	戸	京	組	点	白	金	会	立	売	字	毎	村	七	所	代
使用人員	5人	1	2	1	1	1	5	7	13	1	12	5	2	2	5	1	2
使用回数	13回	1	3	3	2	1	13	15	41	1	21	12	7	2	11	1	5

使用字	原	信	足	春	朝	弟	紙	北	心	聞	風	持	安	千	登	鏡	里
使用人員	1人	2	3	1	10	2	2	1	1	1	1	4	1	1	1	1	1
使用回数	1回	7	6	4	12	9	3	7	1	1	1	7	2	4	4	2	2
使用字	富	士	清	葉	休	教	室	道	考	京	久	元	島	犬	作	力	太
使用人員	1人	1	1	1	1	1	1	2	2	1	3	1	1	1	5	1	1
使用回数	2回	2	1	1	1	2	2	3	2	2	4	2	1	2	15	4	1
使用字	半	幸	岩	玉	海	級	芸	反	昭	治	宮	妹	去	気	内	記	絵
使用人員	1人	1	1	1	1	1	12	2	1	3	2	2	1	1	2	3	2
使用回数	2回	1	1	1	1	1	31	3	1	4	3	8	1	2	5	4	2
使用字	保	両	黒	工	社												
使用人員	1人	1	1	1	1												
使用回数	1回	1	2	1	1												

「中」「先」「生」「大」「子」「日」「人」「行」「年」「方」「学」「校」「早」などの文字は使用が多いことが目につく。

6年生29名について，27年4月から9月までの同様のことを示したのが次の表である。

使用字	一	二	人	入	十	出	三	上	大	子	方	日	中	五	父
使用人員	27人	21	25	22	26	23	18	23	19	23	23	27	28	29	9
使用回数	220回	72	172	93	84	126	70	79	72	150	85	206	120	109	59
使用字	今	母	生	六	目	休	汽	先	私	行	花	見	言	赤	年
使用人員	25人	20	28	29	25	14	15	27	12	26	21	25	14	21	28
使用回数	77回	97	329	148	73	51	54	219	199	178	57	162	50	62	174
使用字	車	君	事	供	学	所	室	思	家	時	教	校			
使用人員	22人	18	14	22	27	22	24	24	28	24	22	27			
使用回数	88回	208	50	62	164	68	72	119	199	211	99	147			

これらの字の中には，2年生で使用回数の多い字が重なっている。これらは，低学年，高学年を通じて使用される字とみてよいであろう。

5. 漢字の学習指導のまとめ

漢字の学習指導のいろいろな指導分野について述べてきたが，そのいずれの場合にも漢字の働いている場面を児童の立場に立って，学校・家庭・地域・一般社会というように位置づけることが，指導上の軽重の計画の上に生かすことができる。

i　学習場面としての学校

教科の上から，教科外活動の上から，いろいろの漢字活用の場面を考える。

ii　学習場面としての家庭・地域・一般社会

家庭・地域・一般社会での話すこと，聞くこと，読むこと，書くことの面からそれぞれの漢字学習の軽重を考える。

以上の観点を整理することによって，漢字の身につけ方を計画し，それの活用の機会を考えてやる。

次に，初出漢字の指導については，それがまったく新しくはじめて目にはいるという漢字は少ないことに注意したい。家庭で読んでいるか，地域社会のどこかで目に触れているものが多い。初出漢字の指導にあたってこのことを考慮に入れて，どの字にどれだけの考慮を加えるべきかを判断して指導計画を立てることが，学習の効果をあげることになる。

最初の指導に力を入れたことで漢字は習得されるのでなく，その後のその字についての特性（誤りやすい字だとか，使用の少ない字だとか）を考えて計画的に練習することによって習得されていくものである。漢字の指導とは，初出漢字指導だけではなく，絶えず記憶をよびおこしてやる指導が必要である。

また，その指導方法の変化ということも，つねに考えられて変化のある広い分野で行われることが望ましい。詩を作ってその詩を口ずさみながら漢字習得をはかる方法もあるし，

旅は道づれ世は情（旅・道・世・情）

良薬は口ににがし（良・薬・口）

のようにことわざの中で漢字を習得する方法もある。いわゆるドリル学習と称して，単に機械的にその漢字だけを，漢字のことばとして働く場面から抽象して学習することは，あまり効果のないことである。

指導の計画をはっきりとうちたてるためには，調査を通していつも正答率の悪い字，正答率の安定している字，学年の上昇とともにだんだん正答率が安定する字というものが，正確につかまれていなくてはならない。一例を次に示してみよう。

その例をあげてみると，

正答率の悪いもの

字＼年月	26.9	28.3	29.3	字＼年月	26.9	28.3	29.3	字＼年月	26.9	28.3	29.3	字＼年月	26.9	28.3	29.3
仮	0	20	18	我	20	21	20	逆	2	19	16	接	0	19	21
貸	3	20	20	賃	0	6	20	敗	3	19	18	墓	21	20	25
盟	3	22	23	預	0	9	18								

正答率の安定しているもの

字＼年月	26.9	28.3	29.3	字＼年月	26.9	28.3	29.3	字＼年月	26.9	28.3	29.3	字＼年月	26.9	28.3	29.3
雨	97	100	100	画	84	89	87	外	84	89	93	空	85	98	97
語	84	91	84	時	80	96	97	思	85	89	92	青	93	96	100
鳥	82	96	90	友	84	91	93								

だんだんよくなった字

字＼年月	26.9	28.3	29.3	字＼年月	26.9	28.3	29.3	字＼年月	26.9	28.3	29.3	字＼年月	26.9	28.3	29.3
何	61	79	92	健	39	50	71	庫	7	56	71	賛	7	63	75
次	29	56	72	種	23	50	71	省	25	75	82	費	8	48	74
買	13	69	78	貧	23	50	71								

これらはいずれも6年生について示したものであるが，他の学年についても同様のことが考えられる。

iii　結　び

漢字の指導の目標について最後に述べて結びとしたい。

「極」・「絹」・「投」・「心」・「落」という漢字を見て，「極光」・「極めて」・「南極」・「投げる」・「投手」・「心持」・「やさしい心」・「心境」・「落ちる」・「落選」・「落差」などの語いがまず頭に浮び，

「……そのことは，南極探険隊の記事にのこっている……」という文の中で，極の理解ができ，「わたしは，とうしゅになりました……」と書くときに「わたしは投手になりました……」と表記できるように力をつけることが，漢字指導の筋ではあるまいか。

調査・観察・テストによって診断し，正答率のよいものは伸ばし，悪いものはその原因をつきとめて治療する仕事をやっている。学校で教師が行って

いるこれらのことは，単なる調査ではなく，これまでの指導に関係し，その後の指導が，より効果的に行われるような計画のもとに進めなければならない。われわれの仕事は調査結果表を作ることではなく，指導にあるということを忘れずに，これらの仕事を行うことがたいせつである。

このことから，調査や観察によって診断し，原因をつかみ治療するということの上に，誤りに陥らせないための予防ということが計画されると思う。

それは，その字が毎年読み違いされる字，書き誤られる字，理解の困難な字であることが，その学校，その地域にあると思う。これらについては，取扱の最初から，誤りの方向にいかないような予防措置がとられるべきである。

予防的指導の場合にとっていることの一例をあげると，これは，左と右と読み違えるから，左を指導するときに，右とまちがわないために同時に右を出して，その発音を明確にするとか，書き誤る部分として左の工と右の口とを，しっかり確認させるようにするとかの方法をとっている。

とにかく，思考の中から，話の中から，文の中から漢字を思い浮ばせ，それを体系的に，計画的に再び思考の中で，話の中で，文の中で効果的に働かせるように指導することがたいせつである。

第 Ⅲ 部

漢字の学習指導に関する理論的研究

徳島大学学芸学部助教授
三　木　　就

第Ⅲ部　目　次

1. なぜ漢字の指導法を考えるか

新教育が実施されてから，まだじゅうぶんに根もおろさないのに，学力低下が指摘され，それがあたかも新教育の原理・原則や方法のもつ内的欠陥から生ずるものであるかのように論ぜられる。

この非難が単なる旧教育に対する郷愁による反動として生じたものであれば，問題とするにたらないが，学力低下が事実であるとすれば，その原因を追求して対策をたてなければならない。このためには学力低下の実態を究明し，その原因が新教育にあるとすれば，その欠陥を反省し，是正して，より完全なものへ近づけることが必要である。

もし，原因が新教育の原理・方法の中に発見されないとすれば，その原因を他に求め，対策を考究する必要がある。その前提として，学力低下の意味する具体的内容は何かを明らかにする必要がある。世にいわれている学力低下の意味するものは，多くは，漢字の読み，書きの力が低下したということである。はたして，論者の指摘するように新教育の原理・方法の欠陥から生じたものであろうか。学力低下の問題は国語の四活動の上から総合的に考えられなければならない。書く領域だけをとらえて国語の学力低下を論ずるのは妥当でない。論者は国語の四活動全面にわたって旧教育と比較して論じなければならない。

およそ書字能力の発達は学習主体・指導主体・学習指導法・性格・環境・文字構造・評価等が相互に関係する。論者が学力低下を指摘した当時の学習主体は学徒動員によって学習の機会を与えられなかった児童・生徒である。教育の結果は数十年を経過しなければあらわれない。新教育はまだ緒についたばかりであり，論者が評価し非難したのは，旧教育の延長期にある学習主体の評価である。評価は妥当性と信頼性とが要求される。評価の信頼性と妥当性は評価の内容・評価の時期・評価の方法等によって決定される。世にいわれた漢字力低下は，その評価の時期に誤りがあるばかりでなく，評価内容の面においても妥当性がない。それは，評価内容は学習目的に即して，その範囲内で測定すべきであるからである。ところが，世の論者の評価内容は学校教育における習得すべき文字範囲を越えている。当用漢字 1850 以外の漢字の読み，書きのできない事実のみをとらえ，自己の過去の経験と比較し，ばくぜんと学力が低下していると結論し，厳密なデータを出して，旧教育の書字能力の実態と比較することを怠っている。

第２に指導主体が学力低下の原因の一つとなることは明らかであろう。旧教育から，経験主義への転換は理論的には容易であるが，実践面の転換は容易でなく，ことに指導方法を体得するには長い期間が必要である。にもかかわらず，実践的要求は即時性を要するために，指導主体は学習指導法に慣れず，いわば，方法的未熟のうちに実践化しなければならなかったところにも学力低下の原因を認めなければならない。

第３に，環境的条件の悪化である。新旧道徳の対立や，新道徳の原理である民主主義の誤解など，混乱した環境での教育の成果と通常時の教育の成果とを同時に比較して論ずることは妥当でない。

第４に指導の原理が，記憶力にのみよるという誤った考えは，機械的な練習だけが漢字習得の絶対唯一の方法であると考え，機械的な練習を課していたことも挙げなければならない。

第５に資料が問題になるが，文字習得に必要な資料が乏しかったことも，文字力低下の原因にあげなければならない。

第６に文字の構造上の復雑性からくる原因であるが，詳細は後に述べるこ

とにする。

以上述べたように，学力低下の原因は新教育のもつ本質的欠陥にあるのではなく，むしろ，外的な諸条件にあると言えよう。

漢字の読み，書きの能力が低位にあるという事実は否定できない。低位にあるということが事実である以上，読み，書きの能力の向上をはからなければならない。このためには，能率的で，効果的な学習指導法を確立することが必要になってくる。

2. なぜ漢字の学習指導は重要か

日本人の言語生活のうち，書く生活にとって，漢字の習得が必修の要件となっている。日本語は漢字交り文で書くことを原則とするからである。われわれの日常生活において，聞く生活，話す生活と並んで，読み，書きの言語生活は日常生活領域の大部分を占めている。読み，書きの能力は近代社会の成員として必然的に具備しなければならない本質的な要素である。読み，書き生活の基盤となるもの，つまり，われわれの表記様式は漢字交り文である。

漢字使用が宿命的で，不可避のものであるとすれば，国字としての漢字の改善とともに，それの効果的な学習指導法が考究されなければならない。

漢字の多音・多義性が習得上の障害となっている。しかも，大多数の漢字が二種類以上の音訓をそれぞれもっている漢字の表意的性格は，一字一字の独立性をこれに与えている。各漢字は孤立しながら，関連性をもって思想を表現する。音訓を２種，ないし，２種以上をもつということは，全体における位置によって読みを決定するので，単独の読みの習得だけでは読めるかどうかわからないことを意味している。漢字の場合には文脈に即した漢字の使

用が必要で，このためには多くの漢字を知らなければならない。場に応じた漢字を使用することができない場合にあて字の現象が起る。漢字は同音異字，同訓異義のものが多い。それだけにあて字は専門家といえども犯す場合がある。まして一般社会のあて字の誤りは普通であるといってよい。大学を卒業しても，誤字・あて字が多い。人生の大半を文字習得に費しても，手段である文字習得が不完全である。これは漢字そのものの欠陥から生じてくる。

ローマ字の字型の記憶は読み，書きを完全に可能にする。漢字は一語一語の記憶ができても，正しく読み，書きができるとは限らない。場に応じた漢字の使用という制約によって，言語生活を営まなければならない。しかも，思想の自由な表現に障害を与える。漢字の障害はこればかりでなく，漢字交り文という表記様式からも副次的に生じてくる。表意文字と表音文字との混同からくる悲劇である。漢字交り文では，平がなを主体として，漢字は副次的に使用する。この様式に従えば，あらわすという語を書く場合，あらまでを漢字で書くのか，あらわまでを漢字で書いて，すのみを平がなで書くのかが問題となってくる。いわゆる，送りがなの問題が生じてくる。文法上の問題として，特に送りがなの指導をしなければ，自分の思想・感情等を表記することができないところに，教育上のむだがある。とはいえ，現実生活において漢字を習得することは，日本人として避けることはできない。ここに，効果的で能率的な学習指導法が考究されなければならない理由がある。われわれ日本人は民主的な社会の構成と発展に寄与しなければならないし，日常生活を豊かにするとともに，世界の平和と文化の発展創造に力をいたさなければならない。このためには，文字習得が前提となる。漢字習得は個人の形成およびその生活を左右するとともに，社会形成や，文化形成に関連をもつものである。国民が理想的な人間に形成されるのも，民主的な明朗な社会を建設するのも，文化を保存し創造するのも，その原動力となるものは文字習

得であるといっても過言ではない。この意味からしても，漢字指導は国語教育上重要な地位を占めるものと考えられる。

3.　漢字の習得に関係するいろいろな機会

漢字習得を容易にするには，習得過程に存在する種々の抵抗障害を排除するとともに，漢字習得を効果的にする諸機会を分析し，整えることである。このために，学習主体としての児童生徒・指導主体としての教師・指導法・資料・環境等を分析解明する必要がある。

学習主体は身体的条件と精神的条件の二領域から究明する必要がある。身体的条件は漢字習得に関係する。強建な身体，完全な言語器官，特に両手が完全であることは文字習得を容易にする。強健な身体は疲労を防ぎ，学習を永続する原動力となる。

精神的条件を分析すると，(1)注意の集中力，(2)注意の持続力，(3)記憶力，(4)記憶の持続力，(5)認知力等である。記憶力・記憶の持続力等はほとんど先天的であるが，年令的発達も考えられる。同一事項を同一学習主体が記憶し，これを持続する場合，記憶方法の巧拙によって，記憶の容易さと持続度に変化があるが，記憶の容易化，および，持続の永続性は方法的に可能である。漢字習得に対して，語源・字源の説明，字形と具体的な同形物との比較，たとえば「明」という字の指導に「日と月とがならんで，明るい。」と説明するようなものである。元来，心理的には忘却ということは考えられないが，一般に必要な場に再生不可能な場合の現象をいうので，脳裡に潜在化している表象を再構成することができないだけである。潜在化している表象を再構成するには連想的な刺激を与えることが必要である。記憶の持続は経験度数

に比例するが，記憶再生の刺激を与えること，すなわち，連想によって再生を容易にすることができるものである。記憶を成立させるには注意力を集中することと，経験化することであるが，漢字習得には認知力が絶対的な必要条件となる。注意の集中力は先天的な性格によって規定されるが，妥当な指導法によって強化することができる。認知力も先天性によって制約を受けるが，年令的発達が著しく，未熟の段階から成熟の段階へ転移させることは，方法的に可能である。認知力は漢字の字形習得には絶対的条件であるから，極力早く発達させるように努力すべきで，その方法は後述することにする。

学習主体のもつ性格は千差万別であって，個性差がはなはだしい。この個性のうち，漢字学習を向上させる性格と阻害させる性格とが考えられる。

指導主体のもつ指導力や指導技術は漢字学習の能率に本質的な影響を与える。人格や学識は指導主体の権威をささえる基盤となるばかりでなく，学習主体の漢字習得にも連関をもっている。

漢字のもつ構造上の複雑性や多数性，一字多音性や多義性は漢字習得を困難にしている。これらの条件を除去することが，漢字習得の平易化を可能にするのであるが，それには，漢字数の制限，漢字の簡易化，音訓の制限等が考えられるべきであって，国語・国字問題の改善としてすでに一応の成果をあげている。今後，ますますこの方面の研究を進め，漢字の本質上からくる障害を除くことが，漢字習得を容易にする道であろう。

わが国の表記は漢字交り文と規定されているが，漢字交り文とは表意文字と表音文字との併用であり，ここに送りがなの問題やかなづかいの問題が起り，言語生活を困難にさせている。送りがなやかなづかいに関しての種々の法則の設定は，正しく書くための条件であるし，正しく書くためには法則を知らなければならない。元来，書くためには諸法則を知らなくても書けることが理想である。

現在の国語教育の一般的傾向として，各種の参考書や辞書などが利用されるようになったことは非常によい傾向であるが，経済的制約によって，資料の収集は困難であるから，計画的な編集がなされている教科書は，学校教育の資料の中核的存在であることは否定できない。それだけに教科書の編集の巧拙が学習指導に与える影響は大であると言わなければならない。特に漢字習得の能率化のために，漢字配列は科学的な研究に立脚して行われることが望ましい。

現実社会における言語生活に必要な漢字を習得させるには，各種の障害が除去されたにしても，依然としていくつかの障害は残るであろう。この点からして，学習指導法の改善こそは漢字習得を容易にする道である。

環境は家庭環境・学校環境・社会環境等に分れるが，要するに，文字習得に，刺激を与えるような環境を構成していくことが先決問題である。漢字の習得は必要な経験度数に正比例する。漢字は習得できても，その正しい使用ができなければ，書く生活は完成したとはいわれない。

漢字習得を容易にするには，注意の集中，記憶の永続性，認知力の発達，学習指導法の改善，完全な資料の編集，望ましい文字環境の構成等をはかることが必要である。

4. 漢字の実態調査の目的とその方法

一般に学習指導法を確立するには，学習主体の身体・健康・知能・性格・環境・資料等，学習に関与するあらゆる条件を究明して，これらの中から，学習を能率化する諸条件と学習の能率化を妨げている諸条件とを抽出して，学習上に生起する各種の障害となる条件を除くことが必要である。特に漢字の学習指導においては，学習主体の実態と資料の良否についての調査は基礎的なものである。漢字の学習指導上必要な実態調査を行う対象領域は，学習主体の内的実態と外的実態とに分けることができる。内的実態とは学習主体の身体的条件・精神的条件を意味する。外的実態とは，学習主体に外部から働きかける諸条件である。身体的領域は外形的条件（手・足・目・耳等）と健康状態の調査が必要である。精神的領域は学習主体の知能・性格等であるが，知能は学習の観察や評価の結果等によって判定できる。

外的条件としては，環境・資料等が中心となるが，環境は家庭環境や社会環境が重要で，家庭環境においては家族の構成，経済状態，成員の教養・性格・職業および教育に関する関心度等が調査の対象となる。社会的環境においては，一般社会の文化・教養・経済状態・教育的関心等が調査の対象となる。資料は必要な資料が完備しているかどうか，資料が適当であるかどうかを知るために行う。

漢字学習指導上重要な実態調査は，漢字習得の内的条件である心理過程，ならびにこれに参与する外的条件を究明して，認知から定位・応用に至るまでの障害を明らかにし，これを除くために行うものである。身体的条件としては一般教育における実態調査と大差はないが，学習の継続力が問題になり，精神的条件としては，

第 1. 漢字習得に関する意欲・関心

第 2. 認知力

第 3. 注意の集中と持続力

第 4. 記憶力とその持続力

第 5. 理解力と判断力

第 6. 使用力

等が調査されなければならない。

外的条件としては環境と資料とが問題となる。環境は一般の場合と大差はないが，特に文字環境と資料の充実状態を調査する必要がある。漢字学習法に関する調査は，

1. 実際社会に使用されている漢字の実態
2. 漢字（単語）の配列と提出度数
3. 漢字（熟語）の配列と提出度数
4. 学習主体の誤読の実態
5. 学習主体の誤字の実態
6. 特に障害抵抗の多い漢字～多数の学習主体の書けない漢字
7. 誤用の実態～特に誤用しやすい漢字
8. 学習主体の既知漢字の実態
9. 実際社会における同一字形に対する多様な読み方の実態

等が対象となる。

資料の実態調査の領域としては

1. 音韻・アクセント・音調等に関する編集者の関心の有無
2. 語いの配列
3. 文型の配列
4. 各単元間の統合・連関
5. 文法体系の配列
6. 漢字の学年配当

等が調査されなければならない。特に学習指導の結果に本質的な連関のある漢字の学年配当と提出範囲についての研究は，学習指導法の究明と同等の価値がある。

漢字の書字能力の実態調査は，漢字習得の内的条件である心理過程，ならびにこれに参与する外的条件を究明して，認知から定位・応用に至るまでの

障害を明らかにし，これを除くために実施するものである。特に誤字・あて字の心理状態を推究したり，困難な漢字，誤りやすい漢字等を具体的に発見することは，学習指導改善のために，たいせつなものである。

5. 漢字を読む力に関係する諸条件と障害

読みの学習指導を向上させるためには，読む力を増進する諸因子を究明したり，読みに働く能力や学力を分析し，さらに，読みを妨げる各種の条件を実態調査の上から究明して，これを除くことによって可能となる。

読みの力に関係のある因子について，次に述べる。

1. 文字環境が構成されている場合には読む力は著しく増進する。学校や社会において，各種の掲示，広告等に接する機会が多ければ，読む力は自然につくし，書店・図書館等の多い都会の児童・生徒は，いなかの児童にくらべて読書能力は著しく発達している。家庭が読みの指導に関心をもち，両親の教養が高い場合には，読む力が発達する。逆に，文字環境が不適当であること，社会や家庭の無関心等は，読みの力を増進する障害となる。言語を規制するものは社会であるから，著しい方言・なまり音の存在する地方では，読む場合に，発音・抑揚・イントネーション等に障害が見えてくる。ら行とだ行との混同，しとす，いとえ，ちとつ，ひとし等を混同する地方では，漢字の読みの上にもこの混乱が現れて，列車をでっしゃ，論語をどんご，質屋をひちやなどと読み誤る傾向がある。幼児語の残存も読みの障害となる。

2. 学習主体の身体的条件である。これには視覚・聴覚・触覚（点字の場合），発声器官等の諸作用が働き，音読の場合は呼吸調節等の生理的作用が伴う。読みの障害として，視覚障害（近眼・遠眼・乱視・色盲・盲目等），聴覚

障害（難聴・全ろう）等があるが，眼球運動の緩急は速さを必要とする黙読の場合に影響してくる。

3. 学習主体の知能が関係するが，特に認知力・記憶力・表象力・理解力・判断力・応用力・鑑賞力・創造力等が働く。これらの能力の発達が読む能力の完成を可能にする。

4. 学習主体の漢字の読みに対する興味・関心・必要の有無で，興味・関心・必要等を意識しない場合には自然に注意力が散漫となり，聞き誤りによる誤読が多くなる傾向が見られる。

5. 生理的条件が影響することが考えれる。学級，もしくは，大衆の面前で音読する場合には，精神の安定が失われて，呼吸困難・息切れ等により，休止・緩急・高低等の調和を失いやすい。なお発声器官の異常な音読に障害を起す。黙読の場合には，語型の不規定性と意味はあくの困難性によって，眼球のなめらかな運動が妨げられる。

6. 学習主体のもつ先入観に支配されて，叙述面にない漢字を適用して読み誤ることが多い。たとえば，発明ということばを記憶していると，先入観に支配されて「コロンブスがアメリカ大陸を発見した。」という文章を発明したと読み誤る。

7. 学習主体のもつ性格が関係するもので，内向的性格の児童は音読に抵抗を感じ，注意力散漫な児童・生徒は助詞を脱落して読む。特に落ち付きのない児童・生徒は基礎的段階としての字型と音声との結合の場合に多大の障害を起しやすいものである。

8. 指導者の読みに対する関心の有無や，学識および指導技術の巧拙が関係する。指導者の技術が拙劣であったり，なげやりになったりすれば，読みの能力は著しく低下する。

9. 学習指導法が不適当であったり，指導形態が考慮されないで，画一的

形態が行われていれば，読みの能力は発達しない。

10. 漢字の性格が関係する。平易で，記憶しやすい文字であれば，読むことは容易である。読みの障害は漢字そのものの性格と表記様式の二面から生じてくる。

イ．漢字の音訓（一字多音）

漢字は音と訓をもっている。中には２種以上の音や訓をもっているものがある。ローマ字は文脈・熟語構成に関係なく読みは一定であるが，漢字の場合は文脈によって読み方を変えなければならない。ことに音には，唐音・呉音・漢音などがあり，字型が同一でも読み方の異なるものがある。行燈・行脚等のようなものは漢音で読むと誤読になる。元来，漢字は孤立語であり，一語一語が意味をもっているが，熟語となった場合，読み方に一定の法則がなく，重箱読み，湯桶（とう）読みなどが行われる上に，字音に関係なく，意味に相当する漢字を適用するために，読みが困難となっている。たとえば，村主（すぐり）・五月雨（さみだれ）などのようなものである。

特に，熟語を構成する場合，読みの法則性がないということは漢字の読み方を非常に困難にする。たとえば，物という漢字はもの・ぶつ・もつ等という読み方があるが，熟語を構成した場合，書物・荷物は縦書の場合は下に位置するから，その場合は，もつと読むのかと思うと，見物・産物等の場合は下に位置していてもぶつと読む。また，上に位置する場合，物物交換はぶつであるが，物事・物見の場合はものと読まなければならない。音は音，訓は訓の法則を適用すれば，反物の場合，上は音，下は訓で，いわゆる重箱読みとなる。見物（けんぶつ）の逆の場合は「物見」，すなわち，「ものみ」と読まなければならない。「物物交換」の場合は「ぶつ」であるが，形容詞「物物しい」の場合は「もの」と読まなければならない。

ロ．類似形の多様性

漢字には類似形のものが多い。たとえば，右と石，木と本，休と体，白と百，学と字，水と氷と永などで，このことが読み誤りの原因となっている。

ハ．同形異音（訓）語

同形でありながら，意味内容の相異によって，読み方を変えなければならない場合がある。たとえば「成敗」はせいはいとせいばいとでは意味が違うし，「初日」はしょにちとはつひ，「日向」はひなたとひゅうが，「判官」ははんがんとほうがんなど，意味によって読み方を変えなければならない。「上手」（うわて）投げ，「上手」（じょうず）な人，「上手」（かみて）から出るなどは同形でありながら，読み方を変えなければならない。

ニ．転音現象

熟語構成の場合に，転音現象が起る。たとえば，雨は単語としての音はう，訓はあめと記憶していても，熟語を構成した場合，「雨傘」（あまがさ），「雨降り」（あめふり）などと区別して読まなければならない。

ホ．連濁現象

漢字は本という字の音訓（ほん・もと）を知っていても，「日本」（にっぽん）「三本」（さんぼん）など，濁音と半濁音とがあって，それぞれ習慣によって発音し，その間に一定の法則性が設けにくい。

ヘ．偏・旁（つくり）・冠等の類似型

漢字には扁・旁・冠等の類似したものが多い。亻偏と彳偏，竹冠と艹冠，木偏と禾偏，日偏と目偏等。これらは書く場合だけでなく，読む場合の障害にもなる。

ト．重箱読み

音は音，訓は訓という統一的な読み方でなく，上が音で，下を訓で読む読み方である。「反物」（タンもの）。「上物」（ジョウもの）等。

チ．湯桶（ゆとう）読み

上の文字を訓で読み，下の文字を音で読む読み方である。「長談義」（ながダンギ）・「長口上」（ながコウジョウ）・「仲仕」（なかシ）・「流作業」（ながれサギョウ）等。

リ．熟語構成の際，特殊な読み方をする。

「東海林」を「しょうじ」と読んだり，「村主」を「すぐり」と読んだりする。五月に降る雨を日本ではさみだれといっていたので，字音を持たない「五月雨」という漢字をこれに適用して，「五月雨」を「さみだれ」と読ませたり，「時雨」を「しぐれ」と読ませたりする。

ヌ．漢字の形声的構成

形声文字は偏か旁（つくり）かどちらかが意味を表わし，どちらか一方が音声を表わすものである。したがって，「可」の音を知っていれば，「歌」・「河」・「荷」・「何」などの読み方がわかるが，この原則を適用して「覚」の字の読み方から「攪」の読み方を覚と同様にかくと読めば誤読となる。「周」の音を知っていても，「惆」には適用できない。このように，偏・旁（つくり）等の音を濫用することが読みの障害となる。

次に，表記上からくる誤読であるが，漢字交り文であるため，拗音・促音等は特に読み誤られるし，助動詞・助詞は共義的意味のみを持ち，自立的意義を持たない。したがって，脱落してもある程度の意味をつかむことが可能であるから，そのため脱落して読みやすい。日本語は外国語のように品詞ごとに間隔をおかず，句読点によるだけで，連続させる表記様式であるため，休止の部分，すなわち，意味単位の発見が困難であるために誤読しやすい。特に，

イ．熟語化した場合とかなとを併用した場合の不一致

漢字交り文では漢字の送りがなを一定することが必要である。しかし漢

熟語と漢字交り文との場合，読み方が一定していない。「飾る」は漢字の場合はかざまでであるが，「飾窓」の場合はかざりと読ませる。「重ねる」はかさであるが，「重箱（かさねばこ）」の場合はかさねと読む。

ロ．品詞の相異によって読み方が変化する。形容詞の「荒い」はあらと読み，熟語「荒物」の場合は共通であるが，「荒れる」と動詞化するとあとしか読まない。

ハ．漢字の多音性により文脈に即した読み方をする。

「書」は単語としてはしょ・かく・ふみなどと読むが，文章中で使用される場合，「書読む月日重ねつつ。」と「我終日書を読めり。」では読み方を変えなければならない。

漢字の多音性は常に文脈に即した読み方を要求する。ローマ字は単語の読みと文脈中の読みとは常に一致するが，漢字の場合はその文脈に適した読み方をしなければならない。このような漢字の読みの不規定性を文脈に即して規定化するところに読みの障害がある。

6. 児童・生徒はどのように読み誤るか

読みの難易は字形の単複にはあまり関係しないが，特に注意をひくような形態の漢字は記憶しやすいし，永続性をもつものである。誤読調査の結果を総合すると，次のようになる。

1. 類似形

類似形であるために，認知力がふじゅうぶんであるか，注意力が散漫であると，よく読み誤る。たとえば，右と石，日と目と曰，水と氷，矢と失，工と土，大と犬等は相互に読み誤る。

2. 類似概念の適用

夏は暑いので，夏のもつ概念内容と暑いのもつ概念内容とは類似している。そのために，「夏」をあついと読み，「冬」をさむいと読む。

3. 字形と音声の結合不完全

反復練習のふじゅうぶんか，記憶力の薄弱なためかによって，字形と音声の結合がふじゅうぶんであるために読めない。

4. 音韻に原因した読み誤り

なまり音・幼児音・方音等による誤読である。「葉」をはあ，「列車」をでっしゃ，「質屋」をひちや等。

5. 同形異音（訓）に原因した読み誤り

「食物」をしょくぶつ，「植物」をしょくもつなど。

6. 熟語の各字音（訓）の理解ふじゅうぶんのための読み誤り

「運動」という熟語から「動」をうん，「運」をどうと読み，「健康」から，「康」をけん，「健」をこうと読み，「代表」から，「代」をひょう，「表」をだいと読む。

7. 鼻濁音の欠除・イントネーションの不完全による読み誤り

7. 漢字の読みの指導は，どうすればよいか

漢字の読みの基礎は字形の正しい認知から出発する。漢字は字形が複雑である上に，類似形のものが多いから，認知が正確でないと誤読が多くなる。教師は漢字を大きく板書して，字形認知を確実にするために，多くの漢字カードの中から該当漢字を拾い出させるか，文章の中から拾い出させる。この場合，遅進児には競争的に行うなどして，認知の訓練をすることがいっそう

効果的である。

次に，字音との確実な結合を指導するのであるが，全児童の注意力をひいておいて，正しくめいりょうに範読した後，児童に模倣させ，数回練習した後，個人個人に読ませてみる。この結合をさらに確実にするため，漢字カードを瞬間露出して音声と結合しながら，数回練習をくり返す。この場合，最初の露出時間を長くし，慣れるに従って縮少していく。長時間継続するよりも短時間で休憩をおき，練習をくり返えしたほうがよい。記憶の忘却率はドイツの心理学者エビングハウスの研究によれば，記憶映像の最も鮮明なのは接触してから2秒後であり，それ以後は1時間後に56％忘れ，9時間後は64％，2日後は72％，3日後は79％忘れると報告されている。したがって，指導を行った翌日か，2日後にテストして記憶している文字は，だいたい記憶が保持されていると考えてよい。テストの結果に基き記憶映像をさらに確実にするために，カードの瞬間露出法による指導をすればより効果的である。要は一回だけの練習ですますことなく，日をおいて短時間で何回もくり返し練習するほうが効果的である。字形と音声の結合を指導する場合，漢字の特色として字形の一部が音声を表示しているものがあることに注意したい。たとえば，「依」は「衣」に音があり，「慰」は「尉」に，「河」・「何」・「歌」・「荷」等は「可」に音がある。したがって，基礎漢字として，「衣」・「尉」・「可」の読み方を指導しておけば，「慰」「依」「河」・「何」・「歌」・「荷」等の指導は容易になってくる。ただし，「緒」・「署」・「諸」等は「者」の音と一致しないし，「憧」・「鐘」などは「童」の音とは一致しない。こういう一致しない漢字と一致する漢字とを分類しておいて，一致する漢字の読みの指導に利用することが効果的である。

字形と音声との結合は両者間を連想させる媒介物の介在によって，より容易になる。たとえば月の字などは月の形からつきという訓を連想させるなど

のようなことである。

漢字の読みは意味理解によって確実になる。黙読のような理解読みの場合は，特に意味理解が成立していないと読みの抵抗を強く感じる。漢字の読みは単なる字形と字音の結合だけでなく，意味映像との結合もはからなければならない。経文などの読みを習っても，すぐ忘れてしまうのは意味理解が伴っていないからである。しかも，漢字はその本質上，文脈による読みが必要で，そのためには意味の理解が根本である。たどり読みは意味が理解できていない場合の読み方である。また意味の理解不足から意味単位による音の分節・休止が不完全となれば，アクセント・イントネーション等の上に障害が起る。したがって，このようなことを避けるためにも，意味指導の場合には，実物・模型・写真等をできるかぎり提示し，抽象的観念語の場合は事例提示等をする必要がある。

類似形による誤読を防ぐためには，次のことに注意したい。たとえば，石と右の字の指導の場合，資料中に「石」が先に提出され，「右」があとから提出されているとする。両者の混同を防ぐため，「右」という字の指導の際に，フラッシュ・カードによって，両者を同時に提示し，字形・意味の相違を明確にし，熟語・例文を示して，意味および，使用上の差異を認識させる。また，字形認知は字形を書くことによっていっそう確実となるから，適宜書く練習を加えることが必要である。

なお，熟語指導の場合，たとえば，「運動」という読みの指導の場合にうんどうと全体の読みを指導することは必要であるが，さらに分解して，「運」はうん，「動」はどうというような指導を加えておかないと，児童は一字一字の読み方がめいりょうでないために，漢字を書かせた場合，動運と書く誤りをおかしやすい。読みは書くことの基礎となるのであるから，総合的な読みと分析的な読みの指導とが確実に行われていることが必要である。

8. 漢字を，たやすく書くための条件

漢字習得を効果的にするには，漢字習得を高めるための諸能力や諸条件を分析解明して，その発達をはかることが先決問題である。漢字習得に参与する諸条件としては，次のことが考えられる。

1. 必要・興味・関心
2. 知能

　認知力・意識の集中力・分析力・統合力・記憶力・記憶の持続力・再生力・使用力・理解力

3. 経験度数
4. 学習時の状態
5. 教師の指導能力
6. 環境
7. 資料

以下これについて多少の解説を加えたい。

1. 必要・興味・関心

児童が必然的に習得を要求される漢字は，これに要する緊張度が強く，注意力の集中の結果，困難性を克服して記憶され，持続力も，永続性を持つことになる。

実態調査によると，提出した漢字の習得は満足すべき結果ではなかったが，使用度数の高い自己の姓名・居住地・町村名等は正しく書けている。この結果から考えて，必要性は困難度を克服するが，逆に強い要求にせまられてい

ないということは困難度を大きくすることがわかる。この必要度の高い地名・人名等の中に当用漢字以外の漢字がある場合には，そのことが言語生活上の障害となっている。たとえ字形は簡単であっても．一般社会にほとんど使用されていないもの，児童の相当学年に単独，もしくは，熟語として使用されていない場合には，書けない場合が多い。たとえば，「不」のような漢字は 2・3 学年ではほとんど書けない。

必要があっても，関心と興味が伴わなければ，習得率が低下する。児童が関心をもつ漢字は，積極的に習得しようとする意欲も盛んであるから，習得が容易である。特に重要なことは児童の興味である。興味の伴わない場合には習得に対する努力がなく，疲労の度も高くなってくる。

興味の喚起を妨げるものとしては，

i　字形が複雑で，認知が困難である場合

ii　字形映像を成立させる媒在的連想観念，もしくは，具体物が欠除する場合

の二つが考えられる。字形が複雑で，認知にも書くにも多くの障害を感じる漢字は，習得するために経験度数を多くしなければならない。経験度数の累積は練習の回数となり，機械的な無味乾燥な学習になりやすい。

字形の簡易化と学習指導法の改善は，児童・生徒の漢字学習に多大の関係をもっている。抵抗力の大きい漢字習得を効果的にするためには，興味の喚起が必要となってくる。

文学作品の中に漢字を織り込むのも，文学作品の興味によって，漢字習得を容易にしようとする試みの一つである。

2. 知　能

文字習得には認知力が強く要求される。認知力の発達と，誤字の増減とは

深い関係がみられる。調査の結果によれば，低学年においては同一字に対して種々さまざまの誤字を書くが，高学年では誤字はほとんどない。ただし，あて字が高学年に多いということがみられる。

低学年が誤字を書くのは，認知力が弱く，字形の同異・方向・均衡等に対する弁別力が未発達なためであると思われる。認知力は先天的なものであるが，年令的な発達がみられる。自然のままにまかせておいても，ある程度の発達は可能であるが，教育的訓練によって正常の発達をするものである。

低学年の児童が「な」を「ﾅﾞ」と，「く」を「>」と，「明」を「月日」と，「横」を「黄木」のように書き誤るのは，文字の方向性と均衡性を弁別する意識が弱いからである。このことから認知力の発達は文字学習にとって，かなり強い要件と考えられる。認知力の学年的発達について次に述べたい。

(イ)　調査期日

昭和 29 年 3 月上旬

(ロ)　調査対象

小学校 1 年から 6 年までの児童を，各学年 40 名ずつと，中学 2 年までの生徒 40 名ずつ。対象校は小・中各一校。

(ハ)　提出問題

文部省の誤字の実態調査一覧表に，本大学において調査した徳島県の児童の誤字の実態調査の結果を加味して作成した。

(ニ)　実施方法

各学年とも同一条件であることが必要であるから，提出問題・調査時間は一定した。なお，疲労や退屈が影響しないように，881 字についての問題を 4 日間に分けて，毎日 1 時間ずつ実施した。

(ホ)　**提出問題例**

④の欄にある文字と同じ文字を，⑩の欄の中から見つけだして，○印

でかこみなさい。

①		②					
才		弋	才	才	戈	才	
祭		祭	発	察	余	登	祭
最		取	最	最	最	最	最
材		材	村	村	材	村	
刷		刷	刷	刷	刷	刑	
算		算	算	算	算		
残		残	残	浅	浅	残	浅

（註）問題は理解のいくまで説明した後，答えさせた。

以上の結果を整理した結果，次のようなグラフができた。

認知度の学年的発達
（漢字881の正答率を示す）

学年	I	II	III	IV	V	VI	VII	VIII
%	32	40	63	83	85	92	88	93

左の図表によってみると，漢字に対する認知度は小学校1年から，4年までは急上昇的に発達することがわかる。5学年以上はゆるやかな上昇を示している。この調査は学年末であるから，文字に対する認知力の発達は通常児に関しては，小学校4年までで一応終ると考えられる。5年以上は，遅進児の認知力が発達するために，全体としては少しずつの上昇を示している。4年以降においては成績の悪い中学1年でも全体としての認知力は，小学校5年以下とはなっていない。これは通常児の文字に対する認知力は小学校4年末期で一応完成することを意味するものと考えられるのではあるまいか。この結論は漢字難易の実態調査の際に

も，小学4年までは誤字が多く，認知力は不完全であり，正確な字型を書くためには提出度数を多く必要とするが，5年以上ではほとんどの漢字が1回提示しただけでも書けるし，困難な文字でも2回提示すれば完全に書けることなどによっても，立証されるのではあるまいか。

認知力について重要な心的作用は意識の集中力である。意識の集中力は環境の構成，性格陶冶，訓練等の条件が発達を促進させることに関係する。意識の集中力の持続性は，必要・興味・関心等が関係する。特に身体的条件がその基底的な座を占めるものと考えている。

漢字を書くには直観的にその全形をとらえ，字形映像を構成することが，先決問題である。直観力は分析力と統合力とを内包している。字形の直観は漢字の細かな部分をとらえると同時に，すばやくこれを統合して，全字形映像を構成する。分析・統合の力はほとんど先天的であるが，特殊な訓練によっても発達を促すことができる。

字形映像が脳中で構成されると，字形映像の定着と持続とが必要となってくる。映像の定着は記憶することであり，持続は必要に応じて外化を可能にすることである。記憶力は先天的であるが，14～18才ごろを頂点として，しだいに弱まり，25才ごろから，忘却率が高くなってくる。

記憶を確実にし，永続させるためには，記憶映像の消滅しないころに，再生の機会を与えて刺激することが必要である。このことは提出度数が，記憶の持続に密接な連関をもつからである。記憶の定着は，記憶方法の適否にもかかっている。このことのためには記憶映像をよび起こす媒体を与えることである。たとえば，山の字形を指導する際に，の形を示して，記憶の媒体とするようなものである。記憶映像をよび起こすために，適当な媒体の構成についての研究が，教師に要求される。

漢字はローマ字と異なり，単語の記憶だけでは，正しく書けるとはかぎら

ない。記憶を効果的にするためには，文脈に即した音と意味をもつ漢字とを与えることが必要である。あらゆる機会に応じて漢字を正しく書く力，すなわち，使用力が養われていなければならない。使用力の発達のためには漢字の正しい意味理解と経験度数，および推考の習慣とが必要である。漢字習得には意味指導が重要であり，書く機会を多く経験させることが習得を容易にする条件となる。

なお指導者が優秀な技術をもって，児童・生徒に愛情を注ぎ，忍耐強く，学習指導に当ることも忘れてはならない。難易の実態に応じた漢字体系に基いて，資料を編成したり，漢字を書こうとする意欲を喚起するような環境を構成したりすることも漢字習得を効果的にするために，教師がおさえていなければならない条件である。

9. 漢字の難易と学年配当への実験研究

(1) 漢字の困難度と記憶の持続度

一般に漢字の困難度と記憶の持続度とが混同されている傾きがみられる。漢字の難易は字画の単複に関係なく，経験度数によって決定されるとする論はその一例である。その理由は「区」という漢字は「魚」という漢字よりも字画は簡単であるが，テストの結果は「魚」が正答率が高い。これは「魚」という字は「区」という字よりも，経験度数が高いためである。したがって，字形の単複は難易には関係せず，経験度数によるというのである。しかし，この調査は漢字を記憶してしまったあとの記憶持続度のテストであって，困難度のテストではないと考える。

漢字の困難度は，漢字習得の過程における障害の大小であり，これを測定するためには記憶に要するまでの時間が客観的に測定されなければならない。漢字学習が行われた後に相当の期間を経て，書字能力のテストを実施することは記憶の持続度のテストを行っているのである。このような結果に基く結論には，異論がある。困難度の高低は認知から定位にいたる過程の経験度数，つまり，記憶を完了するまでの練習回数によって決定される。記憶困難な漢字でも，記憶が完了したあとでは，実際使用の度数が高ければ，記憶の持続度も高いし，これと逆に，困難度の低い漢字でも，使用の必要がなければ忘れやすい。したがって，記憶の持続力を長くするには，必要な言語経験がの場に立たせて，経験を多く与えることが必要となってくる。漢字記憶は正しい認知に基づく練習回数によって決定される。これを図示すると，次のようになる。

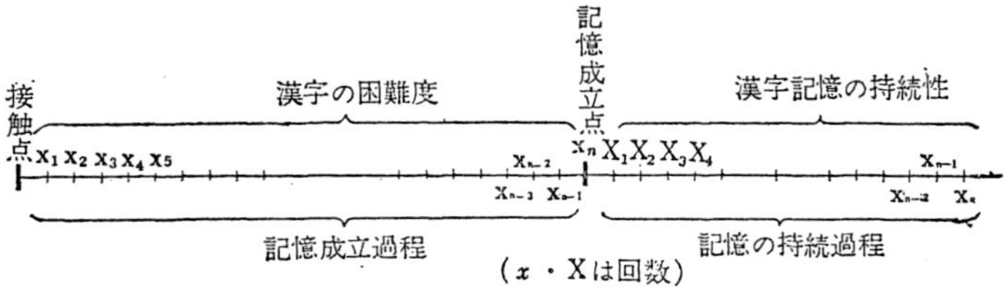

（x・Xは回数）

漢字の困難度は x^n の n の値が，大となれば大なるほど高く，記憶の持続度は，X_n の n の値が大となるにしたがって，大となる。（この場合，記憶力は一定とする。）x の数値が小（困難度小）であっても，X の数値が小であると記憶の持続度は小であって，その結果としては忘れて書けないことが多いという姿で現われる。これは漢字の難易とは無関係で，持続度の問題である。逆に x の数値が大（困難度大）であっても，X_n の数値が大であれば習得することは困難であるが，記憶成立後は持続力が大である。したがって，漢字の学習指導は記憶過程では，練習を多くし，記憶を永続させるためには書くべき必要の場に，できるかぎり立たせて経験を多く与えるようにしたい。

漢字の難度には，字形の単複も関係をもっている。たとえば，「日」という字と「観」という字を同時に提示すると，児童は「観」の字がむずかしいというし，実際記憶する場合にも後者に多くの時間を要する。一般に字画の複雑なものは認知しにくいからである。また，書字能力の実態を調査した場合，「真」という字を「直」と書いている。もし「真」という字が二画少なくて「直」であれば，正しく書けているはずである。二画多いために書けないという事実は，漢字の難易が字画の単複にも関係することを示している。ことに認知の難易は，形態の単複に関係する。漢字を正しく書くためには形態の分析と統合による認知が基礎となる。字画の複雑な漢字は一般に認知し難い。したがって，書く場合にも困難さが増加する。

ただ，漢字は，構成的性格をもち，いくつかの基本文字から構成されている。基本文字が既知である場合は画数が多くても書きやすい場合もあるし，同字画でも，曲線や直線の数が書くことを困難にする場合もある。しかし，一般に字画の単複は，漢字の難易に関係することは否定できない。

(2) 難易測定の方法

漢字難易の測定の方法として，一定時期に学習した後，ある期間をおいて漢字を書かせ，書ける漢字を容易な漢字とし，書けない漢字を困難な漢字としている。これは漢字の持続度を含んだ調査で，難易の調査とはならないと私は考える。困難な漢字も，記憶映像が定着してしまえば，いつでも書けて，難易は生じてこない。困難な漢字とは接触してから，記憶映像の定着までに練習を多く要するか，少なくてすむかによって決定されるべきであると私は

考えている。漢字の難易の測定には

イ．漢字カードを作製する。字形の大きさ，線の太さを一定する。

ロ．被験者は通常児を選択する。多くの児童を調査する必要はないと思う。

ハ．児童と検査者との距離を一定する。

ニ．カードの提出時間を一定する。この際５秒～10秒間を適当と考える。10秒以上であると，注意の集中力が失われて，精神的なゆるみを生ずるからである。

ホ．疲労度を防ぐため，適度の休憩を与え，いやがる気持を生じさせないようにする。

ヘ．文字に対する既知・未知の条件を明らかにしておく。

ト．全学年の児童に対して，881 の漢字を提示して，学年的習得差をめいりょうにする。

等の条件を考慮して，漢字カードを一定の児童に一定時間提示して何回か書かせ，書くに要する度数の多少によって決定すればよいのである。

このような注意事項を守りながら，昭和29年６月から，徳島市助任小学校の児童の中から各学年７名ずつ（ただし，４年生は８名）の通常児を選んで調査を行った。７名としたのは，漢字の学習にはグループ別の学習形態がよく，グループの人数は７名ぐらいが最適であり，７名の結果はクラス全体のサンプルとなりうると判断したからである。

これ以外の方法としては，数をできるかぎり多数にして，ある文字を書くに必要とした度数の総計をとり，度数の少ないものから，多いものへ順次配列する方法もあるが，被験者，被験学校のつごうもあり，この方法は避けることにした。

最初にカードを提出する際に，「このカードを10秒間みせますから，伏せたら書けるようによく見ておきなさい。何回かかってもさしつかえないか

ら，落ちついて書きなさい。」という注意を与えておいて，各学年３名ずつの検査係を配置し，ひとりはカード提出を担当し，他のふたりは，正誤を検査し，調査用紙に完全に書けるようになるまでに要した度数を記録した。全学年を通じて，同一の検査係が担当すれば理想的であるが，カードの提示は機械的であって，個人差は認められないから，学年によって，検査者を異にした。

調査期間は短時日であることが必要であるが，被験児童と調査者との時間のつごう上，10月までおよそ４か月かかったのはやむをえない次第であった。

(3) 整 理 の 方 法

881 字の漢字一覧表に被験者の頭文字を記入しておき，各回ごとに記入して，各人の漢字が書けるまでに要した度数が理解できるようにした。この記録を根本にして，各学年を通して，各学年の児童がそれぞれ何回を要したかがわかるような一覧表を作成した。これによって，

イ．各学年を通じて全部が１回だけで書けた場合，最低可能学年をその漢字提出相当学年と決定した。

例えば，「雨」という漢字は第１学年の児童が全部書け，しかも，２・３・４・５・６学年の児童も全部書けているので，第１学年に提出すべき漢字として所属を決定した。

第２に，第１学年，第２学年の児童が全部書けても，第３学年の児童が書けない場合，しかも，４年以上の児童が全部書けている場合には，４年提出に相当する漢字としてその所属を決定した。

調査時期が第１学期から第２学期にまたがったため，１年生の児童には，ほとんど既習漢字はなかった。調査に際しては，あらかじめ既習漢字であるか否かを確かめ，既習漢字の場合には，次の学年以上の全学年が書けた場合

にのみ，その学年に所属させるようにした。

以上のような結果を整理して一覧表に作製した。

この一覧表をもとにして，所属学年に配当し教育漢字の学年的配列基準表を作製した。以上の結果からわかったことは，10秒間だけ提示して，１回で書けた漢字は第１学年で 121 字，第２学年で 165 字，第３学年で 164 字，第４学年で 48 字，第５学年で 214 字，第６学年で 169 字となっている。ただし，この数字は，新しく書ける漢字であるから，第２学年の１回限りで書けた漢字は第１学年で書けた漢字に第２学年で書けた漢字を加えた 121＋165＝286 字となる。

これらの文字は，10秒間だけ児童に熟視させ，１回限りの提示で書ける漢字の数であるから，この配当に基いて，相当学年の教材の中に使用すれば，字形習得に必要な練習が不要となり，漢字学習の抵抗が少なくてよいことになる。しかし，このことは，第１学年の所属の中から必ず第１学年の教科書に提出せよというような，固定的な考えではなく，たとえば，第３学年の配当漢字は第３学年以上のいずれの学年に配当してもよいというふうに考えている。ただし，この配当漢字をそれより低位の学年に配列することは極力避けたいということである。

(4) 各学年における教育漢字提出の限界

漢字を 10 秒間提示しただけで，通常児以上の児童が１回限りで書ける漢字を，学年別に配列する作業は以上のとおりであるが，さらに各学年に提出すべき漢字数の限界について考究する必要がある。

まず第１学年について言えば，第１学年の１年間に習得可能な漢字数は，121 である。第１学期・第２学期は文字学習としては平がな学習に費される

から，第1学年においては，漢字の学習指導に充当できる期間は第3学期だけである。したがって，$121\times\frac{1}{3}=40$ となり，第1学年に提出すべき漢字数は，40字が適当であるということになる。

第2学年の提出範囲は，第2・3・4学年で習得できる漢字総数が，

$$121+165+164+48=498$$

であるが，これから第1学年の40字を引き去ると，$498-40=458$ となる。

第2学年の習得力は　$121+165=286$

第3学年の習得力は　$121+165+164=450$

第4学年の習得力は　$121+165+164+48=498$

であるから，習得能力の按分比を求めると，各学年の習得力の全体に対する

比は，

$$2年\cdots\cdots\frac{286}{286+450+498}=\frac{286}{1234}$$

$$3年\cdots\cdots\frac{450}{286+450+498}=\frac{450}{1234}$$

$$4年\cdots\cdots\frac{498}{286+450+498}=\frac{498}{1234}$$

となり，提出すべき漢字数は

$$2年\cdots\cdots458\times\frac{286}{1234}=106$$

$$3年\cdots\cdots458\times\frac{450}{1234}=167$$

$$4年\cdots\cdots458\times\frac{498}{1234}=184$$

となるが，この合計は $106+167+184=457$ となるから，習得すべき全体数458との間に1だけの差が生じる。この1を第4学年に加えると，第2学年は106字，第3学年は167，第4学年は $184+1=185$ 字となる。

次に第5学年，第6学年の提出範囲であるが，自然習得のままであれば，

5年は214，6年は169字となるが，習得能力の按分比率を求めると，第5学年第6学年で習得すべき漢字総数は　$881-498=393$　である。

5年の習得力は　$121+165+164+48+214=712$　となり，

6年の習得力は　$121+165+164+48+214+169=881$　となる。

これをもとに比率を求めると，5年・6年の全体に対する比は

$$\frac{712}{712+881}=\frac{712}{1593}\cdots\cdots 5年の習得比$$

$$\frac{881}{712+881}=\frac{881}{1593}\cdots\cdots 6年の習得比$$

したがって，5年に提出すべき漢字数の限界は

$$383\times\frac{712}{1593}=171.2$$

6年に提出すべき漢字数の限界は

$$383\times\frac{881}{1593}=211.8$$

となる。以上の結果から，各学年に提出すべき漢字数の限界を整理すると，次のような結果が得られた。

学　　年	第1案	第2案
第1学年	40	40
第2学年	106	106
第3学年	167	167
第4学年	185	185
第5学年	214	171
第6学年	169	212
計	881	881

漢字習得を記憶力のみに置けば，記憶力の盛んな第4学年を頂点とする字

数配列第１案が考えられるが，これまで述べてきたように，漢字習得には記憶力だけでなく，そのほかに認知力や判断力や理解力などが加わるのであるから，認知力と記憶力の盛んな時期，すなわち第５，第６学年を頂点とした配列の第２案が考えられる。この第２案の妥当性は，これまで述べてきた漢字提出の範囲の理論的・実験的研究の結果によっても立証される。この意味からすれば，第２案を妥当とすることになる。ただし第６学年は自然習得の169 字を限界とすれば，第６学年において余力を練習定着にさくことができるとか，当用漢字の相当数を第６学年に習得させることもできるとかの，第１案とは角度を異にした漢字学習の計画のためには，第１案によることも考えられる。

10. 文字構造が習得に与える障害

(1) 文字構造上の障害

すでに述べたように，漢字の書字能力を向上させるためには，書字を困難にしている各種の原因を究明して，これを除去する方法を考えるべきで，このためには児童の書く能力の実態を調査する必要がある。ここでは，すでに実施した実態調査の結果，めいりょうになった文字構造上からの障害を列挙してみる。

1. 字形と音声との結合ふじゅうぶん

この誤りは熟語の場合にはなはだしく，「感心」・「心配」・「列車」などを「心感」・「配心」・「車列」等と逆に書いている。全体的な読みの指導のみをして，各部分の漢字の読みの指導を怠ったことからくる誤りと

思われる。

2. 字形認知，および記憶の不完全

字形認知の不完全は，(イ)点画の不足，(ロ)点画の添加，(ハ)類似形の漢字を書く，(ニ)似て非な漢字を書く。

記憶不完全の場合には，(イ)でたらめの漢字を書く，(ロ)他の語の構成部分を組み合わせて新漢字を構成する。たとえば，「夏」という字を「[illegible]」と書いたりするのは，この誤りの例である。

3. 書き方の粗雑さ

「牛」と「午」。「円」と「丹」。「石」と「右」。「王」と「主」。「土」と「工」。「夫」と「天」。「矢」と「失」。「先」と「[illegible]」と書き誤る傾向がある。いずれも書字の乱雑さからくる誤りと思われる。

4. 同音異義語・同訓異義語

「門前」を「問前」，「大地」を「大池」，「水田」を「水電」等と書き誤ったり「竹を切る」を「竹を木る」等，いわゆるあて字の現象が見られる。

5. 類似音・類似訓，および共通音の介在

「広告」を「報告」と書いたり，「字を誤る」を「字を余る」と書く。これは聴写の場合に多い。

6. 漢字の性格

イ．漢字の構成

漢字は構成的な構造をもっている。したがって，いくつかの部分に分解することが可能である。このため，偏（へん）・旁（つくり）・冠等必要な部分の一部分を脱落する。たとえば，「一週間」を「一周間」と書く。児童の中には偏と旁を逆に書くものもある。たとえば，「姉」を「[illegible]」，「前」を「[illegible]」と書くのがこの例である。認知力の乏しい低学年においては，特にこの種の誤りが多い。

ロ．同意字，および反対の意味の漢字の適用

「寒い」を「冬い」と書いたり，「夜」を「闇」と書いたりするのがこの例である。また，「姉」を「妹」と書き誤る。

ハ．類似形

類似形の漢字はよく書き誤る。「鳥」・「島」・「馬」等のようなのは，その例である。そのほか，「娘」と「狼」等この種の誤りは多い。

7. 漢数字と算用数字との混用

「五輪」を「５輪」，「四季」を「４季」と書く。

8. 筆　順

字形はできているが，筆順が理解されていないために，「電」を「電」，「色」を「色」，「里」を「里」と書く。一般に幼児は右から左に書いたり，印象的な部分を先に書いていく傾向がある。たとえば次に示すような筆順がそれである。

目	㇆　㇗　‐　‐
米	一　丨（又は　丨　一）　丶　ノ　ノ　丶
日	㇆　㇗　‐
木	丨　一　丶　ノ
上	一　丨　‐
林	木　木　（右側の木を木を書く順序で書き，次に左側を書く。）

また低学年の児童は既習漢字の含まれている漢字，たとえば，「知」という漢字は「口」と「矢」から成立しており，一般に漢字提出の順序は「口」が「矢」に先行する。したがって，自然のままに放置すれば，幼児の自然のままの書き方と，既習漢字を先行して書くという二つの条件によって，「口」を先に書き「矢」を後に書く。そのために，書く速度

が遅くなる。筆順指導の必要性はここにある。

9. 基礎的な構成部分の記憶の不完全

「糸」を「糸」と書き，「衣」偏を「ネ」偏に書くために，「紙」「級」「組」「緑」など「糸」偏からなるすべての漢字を誤り，また，「補」「初」などをすべて「ネ」偏に書く。

10. 字画の複雑性

「観」「歓」「勧」「輪」「編」等の漢字は字画が複雑なために書きにくい。

11. 類似漢字による類推

「属」を「属」と書くのは，「両」の字の類推であり，「類」を「規」と書くのは「見」という漢字の先入観からくる類推による誤りである。

以上のように，漢字を習得するためには，種々の障害があるが，特に資料の編成が根本条件となる。資料編成の際には漢字配列が易から難への順序に配列され，習得範囲を越えないことが絶対条件として考えられなければならない。現在の教科書はこの点においてじゅうぶんであるとは言えない。これらのことが漢字習得に不必要な練習を強制しなければならない状態に追いこんでいく。

(2) 困難度の高い漢字

漢字の困難度は認知から定位にいたるまでの練習の回数によって決定されるのであるが，練習の回数を多く要する漢字は

1. 字画が複雑で認知しにくい漢字

愛　飲　運　衛　液　駅　延　横　塩　遠　演　園　解　確　額
感　漢　観　顔　起　帰　幾　義　疑　議　級　救　球　給　潔
建　憲　終　就　整　節　絶　銭　線　戦　選　善　然　祖　族

属　続　総　蔵　増　像　孫　尊　帯　隊　態　題

これらの漢字は低学年には提示を避けなければならない。

2.　書き方が複雑でわかりにくいもの

飛　歯　など

3.　□の中に入れられた漢字

園　図　国　など

旧字体の漢字「圓」「國」「園」等を，それぞれ簡略にしたのは，漢字負担の軽減という意味で成功している。

4.　同一方向に向う三直線以上のものから成立している漢字

書　農　論　輪

5.　斜線，特に「く」の字形に交錯しているもの

農　衆　線　後　家

6.　又　片　反　を含む漢字

収　最　報　服　版

7.　類似形や類似形の多い漢字

実際使用する場合に，正確に書けない。類似形のものとしては「字」と「学」，「休」と「体」等で，類似形の多い漢字，「親」は「顔」「頭」等と書き誤り，「観」は「歓」「勧」等と誤る。特に誤り易いのは「ネ」偏と衣偏から成立している漢字である。

8.　灬を含む漢字

鳥　然　熱　燃　魚

一般に単語としての漢字の難易は，字形の単複に関係をもっている。字画の複雑な漢字は認知しにくいから当然のことである。文章として書く場合には，同音異義語の多いものほど，あて字が多くて正確に書きにくく，実際生活に関係の少い漢字は忘却しやすい。

11.　漢字の効果的な学習指導

(1)　学習指導法の基底

漢字の学習指導を効果的にするためには，漢字習得に関する諸条件を分析するとともに，書字の抵抗障害を除くことを考えることが必要である。すでに書字の障害となる諸要因は実態調査の結果究明してきたので，ここでは漢字習得に関する諸条件を考慮しながら，学習指導法の基底を考えて見たい。

家庭環境や社会環境を考慮するとともに，学習環境の設定が重要である。言語は社会において規制され習得されるものであるから，学校における漢字の習得は基礎的な指導であり，社会は実際に使用し，深化させる場であることを忘れてはならない。学校における計画的な学習指導は，確実な字形習得という点に意味をもっている。漢字表の掲示や児童自身の作製した辞書（既習の語いや漢字を整理分類して集めたもの）を備え付けるなど，言語環境を構成しておき，常に刺激を与えることである。温度・湿度・明暗・換気・騒音等が問題になるが，注意力の集中をはかるため，すりガラスや透明ガラスには紙をはったり，幕をしめたり，あるいは，防音装置をくふうする等といった設備を整え，長い時間，学習が興味深くできるような環境を構成するとともに，教具・掲示物・資料等を周到に準備して，漢字学習が能率的に行えるような環境を構成することが望ましい。

児童・生徒は機械でなく，有機的な生命体であるから，いろいろな欲望を間断なく消長させている。学習時間の継続は児童の必要・興味・関心等が影響するとともに，目的の理解が学習時間を長くする力をもっている。これら

は児童自身に関する問題であるが，本質的な作用として，認知力・理解力・記憶力・使用力等が漢字習得には絶対条件となってくる。漢字習得は単なる記憶力とか経験度数だけによって書けるようになるものではない。誤った認知に基く経験度数は誤りを強化するにすぎない。

認知力とともに従来あまり関心をもたれなかったものに学習態度や性格がある。これらのことは漢字習得に重大な関連をもっている。この事実を忘れてしまっては，漢字の効果的な学習指導は成立しない。

障害となる性格はむとんちゃく・そこつ・軽率・注意力散漫・学習持続力の欠除などである。これらの性格を練成して，落ちつきのある思慮深い性格になおすのは，教育全体の問題であるが，国語教育においても等閑視してはならない。そのためには，防音装置や，すりガラスの窓装置による環境構成や，学習前の静座黙想の習慣，特殊作業の付与等を考慮する必要がある。

漢字の習得には肉体的運動を伴うから，身体的条件によって制約を受ける。一般に精神的・身体的疲労がはなはだしい場合は，能率が非常に低下する。特に指先を使用する球技のあとでは非常な抵抗を感じるから，体育等の時間のあとに国語の時間を設定しないように，時間割作製の場合に注意する必要がある。

漢字はその本質上，形式・内容の両面において多様性をもっている。すなわち，形式面においては同一字形でありながら，数種の読み方を有し，内容面においては同一字形でありながら，多義性をもっている。特に漢字の場合は，その場に適した読み，書きができなければならない。このことは漢字は記憶完了までは練習を必要とするが，それだけでは完全な読み，書きの能力がついたとは言えないことを意味する。文脈に即した読み，書きと意味のはあくとができなければならないからである。このためには，練習による字形記憶と場に応じた使用法の体得の両面の指導が行われなければならない。さらに漢

字は児童の自然的書字傾向や，前述の筆順に対する無知からくる誤りなどに留意し，効果的な筆順指導が行われなければならない。文字は速く書く必要がある。筆順に関する規則はこの要求に即して生れたもので，書くための最短距離を示す。したがって，字形と音声，字形と意味との結合が指導されれば，当然，書く指導の最初に行われるべきである。この事はまた漢字の構成からも考えるべきである。漢字は複合的構成をもっている。たとえば，明は日と月，横は木と黄，何は人と可などである。一般に児童は既知の部分から先に書いて，未知の部分をこれに補うことによって字形を完成しようとする傾向がある。これは既知の部分から字形を連想して，指導することは効果のあることを意味するが，反面，筆順を指導しておかなければ，既知の部分から書く習慣が固定するおそれがあるから，特に指導上留意すべき事がらである。

指導者は言語環境の構成や児童の必要・興味・関心等を高めるように努力するとともに，漢字に対する関心と興味とを教師自身がもち，効果的な学習指導法を研究すべきである。指導者が無関心であれば，児童・生徒に影響して，効果的な指導をもたらすことはできない。

漢字習得には資料が関係することは言うまでもない。漢字を提出するには認知力や，書くためにある程度の能力の熟達が必要である。易から難への原則を忘れてはならない。そのためには，低学年においては字形が簡単で，しかも，児童の言語生活に密接な関係をもつものから提出することが望ましい。認知力は通常児は小学校４年の末期にほぼ完成する。

したがって，教育漢字は高学年においては，どの漢字を提出しても書けないということはない。このことからも漢字の学年別配当は第４，５，６学年ごろに多く提出するのが妥当と考える。

現行教科書の各漢字について，ほとんどが50％程度しか書けないという事実は，漢字の効果的な指導が等閑視されているという理由にもよるが，学

年別の提出漢字，配当数の不適性にも起因しているとみられる。

漢字学習にだけ重点を置けば，その習得を高める指導ができないこともないが，言語の四活動の均衡のとれた指導をする場合には，各学年の能力に応じた漢字と漢字数について配慮すべきであろう。

もともと，881 字の教育漢字は義務教育の期間に習得されればよいのであるから，読みの指導は別として，困難度の高い漢字の書きの学習は中学校において強化すべきであろう。ただし，読む力は書く力と関連が深いのであるから，教育漢字は読み指導と関連して，初出された時に書く指導もしておくべきであり，この上に立って中学校において完全に習得し，使用できるようにすべきであろう。

(2) 漢字学習指導法

漢字学習の方法原理として，従来は記憶力だけが考えられがちであったが，漢字を習得するには，

1. 認知力 2. 理解力 3. 記憶力と記憶持続力 4. 正しく使用する力が相互関係的に働かなければならない。低学年に誤字が多いのは認知力が完成していないからである。上学年になるに従って，正しい漢字が書けるようになるのは，認知力と理解力とが発達するからである。文字に対する認知力は既述のように，通常児においては，小学校第４学年末期において，ほぼ完成する。ただし，遅進児は５，６年ごろまでかかる。漢字の記憶は必要に迫られて習得したものや，使用経験度数の多いものほど永続性をもっている。

漢字習得には性格練成が根本である。むとんちゃく・注意力散漫・落ちつきがなくそわそわしている児童には，注意力が散漫にならないように外的刺激を避けるために環境構成をしてやる必要がある。

児童は興味によって疲労を忘れるものであるから，ただ単なる機械的な練習によるのでなく，興味ある方法によって，学習効果をあげるように工夫することが必要である。疲労率の増加は無味乾燥な同一労作の反復や，身体虚弱が原因するから，書く準備段階として，健康指導にも留意する必要がある。

このような基礎的態度の上に立って，認知力をつけることが望ましい。文字に対する認知力とは同形・異形・類似形を弁別するばかりでなく，文字のもつ方向性・均衡性・統一性を認知する力を言う。これらの認知力は幼稚園のころから計画的に指導すれば，小学校で平がな・漢字を学習するのに効果的である。その方法としては，一般的な形態の認識と同時に同一形や，文部省調査（初等教育研究資料第１集）による誤字の実態調査表を資料にして，正しい文字と似て非な文字とを提示して，その差異を認知させることなどは，効果的な一方法といえる。順序は最初に絵や模型を与え，しだいに類似形の平がな・漢字を与えて訓練し，入門期まで継続すればよい。入門期以後は文字指導の過程において行っていく。初出文字が提出されると，その文字の字形・特に方向性・均衡性等を認知させるために，カードを提示し，次に教科書の中から，あるいは適当な資料の中から，同形の文字を発見させる。

特に興味をおこすためには，

イ．カードに，いろいろな漢字を書いておく。これをばらばらに並べ，これとは別に漢字を書いたカードを用意し，このカードを示して，「これと同じ形の文字を拾いだしなさい。」といって拾い出させる。

ロ．カードに類似形の漢字を並べておき，別の類似形の漢字を書いたカードを提示して，同一字形のものを早く拾いださせる。

ハ．これらのことは体育の時間などに行えばよいので，適当な走路にカードを並べておき，別に決勝点近くにいろいろな漢字カードを並べてかけておく。走路にある漢字を拾わせ，決勝点間近の漢字カードの中から，

同形のものを拾い出させ，決勝点で両者を提出させる。

字形に関する認知ができたならば，次の段階として漢字の音声と字形の結合を指導する。このことのためには，フラッシュ・カードの瞬間露出法を適用するとか，字形に類似した現物を引用し，記憶成立の媒在とすれば効果的である。

指導段階第３として，字形と意味との結合の指導である。この場合には，具体的な事物を現わす漢字は，実物模型・写真等を提示して，字形と意味の結合をはかる。抽象的な意味をもつ漢字に対しては事例を示せばよい。

筆順指導は児童の書く場合の自然の傾向，および筆順を知らないために起る誤りを防ぐために行うことがよいと考える。

筆順指導のための板書は，できるだけ大きく鮮明に書く必要がある。漢字は字画が複雑なため，小さく書くと認知が困難になり，そのことが書く場合の障害となる。

これらの指導が行われた後に，認知力テストのための漢字カードを提示するのであるが，この場合，漢字は太く，大きく認知しやすいように書いたカードを使用する。

クラス構成が40人を超過すると，後方座席の児童は認知しにくいから，７人～10人ぐらいのグループに分けて，「カードを伏せたら書けるようによく見ておきなさい。」の注意を与えて，10 秒間熟視させる。知能の低い児童には筆順指導の後，点線で書いた文字をなぞらせてから，この指導に移るのがよい。10秒経過してから，カードを伏せて書かせる。

書かせた後は必ず机間巡視をして，正しく書けているかどうかを調査し，まちがっているものにはカードを提示して正しい字形と比較させ，児童自身に誤りを発見させる。この巡視は漢字を正しく書かせるために必要なことで，巡視をしないときには，児童の誤りは訂正されることなく，誤った漢字

の記憶を強化することになる。しかも，いったん誤って記憶すると訂正することがかなり困難となってくる。巡視後は数回同様の行為をくり返し，できたものには記憶を定着させるために，カードを提示しないで，教師が発音することによって，２・３回書かせる。カードの提示は２回行えば，相当学年の漢字は普通児にはは書くことができると判断される。

各グループを一とおり指導した後，書けない者を集めて，同様の方法を反復し，残りのグループは，成績によって練習を反復させるか，それらを含んでいる文章を与えて，漢字を書きこむ練習をする。

漢字を習得するには部分部分の記憶を総合して一つの字形映像を完成するよりも，直観によって字形の全体構造の映像を脳中に構成させてから書かせたほうが，理論的にも効果がある。したがって，一般に児童は字形の一部分を見て書き，次にも一部分をというように分析的から綜合へ移るために，その過程において誤りを犯しやすく，字形映像を成立させることに時間を多く要するという結果になる。

次にくり返しの練習が，必要になるが，このことは，単調な同一行為の機械的反復であるために，興味に乏しく，退屈になりやすい。しかし，興味が伴わないからやるべきでないというのは，あまりにも興味本位の学習観である。興味がなくても必要な学習は必ず課すべきである。問題は練習のあり方の研究である。

練習には二つの目的がある。

イ．漢字の読み書き習得のため（記憶の定着のため）

ロ．漢字を正しく美しく書くため

従来は次のような練習帳が使用されている。

上																

中																
下																
右																

この形式は(1)の目的を果すためにはほとんど効果がない。(2)の目的を達する場合にはゆっくりと正しく美しく書くという目的を意識させないと，最初が最も正確で美しく書かれ，度数が重なるにつれて，不正確になっていく。(1)の目的のためならば，漢字の欄を「上・中」等で表わさず，「うえ・なか」などと平がなで書いておいて，字形定着の指導をした後に練習させるとよい。

練習の欠陥は，継続性がないところにある。前掲のような表を作製し，1字の場合，5字の場合，10字の場合，15字の場合，20字の場合等の練習を，児童があきるまでさせた後，およそ8割の児童が継続しうる時間を測定してみたのであるが，その結果，

イ．練習の継続時間は学級別調査の時間，季節，児童の性格等によって，それぞれ差異がある。

ロ．特殊な例もあるが，一般に学年が進むにつれて，継続時間は長くなる。したがって身体の発達と練習の継続時間とは相関関係をもっていることがわかる。

ハ．継続時間は1字・5字・10字・15字・20字等，字数の増減にはあまり関係はない。ただし，字数が増加するに従って，誤字や字形の乱雑さが著しくなってくる。

ニ．練習の継続時間は，低学年では10分を超過すると効果がない。高学年では，15分〜20分の継続可能性はあるが，時間が経過するほど誤字が多くなり，字形が乱雑になる。このことから15分以上を経過すると練習効果は少なくなるといえる。

ホ．10分間の時間においても，2〜3回ぐらいの起伏があり，高潮から低潮，低潮から高潮となるから，2〜3回の休止を置くことが必要である。この休止の間に一般的な注意を与えて，ふたたび，練習にはいれば効果的である。

字形定着のためには，練習の時間は低学年では10分以内，高学年でも15分を超過しないようにすることがよい。

字形習得の場合は，最初の数分間に1字，次の数分間に異なった1字というように書かせたほうが誤字が少なく，かつ，正確に美しく書ける。並列して2字以上を書かせると注意力の焦点がふめいりょうになり，効果が少ない。最も重要なことは，机間巡視をして誤りを正しく指導することにある。

このようにして字形の定着が行われると，すでに述べたように漢字構成上の特異性によって，使用力をつけることが必要になってくる。このことは文脈に即した漢字の使用を可能にすることである。単語としての習得が可能でも，文脈に即した漢字の使用ができなければ，漢字を完全に習得しているとは言えない。「休暇」を「体暇」と書くのは認知力のふじゅうぶんさと，「休」と「体」の意味上の区別を知らないことからくる誤りである。誤字は字形の認知力の不足と，一点一画はどうでもよいという字形についての軽視が働く場合に起りやすい。

字形の軽視は漢字が複雑なため，実用的な書き方として行草の二体があることや，点画を厳守しなくとも，社会が許容するということ，漢字の略字という概念などが，このことの原因となっている。

あて字を書く原因として考えられることは，

イ．うっかりしている場合

ロ．創作など，思想が次から次へと浮んで，文字を考えている余裕のない場合

ハ．内容だけを重視して，形式を軽視する場合

ニ．同音異義語のある場合，音声面だけにとらわれて，意味を考えない場合

ホ．字形の類似

ヘ．意味理解のふじゅうぶんな場合

などである。

あて字の心理は，意味の軽視と油断とが根本となっている。言語行動化の場合に，このような心理状態をもっていると，同音異義語の漢字の特性のためにあて字をする傾向が多い。このあて字を少なくするには意味の重視と，精神的緊張に基く注意力と，推考（書き終ったあとの吟味）の習慣とをつけることが肝要である。

なお，実際指導の場合には，カードによって，類似形の文字を提示して，字形の相異点を確認させた後，意味指導を行い，いくつかの用例を示すことが効果的である。

意味指導の場合には，「休」は人が木の横で立っている形，つまり，木かげで人が休んでいる形，「体」は人の本となるもの，つまり，からだであることを説明し，両者の原義上の差異を理解させる。その後，いくつかの熟語を提示したり，児童・生徒自身に熟語を集めさせたり，構成させたりする。

また，字源を示すことによって，意味理解と同時に字形記憶を容易にする漢字がある。たとえば，

日・月・目・東・口・木・上・下・本・末等

しかし，低学年においては，あまり複雑なものは，かえって記憶の障害となることを忘れてはならない。意味指導をすることは漢字のあて字を少なくする。字形習得の直後，短文をつくらせるのはこの点から意味のあることであり，意味を正しく指導する必要を強調するのもこのためである。

また，日記・作文等を書かせる場合には，できるだけ，既習の漢字を使用

する習慣をつけ，日記・作文等を検閲する場合には，既習漢字をひらがなで書いてあれば，朱線を付けて漢字に書き改めさせ，改めたかどうかを検閲することが必要である。

練習の時間だけが，漢字の指導の場ではない。児童・生徒の書くという，あらゆる言語生活において指導を行わなければ，書字能力は完成しない。このような過程を経た後，漢字の記憶力の永続性を維持する方法が考えられる。

漢字記憶力の永続性は，漢字に接触し，または，実際使用する経験度数に比例する。児童・生徒が漢字に接触する機会を多くすることは，文字環境を構成し，あらゆる機会に文字に対する関心をよび起こすことである。せっかく漢字表を作製したり，掲示板や壁に漢字を掲示しても，掲示物に対する関心を起さなければ，その効果を発揮することができない。漢字の書字能力は児童の実際使用経験の度数に正比例することが多いのである。

児童・生徒に書く経験を多く与えることは，単に国語の時間だけでなく，あらゆる他の学科の学習時でも，また，児童・生徒の実際生活にまで及ぼして考えなければならない。このためには，手紙や日記や創作や，その他，実際生活における書く領域を分析して，できるかぎり既習の漢字を使用する機会を多くすることを考えなければならない。

実態調査の結果によれば，中学卒業者でも，教育漢字が80％書けるのはまれである。このことは，表記様式の困難性に基くものであるが，指導法にも関係が深い。単語として書けても，作文・日記・手紙，その他，記録生活において誤りを犯していない者は少数である。調査結果から見ると，小学校第1学年が，提出漢字と実際に書ける漢字との比率がよく，上学年になるにしたがって低下し，6年でやや上昇を示す傾向がある。これは，漢字提出の不合理性と児童の負担力にも関係をもっているが，原則的には認知力・理解力・記憶力等は高学年になるにつれて，発達するのであるから，理論的には，漢

字習得率も上昇しなければならない。これらの原因については，じゅうぶんにこれを究明し，習得率の向上をはかる必要がある。

(3) 学習指導上の留意点

イ．漢字の熟語を指導する場合

全体的な熟語の指導の後に一字一字の読み書きについて指導し，さらに熟語の全体の指導をすることが肝要である。カードの瞬間露出の際には，

明	暗

のように点線の部分で折れるようにしておき，最初に教科書中のこの字の使用してあった部分を想起さる。全体を示した後，二つに折って，「明」の部分を示して書かせ，次に「暗」の字を示して書かせる。次に「明」「暗」を同時に示して書かせる。4字の場合も同様の方法で行う。

ロ．文章として書く場合

低学年においてはひらがなが一字一音であるために，漢字も同様であると考え，「私」を「私たくし」と書き誤るものが多い。これを防ぐためには，漢字は一音だけでなく，数音を表わすことができる文字であることを教えるとともに，字形と音声との結合を完全にする。

他面，送りがなの指導をするとともに，かなづかいに関する規定を相当学年において徹底的に理解させることが必要である。特に漢字指導上忘れてならないことは，漢字を応用して自由自在に熟語や短文を作る練習を行うことである。

ハ．能力別学習指導を行う場合

調査の結果によって，グループの段階や人数を考慮して計画をたてる。

ニ．部首別学習指導を行う場合

調査の結果によって，グループの数を考慮して計画をたてる。

ホ．作文を資料として，誤字・あて字等を発見し，自己評価・相互評価をさせる。

ヘ．興味中心の学習指導法の中で，背中に書いて順次リレーする方法は，漢字の場合は字画が複雑であるから効果はない。カード並べの方法は熟語・反対語を並べるだけでは効果はない。これらに加えて，形態・意味の差異を理解させることが必要である。

ト．筆順競争は文字が書けなければできないし，各人が一画一画を分担して書くために効果はない。

チ．現代の社会には，旧字体の漢字や制限外の漢字が残存しているから，現場に即して指導を行うか，または，地方に存在する制限外の漢字を調査して，必要な漢字の一覧表を作製し，指導計画を立てることが必要である。

12. 漢字学習の評価

漢字学習を評価する場合には，漢字習得に参与するすべての能力や学力について分析することが基礎手続として要求される。漢字習得に必要な条件とは，これまでにも触れたように，

1. 身体・発声器官・視覚・聴覚・手（親指・人差指・中指の機能。）・左ぎき
2. 分析力・統合力・認知力・理解力・記憶力・使用力
3. 性格
4. 環境
5. 漢字の構造

等である。学力としては881字の読み書きが要求されている。

1. 身体的条件の診断

読みの場合には視覚・聴覚の異常の有無，発声器官の発達の度あい，異常の有無等について診断する。特に黙読の場合には眼球の運動状態についても診断する。書く場合には，左ぎきや両手の機能の度あいについて調査をする。

2. 知能についての一般的な評価は，能力テストによればよい。認知力については，指導した漢字の同形・類似形を文章の中から発見させたり，誤字，たとえば，論・論・論・論・論などの中に，正しい漢字の「論」を発見させればよい。

3. 記憶力・再生力の評価には，文章中に評価しようとする漢字をかなで提出し，漢字に改めさせる。この場合，単語として提出するのは，字形記憶の有無に対する評価で，使用力の評価とはならない。

4. 記憶の持続力の評価は，月末か学期末か学年末かに，文章中に含めて評価すればよい。

5. 性格

注意力の集中と持続度に関係し，好ましい態度を養っているか，いないかの分岐点になるから，個人個人の性格の調査をしておく必要がある。

6. 理解力は，筆順に対する理解と意味理解とに分けて考えることができる。筆順の場合には観察法が効果的であるが，集団教育形態をとる現実においては時間がかかる。そこで，次のような評価問題を作製する。

○例にならって，次の漢字を書く順序を示しなさい。

例　　月　丿　𠃌　⁻　_

問題　　花　鼻　机

筆順指導のみでは学習効果があがらないから，重要であることを認識

させるために，評価問題の中に含めて提出することが必要である。

7. 漢字は，単語としての記憶がただちに使用力とはならないから，使用力を含めた評価をしなければ，真の評価とはならない。読みの場合に，単語として読めても，文脈に即した読みができなければならないし，書く場合にも文脈に即した漢字を書くことができなければならない。したがって，漢字の評価問題は単語として提出するのではなく，必ず文章中に含めて提出すべきである。

8. 具体的な意味をもつ漢字は，絵に書かせたり，実物を提示して，それに応じた漢字を書かせたりするが，抽象的な意味をもつ漢字の意味評価は，使用法や例示法や換言法によって解答させる。

9. 読みの評価は，音読による評価が速くて正確である。ことに低学年では，長音やよう音や促音などの表記様式が不完全であるから，実際には読めても，ふりがなの場合には誤ることがある。たとえば，急行(きうこう)（きゅうこう）・勝手(かて)（かって）・正月(しよがつ)（しょうがつ）など。ただし，表記様式に習熟した高学年では，ふりがなをつけさせるのは妥当な方法である。

10. 次のように漢字を並べて，その中から正しいものを選択させるのは，漢字の認知力のテストであって，漢字が書けるかどうかの評価とはならない。

○で囲んである漢字と同じ漢字を○で囲みなさい。

(論)　　論・論・論・論

11. 漢字の評価は日記・作文等を資料として自己評価をさすべきである。教師は正確な漢字を朱書して示すことなく，傍線か，△印か，または，×印を付して児童自身に訂正させ，その結果を必ず検閲するのがよい。検閲しないと児童は訂正しない傾向がある。

12. 作文・日記等を鑑賞批評する場合に，誤字を発見させ，相互訂正を行

わせると効果的である。

評価問題の傾向は児童の学習態度や内容に多大の影響を与えるから，各時間中の評価や総合評価・標準学力・入学試験等に問題を作製する場合に必ず書き取りの問題を課し，筆順は重要であるから，問題中に含めて提出することを提案したい。

初等教育研究資料第XIX集
漢字の学習指導に関する研究

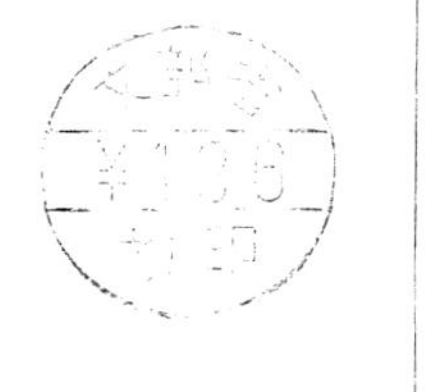

MEJ 2601

昭和32年6月10日　印刷
昭和32年6月15日　発行

著作権所有　文部省

東京都中央区入船町3の3
発行者　藤原政雄

東京都台東区上根岸72
印刷所　株式会社 第一印刷所東京工場

東京都中央区入船町3丁目3番地
発行所　明治図書出版株式会社
代表電話築地4351　振替東京151318

定価136円

明治図書出版株式会社

定価 136 円

初等教育研究資料第XX集

国　語
実験学校の研究報告
（3）

文　部　省

国語実験学校の研究報告
（3）

文　部　省

まえがき

この研究報告は，昭和31年度における文部省初等教育実験学校として指定した神奈川県藤沢市立御所見小学校および東京都墨田区立中川小学校の実験研究結果の一部を収録したものである。両校には「ことばのきまりに関する指導の研究」という課題で実験研究を依頼したが，その実験結果のうち，小学校児童が，ことばのきまりに関して，どのような意識と能力をもっているかを明らかにし，指導の観点を明らかにすることを目的にしてなされた調査の結果だけを掲げた。

「ことばのきまりに関する意識と能力の調査」は，児童の作文を手がかりにして，主として次の点に関して明らかにしようとしたものである。

1．各学年の児童は平均して，どれぐらいの長さのセンテンスで，文章を書いているか。

2．それらの文章の中で，はなはだしく長いセンテンス，もしくは，はなはだしく短いセンテンスで書かれた部分があった場合に，そこに指導すべきなんらかの問題点は発見されないか。

3．各学年の児童は，ひとまとまりの文章の中に，平均してどれぐらいの数の接続詞および接続助詞を使っているのか。それと，接続詞と接続助詞の使い方との間にどのような関係がみられるのか。

4．各学年の児童は，どのような種類の接続詞および接続助詞を，どんなふうにして使っているのか。

以上の調査項目に関して，一定の条件で書かせた児童の作文を資料にして調査した。調査に用いた作文は１種類にすぎず，調査項目も，現場の実践家が，日々の授業および校務のかたわら調査できるものに限ったために，小学校児童のことばのきまりに関する意識と能力に関して，ほんの部分的に，しかも，一応の手がかりがつかめたにすぎない。しかし，作文を書く場合に，各学年の児童がどういう文章を書いているか，特にどういう接続詞や接続助詞を使っているかについて，こういう種類の作文の中でのだいたいの傾向はつかめるものと思う。また，児童の作文の文例を多く掲げてあるから，その点は今後，この方面の研究を進めてゆく上に，参考になるものと思う。

なお，この調査研究を行うにあたって，国立国語研究所第一部長，岩淵悦太郎氏から諸種の助言と協力を得たことをしるして，謝意にかえたい。また労力と根気を必要とするこの種の研究に従事して，多大の成果をあげられた両校の職員のかたがたに謝意を表したい。

昭和33年６月

初等教育課長　上　野　芳太郎

目　次

目　次

実験研究の概略

(1)　実験学校

神奈川県藤沢市立御所見小学校

東京都墨田区立中川小学校

御所見小学校は農村地区の，中川小学校は都市地区の，児童の実態を代表するものとして選定された。

(2)　実験課題

ことばのきまりに関する指導の研究

(3)　実験のねらい

小学校の児童が，ことばのきまりに関して，どのような意識と能力とを持っているかを明らかにし，国語指導の観点とおさえどころを明確にするのに役だたせる。

(4)　実験研究の経過

1　ことばのきまりに関する指導事項一覧表の作成

小学校学習指導要領・国語科編の能力表，教育研究所・国語教育研究者などの作成した文法指導体系表，使用国語教科書の教材配当一覧表等を参照して，1年から6年に至る各学年で指導すべき，ことばのきまりに関する事項の一覧表を作成した。

2　具体的な指導事項と指導の機会についての研究

指導事項一覧表と使用国語教科書を照し合わせてみて，その教材でどの程度の指導ができるかはっきりさせておく。その他，話しことばや作文の学習の際に指導できるものは，何と何かをはっきりおさえておく。

3　実際指導の概略

題材ごとに大まかな指導計画を立てておき，実際に指導した結果をそれと対照させて，指導法の反省に資するとともに，名学年に配当した指導事項の妥当性について検証していく。

4　児童の文章構成能力に関する調査

児童の作文を通じて，児童の文章構成能力がどのように発達していくかについて調査した。その調査結果を分析し判断することによって，指導の問題点をはっきりさせようと努めた。

ただし，児童の文章構成能力をおさえるにあたっても，話しことばと書きことばの両面をおさえることができず，主として書きことばによらざるをえなかった。しかも，書きことばの資料として用いた作文も１種類にすぎなかったので，この調査ではだいたいの見当をつける程度にとどまった。

（５）児童の文章構成能力に関する調査

1　調査事項

文章構成能力の全般にわたって調査することは不可能なので，調査の焦点を主として接続詞・接続助詞の使用状況においた。それと連関させて，一つの文章における文の数，ひとつの文における文節の数についても調査することにした。したがって，調査事項としては次のような項目を掲げることにした。

(1)　一つの文章における文の数。

(2)　一つの文における文節の数。

(3)　一つの文章中に使用されている接続詞の数および種類。

(4)　一つの文章中に使用されている接続助詞の数および種類。

以上の事項について，１年から６年までの各学年で調査し，学年による傾向をはっきりさせようとした。しかし，文の数，文節の数，接続詞・接続助詞の使用数の調査は一応のめやすをつけるだけのもので，調査結果に

現れた数だけには重きをおかなかった。これらは主として，接続詞・接続助詞の使用状況を中心にして，総合的に問題点をとらえる際の手がかりにした。

2　調査の方法

(1)　作文の種類。

説明を主とした生活文。

(2)　書かせた時期

中川小学校　昭和31年７月

御所見小学校　昭和31年９月

(3)　書かせた時間

45分。

3　調査のねらい。

(1)　「一つの文章における文の数」および「一つの文における文節の数」に関しては，一覧表を作成して，学年による傾向を見ようとした。その表を中心にして，文のわかりやすさと文の数および文節の数の関係について調べた。なお，「文の数」および「文節の数」の極端に多いもの，あるいは少ないものに関して，その文章構造をさらに詳しく調査し，問題点の発見に努めた。

(2)　接続詞の使い方を調べることにより，児童の書いた文章の構造を，接続助詞の使い方を調べることにより，児童の書いた文の構造を，はあくする手がかりにしようとした。

(3)　接続助詞の使用数および使用のしかたと一文の長さを照し合わせてみて，その学年傾向をはっきりさせ，正確でわかりやすい文を書かせる指導の手がかりを得ようとした。

(4)　どんな種類の接続詞や接続助詞を，どんなふうに使っているかを調べ

ることにより，接続詞や接続助詞を正確に使用できるようにするための具体的な指導法，ひいては，正確な文や文章の構成のしかたに関する具体的な指導法に関する示唆を得ようとした。調査の重点もこの点においたので，接続詞や接続助詞の使用例はできるだけ多く掲げることにし，それに対する教師の所見も可能なかぎり詳しくしるしていただくことにした。

昭和33年6月

初等教育課　木　藤　才　蔵

第1部

ことばのきまりに関する指導の研究

神奈川県藤沢市立御所見小学校

(一)　実験研究の概略

1.　研究課題

ことばのきまりに関する指導の研究

2.　研究のねらい

児童がことばのきまりに関して，どのような意識と能力をもっているかを明らかにし，指導の観点を明らかにする。

3.　本年度のねらい

「ことばのきまりに関する意識と能力の調査」上記のねらいを受けて本年度は児童の作文を手がかりにして，ことばのきまりに関する意識と能力の実態をつかもうとした。

4.　調査の期日

昭和31年9月3日

5.　調査事項

(1)　一つの文章がいくつの文から成るか。

(2)　一つの文がいくつの文節から成るか。

- 文節の平均数はどうか。
- 文節の段階はどうか。

(3)　一つの文章の接続詞の数はいくつあるか。

(4)　接続詞の種類とその使用状況はどうか。

(5)　接続助詞の種類とその使用状況はどうか。

6.　調査資料

(1)　作文の種類……………………………生活文

(2)　題材……………………………………夏休みのこと

(3)　書かせた時間

9月3日　第2校時　全校いっせい　45分

(4)　事前指導

普通の作文指導と同じ。

例　低学年｛さあ，夏休みにどこへ行ったの……きょうはこれから夏休み中にどこかへ行ったことを　書いてみましょう。

高学年｛夏休み中の思い出をこれから書いてみましょう。
自分でいちばん書きたいことを書きましょう。
時間は45分です。

(5)　書かせた時の条件

夏休みの終った直後のことで，印象は鮮明であったが，休みぐせがついているために，すらすらと書き続けてゆくことができなかった。

ことに暑さのきびしい日であり，45分という時間の制約があったので，条件はよくなかったということができる。

7.　作品調査の方法

(1)　クラスごとに分担を決めて調査した。

(2)　一文と数える場合の約束。

文法的に見た場合の，ひとつづきのことばを一文と数えた。

児童の作品には，そこに句点がつけてなくても，当然ひとくぎりとして，句点のつけられるべきところは，一文とみなして数えた。

(3)　一文節と数える場合の約束

文法的にみた場合のひとくぎりのことばを，一文節として数えた。

ことばの間にネやサをはさんでもおかしくないところで文を切って，一文節と数えた。

例　それでサ　ぼくがサ　いってサ　ながめてサ　いるとサ……

……のように。

(4)　接続助詞を数える場合の約束

花が咲い㋢や，話し（ながら）なども，含めてある。

(5)　総文字数を数える場合の約束

かなも漢字もひとます1字として数えた。文字以外の記号についても1字と数え，4捨5入によって100字を単位に計算した。

(二)　実験調査結果の概略

1.　一つの文章の中の文の数

文の数		1	2	3	4	5	6	7	8	9	10	11	12	13	14	15
人数	1年	4	16	16	12	17	9	5	9	5	6	2	4	1	2	1
	2〃	1	6	8	15	7	10	11	10	9	5	7	3	4	4	5
	3〃	1	1	3	3	2	10	13	11	13	18	11	16	8	5	5
	4〃	0	0	0	3	3	0	8	11	13	10	8	14	11	15	6
	5〃	0	0	1	0	4	1	1	2	1	5	6	8	6	8	4
	6〃	0	0	2	2	1	5	6	9	11	11	8	13	10	6	5

文の数		16	17	18	19	20	21	22	23	24	25	26	27	28	29	30
人数	1年	2	2	2	0	2	0	0	0	0	0	0	0	0	0	0
	2 〃	5	2	1	0	1	1	1	0	0	0	0	0	1	0	0
	3 〃	3	5	3	6	0	0	1	3	1	2	1	0	1	0	1
	4 〃	5	2	0	2	3	0	3	1	2	0	0	0	0	2	0
	5 〃	3	2	3	3	4	3	3	1	1	1	2	1	1	3	1
	6 〃	4	5	5	3	4	3	1	1	1	0	1	0	0	2	1

文の数		31	32	33	34	35	36	37	38	39	平均	調査人員
人数	1年	1	0	0	0	0	0	0	0	0	7	118名
	2 〃	0	0	0	0	0	0	0	0	0	8	117 〃
	3 〃	0	1	0	2	0	2	0	0	0	12	152 〃
	4 〃	0	0	0	0	0	0	0	0	0	12	122 〃
	5 〃	1	1	0	0	0	0	0	0	0	16	81 〃
	6 〃	1	0	0	0	0	0	0	0	0	13	121 〃

2. 一つの文章の中の文節の数

(1) 平　　均

文節の数		1	2	3	4	5	6	7	8	9	10	11	12	13	14	15
人数	1年	0	6	29	41	25	7	2	4	1	1	0	0	0	0	1
	2 〃	0	4	12	24	20	25	10	7	6	2	3	3	1	0	0
	3 〃	0	0	5	20	33	33	22	17	12	4	2	0	2	1	0
	4 〃	0	0	2	5	18	30	23	11	12	6	3	5	0	5	0
	5 〃	0	0	0	3	14	20	16	12	4	3	0	1	2	2	2
	6 〃	0	0	0	4	13	21	30	19	9	10	8	2	1	0	0

文節の数		16	17	18	19	20	21	22	23	24	25	26	27	28	29	44	平均	調査人員
人数	1年	0	0	1	0	0	0	0	0	0	0	0	0	0	0	0	44	118
	2 〃	0	0	0	0	0	0	0	0	0	0	0	0	0	0	0	6	117
	3 〃	0	0	0	0	0	0	0	0	0	0	0	0	0	0	1	7	152
	4 〃	0	1	1	0	0	0	0	0	0	0	0	0	0	0	0	7	122
	5 〃	1	0	0	0	0	1	0	0	0	0	0	0	0	0	0	7.6	81
	6 〃	1	1	1	0	0	0	0	0	1	0	0	0	0	0	0	7.5	121

(2) 段　　階

文節の数	1年	2年	3年	4年	5年	6年	文節の数	1年	2年	3年	4年	5年	6年
1～3	1	0	0	0	0	0	2～16	0	0	3	0	2	1
1～4	1	0	0	0	0	0	2～17	1	1	0	1	2	2
1～5	1	0	0	0	0	0	2～18	1	0	1	0	1	0
1～6	4	0	0	0	0	0	2～19	0	0	1	1	6	0
1～7	1	0	0	1	0	0	2～20	0	1	0	0	1	0
1～8	4	0	0	0	0	0	2～21	0	1	1	2	1	0
1～9	1	0	0	0	0	0	2～22	0	0	0	0	1	0
1～10	3	0	0	0	0	0	2～23	0	0	0	1	0	2
1～13	0	0	0	0	0	1	2～24	0	0	0	0	1	0
1～17	0	0	0	0	0	0	2～26	0	0	0	0	1	0
1～19	0	0	0	0	1	0	2～28	0	0	0	0	1	0
1～21	0	0	0	0	1	0	2～29	0	0	0	0	0	2
1～23	0	0	0	0	0	1	3	3	0	0	0	0	0
2	3	0	0	0	0	0	3～4	7	2	0	0	0	0
2～3	8	2	0	0	0	0	3～5	3	7	0	0	0	0
2～4	9	3	0	0	0	0	3～6	3	1	2	0	0	0
2～5	5	3	0	0	0	0	3～7	4	2	5	3	0	0
2～6	6	3	1	1	1	0	3～8	4	10	1	3	0	0
2～7	6	7	2	2	2	1	3～9	3	0	12	7	1	2
2～8	6	4	6	2	2	0	3～10	1	1	8	3	0	1
2～9	2	7	4	5	0	2	3～11	1	7	6	0	2	3
2～10	0	5	4	8	1	0	3～12	2	4	4	2	2	3
2～11	2	4	6	7	8	2	3～13	0	1	5	6	4	6
2～12	0	4	3	2	2	3	3～14	0	0	2	5	3	3
2～13	2	2	3	3	0	2	3～15	0	2	4	3	1	6
2～14	1	2	3	2	3	1	3～16	0	1	3	4	2	4
2～15	0	3	2	1	4	3	3～17	0	0	4	7	2	1

3～18	1	2	1	1	2	1	4～23	0	0	1	0	0	0
3～19	0	0	1	0	0	1	4～24	0	0	1	0	0	0
3～20	0	0	0	0	0	0	4～25	0	0	0	1	0	0
3～21	1	0	0	0	1	0	4～26	0	0	1	1	0	0
3～22	0	0	1	0	1	0	4～27	0	0	0	0	1	0
3～23	0	0	1	0	1	1	4～28	0	1	0	0	0	0
3～24	0	0	0	2	0	1	4～30	0	0	0	0	1	1
3～25	0	0	0	0	1	1	4～31	0	0	0	0	0	1
3～26	0	0	0	0	0	1	4～33	0	0	0	0	1	0
3～27	0	0	0	1	0	1	5	1	0	0	0	0	0
3～28	0	0	0	0	0	1	5～6	2	0	0	0	0	0
3～31	0	0	2	0	0	0	5～7	0	1	1	0	0	0
3～32	0	0	1	0	0	0	5～8	0	0	0	0	0	1
3～33	1	0	0	1	0	0	5～9	2	0	0	0	0	0
3～35	0	0	0	0	1	0	5～10	0	2	0	0	0	1
3～40	0	0	0	0	0	1	5～11	0	0	0	1	0	1
3～46	0	0	0	0	1	0	5～12	0	1	1	0	0	2
3～57	0	0	0	0	1	0	5～13	0	1	0	1	0	1
4	1	0	0	0	0	0	5～14	0	2	1	2	0	2
4～5	3	1	0	1	0	0	5～15	0	1	0	0	1	1
4～6	1	0	1	0	0	0	5～16	1	0	2	1	0	0
4～7	1	2	3	0	0	0	5～17	0	0	0	0	0	0
4～8	0	1	3	1	0	0	5～18	0	0	2	0	0	0
4～9	0	1	3	1	0	3	5～19	0	0	0	0	0	2
4～10	0	1	3	3	1	3	5～21	0	0	0	0	0	1
4～11	0	1	4	1	0	3	5～22	0	0	0	1	0	1
4～12	0	1	1	3	0	2	5～23	0	1	0	0	1	1
4～13	1	1	4	5	0	3	5～33	1	0	1	0	0	0
4～14	1	0	1	1	0	5	5～34	0	0	0	1	0	0
4～15	0	1	4	1	0	4	5～41	0	0	0	0	1	0
4～16	0	0	2	0	1	0	6～11	0	1	0	0	0	0
4～17	0	1	1	0	1	1	6～12	0	0	0	0	0	1
4～18	0	0	1	1	0	1	6～13	0	0	0	1	0	0
4～19	0	0	0	0	0	1	6～16	0	0	1	0	0	1
4～20	0	1	1	4	0	4	6～18	0	0	0	0	0	0
4～21	0	0	0	0	2	2	6～19	0	0	0	0	0	1
4～22	0	0	1	0	0	1	6～20	0	0	0	0	0	1

6～21	0	1	0	0	0	0	8～11	0	0	0	0	0	1
6～24	0	0	0	0	0	1	8～12	0	0	0	1	0	0
6～27	0	0	0	1	0	0	8～13	0	0	1	0	0	0
6～35	0	0	0	0	0	1	8～17	0	0	0	0	0	1
6～38	0	0	0	0	1	0	11～25	0	0	0	0	1	0
7～9	1	0	0	0	0	0	12～21	0	1	0	0	0	0
7～18	0	0	1	0	0	0	21～32	0	0	0	0	0	1
7～19	0	0	0	0	0	1	30～45	0	0	0	0	0	1
7～23	0	0	1	0	0	0	44	0	0	1	0	0	0
7～25	0	0	0	1	0	0	調査人員	118	117	152	122	81	121
7～48	0	0	0	1	0	0							

3.　一つの文章の中の接続詞の数

接続詞の数		0	1	2	3	4	5	6	7	8	9	10	11	12	13	14
人数	1年	61	34	15	8	3	2	1	2	0	0	0	1	0	0	0
	2年	19	24	20	15	15	7	6	5	1	3	0	1	0	1	0
	3年	20	22	30	15	12	12	17	8	5	3	2	1	2	2	0
	4年	29	25	21	15	13	6	2	7	2	1	1	0	0	0	0
	5年	11	15	12	10	9	5	7	2	3	4	0	0	2	0	0
	6年	33	26	19	16	10	7	3	1	1	3	0	1	0	1	0

接続詞の数		15	16	17	18	19	20	21	22	23	24	25	平均	調査人員	接続詞を使用している人数
人数	1年	0	0	0	0	0	0	0	0	0	0	1	1	118	57
	2年	0	0	0	0	0	0	0	0	0	0	0	3	117	98
	3年	0	1	0	0	0	0	0	0	0	0	0	4	152	132
	4年	0	0	0	0	0	0	0	0	0	0	0	2	122	93
	5年	0	0	1	0	0	0	0	0	0	0	0	3.5	81	70
	6年	0	0	0	0	0	0	0	0	0	0	0	2	121	88

(1) ひとりの児童がどのような接続詞を使っているか

接続詞の種類	人数 1年	2年	3年	4年	5年	6年
そして	11	21	20	22	10	1
そうして	1	1	2	1	0	3
それで	19	21	5	8	2	3
そしたら	1	0	6	0	1	1
そうしたら	1	2	0	2	2	0
それから	7	3	2	8	5	7
でも	1	1	1	1	0	2
けれども	1	0	0	0	0	0
すると	0	1	1	4	1	4
が	0	0	1	0	1	0
また	0	1	6	7	0	2
だから	0	1	0	0	1	0
だけど	0	1	0	1	1	0
そうすると	0	0	0	1	1	0
またも	0	0	0	0	0	1
けど	0	0	0	0	0	1
そこで	0	0	0	0	1	0
そして，そしたら	3	0	16	4	5	4
そして，それから	1	0	4	7	0	2
それで，それから	3	0	2	5	5	2
それから，そしたら	1	0	1	0	1	0
それから，そうしたら	1	1	0	0	0	0
また，それから	2	0	2	2	0	1
それから，そこで	0	0	0	0	0	4
そして，それで	0	3	4	3	0	0
そして，が	0	0	1	0	0	0
そして，でも	0	0	1	0	1	2
そして，そこで	0	0	2	0	0	0
そして，そんなら	0	0	2	0	0	0

接続詞の種類	人数 1年	2年	3年	4年	5年	6年
そして，すると	0	0	0	0	0	3
でも，だから	0	0	0	0	0	1
そして，それが	0	0	0	0	0	1
けれど，それから	0	0	0	0	0	2
それじゃ，そしたら	0	0	0	0	0	1
だけど，けれど	0	0	0	0	1	1
また，それですら	0	0	0	0	1	0
すると，まだ	0	0	0	0	1	0
それで，そんで，それから	1	0	0	0	0	0
そうして，そいでそうしたら	1	0	0	0	0	0
そして，それからそしたら	0	2	0	0	1	0
それから，また，それで	0	1	0	1	0	0
そしたら，そんだから，それから	0	1	0	0	0	0
それから，そんでそうして	0	4	0	0	0	0
そうして，そしてそんで	0	2	0	0	0	0
そして，それに，だから	0	0	0	0	0	1
そして，だけど，けれど	0	0	0	0	0	1
それで，だから，そのうち	0	0	0	0	0	1
しかも，それからそして	0	0	0	0	0	1
だから，また，それから	0	0	0	0	0	1
それから，するとそれで	0	0	0	0	0	1

接続詞の種類	人数 1年	2年	3年	4年	5年	6年
そしたら，そしてそうすると	0	0	0	0	0	1
また，そうすればそれじゃ	0	0	0	0	0	1
けど，また，すると	0	0	0	0	0	1
そして，また，けれど	0	0	1	0	0	0
それから，そしたら，そして	0	0	2	0	1	0
そしたら，そしてまた	0	0	2	0	0	0
そして，でも，ですから	0	0	1	0	0	0
そしたら，そしてでも	1	0	1	0	0	0
それから，また，そして	0	0	1	0	1	0
そして，そうすると，また	0	0	2	0	0	0
そして，また，それで	0	0	2	0	1	0
そうしたら，それで，そして	0	0	1	0	0	0
それから，でも，すると	0	0	1	0	1	0
そして，また，やがて	0	0	1	0	0	0
そして，それからだから	0	0	1	0	0	0
だから，だが，すると	0	0	0	1	0	0
そしたら，そうしたら，そして	0	0	0	1	0	0
それで，そして，それから	0	0	0	1	0	0
そして，そしたらまた	0	0	0	1	1	1
そして，そしたらだから	0	0	0	1	0	0
そして，それからそれで，すると	0	0	0	0	0	1
すると，そうしてそして，でも	0	0	0	0	1	0

接続詞の種類	人数 1年	2年	3年	4年	5年	6年
そして，でも，すると，そしたら	0	0	0	0	0	1
けど，でも，すると，そしたら	0	0	0	0	0	1
けれど，でも，だけど，それなのに	0	0	0	0	0	1
だから，また，だけど，すると	0	0	0	0	0	1
でも，それで，まだ，そうしたら	0	0	0	0	0	1
だから，でも，また，すると	0	0	0	0	0	1
そして，だけど，だから，でも	0	0	0	0	0	1
それなのに，だけど，そしたら，そこで	0	0	0	0	1	0
そしたら，そしてだから，それからそれは	0	0	0	0	1	0
また，でも，それから，そして	0	0	0	0	1	0
そして，それからだけど，それで，そしたら	0	0	0	0	0	1
すると，だから，そして，そうして，それから	0	0	0	0	0	1
それで，そうしてそれから，そして	1	0	0	0	0	0
そうして，それから，そして，また	0	1	0	0	0	0
そして，それで，また，それから	0	0	1	0	0	0
そしたら，でも，それで，また	0	0	1	0	0	0
そしたら，そしてそれで，だから	0	0	1	0	0	0
そうしたら，そうして，そして	0	1	0	0	0	0
そうしたら，そして，それから	0	2	0	0	0	0
そしたら，そしてそれで	0	1	3	0	0	0

種類						
そして，ところがそれから	0	0	1	0	0	0
それで，そしたらそれから	0	0	1	0	0	0
それで，そしたらまた	0	0	1	0	0	0
そしたら，まだ，ので	0	0	1	0	0	0
そして，だから，けれども	0	0	1	0	0	0
そして，けれど	0	0	1	0	1	0
そして，けど	0	0	0	0	0	1
また，そうすると	0	0	1	0	0	0
だから，それから	0	0	2	1	0	0
それから，それで	0	0	2	0	0	0
まだ，そしたら	0	0	1	0	0	0
そして，また	0	0	5	2	1	2
そして，だから	0	0	1	0	0	0
そして，すると	0	0	1	2	2	2
また，でも	0	0	1	0	0	1
そうして，そして	0	0	1	1	0	0
そしたら，また	0	0	2	0	0	0
そして，やはり	0	0	1	0	0	0
そしたら，それで	0	0	0	2	0	0
また，すると	0	0	0	1	0	1
そしたら，だから	0	2	0	0	0	0
そうすると，すると	0	1	0	0	0	0
そうしてから，そうして	0	2	0	0	0	0
そうしたら，そして	0	3	0	0	0	0
それで，けれども	0	1	0	0	0	0
だから，そんで	0	1	0	0	0	0
そうして，それから	0	1	0	0	0	0
それから，そんで	0	15	0	0	0	0
でも，けれど	0	0	0	0	0	2
それから，そして	0	0	0	0	0	3

種類						
それから，それだから	0	0	0	0	1	0
だから，それでそれから	0	0	0	0	1	0
そうして，そしてそれから	0	0	0	0	1	1
そして，そしたらそれで	0	0	0	0	1	0
また，そして，そうして	0	0	0	0	1	1
それから，そうして，それで	0	0	0	0	1	0
けれど，そうしたら，そして	0	0	0	0	1	0
それから，ところが，だけど	0	0	0	0	1	1
それで，それからが	0	0	0	0	1	0
が，そして，でも	0	0	0	0	1	0
そして，それで，だから	0	0	0	0	0	1
そして，それで，すると	0	0	0	0	0	1
そして，そしたらそれで，また	0	0	1	0	0	0
そして，そしたらそれから，だから	0	0	1	0	0	0
そして，そうしてそしたら，また	0	0	1	0	0	0
そんで，そしたらそれから，だから	0	0	1	0	0	0
そして，そしたらそれから，だから	0	0	1	0	0	0
そして，そしたらそれから，また	0	0	2	0	0	0
それで，そして，そうして，でも	0	0	0	1	0	0
そうしたら，それで，それから，そして	0	0	0	1	0	0
そこで，そして，そうしたら，そうして	0	0	0	0	1	0

種類							種類						
すると，でも，だから，そして	0	0	0	0	1	0	それで，そして，そうしたら，でも	0	0	0	0	1	0
また，だけど，それから，そして	0	0	0	0	1	0							
そして，けれど，すると，そしたら	0	0	0	0	1	0	接続詞を使用している人員の合計	57	98	132	93	70	88

(2)　接続詞の使用状況

種類	総計						人数					
	1年	2年	3年	4年	5年	6年	1年	2年	3年	4年	5年	6年
また	3	4	21	9	10	16	2	3	14	7	8	11
正しく使われているもの	3	4	12	9	9	14						
誤用乱用と思われるもの	0	0	9	0	1	2						
そして	50	118	195	105	116	75	17	43	89	55	60	31
正しく使われているもの	26	23	74	48	56	55						
誤用乱用と思われるもの	24	95	121	57	60	20						
しかも	0	0	0	0	0	1	0	0	0	0	0	1
正しく使われているもの	0	0	0	0	0	1						
誤用乱用と思われるもの	0	0	0	0	0	0						
それに	0	0	0	0	0	1	0	0	0	0	0	1
正しく使われているもの	0	0	0	0	0	1						
誤用乱用と思われるもの	0	0	0	0	0	0						
そのうえ	0	0	0	0	0	1	0	0	0	0	0	1
正しく使われているもの	0	0	0	0	0	1						
誤用乱用と思われるもの	0	0	0	0	0	0						
それから	31	41	34	41	46	53	17	23	24	26	23	30
正しく使われているもの	18	20	24	26	38	45						
誤用乱用と思われるもの	13	21	10	15	8	8						
そしたら	7	49	73	18	0	0	6	26	43	10	0	0
正しく使われているもの	6	26	62	15	0	0						
誤用乱用と思われるもの	1	23	11	3	0	0						
それで	51	80	61	35	13	21	24	38	27	21	9	14
正しく使われているもの	36	22	28	13	6	5						
誤用乱用と思われるもの	15	58	33	22	7	16						

そうして	13	25	2	14	14	9	3	15	2	3	5	7
正しく使われているもの	6	11	1	14	6	8						
誤用乱用と思われるもの	7	14	1	0	8	1						
だから	0	6	11	4	6	3	0	6	7	3	5	3
正しく使われているもの	0	6	10	4	6	3						
誤用乱用と思われるもの	0	0	1	0	0	0						
それだから	0	4	7	0	0	0	0	1	3	0	0	0
正しく使われているもの	0	4	7	0	0	0						
誤用乱用と思われるもの	0	0	0	0	0	0						
そこで	0	0	1	0	3	4	0	0	1	0	3	4
正しく使われているもの	0	0	1	0	3	4						
誤用乱用と思われるもの	0	0	0	0	0	0						
すると	0	0	12	10	21	19	0	0	6	7	7	7
正しく使われているもの	0	0	12	10	14	16						
誤用乱用と思われるもの	0	0	0	0	7	3						
そうすると	0	0	4	1	4	2	0	0	4	1	1	1
正しく使われているもの	0	0	4	1	4	2						
誤用乱用と思われるもの	0	0	0	0	0	0						
そうしたら	2	0	13	3	27	4	2	0	7	3	18	1
正しく使われているもの	1	0	11	3	27	3						
誤用乱用と思われるもの	1	0	2	0	0	1						
そうじゃ	0	0	0	0	0	2	0	0	0	0	0	2
正しく使われているもの	0	0	0	0	0	2						
誤用乱用と思われるもの	0	0	0	0	0	0						
そんで	3	0	0	0	0	0	1	0	0	0	0	0
正しく使われているもの	2	0	0	0	0	0						
誤用乱用と思われるもの	1	0	0	0	0	0						
そいで	1	0	0	0	0	0	1	0	0	0	0	0
正しく使われているもの	1	0	0	0	0	0						
誤用乱用と思われるもの	0	0	0	0	0	0						
そうしてたら	1	0	0	0	0	0	1	0	0	0	0	0
正しく使われているもの	1	0	0	0	0	0						
誤用乱用と思われるもの	0	0	0	0	0	0						
だが	0	0	0	1	0	1	0	0	0	1	0	1
正しく使われているもの	0	0	0	1	0	1						
誤用乱用と思われるもの	0	0	0	0	0	0						

が	0	1	3	0	3	3	0	1	2	0	2	3
正しく使われているもの	0	0	3	0	3	3						
誤用乱用と思われるもの	0	1	0	0	0	0						
でも	3	4	8	10	10	19	2	3	8	5	4	15
正しく使われているもの	3	4	8	8	7	15						
誤用乱用と思われるもの	0	0	0	2	3	4						
ところが	0	0	1	0	1	0	0	0	1	0	1	0
正しく使われているもの	0	0	1	0	1	0						
誤用乱用と思われるもの	0	0	0	0	0	0						
だけど	0	2	1	0	6	10	0	1	1	0	5	8
正しく使われているもの	0	2	1	0	2	7						
誤用乱用と思われるもの	0	0	0	0	4	3						
けれども	1	1	1	0	5	1	1	1	1	0	5	1
正しく使われているもの	1	1	1	0	5	1						
誤用乱用と思われるもの	0	0	0	0	0	0						
けれど	0	0	0	0	0	4	0	0	0	0	0	4
正しく使われているもの	0	0	0	0	0	4						
誤用乱用と思われるもの	0	0	0	0	0	0						
それなのに	0	0	0	0	1	1	0	0	0	0	1	1
正しく使われているもの	0	0	0	0	1	1						
誤用乱用と思われるもの	0	0	0	0	0	0						
けど	0	0	0	0	0	5	0	0	0	0	0	5
正しく使われているもの	0	0	0	0	0	4						
誤用乱用と思われるもの	0	0	0	0	0	1						

4. どんな接続助詞が使われているか

種類＼学年	1年	2年	3年	4年	5年	6年	種類＼学年	1年	2年	3年	4年	5年	6年
で(て)	375	582	1042	1071	923	1124	だから	0	3	1	0	0	0
ば	0	1	0	0	0	4	でも，ても	1	2	3	2	3	13
と	12	67	103	111	192	110	けれど(も)	1	0	4	4	9	15
から	12	51	119	52	80	113	が	0	1	3	2	11	28
ので	19	42	114	143	159	145	のに	0	1	1	0	5	4

ながら	0	2	4	8	13	13	調査人員	118	117	152	122	81	121
し	0	0	0	0	2	0							
たり	8	12	4	19	15	25	平均使用数	3.6	6.5	9.2	11.6	17.4	13.1

5. 一つの文章の中の文字数

学年＼文字数	0〜100	101〜200	201〜300	301〜400	401〜500	501〜600	601〜700	701〜800	801〜900	901〜1000	1001〜1100	1101〜1200	1201〜1300	平均	よいと思われる文は，どの段階に多いか	悪いと思われる文は，どの段階に多いか
1	63	35	11	6	1	0	2	0	0	0	0	0	0	140	101〜200	0〜100
2	13	36	34	25	6	2	1	0	0	0	0	0	0	234	301〜400	0〜200
3	0	10	23	68	18	22	3	7	0	0	1	0	0	440	301〜400	101〜400
4	0	5	20	44	21	18	5	9	0	0	0	0	0	431	701〜800	201〜500
5	0	1	6	27	11	13	6	12	1	1	2	0	1	550	501〜600	201〜400 701〜800
6	0	4	21	56	14	18	4	4	0	0	0	0	0	430	501〜600	201〜400

与えられた題目で，与えられた時間に，書く文の分量は，学年が進むにつれて増加している。しかし５年ごろから，上位の者では一定の時間に，一応主題に即してまとめて書こうとする気持が働くせいか，量的にはむしろ引きしめられていく傾向にある。これは５年のよいと思われる文の，文字数と文数の平均を見ればよくわかる。

(三)　具体例と所見

1.　一つの文章の中の文の数と一つの文の中の文節の数について

(1)　Aの例

作　品（a）　　ねこ　　　　　　　　　　　　　　　（３女）

うちのねこは，こぞといって，おばあさんの家からもらってきたのです。きたては「ニャー，ニャー。」なきながら，すみっこの方へ行き，ちゃだんすのかげへかくれたり，よろよろしながら出てきて，かなしそうに，あっちへいったり，こっちへきたりしました。

でも，いまでは，すっかりなれて，おかあさんが，何かしごとをしていると，そばへきてすぐじゃれます。おかあさんは，「こぞや，そんなにじゃれると，ひもがきれるからよしなさい。」といわれると，こぞは「ニャー。」となきます。　　　後略

３年生の文の数の平均12に比べて，文の数は非常に少ないが，会話や接続詞を効果的に使用したよい文である。

① 総文字数　　390
② 文の数　　6
③ 一文の平均文字数　　65
④ 文節の総数　　72
⑤ 一文の平均文節数　　12

⑥	それぞれの文の文節数の配列状況	8, 18, 13, 11, 9, 13
⑦	接続詞	0

作　品（b）　夏休みの思い出　（5男）

8月15日，父はいずみにいってしまい，にいさんふたりに，おばあちゃんたち三人は，平塚へいってしまい，ぼくは，からだのぐあいが，よくないので，るすばんでした。

その日の午後，さあちゃんとくんちゃんが「あした，すいかを出すのだから，きょう，もごう。」
と，いってきました。　後略

5年生の文の数の平均16に比べて，文の数が非常に少ないが，接続助詞を適切に使用し，充実したよい文である。

①	総文字数	400
②	文の数	5
③	一文の平均文字数	80
④	文節の総数	80
⑤	一文の平均文節数	16
⑥	文節の配列状況	18, 11, 25, 15, 11
⑦	接続詞	0

(2) Bの例

作　品　さかなつり　（1男）

ぼくは，かわえいきました。たけみおもってどじょうすくいにいきました。そしたらどじょうがいっぱいとれました。そしておうちえかえってきてからいけのなかえはなしてあげました。それからおべんきょうをしました。

この地域の1年生の夏休み直後としては，主述も整い，順序よく書けている文である。1年生としてのよいと思われる文は，このくらいの文の数，文節の数の文に多い。

①	総文字数	94
②	文の数	5
③	一文の平均文字数	23
④	文節の総数	19
⑤	一文の平均文節数	4
⑥	文節の配列状況	3, 4, 4, 8, 3
⑦	接続詞	3

(3) Cの例

作　品　海　（5男）

「きょう，江の島へあそびに行こう。」おとうさんの声。

ぼくは，うれしくてたまらない。いそいでしたくをしてでかけた。

江のでんの中は，とてもきれいでマイクがついている。かたせについた。大きなバスが一れつにならんでいた。さん橋をわたり，舟ではんたいがわに行った。岩の間に小さなかにがいっぱいはいっていた。そばによると，するすると海の中にはいってしまう。

ほんとうにすばらしかった。岩の上でおべんとうをたべた。とてもおいしかった。

大空には，ま夏の太陽がぎらぎらと岩をてらしていた。

一文の平均文節数が少なく，きびきびとした短いセンテンスで文章を構成したよい文である。

①	総文字数	300

②	文の総数	14
③	一文の平均文字数	21
④	文節の数	57
⑤	一文の平均文節数	4
⑥	文節の配列状況	4, 2, 3, 4, 6, 2, 5, 5, 6, 6, 3, 3, 2, 6
⑦	接続詞	0

(4) Dの例

作　品　　チャンバラごっこ　　（4男）

ぼくは，チャンバラがとくいだ。5年生の梶ケ谷君などすぐまかしてしまう。

修ちゃんところから，手ごろな竹を切ってきて，みんなではじめる。

修ちゃんなどは，めちゃくちゃに打ちこんでくるので，すぐ刀がだめになってしまう。

そんな時，正孝ちゃんは，すぐおじさんがおどりの時に使う刀を持ってくる。すると修ちゃんは，その刀をとってそれでやる。

その刀は，外から見るとかっこうがよいがぬくとははみじかい。ぼくは，木刀をもってきてやる。正孝ちゃんは，修ちゃんとくんで，ぼくのうしろからくる。ぼくが，うしろをむくと，正孝ちゃんは，にげてしまう。ぼくのとくいは，どうをうつことだ。はじめ，めんに打ちこんでいき，あいてのうける刀をすべらしてどうへ入れる。梶ケ谷君にも，そのやりかたをおしえてやった。

ぼくは，「ぼくほどチャンバラのうまいものはないな。」と思っている。

後略

叙述量も多く，充実したよい文である。1文の平均文節数が7で，4年生としてのよいと思われる文は，このくらいの文節数のものに多い。

①	総文字数	800
②	文の数	23
③	一文の平均文字数	35
④	文節の総数	155
⑤	一文の平均文節数	7
⑥	文節の配列状況	3, 6, 8, 9, 9, 6, 7, 5, 6, 6, 5, 9, 4, 6, 9, 6, 7, 6, 7, 9, 6, 9, 7
⑦	接続詞	3

(5) Eの例

作　品（a）　花　火　　（2男）

ぼくは，15日のよる，くげぬまのおじさんとこにいって，えんがわで「きょねんみたみたいだな。」といって，おじさんが，のりあきちゃんをだいて，もんのところで，みていると，二つしかみつからなくて，おじさんが「のりあきちゃんはねた。」といって，とをしめました。　後略

1文の平均文節数の多い文である。だらだらと無意味で不自然な接続助詞で文をつないでいる。

①	総文字数	400
②	文の数	7
③	一文の平均文字数	44
④	文節の総数	83
⑤	一文の平均文節数	12
⑥	文節の配列状況	26, 18, 15, 7, 9, 5, 5
⑦	接続詞	2

作 品 (b)　　よこすかへいくまでのこと　　(5女)

きょうは，よこすかへいくのだ。

わたしは，てるちゃんやかずよちゃんにあえるので，早くよこすかへでかけないかとまっていると，おかあさんが，

「秀子，早くしたくをしなさいよ。バスが来ますよ。」

と，いったので，わたしは，いそいで洋服をきかえると，こんどはズックをだしてきて，はこうとすると，伊東屋の方で，「ブブー。」とバスのはしる音がしたので，わたしは，いそいでくつをはくと庭へでていきました。そして「足がいたくてあるくのがやっとだ。」と，おねえさんにいうと，「そんなにきついの。」といったので，「うん。」といいながらくつを見ると，左のくつが右の足にはまっていたので，「おねえさん，これはんたいにはいていたのだよ。」というと，おねえさんは，「ばかだね。あわてるからそんなことになるんだよ。」といわれたので，わたしは，「だってよ，さっき藤沢のバスだとおもったから，いそいではいたんだよ。」「さっきのはバスじゃないよ。トラックだよ。」といっているうちに，藤沢ゆきのバスがきたので，わたしが一ばんで，おねえさんと，おかあさんと，おとうさんは一ばんあとで，のってきました。

文の数は少ないが，一文の平均文字数，平均文節数が多く，接続助詞で長く続けた，わかりにくい複雑な文である。

①	総文字数	800
②	文の数	8
③	一文の平均文字数	100
④	文節の総数	170
⑤	一文の平均文節数	21
⑥	文節の配列状況	3, 41, 57, 7, 5, 22, 6, 29

⑦	接続詞	2

(6) Fの例

作 品 (a)　　はなび　　(1女)

はなびおみにいきました。おねいちゃんといきました。えのしまえいきました。えのしまのはなびおみにいきました。

単文だけで構成された，断片的なよくない文である。主語も脱落している。

①	総文字数	53
②	文の数	4
③	一文の平均文字数	13
④	文節の総数	11
⑤	一文の平均文節数	3
⑥	文節の配列状況	3, 2, 2, 4
⑦	接続詞	なし

作 品 (b)　　花火　　(5男)

ぼくは，よる，畑で十円の花火をやりました。その時は，ちょうど八時でした。

それから火をつけました。みんな花火をやるぞといってやると，ドーンといって花火をやりました。みんなは，わあきれいだったといった。

それから，こんどは厚木の花火をやる日だった。九時になると，はじめの厚木の花火がドーンと，あがりました。そうして，むこうのほうにみていた人がわあっとさわぎだしました。　　後略

素材の統一がふじゅうぶんで，文章の脈絡がとれていない。

① 総文字数 380
② 文の数 14
③ 一文の平均文字数 27
④ 文節の総数 82
⑤ 一文の平均文節数 5
⑥ 文節の配列状況 6, 5, 3, 9, 4, 7, 7, 9, 7, 4, 9, 2, 7, 3
⑦ 接続詞 9 それから④ そうして④ それで①

(7) Gの例

作 品 (a) 花火大会 (2男)

ぼくは，8月16日のあつぎの花火たいかいの日，ぼくは，見ました。花火は，とてもきれいでした。花火がおわるまで，見ていました。ぼくは，となりの，みいちゃんと，かえりました。うちへかえったら，だれもいなかった。すこしたつと，みんなかえってきました。それから，すこしのあいだおきていました。それから，ふとんの中へはいりました。 後略

文の数は多いが，その文を構成する文節数は平均4で，学年平均より少ない。断片的ら列的なよくない文である。

① 総文字数 約200
② 文の数 12
③ 一文の平均文字数 17
④ 文節の総数 45
⑤ 一文の平均文節数 4
⑥ それぞれの文の文節数の配列状況 7, 3, 3, 4, 4, 4, 4, 4, 3, 4, 3, 2

⑦ 接続詞 4 それから③ それで①

作 品 (b) 花火大会 (6男)

ぼくは花火にいった。ぼくらほうのくみあいだけだった。ぼくはあつまる所でまっていた。すると，くりはらのトラックがきた。ぼくは一番にのった。すると方ぼうの人がきてのった。一番前にのった。「みんなのったか」ときいた。そのうちはしった。すごくとばしたのでおもしろかった。すると，アスハルトにでた。 後略

ほとんど単文で構成されており，接続助詞が少ないきれぎれの文である。

① 総文字数 600
② 文の数 31
③ 一文の平均文字数 20
④ 文節の総数 120
⑤ 一文の平均文節数 4
⑥ 文節の配列状況 3, 3, 4, 4, 3, 6, 3, 4, 2, 3, 5, 5, 4, 4, 2, 3, 6, 3, 3, 3, 3, 7, 4, 3, 6, 5, 4, 3, 4, 6, 4
⑦ 接続詞 7 すると③ そして④

(8) 所 見

イ 一つの文章の中の文の数

項目 / 学年	文の数の最も少ないもの	文の数の最も多いもの	平 均	よいと思われる文はどの段階に多いか	よくないと思われる文はどの段階に多いか	
1年	1	31	7	4 ～ 6	1 ～ 4	
2年	1	28	8	7 ～ 8	2 ～ 4	13 ～ 16
3年	1	36	12	10 ～ 13	3 ～ 7	23 ～ 26

4年	4	29	12	15 ～ 23	7 ～ 12	
5年	3	32	16	13 ～ 14	5 ～ 12	27 ～ 30
6年	3	31	13	特にどの段階に多いと言うこともない	6 ～ 9	

注．文字数および文節数に関する一覧表参照のこと。

(イ) 文の数は正常な発達をしている。3・4年は平均は同じであるが，3年のほうが4年よりも文の数の少ない者と多い者の間のちらばりがはなはだしい。

(ロ) 文の数の多少は，総文字数，文節平均数と深い関係があるので，断定はできないが，よいと思われる文は，学年平均よりやや少ないところに，多く集まっている。ただ4年生だけは，平均より多い。

(ハ) 悪いと思われる文は，文の数が少ない。また，2，3，5年では，このほか文の数が多い段階にも，よくない文が集まっている。

(ニ) 文の数の少ない文章

① 低学年………文と文との脈絡がなく，飛躍の多い，単文ら列文である。接続詞もなく，よくないと思われる文である。

② 中学年………文の数が少ないとはいうものの，3年になると，低学年に比べて，文の数も増加してくる。

遅進児の文で，だらだら文のために，文の数が少ないのである。

一方，文の数が少なくても，会話がはいって，充実した文を書くようになってくる。

③ 高学年………中学年と同様なことがいえるが，接続助詞を乱用しただらだら文は少なくなってくる。

(ホ) 文の数の多い文章

① 1年………よいと思われる文である。これらは優秀児の文で，文字抵抗もなく，叙述量も多く，行動的な文である。しかし，これらは入学前

の指導の手も加わった特殊な例で，文の数は15～20である。

② 2・3年………断片的，ら列的なよくない文で，1文の平均文字数も20字ぐらいである。

③ 4年………よいと思われる文である。叙述量も多く，思想も豊富で，1文の平均文字数も，30～40字ぐらいである。

④ 5・6年………2・3年と同じように，接続助詞が使えていない，断片的，ら列的な，よくない文である。

(ヘ) まとめ

① 1年生では，9月の初め，しかも長い夏休みが終ってすぐという条件のため，ひらがなが書けなかったり，何を書くかわからなかったり，書くことに興味を持たなかったりするため，文の数も少ない。文の内容は行動的なものがなく，頭の中でまとめて話すことができないので，最初に眼目―行動の中心―を言いきって，それをだんだんひきのばしていく形式が多い。

② 2年になると，観察力や描写力の芽ばえが見えはじめる。

③ 3年になると，文の数も非常に多くなる。遅進児も書くことに興味をもち始め，自分の行動や経験を時間的にら列するため，文の数が増してくる者もある。それとは反対に接続助詞で続けただらだら文を書く者も出てくる。

④ 5年から6年では，文の数の増加だけを考えずに，材料を整理して，順序だてて筋道の通った文を具体的に書くようになる。

ロ 一つの文の中の文節の数

(イ) 各学年の最も少ない文節の数は，次のとおりである。

学年	1年	2年	3年	4年	5年	6年
文節数	2	2	3	3	4	4

(ロ)　各学年の最も多い文節の数は，次のとおりである。

学　年	1　年	2　年	3　年	4　年	5　年	6　年
文 節 数	18	13	44	18	21	24

この表でも明らかなとおり，文節の数は学年を追って，正常な増加を示している。ただし，2年では13文節で1年の18文節より少なく，また3年の例は，1文章が1センテンスで構成されている，特殊な例である。ただし中学年では，この種の文節数の多い文が相当数見られる。

(ハ)　各学年の平均文節数は，次のとおりである。

学　年	1　年	2　年	3　年	4　年	5　年	6　年
文節数	4.4	6	7	7	7.6	7.5

各学年の平均文節数も，学年を追って，しだいに増加し，1年を除いた他の学年は，ほぼ，6文節から7.6文節と接近している。

(ニ)　各学年の優秀児の文章は，文節数が，いくつの ところに 集まっているか。

学年別	1　年	2　年	3　年	4　年	5　年	6　年
文節数	4	6	5〜6	6	7	7〜8

優秀児の作文も1年より順次各学年を追って，文節数は順調に伸びているが，その学年の文節数の開きは，4から，8までであり，安定した数字を示している。

(ホ)　各学年の遅進児の文章は，文節数が，いくつの ところに 集まっているか。

学年別	1　年	2　年	3　年	4　年	5　年	6　年
文節数	2〜4	2〜4 8〜以上	3〜4 8以上	3〜4	3〜4 13以上	13以上

①　各学年で文節数が2から4までの文章は断片的で思想の盛り上がりに乏しいものが多いのが特徴である。

②　また極端に文節数の多い文章も，だらだらとしたら列文が多い。

③　1年，2年の傾向としては，一文が3文節からなり，主語＋連用修飾語＋述語が多く，また，この種の文章は，思想を盛り込んでいない断片的なものが多い。

④　1年，2年では，接続助詞の効果的な使用がわからないために断片的な文章を書く場合と，同じ種類のものをら列的に重複して，だらだら文となった場合とがある。

⑤　3年，4年の中学年の傾向としては，文節数の多い，だらだら文が非常に多い。この種の文章は，主語の重複や同義語の重複をくり返し表記し，接続助詞「から」や「ので」でつないで，ことさら文をだらだら文にしている場合である。

⑥　5年，6年の高学年では，文節数の多いものは，だらだらと無意味な接続助詞によって，文をつなぐ場合が多い。

⑦　5年，6年の場合も，短すぎるものも思想の盛り上がりが短い文では処理できないし，また，センテンスとセンテンスとの間の脈絡が，すっきりしていないので悪い例が多い。

⑧　例外として，ことさらに省略して，きびきびと短いセンテンスで文章を構成しているよい例もある。

2. 文節の段階について

(1) Aの例

作 品（a） 海 （5女）

前略

「どこの海へいくのよ?。」と きいたら，

「かまくらのゆいが浜だよ。」と，いったので

「じゃあ，わたし，おかあさんにきいてくるよ。そして，いいって言ったら，したくしてくるよ。」といって，わたしは，家に帰っておかあさんに，「海へいってもいいでしょう。」ときいたら，おかあさんは，「ことしの夏はどこへもいかないから，いってもいいよ。」といった。

わたしは，わあっうれしいととびまわった。 後略

全体として，リズム感に富み会話や接続助詞などが効果的に使われている点が，よいと思われる文である。しかし，途中で切ったほうが，意味はずっとはっきりする。

①	総文字数	800
②	文の数	20
③	一文の平均文字数	40
④	文節の総数	183
⑤	一文の平均文節数	9
⑥	文節の配列状況	11, 14, 10, 35, 4, 12, 9, 9, 6, 4, 5, 3, 8, 12, 6, 6, 11, 8, 5, 5
⑦	接続詞	1 それで ①

作 品（b） おきゃくにいったこと （1男）

ぼくはあんちゃんとおおやえおつかいにいきました。そしておにいさんとかわえつりにいきました。にいちゃんがいつつぼくがふたつつりました。

文節の配列状況は同一文節数で，変化がなく平板であるが，素材を順序よくまとめているので，この学年の児童としては，よいと思われる文である。

①	総文字数	66
②	文の数	3
③	文節の総数	15
④	一文の平均文字数	22
⑤	一文の平均文節数	5
⑥	文節の配列状況	5, 5, 5
⑦	接続詞	1 そして ①

(2) Bの例

うちのねこは，こぞといって，おばあちゃのうちから，もらって来たのです。中略

おかあさんがしごとをしながら，

「こぞや，そんなにじゃれると，ひもがきれるからよしなさい」

といわれると こぞは

「ニャー」となきます。

後略

文節の配列状況からは，変化がなく平板ではあるが，比較的詳しく記述していて安定性がある点がよいと思われる文である。

①	総文字数	350

② 文の数　5
③ 一文の平均文字数　70
④ 文節の総数　55
⑤ 一文の平均文節数　11
⑥ 文節の配列状況　8，12，13，9，13
⑦ 接続詞の数　0

（3）　Cの例

作　品（a）　花火大会を見に行った事　（3男）

ぼくは，くらみのきよこちゃんと，あつぎのはなび大会にいきました。さなえちゃんや，しんちゃんが，あとからくるといったから，ぼくたちは，さきにいってまっていました。30分たってもきません。ぼくはくやしくなって，「さきにいこう。」といいました。　中略

しかけはなびがはじまりました。
ぼくはしかけはなびを6つみたら，ねむくなってきました。

文が短くて文節のひらきの小さいこの種の文は，一般的に断片的なものが多く見られるが，この文は，順序よく記述をしているので，この学年の児童の作品としては，よい文と思われる。

① 総文字数　400
② 文の数　13
③ 一文の平均文字数　31
④ 文節の総数　58
⑤ 一文の平均文節数　4
⑥ 文節の配列状況　6，7，2，3，5，4，4，2，5，6，5，4，5，
⑦ 接続詞　0

作　品（b）　おかあさん　（6女）

家のたったひとりのおかあさん，朝から晩まで，畑にいって働いている。そのために，8月15日からねこんでしまった。わたしは，こんなこととは知らないから，つるみへ行って二日泊ってきてしまった。そして，17日に帰って来ると，まだおかあさんが，ねていた。　後略

文節の配列状況は変化がなく単調だが，素材の良さと，順序よくテーマを追究している点がこの文をすっきりしたよい文にしている。

① 総文字数　400
② 文の数　9
③ 文節の総数　63
④ 一文の平均文字数　44
⑤ 一文の平均文節数　7
⑥ 文節の配列状況　16，4，8，7，8，5，6，7，6
⑦ 接続詞　3　そして②　すると①

（4）　Dの例

作　品　すいかだし　（2男）

ぼくは，あさにいちゃんとねえちゃんとすいかをもぎにいきました。すいかをねえちゃんがすいかをおっことしちゃったんで，すいかをたべました。そんですいかをはんぶんうちへもっていきました。

そんで，うちですいかをくってもくえなかった。そんでにいちゃんが，もう一かいもいでくんべえといいました。　後略

文節の配列が変化に乏しいこの種類の作品は，おもしろみがなく平板である場合が多い。素材の取扱もあいまいであり，接続助詞の乱用で文がごたごたしている点よくないと思われる文である。

① 総文字数　160
② 文の数　6
③ 一文の平均文字数　26
④ 文節の総数　33
⑤ 一文の平均文節数　6
⑥ 文節の配列状況　7, 5, 6, 5, 6, 4
⑦ 接続詞の数　4　そんで ④

(5) Eの例

作 品 (a)　はなび　(1女)

前略　こんどは，しちにんでいくと，ついてからすぐにはじまりました。中略　うちへかえってきたら，うちがるすだとおもったら，おかあさんがかえってきてからごはんおたべてからきものおきておかあさんとわたしとぼんおどりおみにゆきました。わたしは，ねむくなりました。うちへかえってきてからねました。

文節の配列がだらだらとして，まとまりがなく，素材の設定がはっきりしない。接続助詞の乱用も目立つ。

① 総文字数　320
② 文の数　15
③ 文節の総数　82
④ 一文の平均文字数　21
⑤ 一文の平均文節数　5
⑥ 文節の配列状況　9, 5, 3, 4, 4, 3, 3, 2, 5, 4, 5, 10, 18, 3, 4
⑦ 接続詞　4　そしたら①　そして②　こんどは①

(6) 所　見

イ　文節の配列状況についての一般的傾向

各学年とも，作品の文章が長くて，文節の段階の大きいものは，配列状況に一定のリズムのあるものが多く，その作品の内容は，多くの場合，変化に富んだ優秀文が多い。

また各学年とも，文が短く，文節の段階の小さいものほど，その文章は断片的であり，変化に乏しい文が多い。

文が長くて，文節の段階の小さいものは，まとまりがなく，その作品の意図が不鮮明な場合が多く見られる。

文が短かくて，文節の段階の大きいものは，その作品の意図するものが不鮮明で，記述の順序が飛躍的で，しかも断片的なものが多く見られる。

ロ　中学年における文節の配列状況について

中学年では，文が長くて，文節の段階の小さい文はほとんどなく，大部分の作品は，文節の段階の大きいもので占めている。

このような，だらだら文を書く子は，女子に多く見られ，世間話や，話の好きなこどもである。

ハ　高学年における文節の配列状況について

高学年では，文章の結末になると，結末を急ぐためか，文節の配列にみられる一定のリズムがくずれる傾向が見られる。

ニ　文節の配列状況についての今後の見通し

全体に文節の段階の小さい，同じような長さのセンテンスで書いている児童に対しては，その学年の発達状況に適応した上で，アクセントを要所要所につけながら文章を構成していく手法を，身につけさせたらよいのではないか。

また文と文とを接続する場合の考察，センテンスの中での接続助詞の役割など，学年相応のかたちで意識させるような指導がなされなければならないのではないか。

3.　接続詞・接続助詞について

(1)　接続詞がなく接続助詞の使い方のよいと思われる例

作　品（a）　せみとり　（1男）

ぼくがせみとりおしているとまあちゃんがきたので，いっしょにせみとりおしましたはじめわなかなかとれなかったけれどだんだんとれてきました。まあちゃんがかえってからまさるちゃんのうちえいきましたまさるちゃんのうちであそびました。

接続助詞，ので，けれど，からの使用が適切で1年生として文節数も多く，よい文である。

①　総文字数	68
②　文の数	4
③　一文の平均文字数	17
④　文節の総数	25
⑤　一文の平均文節数	6
⑥　文節の配列状況	9，8，5，3，
⑦　接続詞	0

作　品（b）　海水浴　（4女）

夏休みの中でいちばんおもしろかったのは，8月の12日，江の島へ，みん

なであそびに行ったことです。その朝はおとうさんもおかあさんも弟も妹もみんなにこにこうれしそうにしたくして，藤沢行のバスにのりました。江の島について，急いで水着になりました。おとうさんが「あわてて，海にとびこんではいけないよ」，と言ったので…………後略

指示詞や副詞を使い時間的経過のはっきりしたよい文である。4年生としては，このような文は数が少なくよい文である。

①　総文字数	700
②　文の数	15
③　一文の平均文字数	47
④　文節の総数	143
⑤　一文の平均文節数	10
⑥　文節の配列状況	10，12，5，11，7，9，8，17，13，9，10，14 8，7，3，
⑦　接続詞	0

作　品（c）　すいか畑のあとかたづけ　（6女）

前略

小さなすいかはかるくて，ほうるのにらくだが，大きいのになると，なげる時，自分のからだまで，いっしょにとんじゃいそうだ。早い家では帰っていく。わたしも，「くらくなったから，かえろうよ」といった。お父さんが「じゃあ，かえろう」といった。あとかたづけをして帰った。

とちゅう，よそで，すいかのわらをもしているので，いぶかった。　後略

接続助詞を適当に使い重文複文を構成している。時間的経過のはっきりしたよい文である。

①　総文字数　500

② 文の数　17
③ 一文の平均文字数　30
④ 文節の総数　96
⑤ 一文の平均文節数　6
⑥ 文節の配列状況　5,10,6,6,2,4,3,3,5,9,12,4,6,5,3,7,8
⑦ 接続詞　0

(2) 接続詞の数が少なく，接続助詞の使い方のよいと思われる例

作　品（a）　花火大会　（5男）

前略

そのうちに，バリバリバリと大きな音がして，丸の中に十という字がでたとき，人があっちへ行ったり，こっちへ来たりしているのが見えた。江の島えきの方の橋の下は，とうろう流しで，にぎやかだった。

「ドンドン。」と，たいこの音も高くなりひびいて，とてもゆかいそうだった。ぼくも，ボートへのって，遊びたいなと思った。

まだ，花火をやっているのに，きんちゃんが，「帰ろう。」と，いうので，きっぷを買ってホームへ出た。まもなくすると，でんしゃが，ホームへはいってきた。黄色の電車で，中はぎゅうぎゅうで，あつくるしくて，息も，よくできなかった。ぼくはきんちゃんにつかまっていた。

そのうちにねむってしまったらしい。前にいた人が，「よくねていられるな。」といったので目がさめた。

接続助詞を適切に使用して，重文複文を構成している。副詞句の使用も適切で，5年生としてよい文である。

① 総文字数　600

② 文の数　19
③ 一文の平均文字数　32
④ 文節の総数　143
⑤ 一文の平均文節数　8
⑥ 文節の配列状況　4, 1, 8, 6, 8, 6, 7, 14, 10, 21, 8, 8, 5, 11, 5, 8, 4, 3, 7
⑦ 接続詞　1　そうしたら　①

作　品（b）　うみへいったこと　（2女）

前略

おひるごはんをたべてから，すなで，トンネルを，つくってあそんだりしました。そこへ，おとうさんがきて，「しゃしんをとってやろう。」と，いったので，わたしたちは，あそんでいるところを，とってもらいました。それから，ずうっとあそんでいると，海であそんでいるものが，少なくなりました。

後略

2年生としては，文がはっきりしている。接続詞の数は少ないが，じょうずに使ってあるよい例である。

① 総文字数　240
② 文の数　8
③ 一文の平均文字数　30
④ 文節の総数　51
⑤ 一文の平均文節数　6
⑥ 文節の配列状況　5, 8, 13, 8, 4, 5, 4, 4
⑦ 接続詞　2　それから　①　それで　①

作　品（c）　よこはまへいったこと　（3女）

わたしは，おかあさんと，用田からよこはままで，バスでめがねをかいにいきました。中略

まだ時間があったので，おばさんの家にいって，おひるごはんを食べてから，少し遊んでいせざき町のおじさんのいえにいったら，おじさんは，ひとりでしごとをしていました。

「おじさん，こんにちは。」

といったら，びっくりしていたようでした。後略

長い文が，ところどころ見受けられるが，多種類の接続詞を効果的に使用してあって，よい文である。

①	総文字数	700
②	文の数	10
③	一文の平均文字数	70
④	文節の総数	125
⑤	一文の平均文節数	13
⑥	文節の配列状況	8, 19, 6, 8, 25, 12, 5, 31, 8, 3
⑦	接続詞	3　そして ①　それから ②

(3)　**いろいろな接続詞が使ってあって，使い方がよいと思われる例**

作　品（a）　かわへいったこと　（1女）

前略

しもだをこしたらうしがとうらせんぼをしていたのでかわをわたってむこうのかわのきしへいっちゃいました。そしたらまたへびがいたのでおにいちゃんはわたしにへびなんかこわくないよといいました。…………中略

たくさんとれたのでうちへかえろうとしたらわたしがばけつへつっかかってみんなこぼしてしまいました。でもおにいちゃんはちっともおこらなかった。　後略

接続詞の使い方が適切で，しかも逆接の接続詞の使い方も効果的である。文の構成も1年生としてはよい文である。

①	総文字数	746
②	文の数	19
③	一文の平均文字数	41
④	文節の総数	139
⑤	一文の平均文節数	8
⑥	文節の配列状況	7, 4, 7, 4, 8, 11, 10, 3, 6, 21, 9, 7, 3, 11, 4, 3, 3, 8, 10
⑦	接続詞	3　そしたら ①　そして ①　でも ①

作　品（b）　おみこし　（3女）

おみこしは遠くの方へいってしまいました。でもわたしたちは，ついていきました。とおくの方までいくと，ほうぼうのおばさんたちが見にきていました。…………中略

おみこしをおろして休みます。わたしたちも日かげで休みました。そうすると遠くの方からごやごや女の子がよって来ました。…………　中略

「もっと，遠くまでいくんだよ。」といいました。まだおみこしは遠くの方へいきました。…………後略

長文でいろいろな接続詞を使用してあり，その使い方も3年生としてはたいへんじょうずであって，よい文である。

①	総文字数	750
②	文の数	28
③	一文の平均文字数	30
④	文節の総数	131
⑤	一文の平均文節数	5
⑥	文節の配列状況	3,6,6,3,3,6,2,6,4,5,3,5,5,4, 7, 5,3,6,4,3,3,11,7,6,2,5,7,4
⑦	接続詞	6　そうすると ②　でも ①　また ①　そして ①　すると ①

作　品（c）　しかられたわたし　（5女）

前略

「ガーン」。といったかとおもったら，ミシンのきかいをあげたりさげたりするねじが，とれてしまいました。わたしはこまって，「どうしょう。」とかんがえました。ようやくはまりましたが，いれようとすると，「ガーン。」と，いって，はずれてしまいます。いくかいも，やりなおしました。

だけど，いれるとはずれてしまいます。そのたびに，わたしは，なけそうになりました。そこへいもうとが，使いから帰ってきました。　後略

長文でいろいろな接続詞を効果的に使ってあり，5年生としては，よい文である。

①	総文字数	1300
②	文の数	33
③	一文の平均文字数	42
④	文節の総数	219

⑤	一文の平均文節数	7
⑥	文節の配列状況	5,8,4,2,2,4,8,2,4,5,6,7,6,8,4,9,5,10, 5,9,9,8,6,6,7,9,10,4,6,5,1,3,5
⑦	接続詞	7　それなのに ①　だけど ①　そしたら ②　それから ②　そこで ①

（4）　接続詞が少ししか使ってなく，しかもその使い方が正しくないと思われる例

作　品（a）　おぎのへいったこと　（5男）

8月13日おひるごろ「ようあしたおぎのにいってもいいか」ときいたら「くつがまっくろじゃねえか，いってもいいからくつをあらっておけ」といった。ぼくはくつとたあしをもってきてごしごしあらった。「あらえたか」といったから「あらえたよう」といってもっていった。「よしそんならいってもいい」といった。ぼくはあしたいけると思っていっしょうけんめいくつをかわかした。ばんがた5時ごろになったらかわいた。こんでさっそくいけるぞとちびにいったら，「いいよあたいなんてちっともつれてってくんねえよう」といった。ぼくが「おめえみてなのがいくとみせばんなんてできねえじゃんか」といったら「うるせえ」といった。もうみんなばんめしがくいおいていてねちゃった。ぼくもねた。やっとあしたになった。朝はやくおきて早くしたくをしていった。バスのなかはすかすかだった。ぼくはまえにゆうゆうとすわった。バスにのるとつまらない。とまるところがおおくてつまらない。やっとこさっとこあつぎについた。用田からのったバスはこんでいなかった。あつぎについたらあまり人がいなかった。なんでいないんだと思ったらまだ早かった。ふんとなら人がおおぜいいる。時間をみたらまだ8時なんぷんだった。半原行がでてきた。しゃしょうが「半原ゆきでございま

す」といった。ぼくはいそいでのった。やっとしんしくについた。やっとおじさんの家についたらおじさんきしいなかった。「おじさんこんにちわ」といってはいっていった。みせにわいろいろなものがならんでいた。

文章がぼつぼつ切れている。わからないというほどではないが，５年生としては，もう少し接続詞を使ってもらいたい。

① 総文字数	600
② 文の数	30
③ 一文の平均文字数	21
④ 文節の総数	153
⑤ 一文の平均文節数	5
⑥ 文節の配列状況	2, 14, 7, 6, 5, 7, 4, 11, 9, 5, 2, 3, 7, 4, 4, 3, 4, 3, 5, 5, 5, 4, 5, 3, 4, 3, 3, 6, 5, 5
⑦ 接続詞	0

作　品（ｂ）　花火大会　（４男）

ぼくは，わたやのオートバイがいくっていったから，わたやのオートバイでいくべえとおもっていたら，わたやのオートバイがないといったのでぼくはひとりでいくべえとしたら，おかあさんがぼくのことを「廸善ねえちゃんとうえきやのオートバイでいきな」といったのでぼくはねえちゃんとうえきやまでいくべえと思ってうえきやまでいったら…………後略

接続助詞の使用の多いだらだら文である。むだなことばが多く，悪い文である。

① 総文字数	700
② 文の数	8
③ 一文の平均文字数	82

④ 文節の総数	129
⑤ 一文の平均文節数	16
⑥ 文節の配列状況	48, 8, 19, 7, 16, 16, 7, 8
⑦ 接続詞	1　そして　①

作　品（ｃ）　すいかとり　（２男）

きょうは，すいかとりしていると，ほうぼうでもひっぱっています。ぼくもいっしょうけんめいはこびました。はこんでいたらすいかをわってしまいました。おとうさん，おこりました。もうはこんじゃいけませんと，おとうさんがおこりました。ぼくはやってしまいました。こんどはみんなとリヤカーへはこびました。　後略

低学年に多い短文をら列しただけの文で接続助詞の使い方もわかっていない。

① 総文字数	260
② 文の数	14
③ 一文の平均文字数	19
④ 文節の総数	59
⑤ 一文の平均文節数	4
⑥ 文節の配列状況	7, 3, 5, 2, 3, 5, 4, 3, 5, 3, 3, 4, 5, 2
⑦ 接続詞	0

(5)　接続詞が多く文がわかりにくいと思われる例

作　品（ａ）　はなび　（１女）

前略

わたしととうちゃんと，あつぎのはなびにいきました。そして，えきにつ

きました。あつぎいきのばすがきました。そしてとうちゃんとわたしとのりました。そしてめりはわたしなんかのっちゃたからなきなきおうちへかえてしまいました。そして，あつぎのはしえつきました。そしてとまてくれました。そしておりました。そしておかあさんと，けんちゃんと，はっちゃんと，しんぱいおしているだろうとわたしがいいました。　後略

1年生としてはたいへん長文だが，各文の頭にそしてが必ずついていて使い方が悪くわかりにくい文である。

① 総文字数	640
② 文の数	31
③ 一文の平均文字数	138
④ 文節の総数	21
⑤ 一文の平均文節数	4
⑥ 文節の配列状況	2, 5, 5, 4, 6, 6, 3, 9, 3, 5, 5, 3, 4, 8, 4, 3 2, 8, 4, 2, 3, 4, 4, 7, 5, 3, 4, 4, 3, 3, 3
⑦ 接続詞	25　そして ㉕

作　品（b）　いもこせえ　（4男）

前略

そうしてぼくは，さといもをかきました。そうしてぼくは，さといものけばをむしりました。そうしてぼくは，さといものおやをすくてにほうりあげました。そうしてぼくは，またさといもをかきはじめました。そうしてぼくは，さといものおやとまごとをべつべつにおきました。そうしてそれをむいてから，たわらにいれました。そうしておとうさんが，なわでしばりました。

13の文からなる文章であって，その文頭に必ずそうしてが使用されている。4年生としては，このような文はほとんど少ないが悪い文である。

① 総文字数	400
② 文の数	13
③ 一文の平均文字数	34
④ 文節の総数	73
⑤ 一文の平均文節数	5
⑥ 文節の配列状況	5, 4, 5, 5, 6, 5, 6, 5, 4, 5, 7, 3, 5
⑦ 接続詞	13　そうして ⑬

作　品（c）　おかぼ　（6女）

前略

だけど，たけやまけいどうの方は，さきっちょの方だけ，まっかになってかわいそうのようです。だけど，22日は，雨がふってきたので，よその人や，うちのものは，よろこんでいます。でも，下のほうまでは，しみていなかった。　後略

接続詞の多種類使用により，文全体の意味がよくつかめない。接続詞をむやみに使ってわかりにくい文である。

① 総文字数	600
② 文の数	20
③ 一文の平均文字数	30
④ 文節の総数	141
⑤ 一文の平均文節数	7
⑥ 文節の配列状況	6, 14, 3, 5, 5, 4, 9, 9, 11, 9, 3, 4, 11, 8, 4, 12, 4, 6, 6, 7

⑦ 接続詞	9	だから ①　また ① けれど ⑤　でも ① すると ①

(6) 接続助詞「て」の使い方が悪いと思われる例

作　品　うみへいったこと　　（1女）

前略

おとうさんとひさじさんと，すもうをしていました。そして，うみへはいってかえってきました。かえってきておふろがわいてたので，すぐはいりました。あつかったのでうめてはいりました。そのあとさちこがはいってきたのですぐでてねまきをきてごはんをたべてねました。あさおきてかおをあらってたいそうへいってかえってきてごはんをたべてました。　後略

文は適当に切れているが，「て」の使用が多く不自然である。

① 総文字数	325
② 文の数	12
③ 一文の平均文字数	78
④ 文節の総数	27
⑤ 一文の平均文節数	7
⑥ 文節の配列状況	9, 5, 6, 8, 4, 5, 7, 3, 12, 10, 5, 4
⑦ 接続詞	3　そして ②　それから ①

(7) 接続詞「と」の使い方が悪いと思われる例

作　品　よこすかへいくまでのこと　　（5女）

きょうは，よこすかへいくのだ。

わたしは，てるちゃんやかずよちゃんにあえるので，早くよこすかへでか

けないかとまっていると，おかあさんが

「秀子，早くしたくをしなさいよ。バスが来ますよ。」

と，いったので，わたしは，いそいで洋服をきかえると，こんどはズックをだしてきて，はこうとすると，伊東屋の方で「ブブー」とバスのはしる音がしたのでわたしは，いそいでくつをはくと庭へでていきました。　後略

文の数が少なく，会話文が多く，接続助詞「と」によってだらだら続けられている。5年生としては「と」の使用が適切でない。

① 総文字数	800
② 文の数	8
③ 一文の平均文字数	100
④ 文節の総数	170
⑤ 一文の平均文節数	21
⑥ 文節の配列状況	3, 4, 1, 5, 7, 5, 22, 6
⑦ 接続詞	2　そして ①　また ①

(8) 接続助詞「から」「たら」の使い方が悪いと思われる例

作　品　おまつり　　（5男）

ぼくが行ってみたら，おみこしをかつぎはじめるところだったから，ぼくがはやくいくと，みんなはかちかちのところにいなかったから，ぼくがいってみたら，おとうさんが，「たばこを持ってこい。」というと，ぼくはすぐたばこをとってくるとちいっとすったら，「かつのぶおいてこい。」といったから，またおいてすぐくるとかつぎはじめました。　後略

長い文を「たら」「から」によって，連らねているので，文がはっきりしない。5年生としては，接続助詞の使用が適切でない。

① 総文字数	400

② 文の数　5
③ 一文の平均文字数　80
④ 文節の総数　73
⑤ 一文の平均文節数　15
⑥ 文節の配列状況　38, 12, 14, 6, 8
⑦ 接続詞　0

(9) 接続助詞「たら」「ので」の使い方が，悪いと思われる例

作　品　　花火大会　　（4男）

ぼくは，わたやのオートバイがいくっていったから，わたやのオートバイでいくべえとおもっていたら，わたやのオートバイがないといったので，ぼくはひとりでいくべえとしたら，おかあさんがぼくのことを「廸善ねえちゃんとうえきやの オートバイ でいきな。」といったのでぼくはねえちゃんとうえきやまでいくべえと思ってうえきやまでいったら………後略

文の数が少なく，それぞれの文はほとんど「たら，ので」によって構成され，全体としてまとまりがなく文意もはっきりしない。4年生には時々このような文を見受ける。

① 総文字数　700
② 文の数　8
③ 一文の平均文字数　82
④ 文節の総数　129
⑤ 一文の平均文節数　16
⑥ 文節の配列状況　48, 8, 19, 7, 16, 16, 7, 8
⑦ 接続詞　1　そして ①

(10) 所　見

イ 接続詞の使用状況

第1表 （使用状況一覧表）

1年～6年

	学　年	1	2	3	4	5	6
1	最も少ないもの	0	0	0	0	0	0
2	最も多いもの	25	13	14	10	17	13
3	平　均	1	3	4	2	3.5	2
4	優秀児の位置	1	1	3～4	0～1	3	0～2

(イ) 接続詞を使用しなかった場合について

接続詞を使用しなかった優秀児は，例文にもあるとおり，低学年では，接続助詞によっていたこと。

中学年では，接続助詞と，文脈的な事実と時間的経過によっていたこと。

高学年では，中学年のそれに加えて，有効な副詞句や指示詞を使って，効果的な文章を書いていたことであった。

このような優秀児に比較して，遅れた子の作文の場合は，単文，ら列文で，文と文の脈絡がはっきりしないものであった。（低・中学年）

また，中学年，高学年の場合は，接続助詞を使っただらだら文であった。

(ロ) 接続詞が多く使われている場合について

○1種類（たとえば「そして」だけを）を多く使っている場合は，ほとんど遅れた子であった。

○種類を多く使っている場合は，低，中学年では，それを知ってきた優秀児であり，高学年に行くと，それは中ぐらいの子であった。

とにかく，一般的に言えることは，接続詞の使用数のうえでいうと学年平均より少なめに使用している文を書く者に優秀児が，多いめに使用している文を書く者に遅進児がみられたということである。

(ハ) 平均について

表を見ればわかるように，平均は，中学年を頂点にして，低・高学年はそれより低くなっている。

これは，中学年で最も接続詞が乱用される傾向を示すものと考えられる。

(ニ) 逆接の接続詞について

低学年では，ほんのわずかしか使われていなかった。

中学年でも，低学年よりわずかに多く使われた程度のもので，それは優秀児であった。

それに比べて，高学年では，相当多く使われるようになっている。もちろん，それは遅進児の乱用も含んでいる。

おもしろい傾向として，それはまったく偶然のことかもしれないが，6年の1クラスでは，女の子だけに使われ，しかも遅進児の乱用が多かったことである。

(ホ) 乱用傾向について

① 各学年の乱用および誤用の多いもの

(1年)	(2年)	(3年)	(4年)	(5年)	(6年)
そして それで それから そうして	そして それで そうしたら そうして	そして それで また それから	そして それで それから そしたら	そして それで それから	そして それで それから でも

この表を見てもわかるように，各学年を通して誤用乱用の多いものは，同一接続詞である。大部分は習慣的な同一種類の乱用に起因している。これは個人の談話，話しぐせにも影響があるものと考えられる。

② この誤用されたものは，どんな接続詞におきかえられるか，1年，3年5年で見ると，次のようである。

	(1年)	(3年)	(5年)
そして	それから そしたら すると それで	それから すると ところが そのうち それを	そこで それから すると そしたら でも まもなく ので しかし
それで	それから やがて そしたら けれども	そして それから そしたら すると ので だから	そこから そして そのうち そうしたら
それから	そうしたら	そして それから すると	すると そこで
そうして	それから	それから	すると そこで そのうち

ロ 接続助詞の使用状況

第１表　（使用一覧）

種類＼学年	1	2	3	4	5	6
で（て）	375	582	1,042	1,071	923	1,124
ば	—	1	—	—	—	4
と	12	67	103	111	192	110
から	12	51	119	52	80	113
ので	19	42	114	143	159	145
だから	—	3	1	—	—	—
でも，ても	1	2	3	2	3	13
けれど(も)	1	—	4	4	9	15
が	—	1	3	2	11	28
のに	—	1	1	—	5	4
ながら	1	2	4	8	13	13
し	—	—	—	—	2	—
たら	8	12	4	19	15	25
調査人員	118	117	152	122	81	121
平均使用数	3.6	6.5	9.2	11.6	17.4	13.1

第２表　（ひとりの児童の接続助詞使用数一覧）

種類＼学年	1	2	3	4	5	6
一文章での平均使用数	3.6	6.5	9.2	11.6	17.4	13.1
一文での平均使用数	0.6	0.7	0.8	0.9	1.1	1.1
平均総文字数	140	284	440	431	550	430
一文の平均文字数	20	31	37	36	34	33

(イ)　文字数との関係

この表でわかることは，文字数は中学年がいちばん多いのに，接続助詞数は，高学年にいくに従って多くなっていることである。

これは，やはり

低学年では，単文ら列文であること。（１年では，まったく使わなかった子が，$\frac{1}{2}$ぐらいいた。）

中学年では，接続助詞を使って，だらだら文を書く子があること。

高学年では，文字数が割合に少ないのに，接続助詞数が多く使われていること。（これは文が，重文複文と高度になっていることであった。）

ただし，中学年で接続助詞数が，それほど多くなかったのは，時間を制約して書かせた作文であったので，だらだら文を書く遅進児が，いつものように書けなかったためではないかと考えられる。

(ロ)　使用傾向が正しくなかった場合について

低学年では，接続詞が有効に使えない子や，文節の多い子であった。（ただしこれらはむしろ優秀児であった。）

中学年では，同じく接続詞が有効に使えない子や，文節の多い子であった。また，主語や，むだなことばのくり返えしを，おかしている子であった。

高学年では，中学年のそれに加えて，会話をそう入した文を書く子などであった。

(ハ)　どんな接続助詞が多く使われたか

全学年を通して使用回数が多かった接続助詞は，(1)「て」　(2)「から」(3)「ので」(4)「と」，などであり，中学年になると，「たり，ながら」が，加わってくる。

高学年になると，それらに，「が，けれど」などの逆接の接続助詞が多く使われていた。

㈡　逆接の接続助詞の使用傾向

低学年では，表のとおりほとんど使われなかった。中学年では，「でも・けれど・が・のに」などであり，それは優秀児による正用のものであった。高学年では，「が，けれど，でも，のに」などであり，使用はほとんど全般にわたっていた。しかも，それはほとんどが正用であった。

第 2 部

ことばのきまりに関する指導の研究

東京都墨田区立中川小学校

(一)　実験研究の概略

1　研究課題

「ことばのきまりに関する指導の研究」

2　研究のねらい

児童がことばのきまりに関してどのような意識と能力をもっているかを見きわめ，指導の観点を明らかにする。

3　昭和30年度における実験研究の経過

30年度は「教科書を中心とした国語指導によって，児童の言語意識を高め，言語能力を養うにはどうしたらよいか」を研究主題として，次の実験をした。

(1)小学校の国語教育における文法の位置づけ

(2)指導の目当てとしての言語要素表の作成

(3)実際指導を通して言語要素表の確かめ

学年目標

低学年　主語・述語の関係

中学年　修飾・被修飾の関係

高学年　複雑な文と，それぞれ主・述関係

指導記録を通して30年度の実験をふり返ってみると次のようなことが言える。

。表記，音声に関しては言語要素表にあげたように低学年に基礎的な重点をおくべきだと考えられる。

。教科書を中心としたため，表記指導を除いては読解における文法指導に重点がかかりすぎた。

。実験第1年目であったため，目標をセンテンスの指導においたが，「ことばのきまり」を読解に役だてるのには，文章面にわたらなければじゅうぶんに役だてることができない。また作文指導においても主部，述部のかかりうけから，文と文のかかりうけ，段落の指導などが必要であると思われる。

4　昭和31年度における実験研究の経過

以上のような観点から，本年度は実験の領域を文章におくこととした。文章構成における「ことばのきまり」に関する意識と能力の学年的傾向の実態を確かめ，指導の手がかりとするために作文調査をした。

調査項目は便宜上次の項目にしぼった。

(1)　調査項目

。一つの文章における文の数

。一つの文における文節の数

。どのような接続助詞が使われているか。

。どのような接続詞が使われているか。

(2)　調査作文

イ　題材　　たなばたまつり

ロ　題材選定の理由

接続詞，接続助詞の使用調査をするのにも説明文の方がつごうがよいが，全児童の同一経験内から題材を選ぼうとすると，適当な題材が見

当らなかったため，やむを得ず「たなばた子ども会」の様子を他の人に話し，説明して聞かせる立場で作文させることとした。

ハ　期日　　7月9日　　二校時

ニ　約束

。紙数の制限はせず作文時間を1時間（45分）として，その時間内に下書を終えることとした。清書には別に1時間かけた。

。文字のまちがい文章のまずい点などについては教師は指摘しない。

ホ　児童への説明

。たなばた子ども会の様子を読む人によくわかるように説明してあげるつもりで作文を書きましょう。

。この時間内に下書を終えてください。

。清書の前に自分の作文をよく読み直して，まちがい字や文のおかしい所を直して，読む人によくわかる文にして清書してください。

5　調査を通しての学年傾向

(1)　文章の長さの学年別比較

2年　　原稿紙半ページ以下

3年　　　1ページ

4年　〃　1.5ページ

5年　〃　1.2ページ

6年　〃　1.5ページ

平均して，以上のようになる。

(2)　一つの文章の中の文の数

児童の文章を構成している文（センテンス）の数を調べてみると，次のような結果となる。

学年	文の数	1	2	3	4	5	6	7	8	9	10	11	12	13	14	15	16	17	18	19	20	21	22	23	24	25	26	27	28	29	31	33	43	計
二年	人数	2	4	16	26	28	21	23	8	7	7	9	5	2	0	2	0	0	0	0	1	0	0	0	0	0	0	0	0	0	0	0	0	161
	%	1.24	2.48	9.92	16.12	17.36	10.02	14.29	4.93	4.34	4.34	5.58	3.10	1.24	0	1.24	0	0	0	0	0.62	0	0	0	0	0	0	0	0	0	0	0	0	
三年	人数	3	3	4	7	11	13	18	17	17	22	13	9	7	7	6	3	6	3	4	3	2	1	2	2	1	2	0	0	0	0	0	0	185
	%	1.61	1.61	2.15	3.75	5.91	6.97	9.68	9.14	9.14	11.83	6.99	4.84	3.75	3.75	3.22	1.01	3.22	1.61	2.15	1.61	1.08	0.54	1.08	1.08	0.54	1.08	0	0	0	0	0	0	
四年	人数	0	2	0	2	2	8	7	7	7	14	9	9	4	11	9	11	6	2	6	3	6	2	1	2	0	1	1	1	1	1	1	1	137
	%	0	1.46	0	1.45	1.46	5.84	5.11	5.11	5.11	10.15	6.57	6.57	2.92	8.02	6.57	8.02	4.39	1.46	4.38	2.19	4.36	1.46	0.73	1.46	0	0.73	0.73	0.73	0.73	0.73	0.73	0.73	
五年	人数	0	0	0	3	4	5	6	18	11	14	10	5	3	4	6	2	4	0	0	0	1	0	0	0	0	0	0	0	1	0	0	0	97
	%	0	0	0	3.09	4.12	5.15	6.17	18.55	11.33	14.55	10.30	5.15	3.09	4.12	6.17	2.06	4.12	0	0	0	1.03	0	0	0	0	0	0	0	1.03	0	0	0	
六年	人数	0	0	0	1	1	2	4	6	3	8	2	5	10	10	5	7	2	1	2	3	1	2	2	1	1	0	1	2	0	0	0	0	82
	%	0	0	0	1.2	1.2	2.4	4.9	7.3	3.7	9.8	2.4	6.1	12.2	12.2	6.1	8.5	2.4	1.2	2.4	3.7	1.2	2.4	2.4	1.2	1.2	0	1.2	2.4	0	0	0	0	
計	人数	5	9	20	39	46	49	53	53	45	65	43	33	25	32	23	23	18	6	12	10	10	5	5	(5)	2	3	2	3	2	1	1	1	663
	%	0.75	1.35	3.00	5.85	6.90	7.35	8.70	8.49	6.75	9.75	6.60	4.95	3.30	4.80	4.27	3.45	2.70	0.99	1.80	1.50	1.50	0.75	0.75	0.75	0.30	0.45	0.3	0.45	0.3	0.15	0.15	0.15	100

〔2年生〕

2年生では文の数は4，5，6，7，までが比較的多く，それらの文章はだいたいにおいて読みやすい。

それが全体の57.8％を占めている。

〔3年生〕

文の数は6，7，8，9，10，11，までが比較的多い。特に目だつことは，2年生と比べて文の数がやや長くなっていることである。

比較的6～11のセンテンスのものが多いといっても，それは全体の54％で2年生のように集中的ではない。

〔4年生〕

2年生,3年生に比較して文字表現の能力が著しく発達している。したがって文の数も6～12までと13をおいて14～16までの二つの集中群がみられる。

前者は全体の44.46％で後者は22.61％である。

〔5年生〕

4年生に比較して，文の数が8，9，10，11までに比較的多く，まとまり

をみせている。

特殊な文例についても，2，3年にみられるような文の数が一つまたは二つのもの，また4年のように26～43までのようなものはみられない。

〔6年生〕

8，10，13，14，15，16，と文の数の集中個所が広がっている。

(3) 特殊な文の具体例

文の数が1のもの

2年生

イ，わたしは，がくげいかいで，むしの　こえの　うたを　うたいました。

ロ，おどり，二かいで　うたをうたいました。

3年生

イ，ぼくが　子ども会をみていると，石田くんが，ぼくのところを，うしろに　たおしました。

ロ，ぼくは，たなばたに　かざりを　みんなで　つけました。

文の数が2のもの

2年生

イ，ぼくは　ぶたいにあがって　ひばりや　かっこうどりの　うたを　うたったり，山ぎしくんのおはなしをきいたりして，たなばたを　しました。

みんなも　うたや　げきをして　あそびました。

ロ，ぼくらの学げい会に　ぼくらは，うたやおゆうぎなど　やりました。

ぼくらは　たなばたを　つくって　おもしろいことをしました。

3年生

イ，ぼくは，き楽がっそうのとき，石田くんが大だいこを　まちがいたので，こじまくんが　こだいこを　たたけませんでした。

それから，いけの雨のとき　おいかわさんが一ばんなのに　二ばんをうたっているので，大ぜきさんも　つられて二ばんをうたって，ぼくもつられてうたっていました。

ロ，ぼくたちは　てるてるぼうずのげきのおもしろいのを　まっていて，三組が，もっきんや　タンブリンをたたいたり　いっしょうけんめいやっていました。

うしろの子だちが　うたって終わると，ちゃんとおじぎして　じょしのおはなしで，てるてるぼうずのげき，上の人がおどって　うしろの人がうたって全部終わりました。

以上，文の数が一つのものと　二つのものの例をみると，２年生では自分の経験を文章に表現することに大きな抵抗があり，またさらにそれを文字で書き表わすことに困難のある児童とみられる。

３年生の場合，文の数が１の例は学習意欲のない遅進児であるが，文の数が２の例は，内容はかなり豊富であるにもかかわらず表現能力が伴わず，違った事がらをあれもこれもいっしょに続けて表現している例で，このような作文に対しては

◦順序よく書く。

◦違った事がらをだらだら続けずに，どこで言い切ったらよいかを考える。

◦書きたい事がらについては，詳しく書く。

などの指導が必要ではないかと考える。

文の数が26のもの

３年生

わたしは，夜　うちじゅうで　たのしく　はなびをあげました。空で　星が　きらきらと光っていました。ささに　たんざくやきれいな　かざりもつけました。きんいろのほしや　ぎんいろの星もつけました。

それに　きょうは　朝から　晴れていました。　妹のかおは　にこっとしていました。

みんなで　たなばたのうたを　うたいました。外は　だんだん　くらくなってきました。どこかで　はなびを　ならしている　音が　きこえました。その　はなびが　空へ　きれいに　あがって　きえてしまいました。

風が来たので，ささのはが，しずかにゆれました。空に一つ大きな星がありました。

わたしは　その星を　おりひめだと　思いました。その星のそばに　ながくおびのように　ひかるものがありました。それは　天の川だと　思いました。

天の川の右がわにも　一つ　大きな星が　ありました。わたしは　その星を　ひこ星だと　思いました。

それから　はなびの音が　だんだん　大きくなって　きました。星も　たくさん　でてきました。おとうさんたちと　外へ　さんぽにいきました。

家にかえって　おねえさんたちと　かげえをして　あそびました。おかあさんが「たなばたの日は　ほんとによい日だ」といっていました。

すずしい風が　そよそよと　ふいてきました。　おとうさんが「こんどのたなばたまつりには　もっと　きれいに　かざろう」といっていました。

妹は　おかあさんの　ひざをまくらにしてねていました。

文の数が29のもの

５年生

7月7日，中川小学校で1年生から6年生のたなばたまつりの会をひらきました。みなさんはがんばってやってくれました。4年生のかみしばいはよくできたとわたくしは思いました。おゆうぎもよくできたと思いました。つぎはいよいよ　わたくしたちのおゆうぎでした。立川さんたちのもりのようせいのおどりです。中野さんの　ちょうちょが　こわれてしまいました。
遠山さんもこわれてちょうちょをもっておどりをやりました。つぎは千葉さんたちの「みかんのはなさくおか」のおどりをやりました。みんなワンピースをきておどりました。つぎは6年生のうたでした。この間，ひろ川さんがコンクールに出たのです。ひろ川さんがマイクの前でうたいました。4年3組でがっしょうをしました。みんなよくできました。みている人はあまりよくできませんでした。さいごにクラブの人たちがうたってくれました。校長先生がつくった中川の歌はよくできたと思いました。
来年はおきゃくさんに来てもらいたいとおもいます。
ひろ川さんはじょうずでした。すず木さんもじょうずでした。
わたしたちのクラブでは小島さんがでませんでした。竹内さんもでるはずでしたけれど　竹内さんはこえがでなくて出られませんでした。5年1組のうたはよくできました。みんな　はずかしくなってきました。らい年はおきゃくさんにみてもらいたいと思います。お星さまをみおくっています。

文の数が27のもの

6年生

「明日はとうとうたなばたまつりの日だ」といっているまに学校についた。1，2時間目はささにたんざくをかざることになった。ぼくはささをもってた。最後に野呂瀬君にもってもらってぼくもかざった。終ってから

先生がつかえるものは持って行きなさいといったので，みんなはひろった。ぼくもすこしひろった。
そして，朝学校に来てみたらたいがいの人がござをしいていたので，ぼくも手つだった。そして最初に1，2，3年生が見た。そしてこんどはぼくたちの番がきたのでみることになった。
ぼくたちが歌うのは，2番だった。1番は5年生の歌うのでした。5年が歌ってるあいだにぼくたちは歌えるよういをした。5年生の歌が終ってこんどはぼくたちだ。舞台の上に乗った。むねはどきどきだった。
ぼくはいっとう前なので　はずかしかった。まくがあいた。足がすこしふるえていた。むねがどきどき，足ががたがた，どうしようもなかった。礼をした。頭をあげた。
終った。むねがすうっとした。まくがしまった。あわててとんだ。廊下のまどから新しい空気が入って来た。思いきりその新しい空気をすった。

以上各学年で文の数の多いものをあげてみたが，3年生の例の場合は相当優秀な児童の作文とみられ文章が長いので，それに比例して文の数の多くなっているのは当然で，3年としてはよい文章例とみることができる。

5年の例も比較的長い文章であるが，内容が整理されておらず，同じことのくり返しがみられる。

6年の例ではある程度，簡潔な表現を意識しているように思われるが，内容の整理がふじゅうぶん，表現を簡潔にするには，不必要なことは，省くような考慮がほしい。

文の数の少ないものには問題が多いが，文の数の多いものは，比較的表現力の発達しているものに多いと思われる。

(4) 一つの文の中の文節の数

学年 / 文節の数		3	4	5	6	7	8	9	10	11	12	13	14	15	16	17	28	30	35	計
二年	人数	17	36	42	27	21	10	5	1	1	1									151
	%	10.54	22.32	26.04	16.74	13.02	6.20	3.1	0.62	0.62	0.62									
三年	人数	6	26	55	40	17	17	9	4	5	1		2	1		1		1	1	186
	%	3.23	13.97	29.56	21.5	9.15	9.15	4.84	2.16	2.68	0.54		1.08	0.54		0.54		0.54	0.54	
四年	人数	3	14	42	28	18	14	9	1	2	2	1	1	1				1		137
	%	2.19	10.15	30.66	20.44	13.14	10.15	6.57	0.73	1.46	1.46	0.75	0.73	0.73				0.73		
五年	人数		8	21	22	19	14	4	7	1			1							97
	%		8.24	21.64	22.68	19.49	14.55	4.12	7.21	1.03			1.03							
六年	人数		5	2	16	18	17	11	6	3	1			1	1		1			82
	%		6.1	2.4	19.5	22.0	20.7	13.4	7.3	3.7	1.2			1.2	1.2		1.2			
計	人数	26	89	162	133	93	72	38	19	12	5	1	4	3	1	1	1	2	1	663
平均	%	3.9	13.42	24.43	20.06	14.03	10.86	5.73	2.86	1.8	0.75	0.11	0.6	0.46	0.11	0.11	0.11	0.3	0.11	

各学年における平均文節数を表にすると以上のとおりである。この表に表わされた文節の数が個々の作品のよい悪いの判定基準とはならないが，学年的な段階は一応認めることができる。

2年生　　4，5文節を中心として，3～7文節へ。

3年生　　5，6文節を中心に　4～8文節へ。

4年生　　5，6文節を中心に　4～8文節へ。

5年生　　6，7文節を中心に　5～8文節へ。

6年生　　6，7，8文節を中心に　6～9文節へ。

と学年に応じて文節数も次第にふえていっている。

特に3，4年生では2年生の最高12文節に対し　30～35文節という広がりがみられる。これはこの学年になると急速に書字力が伸び，自分の書きたいことをくぎることなく接続助詞などで続けて書く結果と思われる。

5，6年になってくると特殊な2，3人を除いてはだいたい4～11文節あたりにまとまってきている。

これは3，4年あたりから指導されている文意識，段落意識などの現れであろうと思われる。また学年的傾向としても簡潔な文を好むということも考えられる。

(5) どんな接続詞を使っているか

1　　種　　類	2年	3年	4年	5年	6年
そして	27	30	11	7	12
それから	27	10	6	3	3
それで	2	8	5	2	1
そうして	1			1	
その次に	1			4	
でも	1			1	4
だけども	1				3
そこで		1	1		
また		2	2	1	
つぎは（つぎに）		1	8		1
そうしたら	3	2			
そうすると		1	1	1	1
けれども			1	4	2
が				6	1
しかし				1	
それでも					1

2　　種　　類	2年	3年	4年	5年	6年
そして　それから	7	6	2	5	1
〃　それで	2		1	1	
〃　そうしたら	1	4		1	1
〃　つぎに		1	1		
〃　だけど			1	3	
〃　また			1		

〃　つぎは			1		
〃　でも			1		
そうして　そうすると			1		
〃　すると			1		
それで　それから	3	1	1		
〃　それでも	1				
そうしたら　それから	1				1
それから　けれども	1				1
そして　または		1			
そして　だから		1			1
それで　そうしたら		1			
それから　ところが		1			
それから　それに		1			
それから　また		1			
それから　だから		1			
そしたら　また		1			1
そうしたら　ところが		1			
そこで　すると		1			
だが　また		1			
それから　すると			2	1	1
それから　そこで			1		
それから　つぎに			2		
それから　そのうち			1		
つぎに　でも			1		
それで　また			1		
それで　でも			1		
また　でも			1	1	
そうしたら　つぎに			1		
だから　それなら			1		
だが　そのうちに			1		
けれども　そのうち			1		
そうして　と					1
それから　それでも					1
すると　だけど					1
そして　しかし					1
だから　でも					1
そして　そのうち					1

それから　と					1
そして　ところが				1	1
けれども　だけど				2	
そのうち　つぎは			2		
そのつぎ　でも			1		
そのつぎ　また			1		
それから　だけど			1		
また　すると				1	1
そうして　が				1	
それから　でも				1	
けれども　なかでも				1	1

3　種　類	2年	3年	4年	5年	6年
そして　そしたら　でも	1				
それから　その次に　やがて	1				
それで　それから　そうしたら	1	2			
そして　まだ　それから	1		1		
そして　また　そのあと	1				
それで　また　けれども	1				
それで　それから　なので	1				
そして　そしたら　それで		1			
〃　〃　それに		2			
そして　それだから　だから		1			
そして　すると　でも		1	1		
そして　それから　また		2	1		
〃　〃　そしてから		1			
〃　〃　そしたら		1			
そして　ところが　それで		1			
〃　だから　それから		1			
それで　つぎに　そしたら		1	2		
すると　それから　つぎに		1		1	
すると　そうすると　また		2			
そして　それで　それから			1		
そして　そしたら　そのうち			1		
そして　それから　そうすると			1		
〃　〃　つぎに			1		

	2年	3年	4年	5年	6年
それから　つぎに　けれども			2		
そして　それに　が				1	
そして　だけど　けど			1	2	
そうして　けれども　が				1	
それで　だけど　だが				1	
と　そうして　これで					1
次に　これで　そして					1
そうすると　それに　そして					1
というのは　が　けれども					1
そして　そしたら　けれども					1
そして　それから　でも					1
つぎに　〃　〃			1		
そして　また　または					1
そして　けれども　次は			1		
そして　それから　でも					1

4　種　類	2年	3年	4年	5年	6年
そして　また　ところが　そうしたら		1			
〃　〃　それから　〃		1			
〃　それで　そこで　それから		1			
〃　それで　そのうち　そうすると		1			
〃　そしたら　それで　それなら		1			
〃　それで　それが　また		1			
〃　そしたら　そのつぎ　また		1			
〃　それで　そしたら　けれども		1			
〃　けれども　また　でも		1			
それで　そこで　それでは　すると		1			
それで　それから　ですから　それに		1			
それで　それから　また　でも		1			
それで　また　そして　こんどは		1			
それから　けれども　すると　でも		1			
それから　だから　すると　けど		1			
そして　だけど　それで　だから			1		
が　それでも　ほかに　つぎは				1	
すると　やがて　また　それから					1

	2年	3年	4年	5年	6年
が　けれども　つぎに　また				1	
そして　それは　それで　すると				1	

6　接続助詞の分類と使用状況

学年＼接助	種類	て	ば	と	から	ので	とか	ても(でも)	けれど(も)	が	ながら	けれど(けど)
2年	ひん数	61		41	52	29			1	2		
	人数	33		31	25	18			1	1		
	%	20.5		19.3	15.5	11.2			0.6	0.6		
3年	ひん数	452	41	122	103	180	3	9	4	20	5	
	人数	103	16	70	54	86	2	8	4	14	4	
	%	55.4	9.6	37.6	29.0	46.2	1.1	4.3	2.2	7.5	2.2	
4年	ひん数	386	3	216	80	229		8	10	19	1	2
	人数	133	2	61	36	83		7	8	17	1	2
	%	97.1	1.5	44.5	26.3	60.6		5.1	5.8	12.4	0.7	1.5
5年	ひん数	3	2	71	29	66		6	9	27	5	3
	人数	3	2	37	28	42		6	9	22	5	3
	%	3.1	2.1	38.1	28.9	43.3		6.2	9.3	22.7	5.2	3.1
6年	ひん数	56	8	54	41	160		6	4	35	3	1
	人数	26	7	33	32	54		6	2	20	3	1
	%	31.7	8.5	40.2	39.0	65.9		7.3	2.4	24.4	3.7	1.2
全学年累計	ひん数	953	54	504	305	664	3	29	28	103	14	6
	人数	298	27	232	175	283	2	27	2	74	13	6
	%	44.9	4.1	35.0	26.4	42.7	0.3	4.1	3.6	11.2	2.0	0.9

学年＼接助種類		と	て(で)	し	たり	ながら	だり	では	には	と	が	うちに	計
2年	ひん数				9	3							161
	人数				6	2							
	%				3.7	1.2							
3年	ひん数		64	4	33	4	2	1					186
	人数		42	3	14	4	2	1					
	%		22.6	1.6	7.5	2.2	1.1	0.5					
4年	ひん数		5		19	12							137
	人数		4		19	12							
	%		2.9		13.9	8.8							
5年	ひん数		16		1	10		2	1				97
	人数		13		1	9		2	1				
	%		13.4		1.0	9.3		2.1	1.0				
6年	ひん数	2	152	1	22	13				25	15	4	82
	人数	2	44	1	8	9				15	10	4	
	%	2.4	53.7	1.2	9.8	11.0				18.3	12.2	4.9	
全学年累計	ひん数	2	237	5	84	42	2	3	1	25	15	4	663
	人数	2	103	4	48	36	2	3	1	15	10	4	
	%	0.3	15.5	0.6	7.2	5.4	0.3	0.5	0.2	2.3	1.5	0.6	

(二)　各学年における具体例の考察

1　第2学年における具体例の考察

(1)　一つの文章の中の文の数について

一つの文章の中の文の数の一覧表

学年＼文の数		1	2	3	4	5	6	7	8	9	10	11	12	13
2年	人数	2	4	16	26	28	21	23	8	7	7	9	5	2
	%	1.24	2.48	9.92	16.12	17.36	10.02	14.26	4.96	4.34	4.34	5.58	3.10	1.24

14	15	16	17	18	19	20	21	22	23	24	25	26	27	28	29	31	33	43	計
0	2																		161
0	1.24																		

イ　文の数が1だけの例

わたしは　がくげいかいで　むしのこえのうたを　うたいました。

所見

わたしは学芸会で虫の声を歌いましたということだけ書いてあって，場面の様子もその時の気持なども書かれていない。

この児童は発表力は劣るが学級中では中位の成績である。

ロ　文の数が２だけの例

ぼくらの　学げいかいに　ぼくらわ　がっしょうや　うたや　おゆうぎなどやりました。

ぼくらは　たなばたを　つくって　おもしろい　ことを　しました。

所見

前のイ，の例と同じように，作者が何を書こうとしているかは，わかるが，二つめのセンテンスでは，どんなおもしろいことをしたのかわからない。

「おもしろい　こと」と形式的に表現しているところは２年生らしい。

知能指数は53となっている。

ハ　文の数が20になっている例

ぼくはおはなしがおもしろかった。
そしてぼくはおりがみやいろいろなおりがみにかきました。
そしてぼくはたなばたのいろがみのところへかきました。
そしておりがみにやっこさんをつくりました。
そしてぼくはおりがみにかきました。
ぼくたちはうたをうたいました。
そしてぼくは　かだんのおはなしをきいておもしろくなりました。
そしておわりました。
そしてぼくたちのきょうしつにかいりました。
そして　きゅうしょくになりました。
そして　かいりました。
そしてぼくはごはんをたべました。
そしてぼくはあそびにいきました。
そしてぼくさんじになりました。

そしておやつをもらいました。
そしてぼくはまたあそびにいきました。
そしてぼくはでんしゃごっこをしました。
そしてぼくはやめてどっかあそびにいきました。
そしてぼくはかいぼいをしました。
そしてぼくはひこうきごっこをしてあそびました。

所見

文題「たなばたまつり」になっているが，前半はたなばたの発表会とかざりつけのことを書いて，後半がおうちに帰ってからの遊びを主にした作文である。

この文章に見られるように，だらだらと長く続く文を書くのは，おもに「考え」を，きちんきちんと整理する能力が低い場合の子どもに多い。また，接続詞を多く知らないことが原因になっている。

センテンスの短いはっきりした文を書くには，いろいろな種類の接続詞がある程度使えるようでなければならない。

各種の接続詞を身につければ「そしてぼくは」「そして，そして」など同じ接続詞ばかり使って文を書きつなぐこともなくなる。

だから，文章読解のときに，接続詞に注意して，よく教えてやることが大事である。

ニ　文の数が15になっている例

ぼくは　あさ　きたら　うしろに　たけが　二本　おいて　ありました。
ぼくは，せんせいが　くるまで　たけを　見て　いました。
そのうち　せんせいが　きました。
そうしたら，せんせいが　したじきと，ふでばこを　だしなさいと　いいました。

ぼくは　なにを　しるんだと　をもいました。そして，ぼくは　だしました。

そうしたら　たなばたを　つくりました。

そして　ぼくは　きれなのを　つくりました。

にかいの　とおしきょうしつの　中に　はいると　きれいでした。

そうしたら　こんどは　２ねん　２くみのばんです。２くみは　かつこうです。

２くみが　おわりました。

こんどは　２ねん　３くみのばんです。

ぼくたちは，むしのこえを　うたいました。

ふたくみ　ずつ　わかれて　つくりました。

所見

この作者は，前のイ，ロ，ハ，と同じような順位の成績の子どもである。

知能指数51になっている。

話しことば，特に発音の不正確さがそのまま作文に現れている。

なにをするのだろうと――それが――なにをしるんだと　２年生の１学期ごろまでは，こうしたまちがいをしているこどもが相当量いる。

また「おもいました。」が「をもいました。」になっている。

前例ハのこどもと同じように，接続詞「そして」「そうしたら」が多く使われすぎているために，逆に文意がはっきり読み取れにくい表現になっている。２年生の場合，接続詞の誤用よりも乱用がたいへん多いことが全体を通して言える。

接続詞「そして」とこどもの作文に書かれているが，むしろ，「それで」にしたほうが正しいと言える。いわゆる「誤用」もある。

２年生の共通の傾向として，この例文からも伺えるが，誤りはセンテンス

にあっては述語，文章にあっては末部に見当るようだ。

イ，ロ，では，細かく，詳しく書くという能力が足りない。このこどもたちは，大きくまとめて書くが，細かくたんねんに思い出すということをやっていない。

(2)　一つの文の中で文節の多いものについて

あさ　がっこうに　きたら　６ねんせいの　ひとが　ささを　ろうかに　おいて　いったので　わたしたちの　おとこの　子たちが　ふたりで　おきょうしつの　うしろにおいてそれから　せんせい　が　いらっしゃいましてから　ふたくみに　わかれて　つくりました。

それから先生がたんざくを１まいずつくばって天の川だのいろいろおはなしをかきました。

それから１日たっておゆうぎやうたやきがくをやっておもしろくあそびました。

所見

学級では，中の下の成績である。知能指数56になっている。文章全体が三つのセンテンスから成っている。最初のセンテンスが22文節という，２学年最高の文節数になっている。二番目の文が九つの文節，最後の文の文節が八つになっている。

22の文節から成っている部分は，接続助詞「ので」「て」「から」と接続詞「それから」でつながれていて，文がだらだら長く，内容をはっきりつかめない。

まとめ

文章について

素材の取捨選択のふじゅうぶんさから，いろいろの事を書こうとして，け

っきょく筋の通らない，わけのわからない文章を書いている者が多い。

低学年児童の思考の特長として，過去のことを書いているうちに，いつしか現在自分の目の前でそれが再現され，自分もその仲間入りをしているという錯覚におちいっているためである。だから，一つの文章でも，ある時には過去形で書かれているかと思えばいつしか現在形にもどり，また，現在形で書かれているかと思うと過去形に変わってくるのである。

また，書き始めを１字下げて書いている者は非常に少ない。２年ではその８割ができていない。その文章のいちばん初めだけ下げて，それ以外はどんどん書き続けている者が多い。段落意識は，ほとんどない。

文については主語の段落，くり返しは特に多い。

主述関係の誤りの中でも，主述関係のねじれ，助詞の誤用，主語のくり返し，主語の脱落の誤りが特に多いことが目だっている。

(3) 接続詞について

イ 「それで」と「そしたら」

(イ) 3れつと 4れつで1本でした。それで 先生が どちらがきれいに できるか きょうそうしました。 そしたら リーンと ベルが なりました。でもやすみじかんのとき だれも あそびませんでした。それで みんな いっしょうけんめいになって つくりました。それで 先生が……
きれいと いいました。そしたら 先生が やめと いいました。

ロ 「そして」

(イ) 6ねんせいが あさ ささを 2本もって きてくれました。 そして，せんせいがきて たんざくや ひょうたんを つくりました。そして，ふたくみに わかれて たなばたさまを 作りました。

所見

「そして」の乱用の類である。２年生ごろの子どもたちの話しことばの習慣が，そのまま作文の中に無意識に使われている。このような例は比較的多い。

(ロ) 「…………みんな すわりなさい。」といいました。そして，先生の つくえの 上に おいてある たんざくを みんなに わけて くれました。 そして， その たなばたの なまえを いろいろ かきました。そして，ささに ぜんぶつけたら 先生が ささを もって うしろに たてました。

所見

最後の「そして」は「それを」とすれば意味がはっきりする。

(ハ) わたしたちは たなばたの ときに 6年生の 人が ささを もってきました。

そして，みんなで つくりました。

そして，ふけいかいを しました。

そして，１年生が てるてるぼうず てるてるぼうず あした てんきになあれ。

所見

文と文が飛躍をしているのを，そしてでつないでいった例である。

ハ 「が」

………………４の かわで つくりました。が ３のかわが かってしまいました。が 先生が やめと いいました。

所見

ら列されている文を「が」でつないでいった例である。経験した事実をもっとはっきりと思い起こさせ，それぞれの事実を相互に正しく，関係づけて書く指導をする必要がある。

ニ　「そして」　「それで」

きょうしつの　うしろに　ささが　ありました。そして　先生が　おみえに　なったら　ささで　たなばたを　つくりました。それで，二くみにわかれてやりました。たなばたまつりの　学芸会を　しました。それで，たなばたまつりをしました。それで，きれいにつくりました。それで，わたしたちは，おべんきょうしました。

所見

ここの例文は「そして」「それで」の連続で文を長々とつなぎすぎている例である。

(4)　接続助詞について

イ　「から」

わたしはみんなじょうずだったとおもいました。そして，こんどは　わたしが　しっていることがでたから，わたしはよく見ていたらやっぱりじょうずだったから，てがいたくなるほどたたきました。

以上と同類の乱用　7人

ロ　「ので」

高田くんのはじめのおじきとおわりのおじがいちばんうまかったので手をたたいてやったのでその日，高田くんとあそびました。

ハ　「でも」

わたしは，とてもがまんしました。でも，わたしは，でも学校の学芸会にいたときとてもうれしいとおもいました。

ニ　つなぎのことばが重複している例

みんなでたなばたまつりをしました。それから，おわってからみんなでげきをしてタンバリンやカスタネットなんかでうたをしました。

この例で「それから」と「おわってから」が重複している。

2　第3学年における具体例の考察

(1)　接続詞について

イ　「そうすると」

(イ)　ぼくは，見ると，しげちゃんが　おばさんと，いっしょに，見ていました。そうすると，おばさんは，かえりました。

(ロ)　たなばたまつりをながしに，いきました。そうすると，たなばたまつりは，ずとむこうに，ながれて，いきました。

所見

(イ)の文例，「そうすると」は「まもなく」「しばらくすると」の意味か，あるいは説明不足なのかはっきりしない。作者の意識をはっきりさせた上で適切なことばをえらばせるのがよいであろう。

(ロ)の文例「そうすると」は説明不足で意味がはっきりしない。この部分はもっと詳しく書かせる必要がある。

ロ　「それで」

(イ)　土よう日に，先生が，たなばたさまを　つくりましょうと，　いいました。さんせいと，みんなで，大声をたてました。

それで先生が，あしたは　はさみ　のり　いろがみの　その三つを　もって　いらっしゃいと　いいました。

所見

この場合の「それで」は誤りとは断定しがたいが，前の文を接続する語としては少しぴったりしない気がする。もっと適切な表現をさせる必要がある。

(ロ)　天の川　ひこ星　おりひめや　いろいろなものを　つくりました。それで　たなばたを　先生が　はしらに　かざって　くれました。

(ハ)　それが　おわると　先生が　給食にしてくれました。それで　先生が　あした　おどる人の　名前をいいました。

所見

(ロ)(ハ)の文例の「それで」は，ただ次の文を引き出すために使われている。前の文の意味を受けてあとの文に続ける場合のことばとしては，もっと違った接続詞が必要になってくる。

(ニ)　……空の上が晴れ上って　いました。
それで　わたくしは　学校へいって　みんなはうちから　もってきたかざりを　かざりました。

(ホ)　ぼくは　いいちゃんと　たなばたまつりをつくった。それで　学校で　1年1組の　せいとが　うたいました。

(ヘ)　そして　つくりはじめました。それで　みんなは　いろいろなものを　つくりました。

所見

(ホ)は説明不足のため意味不明であるがいずれにしても「それで」のないほうが意味がわかる。

(ト)　それで学校で1年1組のせいとがうたいました。そいで　2年1組の　せいとが　うたて　だれか　わらって　うたている。

所見

(ト)の文例は中以下の児童の作であるので，文そのものに問題があるが，そいで…………わらってうたっている。の文を生かそうとすると，次のような置きかえ語が考えられる。「つぎに」「それから」「そして」「こんどは」というように。

中学年の特質ともみられるが，話す場合に無意味に「それで」を使いすぎる傾向があり，それも発語的用法が多く，順接的な役目をもっていない。

ハ　「ところが」

(イ)　せんせいが　あまったたんざくを　かざりなさいと　いいました。わたしたちはまたどんどん　かざりました。ところが　男のほうも　女のほうも　きれいですねと　せんせいが　いってくれました。

(ロ)……たなばたを　つくりました。それが終ると　先生がきて　わあすてきだなと　いいながら　わらいました。ところが　学校でみた　学げい会は　おもしろかったと　ぼくらは　いいました。

所見

文例(ロ)は，「ところが」の使い方を知らないものと思われる。つなぎことばとしての意識はあるようだが，その働きを理解していないために誤用している。

ニ　「そしたら」

(イ)　めをさましたら　まだ　12時でした。そんで　また　ねました　そしたら6時でした。

所見

そしたらは目がさめたらの方が適切であろう。

(ロ)　4はんは　もう　はんぶんい上　できました。そしたら　2はんは　きゅうに　みんなは　いっぱい　のせました。

所見

「そしたら」以後は，「それをみたら2はんの人たちは　きゅうに急いでかざりつけをした。」の意であろう。

ホ　「または」

(イ)…かざりつけものを　つくって　いました。またわ　いろいろのものを　つくっていたら　おりがみや　いろいろのものが　なくなったので　３人で　つくえの下から　ひろって　つくりました。

所見

学力中位の児童である。

このような例は他にはなかった。この場合に「またわ」をどういうつもりで使ったか，その理由を明らかにすることはできなかった。

ヘ　「それから」

正確な表現や詳しい説明が必要なのだが適当なことばがみつからないので，「それから」と表現している文例

(イ)　みんな　いっしょうけんめいに　つくって　おわりごろになりました　それから　みんなは　もっていきました。

所見

この文を補正すると

みんなで，いっしょうけんめいに　たなばたの　かざりつけを　しました。やっと終りました。それから　みんなは　その　ささ竹を　ろうかへ　持って　いきました。

このように説明不足を補わなければならないだろう。

(ロ)　ぼくたちは　きがくがっそうを　しました。それから　池の雨をうたいました。それから　３年４組の　てるてるぼうずのゆうぎが　あってうたがありました。それから　おわりの　ことばが　ありました。

所見

伝達しようとする事はたくさんあるのに適当な引き出しことばが見つからないために「それから」を使っている。

この種の乱用は３年生の一般的な傾向を示し，内容がら列的で無味乾燥

な文が多い。

ト　「そして」

正確な表現や詳しい説明が必要なのだが　適当なことばがなかったり，表現のしかたが幼稚なために「そして」を使っている。

(イ)　これで　終りですと　いいました。

そして　３校時の　ベルが　なりました。

所見

「そして」を「まもなく」「すぐに」などに置き換えた方がよい。

(ロ)　「おしせい」と　平井先生が　いいました。そして　みんなは　かえりました。

(ハ)　そしたら，及川きよ子さんが　川へ　げたを　おっことして　はだしで学校へ　かえったことを　思いだしました。そして　うちへ　はだしで　かえりました。

所見

(ハ)の文例は，内容が前後している。そして……かえりました。は順序からすれば前の文へそう入されるはずの内容のものである。前文をそのままとすれば，「そして」を「その時　及川さんは」とでもしたらよいであろう。

(ニ)　４時間目が　おわりました。そして　きょうは　きゅう食は　ありませんでした。うちへ　かえってから　そして　ゆうごはんになりました。

(ホ)　みんなで「空もみなとも」という　きがくがっそうを　やります。そして　大だいこや　小だいこ　ハモニカの人も　います。

所見

どの文例をみても　なんのため「そして」を使ったのかわからない。

3年生には，この種の使い方が最も多い。

(ヘ)　……にかいにあがりました。

そして　おんなの人がおどりました。

きょうしつに　はいりました。そして　おそうじをして　かえりました。

所見

この文例は3年の生徒はみんな2階のこども会の会場へ行ってみた。プログラムが進み，ゆうぎや音楽が終って教室に帰った。そのあとでおそうじをして家へ帰った。という事実を述べているもののようである。

(ト)　見ると　どこかで　きれいな　はなびが　あがっていました。そしてぼくも　おかあさんに　お金をもらって　近くの　おかしやさんへいって　はなびを　かいました。

所見

「そして」でなく「だから」「それで」などの順接を使った方が適切であるように考えられる。

(チ)　……ささが　おいて　ありました。

みんなは　ささの上を　あしで　ふんでいました。そして　1時間ぐらい　たったら　せんせいが　きたので　みんな　しずかに　なりました。

(リ)　わたしたちは　みなとの　きがくを　やりました。そして　つくえの中に　いすを　いれました。

所見

誤用ではないが望ましい使い方としては「それから」のほうがよい。

(チ)の文例について見れば，たなばたまつりも終り，ささ竹を整理するために学級にある2，3本を廊下か教室にまとめておいてあったのであ

ろう。それをみんなで踏んで遊んでいたものと考えられる。そんなことをして1時間ぐらい（実際には，30分であろう）たったころ先生が来られたという文意である。

(リ)の文例は「港」という器楽合奏が終り次の2部合唱をするために，腰かけていたものが　いすを机の中に入れて合唱のできる態勢に並んだことになる。したがって「そして」を「それから」に言い換えたほうが時間的経過をたどるのにより望ましい語ではないかとみられる。

(2)　**接続助詞について**

イ　「から」

(イ)　学校から　かえってきてから　おかあさんに　百円　もらってから　いそいで　こすげへ　いきました。

(ロ)　おゆうぎが　おわってから　おわりの　ことばを　ゆってから　わたくしたちは　きょうしつに　はいりました。

所見

接続詞の「そして」「それから」のように3年生の特長として「から」をむやみに使いすぎる傾向がある。

(イ)の文例では「から」を使わなくとも意味のわかる文になるはずである。(ロ)の文例は二つの文にして，「から」を2度も使わないですむように考えさせたほうがよい。

ロ　**「ので」**

(イ)　そして　ぼくは　どこへ　いくのかと　おもって　いたので　みんなもいきました。

所見

この文例は　ぼくは　どこへ　行くのかと　おもっていた。（ところ

が）　そしたら　みんなも　いきました。とするのがよいであろう。

(ロ)　そうしてからも　また　みんなは　さわぎだしました。ので　みんなが　よけい　にぎやかになりました。ので　どこへ　つけたらよいかわからなくなりました。

(ハ)「あひるの学校」という　歌を　うたっているとき「わあ　わあ」と　さわいだので　すこししか　きこえなかったので　わたしは　つまらないと　おもっていたら　いつのまにか　3年2組の　げきをやっていた。

所見

(ロ)の文例……ました。ので　と　のでの前に（。）を使っている。この。は完全な。意識ではなくおそらく……しましたのでのつもりで書いたものであろう。

文例(ハ)は一つのセンテンスの中に二つものでが重なるので文がすっきりとしない。あとのをを除いて二つの文にしたほうが適当と考えられる。二例ともあとの「ので」は文を切って「それで」に置き換えたほうが文の意味はわかりやすくなる。

ハ　「て」

(イ)……朝になって　学校にいって　うちにかえって　たなばたを　川口にながしに　行きました。

(ロ)　子ども会のとき　ぼくと　とめ吉くんと　大家くんと　次ろうくんと先生に　ことわらないで　だまって　4組の　きょうしつへ　はいって4組の　大きなボールを　つかって　とめ吉くんの　なげたボールは　4組の　かびんに　あたって　かびんが　こわれました。

所見

(イ)(ロ)の文はいずれも「て」によって長く続けすぎたために，まとまらな

い文になってしまっている。

「て」の乱用も3年には多い。

ニ　「して」

(イ)　たなばたまつりをして　いろんなものをして　おいわいをして　あそびました。

所見

「して」を使いすぎたために文がら列的になり，まとまっていない例である。

ホ　「が」

(イ)　みんなは　わあっと　いって　さわぎましたが　うれしそうに　よろこんで　いました。

所見

説明不足のため「が」の意味がはっきりしなくなっている。

3　第4学年における具体例の考察

(1)　接続詞について

イ　「それから」

(イ)　ぼくは，4年2組のかみしばいで，コンドルマンというのを見ました。それから　6年1組の人が，ひとりで歌を歌って…………（略）
それから4年3組のがっしょうをやりました。
それから　へい会のことばは，小林いったくんがいって，たなばたまつりがおわりました。

所見

この例では，接続詞は「それから」だけを使用し，それもまだ習慣的に

文の初めにもってきて書き出している。このような例は，低学年では多く見られるが，４年生としては，そろそろ脱皮してよいころである。

(ロ)　そのかみしばいは，どちらがさきかというと，コンドルマンのほうがさきです。

うぐいすひめのほうがあとになりました。

それから，かみしばいはおわりました。

所見

もっといろいろと説明しなければならないところを「それから」でつないだために意味がはっきりしなくなっている。

(ハ)　わたしはいけやさんの紙しばいがみれるのかと思ったら，４年２組の紙しばいですと　いったので　わたしはうれしくてたまりませんでした。

それからわたしは，いけやさんの紙しばいがおわると，なんだかつまらないかんじがしました。

所見

この「それから」も，もう少し詳しく説明する必要がある。

ロ　「そして」

(イ)　ボールがようふくにつきました。わたしは，ひょいとみたら，よごれてなかったので，ほっとしました。

そして　りんがなりました。みんななかにはいっていきました。

そして　１じかんめは，さんすうのべんきょうをしていても，子ども会のことがしんぱいで，べんきょうもできませんでした。

そして　いよいよ子ども会に行くことになりました。

所見

この例は，４年生のうちでは最も多い乱用の例であって，他に７人同様

の傾向が見られる。「それから」の例(イ)と同じく，他の接続詞はほとんど使用されず，「そして………しました。」のら列で，低学年の傾向を延長していると考えられる。大部分は「そして」を省略したほうが，すっきりする文である。

(ロ)　わたしたちのろうかに，きれいなたなばたをつくりました。

そして，朝学校へいくと，ろうかのところに，ずらりと，たなばたがかざってあるところをみると，さくらがならんでいるような気がしました。

所見

ここで使われている「そして」には時間的な飛躍がありすぎて不適当である。そしての部分を詳しく書かせるか，あるいは，そしてを省き「翌朝学校に行って」とするとはっきりすることをわからせるか，どちらがよいかを考えて指導すべきである。

(ハ)　みんながおんがくしつにいくので，ぼくもいきました。

そして４，５，６年のばんでした。ぼくらのまえは５年生の子でした。

所見

これは説明不足で，わかりにくい文である。「そして，いってみたら，４，５，６年のばんでした。」と書きたかったのではなかろうか。説明不足を補う以外に，接続詞だけの問題として扱うならば，「そして」のかわりに「そうしたら」を使っていたら，まだわかりやすかったのではないかと思われる。

(ニ)　おばあちゃんが，６時ごろ　わたしと　あき子をおこしてくれました。そして　あき子とわたしは　また　ねころんでしまいました。

所見

この例では「そして」のかわりに「けれど」「だが」などの逆接の語を用いるべきである。作者は，事がらを書きつづっていく時に，無意識に「そして」ということばが出てくる習慣を，完全に脱し去ってないように見受けられる。

ハ　「そしたら・そうしたら」

(イ)　先生が竹にかざるものをくれました。そしたらみんなはすぐ，竹のあるところに，かけていきました。

そしたら　すぐ竹にかざりはじめました。

そしたら　すぐわいわいとさわぎはじめました。

所見

「そしたら………しました。」のら列の例である。「そしたら」を全部不要とも言えぬし，全部必要とも言えない。一番目の「そしたら」を「そこで」に，二番目の「そしたら」を「そして」に，三番目の「そしたら」はこの部分を詳しく書くように指導するのがよいのではないかと思う。

(ロ)　「さあはじめよう。」といったので，トランプをくばると，わたくしには，いいのがちっともこないので，つまらなくなりました。

そうしたら　さいごにきたのは　7のダイヤでした。

所見

この場合作者は，初めに配られたカードは　いいのがなくてつまらなかったのだが，最後にいいカードが回ってきたので，うれしいという気持であったと思う。その気持を適切に表現するには，やはり「そっしたら」よりは，「ところが」「だが」などの逆接の語を用いるべきであったろう。同様の例が他に一つある。

ニ　「それで」

(イ)　つづいて，うぐいすひめのかみしばいがはじまりました。おじいさん

とおばあさんが竹をきっているのです。

それで　2，3，4，5，6，7といって　わかさまが　うぐいすひめをおよめにもらいたいというと，おじいさんと　おばあさんが　およめにもらってくださいといいました。

それで，8，9，10，11，12といって，コンドルマンとうぐいすひめはおわりました。

所見

この例では「それで」を2度使っているが，この作者は，他に「つぎに」や「そして」の語を，それぞれ1度ずつ使っている。その点から考えると，ここではある程度意識して「それで」を使っていることになる。だが使用の意味があいまいで，原因を表わすどころか，単に，前の文に後の文を加えているにすぎない。つまり，「うぐいすひめ」の紙しばいの最初の場面は，おじいさんとおばあさんが竹を切っているところである。第2，第3，第4，第5，第6，第7，の場面と進んでいくと…………という意味であるから，「それで」を使うのはここでは不適切である。「そして」「そのつぎに」のように軽い接続を持った語のほうがよいように思われる。省略したほうがよいということも考えられる。

例文のあとの部分に使われた「それで」についても同じことが言える。

(ロ)　4年3組は，はじめのことばをいいました。

それで，おじぎをするときに，マイクにあたまをぶっつけました。

所見

これも前例と同じく「それで」を使うのは不適切である。

この作者は遅進児で，遅進児でなくとも話しことばにはよく使われる「それでね　………したの。」の形を残していると思われる。

同様の例が他に一つある。

ホ　「でも」

(イ)　3組のきがくは，すごくうまかった。ぼくはかんしんした。でもすこししかやらないので，つまんなかった。でも3組のきがくは，ほんとうにうまかった。でもぼくらの組のかみしばいのほうが，ずうっとうまかった。

所見

この作者は，他の接続詞を一つも使用しないので，この例文だけに，3回も同じ接続詞「でも」を用いている。一語一語「でも」について検討すると，それぞれの語に逆接の意味が含まれていて，決して誤りであるとは言い切れない。だが，通して読んでみた感じは，やはりすっきりしない。この例文を，すっきりした文にするならば，「3組のきがくは，すごくうまかった。ぼくはかんしんした。でも，すこししかやらないのでつまらなかったし，ぼくらの組の紙しばいのほうがずうっとうまかった。」のように，中間を省略して，反転曲折する部分を取り除くとよいと思う。「でも」の使用を少なくする方法としては，叙述の方法を変えることを指導するのもよいと思う。

(ロ)　「とてもよくできましたね。」とけまない先生がいいました。でもコンドルマンはよくできたけれども，うぐいすひめのかみしばいをやったら，ただのさんや池田さんは，おしろがへんだと大わらいしました。

所見

この文には，接続詞の「でも」と逆接の接続助詞「けれども」が重複して使用されている。この重複が目だつのは後半の文が説明不足だからである。もっとはっきりわかるように叙述させた上で，つなぎのことばについても考えさせる必要があろう。

(2)　接続助詞について

イ　「ので」

(イ)　それじゃあながそうかといったので，じろうちゃんはながそうよといったので，ぼくはながしたら，じろうちゃんがかえろうよといったのでだみで（意味不明）いいよといったので，もうすこしあそぼうよといったのであそんだ。

所見

この作者は，遅進児であるから別の面からの考察が必要だが，この文は終始一貫「………といったので」の連続である。省略部分に2回，この例文に1回「たら」を用いて，「………にいったので，………したら，……といったので，………した。」の型式になっている。したがって，文が長くなると同時に，文意が複雑になって，わかりにくい文になる。省略部分にも長い文が一つある。

(ロ)　ばんぐみが，つぎつぎとおわり，わたしたちのばんがせまったので先生が「ろうかに出て，よういしなさい。」とおっしゃったのでわたしたちは，すぐろうかに出ました。

所見

この例では，「ので」を一つの文中に2度使っている。一語一語を考えるときは，どちらも誤った使用をしていないが文をながくつなぎすぎたために，わかりにくい。どちらかの「ので」のあるところを切ったらよいように思われる。接続助詞ではこのような例が，いちばん多く数例ある。

(ハ)　やがて，がくげいかいがはじまりました。2組は三ばんなので，一ばんがはじまりました。

所見

この例で使用された「ので」に，理由を表わす意味が含まれているとすれば，説明が不足していて，飛躍がありすぎるようである。おそらくこの作者は，「２組は三番目なのでまだです。一番目がはじまりました。」のつもりで書いたのではなかろうか。もし，そうでなかったならば，「２組は三番目です」。と一度結んで，「一番目がはじまりました。」として，「ので」を省略したほうがよいことになる。

(ニ)　４年１組はぶようなのでとってもきれいなぶようです。

所見

この例は，前例とよく似ているが，「ので」の使用目的が判じかねる点が，異なっている。

「４年１組はぶようで，とってもきれいなぶようです。」

のように，軽い意味をもった語のほうが適当であろう。

(ホ)　あそびおわると，すぐに，「こども会を開きます。」といったので，１年生が二かいをとおったので，うるさいとおもいました。

所見

この例にある，「といったので」の「ので」は，それに応ずる語句がどこにも見当らない。つまり「ので」の使用が不適当である。「といったとき」とすれば，意味が通った文になる。

ロ　「て」

(イ)　テープをささにぶらさげて　きれいにかざって，あとはみんなまるいわとかいろいろかざって，男の人たちは，テープが大きいので，すこしとって，女の人は男の人にまけないように，星や月やひょうたんなどをかざりました。

所見

「………して，………して，」の連続の例である。このような極端な文

は珍しいが，２回連続した例は非常に多い。

この文の２番目と３番目の「て」のところで切ってみると，意味もわかりやすくなるし，形もよくなる。

(ロ)　それから６年１組の人が，ひとりで歌をうたって，その歌は，「歌をわすれたカナリヤ」をうたったので，みんなははくしゅをしました。

所見

これでは，「て」の接続のはたらきが認められない。したがって，「て」を用いて文を続けずに，「………が，ひとりで歌をうたった。その歌は………。」というように，切ってしまったほうがよい。

(ハ)　金曜日のよる，たんざくをつくって，すこしぐらいしかできなくなったので，ねてしまいました。

土曜日のあさおきてたんざくをすこしつくりました。

所見

この例の「つくって」は，「つくったが」にしたほうが，「すこしぐらいしかできなくなった」によく適合する。

ハ　「と」

(イ)　安江くんが，ひろってつけていました。つけていると，高岡くんがとっていったりしていると，ふじわらくんが，おこってしまいました。

所見

この例には，「……していると」が２度使われている。あとのほうの「と」は原因を表わすことば「ので」に変えるとよい。それは，ふじわらくんがおこったのは，安江くんがひろってつけたものを，高田くんがはずしてとっていったからである。

(ロ)　朝学校へいくと，ろうかのところに　ずらりと　たなばたがかざってあるところを見ると，さくらがならんでいるような気がしました。

所見

一見すると「と」の乱用と考え，初めの「いくと」を「いって」にしたらよいと思われる。だが，作者はどう思っていたかというと，

「朝学校へ行ったら，廊下に，たなばたのかざりが，まるでさくらがならんでいるように，きれいにかざってあるのが目についた。」

ということではなかろうか。それならば，「朝学校へ行くと………がかざってありました。それを見ると，さくらが………。」のように，前後の「と」をともに生かして使うために，文の途中で切ればよいことになる。

ニ　「が」

(イ)　とってもよくできましたが，ひとつだけしっぱいをしましたが，あとみんなよくできました。

所見

この例では，「が」が２度使われているために，言い表わそうとしていることを読み取るのに苦労する。この文を「が」をさかいにして，前中後の３部に区分すると，前と中，あるいは，中とあとの部分だけでよいことになる。作者は前の部分を書いたあと，中の部分に続けて，前の部分を忘れてしまって，前の部分と同じようなあとの部分を重複したのではないかと思われる。

もう一つは，作者が，よくできたことを強く言いたかったのではないかということである。それならば，前の部分，「とってもよくできました。」で文を切って，そのあとに，中の部分とあとの部分を組み合わせた，くり返しの文をもってくればよかったと思われる。

(ロ)　わたしたちは，いちじかん，にじかんめのべんきょうをしましたが，にじかんめといっても，はんぶんだけべんきょうをしました。

所見

あとの部分との関係，「べんきょうをしましたが，………べんきょうをしました。」でも決してまちがいではない，とも考えられる。しかし欲を言えば，

「わたしたちは，いちじかんめとにじかんめのべんきょうをしましたが，にじかんめといっても，はんぶんだけしかしませんでした。」

のように，あとの部分で，くり返して「べんきょうをしました。」ということをさけたい。つまり重複したことばを削ったらよいと思う。

ホ　「たり」　「し」

(イ)　げきをやったり，おどりもやったし，とてもおもしろかった。

所見

この例は「たり」で統一すれば，

「げきをやったり，おどりをやったりしてとてもおもしろかった。」

となるし，「し」で統一すれば，

「げきもやったし，おどりもやったし，とてもおもしろかった。」

となる。「たり」と「し」の用い方をしっかり指導しておく必要がある。

ヘ　２種類以上の接続助詞を用いて，一つの文を非常に長くしている例

(イ)　わたくしたちは，たなばたまつりをつくるとき，１，２はんと，３，４はんに，二組にわかれて，たなばたをつくりましたが，そのときといったら，たいていの男の子は，せきをはなれて，ささがおいてあるところへいっていましたが，そのとき，小川さんがきて，ささをあげたのでそこにあつまっていた男の子たちが，したにおちていた，たなばたにかざるものをひろって，わいわいと，大きな声を上げて，さわいでいましたが，そのうちに，１，２はんと３，４はんが，たなばたにかざるものを，とりっこしてしまいました。

所見

この例は，「て」「が」「ので」の接続助詞を用いて，非常に長い文になっている。１度読み通しただけでは，内容がわからない。文を読んでいくと，最初にわかりにくくなるのは,「が」の２番目のところである。

つまりそれは，「二組にわかれてたなばたをつくりましたが，そのときといったら，……いっていましたが，そのとき……」という文の構成がまずいと考えられる。その先にも，もう１度,「さわいでいましたが，そのうちに………」というところがある。

けっきょく，この文は，「が」の乱用によって混乱したのが，わかりにくいことの第一の原因である。

次に作者の意図は，二組に分かれて，たなばたのかざりものをつくった時の，男の子の大さわぎの様子を書きたかったのだが，その表現方法がまずかった。つまり，

「二組にわかれて，たなばたをつくりましたが，そのときの男の子のさわぎは，たいへんでした。」

で，初めにまとめておいて，そのあとに，さわぎの様子を順々に，詳細に述べればよかったのである。

いずれにしても，あまり長い文はわかりにくくなるので，短かくくぎるよりほかに方法はない。この文では，「が」のあるところで，「が」を省いて，全部くぎってしまうと，大部よくなる。それ以上は，説明を補足したり，他のことばを選んだりしなければならないだろう。

(ロ)　そのまえの時間，６年生がつくっているのを，だれかが見つけて，みんな，６年生がつくっている所へ行って，おちているのをぼくたちのささにつけていたのですが，６年生がおこってくる<u>ので</u>，みんなきょうしつへにげてくる<u>ので</u>，ぶつかってしまいました。

所見

前の例は，「が」だけの乱用を避ければ長文にならなかったと思われるが，この例では，「が」以外の，「て」，「ので」にも影響されているので，そうはいかない。

それぞれの接続助詞のところで，あまり長くならないように，適当にくぎるようにしなければならない。

このような例は，他にも二つある。

(3)　４年生に現れた誤用例，乱用例のまとめ

イ　接続詞について

４年生に現れた誤用，乱用を，もう少し細かに区分すると，次のようになる。

(イ)　乱用

数多く使用しすぎている場合および１度あるいは２度しか使用していなくてもその接続詞が深い意味をもって用いられていない場合である。したがって省略してしまったほうがよいと思われるものである。この中には，文中にもう少し説明を補足すれば，そのまま用いてもさしつかえないものも含む。

(ロ)　誤用

他の語に置きかえないと，適切な接続にならない場合で，これには，接続のはたらきがいくぶん異なった語と置きかえればよい場合と全然はたらきが逆になる語と置きかえなければならない場合とがある。前者の例は,「そして」と用いてあるところを「そうしたら」に置きかえ,後者の例は,「そして」と用いてあるところを，「だが」「けれども」などの逆接の語と置きかえたらよいというぐあいである。

用例の数からみて，多いのは，乱用で，ともに11例ある。誤用は４例ほどである。

使用された接続詞によって考えてみると，「そして」が最も多くて，17例あり，その他の例はみな3例ほどである。

ロ　接続助詞について

接続助詞も，接続詞と同様に

(イ)　乱用（一つの文中に2度以上用いられている）

(ロ)　無意味な使用

(ハ)　誤用

のように分けられるが，無意味な使用は，乱用に含めてもよいように思われる。

数からみると，乱用が，やより多く，誤用は少ない。

接続助詞別では「ので」が最も多く，次が「て」「が」「と」などである。

4　第5学年における具体例の考察

(1)　接続詞について

イ　「が」

(イ)　かみしばいがはじまると，とてもえがうまくかけてあった。見ていると，とてもかんじがでていた。が中ごろになると，とてもいさましい。ぼくはおもわず心の中でぼくもあのように強くなりたいと思った。

所見

この具体例は，「が」によって二つの文を結んでいるが，前後の文が飛躍しすぎて，何のために接続詞を使用しているかわからぬ例である。

(ロ)　7月7日に，たなばたの会をしました。ぼくはでませんでした。が4年生や5年生も6年生もたいへんじょうずにできました。

所見

この具体例は前の文とあとの文とのつながりがほとんどなく，漫然と使用している例である。「が」がなくても前後の文が独立しているし，説明不足のために文の内容がさっぱりわからない例でもある。

(ハ)　一ばんはじめは，いっしょうけんめいでした。が　けれどもまんなかへんにいったら，わらいながらやったり，べろをだしたりして，おどっていました。

所見

「が」「けれども」を重複して用いた例である。

(ニ)　おどりが終ったら，またおどりでつまらなくなった。がつぎはかみしばいと聞いて「いいな」と思っていた時「コンドルマン」というかみしばいがはじまって，それが終ると，「うぐいす姫」がはじまった。がまた5年2組の4ばんのおどりが，はじまった時ちょうちょがでてきてとんでいた時，はねがとれて．おもしろくてわらってしまった。がきれいなおどりだった。

所見

これは「が」を乱用した例である。

(ホ)　ぼくらの学校では，たなばた様をちなんで，子供会をしました。かみしばいやおどりも，おもしろかった。がおどりのみかんの花さく丘というだいが，ちょうちょの羽が取れそうになったのは，残念でしたが，だいたいよかった。

(ヘ)　その子供会には，ぼくたちの組が，二曲うたいました。がそれからかみしばいをやりました。

所見

具体例(ホ)(ヘ)はともに「が」の不要の例であると考えられる。前後の文から考察してみると，二つの文をつなぐ意味で，接続詞を使用しているが，ほとんど関係がなく，ただ漫然と使用しているように考えられる。

(ト) わたしはもしかしたら，4年生のほうがじょうずかもしれないと思いました。がとうとうわたくしたちのばんが来ました。

所見

この具体例も「が」のかわりに，「そのうちに」という言い方をしたほうが意味が通じるように思う。

(チ) わたくしはうちへかえって，おかあさんに「たなばたまつりをやって」とゆうと「たけをおくところがないからだめです」といった。が学校でたなばたまつりをやったので，よかったとおもった。

所見

この具体例は「が」を使用して接続した例であるが，二つの文が飛躍しているのを接続させたものと考える。

ロ 「それから」

(イ) ぼくは一とうまえで，とてもとてもはづかしいと思いました。それからかみしばいを見たり，ゆうぎとかいろいろなものを見ました。それからかえる時にあつくなってきました。

所見

これは「それから」の乱用の例である。前後の文をただ無意味につないだだけで，何の意味もない例である。文章の内容は自分がいちばん前ではずかしかった。次にいろいろなものを見たことが書いてあり，その次に自分があつくなったのはへやの中にいるせいであるという意味のことが書かれてあるので，ほとんど前の文と無関係な所に「それから」が使われている例である。

ハ 「そうして」

(イ) けんちゃんは，「あした，あさって川にながしにいこうな」と言いま

した。そうしてたなばたまつりがきました。ぼくは朝はやくおきました。

所見

前の文とあとの文の間に説明が不足しているために「そうして」の意味がはっきりしなくなっている。それはたなばたまつりが終ったら，たなばたを川に流しにいこうなと友だちと相談した。

次にいきなりたなばたまつりがきたと書いてあるので，そうしての意味が，不明になっている。

ニ 「そして」

(イ) かみしばいがおわると，先生が「あれは，4年生が自分たちでつくったのです」といったので，じょうずねと思いました。そして5年生ががやがやしたので，先生におこられました。

所見

文と文をつなぐのに，もっと詳しく説明しなければならないのに，「そして」を使って安易に文をつないだ例である。

(ロ) 1年生から6年生まで，たなばたまつりをやりました。そしてそのよくじつ学校にきてみれば，みんなきれいにかざられていました。

(ハ) そして学校にきて，子どもかいに，ぼくらはうたをうたいました。そして家にかえって朝やったつづきをして，きれいにかざりました。そしてよるになったら，空をみれば星がちっともみえませんでした。

(ニ) 1時間目がはじまりました。そしてたなばたをかざって，ろうかに立てられました。そしてたなばた子ども会を見にいきました。

所見

無意味な「そして」の使用例である。

ホ 「それで」

(イ) 6年生もやりました。それでわたしがぶたいにあがったのは，まえか

ら２ばんめでした。それでぶたいのあるきょうしつと，かいじょうの２きょうしつの，たなばたさまは，とてもきれいでした。

所見

文と文の間にもう少し説明がなければならない。その説明をせずに「それで」で文をつないだために意味がはっきりしなくなった例である。

ヘ　「そしたら」

(イ)　７月７日たなばたまつりで，朝はやく学校にきてみたら，きのうのままだった。そしたらみんながきたので，ぼくはみんなとたなばたをみました。そしたらだれかが，たなばたのやつをおとしたので，ぼくはそれをつけてやった。そしたら先生が子ども会にいくのですよといったので，みんなはいきました。

所見

乱用例はいずれも，時間的の経過や文と文をつなぐために，すべてそして………。そして………。また，そしたら………。そしたら………。というふうに，そしてやそしたらをむやみに使ってそれで解決しようとする傾向がある。このように「そして」や「そしたら」を使って説明不足のままに文をつないでいく傾向は中学年の児童の特徴が抜けずにいるためと考えることができる。

ト　「けれども」

(イ)　みんなは，おかしくてわらってしまった。けれどもみんないっしょうけんめいにやったので，ぶじに終った。
けれどもぼくはおどりとか，歌ばかりなので，あまりおもしろくなかった。

所見

「けれども」は誤用とは言えないが，安易に使いすぎている。

チ　「だけど」

(イ)　そしてへいかいのことばをしておわった。だけどわたしはみんなじょうずだと思った。

所見

閉会のことばが終った。今までの劇やその他のいろいろの催しものはとてもじょうずだったという意味で，説明不足の例である。

リ　「しかし」

(イ)　おわった人が前をとおるので，ちらちらしてあまり見えなかった。しかしその時もすこしうるさかった。

所見

前後の文のつながりがはっきりしない。この場合にどうして「しかし」を用いたのかその原因をつきとめてみる必要があろう。

(2)　接続助詞について

イ　「ので」

(イ)　ゆうがたごはんをたべてから，うちのみさをねいちゃんが，そろばんじゅくへいった。ので，おかあさんとわたしはかってきたのをつけたりしていると，おにいさんがきて，つるをつくってくれましたので，つくってくれたのをはったり，おかあさんはすきとおっている紙で，おはなをつくってくれました。

(ロ)　ぼくは一番前でらくに見えた。がぼくの前は少し間があったので，みんなぼくの前を通っていったので，あまりおもしろくなかった。

所見

(イ)の女の児童の場合は「ので」を用いて，長い文になっている。文章全体から考えてみると，前のほうの「ので」は不要と考えられる。

それらはむしろそこで文を切ってしまったほうが，わかりやすい文になるように考えられる。次の「ので」は文章の全体からみて必要のように思われる。それは自分と母がたなばたをつくっている所へ兄がきて，つるを作ってくれたので，それをつけたという意味であるので，関連があると考えられる。

次の(ロ)の男の児童の文章も同様で，前の「ので」は不要であると考えられる。あるいは，他のことばに置きかえたほうが，よい例である。まとめてみると，

(イ)の文例は，接続助詞でつなぎすぎる例であるので，切る指導が必要なように思われる。

(ロ)は文章を切ると，普通の文になる例である。

ロ　「ので」「たら」

パンをたべながら，見ていたら，つまんなくなったので，かえったら，田熊さんの家で，たなばたをかざってありました。

所見

接続助詞「ので」と「たら」で文を長くつないだ例である。特殊な事例であるが，こういう例もときどきみられる。

ハ　「から」「たら」

わたしは　かえってから　いそいでかえってきて，かざりをつけようとしたら，おかあさんが「あめがふっているから，たんざくさきにかいちゃいな」といいました。

所見

文をつなぐ場合の接続助詞の重複の例である。こういう場合には，別な接続助詞を使うか，または「かえってから」を切るか，どちらかが必要である。

(8)　5年生全体の傾向

「まとめ」

イ　接続助詞の誤りは非常に少ない。

ロ　接続詞では「が」「そして」の誤りが多く見られる。

ハ　誤用例をまとめてみると，

(イ)　漫然と使用している。すなわち文の具体例に見られるように，接続詞そのものの性格を考えずに，ただつなげばよいというようにして使っている。それで文全体がおかしいものになってしまうおそれがある。

(ロ)　飛躍した二つの文を接続詞でつないでいる。すなわち前後の文が別々な意味をもって直接につながらないのにそれを接続詞でつないでいるので，意味の判断に苦しむ文になる。

(ハ)　接続詞よりも接続助詞で続けたほうがよいと考えられるものがある。

(ニ)　無意味な使用をしている。これは「そして」に多い例で，まだ3，4年のくせが直っていないものと考えられる。

ニ　不要例をまとめてみると

(イ)　前後の文が飛躍しすぎるため不要である。「が」に多い例である。これは「が」の使い方を知らないためではなかろうかと考える。

(ロ)　文章面から見て重複の必要がないのに接続詞を使用している。

(ハ)　前後の文の説明不足によって，接続詞を使用しても意味がないのに使用している例である。

(ニ)　接続詞を用いなくとも，意味のわかる例である。これは文に別に接続詞がなくともわかるのに使用している。

ホ　乱用例をまとめてみると

(イ)　無意味な使用をしているのは「そして」「それから」「ので」がいち

ばん多い。時間的な経過を表わすのに，用いている例が多い。

ヘ　ハ，ニ，ホ以外に，別な接続詞に書きかえたほうが文章がよいものになる例がある。

5　第6学年における具体例の考察

(1)　接続詞について

イ　「そして」

(イ)　そして学芸会を終りました。

そして教室につくえやいすをいれました。

そしてぼくは教室とうばんでした。

そしてぼくたちは終ってかいりました。

所見

「そして」を，次の考えを引き出す「えー」「あのう」の程度に使っている。

つまり，接続詞としての「そして」の意識化がじゅうぶんに行われていないと思われる。

時間の経過の順に文を組み立てている文章には，できるだけ接続詞の使用を避けるのが原則である。その指導にあたっては，「そして」を全部とり，「学芸会を終りました」と「教室につくえやいすをいれました」の二つの文を続けて，「学芸会を終って，教室につくえやいすをいれました」と接続助詞の正しい使用の方向へ指導の目を向けていくべきであろう。

同じ傾向の例として

(ロ)　中村くんはおこって，ぼくらをみていった。そして，いそのくんがまたきた。そして，のろせくんがいそのくんのおけつをたけのぼうでぶちました。そして，のろせくんはわらっていった。

(ハ)……よごれていましたので，みんなではいてからならびました。

そしてはじまると5年1組からやりだしました。

だんだんすぎて，こんどはわたしたちのばんがきたらきゅうにむねがどきどきしました。

そして，いちばんはじめに，中川の歌と星の世界とカッコウを歌って終りました。

(ニ)　ぼくは学芸会をみました。

そして，6年2組のうたがはじまりました。

(ホ)　閉会のことばは6年の小林さんがいいました。

そして，わたしたちは終って帰りました。

(ヘ)　そのときだれかが大きいまるいかざりをもってきたので上の方につけた。そして，すこしたったら，先生がもうげんかんにかざれといった。

ロ　「すると」

(イ)　大町君がおりがみでおったり，かいたりしました。すると，だいたいできあがりそうになると，だいたいの人はあそびにいってしまいました。

所見

この場合の「すると」の働きを考えてみると，大町君が仕事をしている。その「おりがみ」が「だいたいできあがりそうになる」のか，おりがみや短ざくを飾ったささが「できあがりそうになる」のか，はっきりしていない。

ハ　「または」

(イ)　わたくしはそれらのことで頭がいっぱいだ。7月7日にけんぎゅうとおり姫が，あうのが，ほんとうにか，また，それが，むかしのおとぎ話で，うそなのかどっちであろう。

所見

この「また」は，「または」の意味で使われている例で，一読，誤りと気がつかない場合もある。

正しく，意図どおりの表現に直してみると，

わたくしは，それらのことで頭がいっぱいだ。7月7日にけんぎゅうとおり姫が，（天の川で）あうのはほんとうだろうか。または，それが，むかしのおとぎ話で，うそなのかどっちであろう。注（　）の中は，という意味で書いたものと思われるものを補足したもの。

(2)　接続助詞について

イ　「が」

(イ)　5年生のおどりは自分たちでつくったおどりだからよいと思ったが，そこのところからきゅうにすずらんの花がさいたところはおもしろかったがよくできていると思った。

所見

はじめの「が」は，「5年生のおどりは自分たちで創作したものだからよいと思った」という文と，「そこのところからきゅうにすずらんの花がさいたところはおもしろかった」という文を接続している。あとの文の「そこのところから」とある「そこ」が何をさしているのかがはっきりしない。つまり前の文とあとの文との間に飛躍があるので，作者の意図が読み取れない。

あとの方の「が」は，「し」に変えてみると，作者の意図が，はっきりするようだ。または，「が」を取り去って文をくぎってもよいだろう。

同じような例として

(ロ)　さいしょは1年，2年，3年生がやることになり，ぼくたちはその間

べんきょうしていたが，かきゅうせいの元気な声が教室にひびいてきた。みんなたのしそうに，たなばた祭をしていることがよくわかった。

(ハ)　わたくしは，おんがくぶでうたいましたが，自分が下でしたのでしたをうたってしまいました。

(ニ)　ぼくは二ばんめでよかったが，前には三浦君で後ろには大熊君がいた。

所見

この「が」の意味ははっきりしない。「が」のこうした，あいまいな使い方は書き手の意識がはっきり整理されていないことから起る場合が多い。「が」があるとかえって意味がとりにくくなる例である。

ロ　「から」

(イ)　ぼくはよりたに「なにが，おもしろいの」と，きいてみたら，おしえてくれないから(1)，ぼくも，しゃくにさわったから(2)，さとうくんと「ぼくらもやろう」と，…………

所見

文章をまとめると，「ぼくがよりたになにがおもしろいのときいたが，教えてくれないので，しゃくにさわって，ぼくらもやろうと…………」という意味である。

そこで，(1)と(2)の「から」を考えてみると，この二つの「から」のために文意が不明確になっていることに気がつく。つまり，どちらかを取り去るか，または，他の接続助詞に置きかえるかするとわかりやすくなる。

また，「たら」の使い方も不適当で，文脈に従えば，逆接の接続助詞がこなければならないところである。

以上のことを考えて，文を整理すれば，

ぼくはよりたに「なにがおもしろいの」と，きいてみたけれども，おしえ

てくれなかった。それで，ぼくもしゃくにさわったからさとうくんと「ぼくらもやろう」と，………

同じような例として，

(ロ) 今日は7月6日。

わたしは，あしたはたなばたまつりです。

学校へいくと先生は，たなばたをかざりますから，よういしてきましたかといった。

ハ 「ので」

(イ) わあー「おっかいちゃったぞ。」と，みんなはさわいだ。小林君たちのはんの人たちが，かざりをつけていたので，はんの人は，「前からおっかけていた」とえばっていた。

所見

「小林君たちのはんの人たちが，かざりをつけていた」のと，「はんの人は，えばっていた」のとは，どんな関係にあるかを考えてみると，前の文とのつながりが明りょうでないのでこれだけでは，はっきりしない。そこで，最初から読みなおしてみると，「おっかいた」のは小林君のはんの人たちで，その人たちは「前からおっかけていた」といばっていた。というのだから，「ので」は，逆接の意味でなければならない。しかし，「ので」の使用法に逆接の場合は使われないから，他の逆接の意味を持った接続助詞に変えるべきだ。同じような例として，

(ロ) それは，だれかがぼくたちのささにつけるかざりを取っていったのでぼくたちはしゃくにさわったので，取りかえしにいった。

(ハ) ただ，ビニールを竹にかざっているので，おもしろくなかったので，ビニールを竹から大部分とってしまった。

(ニ) テープがたくさんあったので，ほとんどの人はかざりばかりつけて，

あまり字は書かなかったのでわたくしたちはたくさんかいた。

ニ 「て」

(イ) かざりの短ざくや折紙を，かばんにいれて，家の人たちがよろこぶ顔が目の前にみえるようだ。

所見

この文の場合，接続助詞「て」で結ぶのは不自然である。作者の意図がどこにあるかによって考えなければならないが，作者が無意識に，だらだらと文を長くつないだのなら

かざりの短ざくや折紙を，かばんにいれた。家の人たちがよろこぶ顔が目の前にみえるようだ。

とすれば意味がはっきりすることを指導すべきであろう。

同じような例として，

(ロ) かざりがほとんどささについたりして，きれいになった。

ホ 接続助詞の使いすぎによる文意のとりにくい例

(イ) ……もらって来たのでやろうとしたら，有賀さんたちが大きい紙を二まいもって来たので，「わたくしたちももらって来よう」と言ったら，有賀さんが「あなたたちはそのナイロンがあるからいいのよ。わたくしたちはないからもらって来たのよ」といったので，「じゃ，このナイロンあげるから，その紙1まいちょうだい」と言ったら，有賀さんが，「林さん，あげてもいい」と言ったら，林さんが，「うん，いいわよ」と言ったので，取りかえました。

同じような例として

(ロ) ……うちへかえってからいもうとたちがたなばた祭をしようといったので，ナイロンやおり紙をつくっていたら，おかあさんがおつかいからかえってきて，たくさんのたんざくやおりがみやおかしをかってきてくれましたので，つくっているとそこへいとこのぼくと同じ6年生のかずおちゃんがあ

そびにきて，いっしょにおかしをたべながらおりがみやたんさくで，いろいろおもしろいものをつくりました。

(ハ)　……そのうちに先生がきて，「もうやめてください」といいましたので，やめてからかえるしたくをしてから，ろうかにならんで会場にいってみますと，ものすごくよごれていましたので，はいてからならびました。

(ニ)　わたくしも音楽クラブなので，でましたがたなばた祭の前，課外まで休んで練習したので，じょうずに歌わなければならないと思ったので，わたくしは力いっぱい歌いました。

初等教育研究資料第XX
国語実験学校の研究報告
(3)

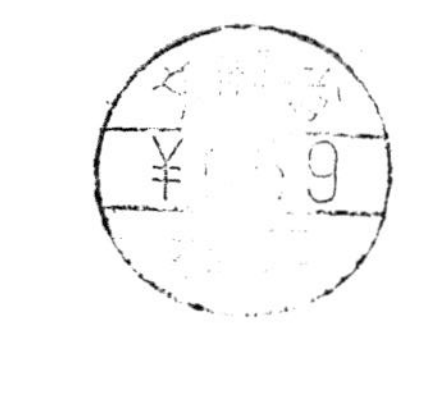

MEJ　2764

昭和33年9月発行　　定価 59円

著作権所有　文部省

東京都中央区入船町3～3
発行者　藤原政雄
印刷所　松沢印刷株式会社

東京都中央区入船町3～3
発行所　明治図書出版株式会社
電話(55) 0633 0867 4351 4970 振替東京151318

明治図書出版株式会社

定価５９円

初等教育研究資料 XXI集

色彩学習の範囲と系統の研究

——図画工作実験学校の研究報告(1)——

文部省

初等教育研究資料 XXI集

色彩学習の範囲と系統の研究

——図画工作実験学校の研究報告(1)——

1958

文部省

ま　え　が　き

この図画工作実験学校の研究報告は，文部省初等教育実験学校として，東京教育大学付属小学校で研究した結果を報告したものである。この研究は，昭和 30 年および昭和 31 年度の2か年間における研究の成果をまとめたものである。

この研究の主題は，図画工作科における色彩学習の上にたいへん重要な問題であるにもかかわらず，今日においてもまだ未開拓という状態である。色彩学習の問題は，一方において理解に関する内容があると同時に，他方感覚の修練による内容もある。これらはもちろんはなればなれのものではないにしても，内容の系統をつかむということについては，指導の立場からこれを究明しておかなければならない。ことに感覚的な面の発達過程については，これを調査する手段がむずかしく，よい結果をつかむことが困難である。しかしいくらかでも一歩前進する意味でこの研究に着手したのであるから，この報告を手がかりとして，さらに各地の学校でこの問題を取り上げ，これに積み重ねるという意味において研究する場合の資料として，御利用いただければ幸である。

この研究を進めるにあたって，いろいろ困難があったが，それを克服して研究をここまでまとめてくださった，東京教育大学付属小学校の関係職員各位の努力はもちろん，お忙しい中を，この実験研究に御協力くださったかたがたに対しても厚く感謝と敬意を表したい。

昭和 33 年 3 月

文部事務官　渡　辺　鶴　松

目　次

小学校において色彩学習の範囲と系統をどのようにすればよいか

東京教育大学付属小学校
図画工作教育研究部

1. 研究の概略

わたくしどもは，特に色彩学習における系統と範図についてその研究を前から行っていたのではないので，この題目を示されたときは，まずどのような実験や調査によって進めていったらよいかということでかなり苦しんだのである。

図画工作科の学習では，法則や原理を獲得することによって，いずれの場合にも論理的に転移した活動ができるものというよりは，むしろ身体を通して具体的な物との間に，感情や感覚的な表現活動および合理的なくふう創作の活動が積まれることに学習の姿があると考えられる。

「小学校における色彩学習の範囲と系統について」もこのような姿の中で位置づけを考えるとすれば，色彩理論を教授するというたてまえからは，図画工作教育の本来の姿と一致するような範囲や系統を編成することが困難である。またできたとしてもそれは望ましいもの，ふさわしいものとして受け入れることはできないと思われる。もしそれをあえてしようとすれば，教科の本来の行き方と異なった方向に傾き，むしろ科学の学習としての性格になってきて，ねらいが図画工作教育以外のところに置かれてよいものであると考えられる。

造形的な活動を主体として展開される学習の中では，もちろん科学的な追

求の基盤が一方になければならないが，それだけが全部のものであるとは言えない。

色彩学習のもっていき方を感覚的なもの，科学的な理解を軸とするものというように分けて考えることもできるが，この研究では図画工作という見方で扱うことを期待しているのであるから，この点の究明をある程度はっきりしながら進めなければならない悩みがある。

そこで最初の段階では，図画工作科の教育をどう考えるか，どのような領域を選ぶかについて，どちらかと言えば教科の性格や内容の論議を重ねることから出発し，色彩学習がどのような方向にいけばよいかの目安を考えることにしたのである。

そしてまた昭和 26 年度刊行の文部省学習指導要領図画工作科編における色彩学習の姿が，そのままでよいかどうかの検討が加味される方向で，結果を見いだそうとしたのである。

現行の学習指導要領では，色彩学習が図画工作科の全領域にわたって感覚的に取り扱われるようになっているが，実際の傾向として，科学的理論的に扱われるところが多く，教授形式になされている。指導の方法についても，内容を選択する場合にも，これらの傾向を是正しなければならない問題がある。

以上のような趣旨に基いて研究を推進しようとしたのである。

2. 研究の方向

研究は一か年で終了するものでなく，引き続いて継続することの了解を得たので，一応二か年の研究として始めたのである。

第一次の研究目標として話し合った結果は，

(1) 小学校の色彩学習は，理論的，科学的な面だけに分離して扱われないで，図画工作科の学習全般に，どのような姿で扱われればよいか。

(2) 色彩学習の系統と範囲は，児童の発育段階と，どのような関連をもって構成されたらよいか。

の二つである。これは小学校の色彩学習の範囲と系統を形造っていくものであると考えたのである。

調査研究を進めていく場合も，この二つの観点から実際計画をもつように努力した。しかし，この観点は図画工作科の内容や領域の問題と密接な関係において，成りたつものであるから，一方において，図画工作科の本質的な論拠を求めながら，調整して進めなければならなかった。

3. 調査研究の実際

本研究を進めていくために，具体的な調査や論議を必要としたのであるが初めに考えられたものは次の9項目である。

(イ) 色について，こどもたちは，どのような関心を示し，どのような傾向をもつものであるか。

(ロ) 理論的な理解事項を学習することによって，能力はどのような姿で現れるものか。

(ハ) 表現活動において，色彩をどのように扱っていくか。

(ニ) 色彩と感情との関係は，小学校のこどもでは，どのようになっているか。

(ホ) 描画材料としての色彩と，標準色カードによる色彩との関係は，どのようになっているか。

(ヘ) 形によって，色の感覚がどのようになるか。

(ト) 色彩学習の姿はどのようなものがあるか。またこどもたちは，どのような姿のものに最も興味を持つだろうか。

(チ) 生活環境の中で，色彩に関する関心はどのようなものであるか。

(リ) 図画工作科の学習を進めていく場合，その中で扱われる色彩学習を展開させる方向とか，伸ばされなければならない要点はどんな所であるか。

ここに掲げた項目以外にも，いろいろの角度から研究課題を設定できると思うが，第一次の討議の対象となった項目である。

いずれもこの項目を研究の直接のテーマとして調査すべきであるが，研究部員や調査研究の分担などから，次の4項目としたのである。

（a） 配色の関心に関する傾向について　　長谷喜久一
（b） 表現における色彩の傾向について　　松本　巖
（c） 色彩感覚の発達について　　森　市松
（d） 色の名まえについての学習　　村内哲二

以上4項目について詳しい資料は別にそれぞれ後述するが，第一次の研究報告（昭和 31 年5月お茶の水女子大学講堂で発表）をした段階を示すと次のとおりである。

（a） 標準色 12 色の組合せによって，66組の配色関係の調査資料を作成し，各組ごとを全部について，第1学年から第6学年までの児童によって関心の傾向を知る調査を行った。その結果を計算やグラフによってまとめ，いくつかの傾向を知る資料を得た。資料によって得た考察は次のようなものである。

(イ) 低学年で感じがよいと判断したものが，高学年になって感じがよくないと判断するものがかなりあること。

(ロ) 著しく変化のある時期が3—4年のころにあること。

(ハ) 低学年と高学年とを比べて，あまり変化のないものがあること。

Yellow : Blue,　Blue green : Green blue,

(ニ) 変化の原因としてあげられるものは，色相というより，明度差の関係が大きいこと。

Red : Orange,　Blue green : Green blue.

(ホ) 低学年の間では，一つの組合せについて判断する傾向に共通性があるが，高学年になるに従って相反するような判断を示すようになるものが多い。しかもその組合せについては一応の説明がなされるようになっている。

（b） 絵の具やパス類などの描画材料を用いて，児童がどのような配色をするかの調査を行ったもので，調査に用いた形は，円を三等分した抽象形のものである。したがって，形からくる彩色の連想をなるべく具象形でないように注意した。どのような色の組合せを示すかについて調査したもので傾向として考察される項目は次のとおりである。

(イ) 使用度数の多いものを順に並べると Red, Blue, Yellow, が目だつこと。

(ロ) Blue は男女同数で，学年が進むにつれて，やや増加していること。

(ハ) Yellow は女子がいくらか多い。学年が進んでも増減しない。

(ニ) 暖色・中性色・寒色の使用度は，色の個有感情に基く表現傾向から見ると，明らかに男女差と学年差がある。

(ホ) 三色による配色の傾向から，これを学年別に見ると，Red, Orange のある配色は低学年に多く，Blue, Green, の配色は高学年に多いこと。

また男女別では，Red が女子に多く，男子にはGreen, Orange. の配

色が多い。

（c） 1年から6年までの児童に対し，標準色紙によって，異なる二色の組合せのもの 10 例を同時に示し，最も目だつ配色例を判別させる方法で，色彩感覚発達の傾向調査資料を求めようとした。配色例として取り上げた観点は，明度差・色相差のあるもの，ないものということである。

この調査を整理し，数的な資料から考察されたことは，

(イ) 目だつ配色による明度・色相に関する感覚は2—4年まではゆるやかな発達を示す。

(ロ) 5年になって著しく発達したこと。

(ハ) 1—2年は安定期，3—4年は漸動期，5—6年は変化ということが考えられた。

（d） 標準色 11 色の有彩色カードを示し，新入児童を重点に調査したもので，2年生以上の児童との比較研究することに重点をおいた。この調査では，標準色の色名で呼称するものの数的な資料を得ることができた。特に新入児童については，Red を「しゅ」,「ピンク」Orange を「みかんいろ」「はだいろ」,「しゅ」,「かばいろ」,「かきいろ」などの呼称の具体的資料を得た。このような具体的な呼称例を分類し，2年生以上の児童のそれと比較研究し，考察を試みた。

4. 第二次における調査研究について

前項までは第一次における調査研究として，中間報告の形で発表したものである。（昭和 31 年5月お茶の水女子大学講堂）

第二次の段階では，主として傾向調査の資料に基いてこれを整理し，いく

つかの考察を試み，本テーマの研究としてまとめることに重点をおいたのである。したがって研究の方向としては，色彩学習そのものの分析を主とする立場と，造形教育全体との関連において考察する面とが考えられるから，この二つの面から，主として研究部員相互の意見交換に基いて討議を重ねることにした。その結果，第一次に引き続いて，次のような項目で一応のまとめをしようとしたのである。

（a） 造形学習における色彩指導の位置と関連について　長 谷 喜久一
（b） 色彩学習の方法と材料の研究　松 本 　巌
（c） 配色学習の範囲と系統に関する研究　森 　市 松
（d） 色彩学習における理解教材の範囲と系統に関する研究　村 内 哲 二

この項目は，それぞれ「小学校における色彩学習の範囲と系統をどのようにすればよいか」という研究題目に向かって集約されるものである。第一次の調査研究を土台とし，第二次の研究では主として研究テーマの結論を見いだすべき方向で考察を試みる点に重点をおいたのである。

第一次の調査研究，第二次の考察に関する詳細については，以下各項目ごとに，それぞれ分担報告の形式で述べることにする。

第一次から第二次に至るまでの期間は，昭和 30 年4月から昭和 32 年3月までである。第二次の *研究報告は，昭和 32 年5月，第一次の *中間報告と同様の形式が発表を行っているものである。

---

* 文部省実験学校報告資料
小学校において色彩学習の範囲と系統はどのようにすればよいか。
昭和 30 年 4 月—昭和 31 年 5 月 No.1 昭和 31 年 5 月—昭和 32 年 5 月 No.2.

研 究 報 告

1. 配色の関心の傾向について

長 谷 喜 久 一

配色がどのようになっているか，またその組合せをながめたときに，児童はどのような関心があるかということを調査するのがこのテーマの重点である。またその関心は，低学年の児童と中・高学年の児童ではまったく同じ形のものか，あるいは違ったものになるか，もし異なるとすれば，どのような傾向で変っていくものかについて資料を得ようとするものである。

このための調査のしかたにはいろいろの方法があると考えられるが，わたくしは次のようなものを用いてみたのである。

・配色組合せのカード

標準色 12 色のそれぞれの二つの組合せのすべてを考えてみると 66 の組合せになる。

図表で図解したものがそれで，赤に対して他の 11 の色の組合せがあり，橙については，やはり 11 あるが，赤との組合せで数えるから 10 の組合せになる。

11−1=10，11−2=9，11−3=8，………………

として組合せを数えていくと赤と赤紫については 0 となる。これを全部合計すると 66 になる。

これをもとにして，組合せのカードを作成したのであるが，この関係を一覧表に直したものが図 2 である。

（図　1）

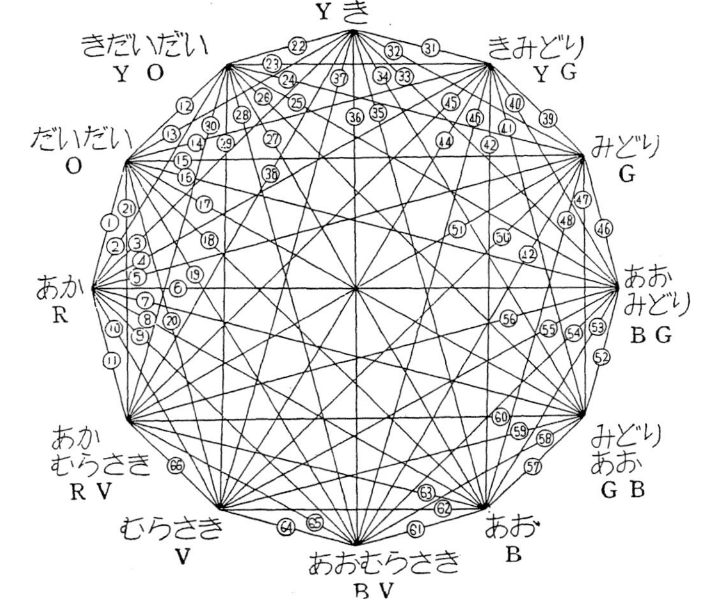

＊注

図1　の記号は次のものの略号である。

Red……………R　　Orange…………O　　Yellow Orange…YO

Yellow …………Y　　Yellow Green…YG　　Green……………G

Blue Green ……BG　　Greeu Blue ……GB　　Blue ……………B

Blue Violet ……BV　　Violet …………V　　Red Violet ……RV

図2で RO とあるのは，赤（Red）と橙（Orange）の略で，この二つの色の組合せを示すものである。それぞれの数字はカードの整理番号である。66組のカードは，それぞれ二色の組合せになっている。色紙を 15cm×20cm の大きさに切り取り，これを一覧表によって組み合わせたものを台紙に張っ

（図　2）

1	2	3	4	5	6	7	8	9	10	11
R O	R YO	R Y	R YG	R G	R BG	R GB	R B	R BV	R V	R RV
12	13	14	15	16	17	18	19	20	21	22
O YO	O Y	O YG	O G	O BG	O GB	O B	O BV	O V	O RV	YO Y
23	24	25	26	27	28	29	30	31	32	33
YO YG	YO G	YO BG	YO GB	YO B	YO BV	YO V	YO RV	Y YG	Y G	Y BG
34	35	36	37	38	39	40	41	42	43	44
Y BG	Y B	Y BV	Y V	Y RV	YG G	YG BG	YG GB	YG B	YG BV	YG V
45	46	47	48	49	50	51	52	53	54	55
YG RV	G BG	G GB	G B	G BV	G V	G RV	BG GB	BG B	BG BV	BG V
56	57	58	59	60	61	62	63	64	65	66
BG RV	B G B	GB BV	GB V	GB RV	B BV	B V	B RV	BV V	BV RV	V RV

たのである。

台紙は，灰色（明度15°を使用）の紙を用い 46cm×60cm の大きさのものにし，さきに組み合わせた色紙を，その中央に張った。これは，教室でいっせいに児童が見られるように，しかも配色について違いがはっきりすることを考慮した大きさである。

66 組の調査用資料をこのようにして作成し，日光などによって変色されることのないように慎重に取り扱った。

児童に対しては，図3のカードを渡し，これに◎○×低学年（高学年）を

（図　3）

1	2	3	4	5	6	7	8	9	10	11
12	13	14	15	16	17	18	19	20	21	22
23	24	25	26	27	28	29	30	31	32	33
34	35	36	37	38	39	40	41	42	43	44
45	46	47	48	49	50	51	52	53	54	55
56	57	58	59	60	61	62	63	64	65	66

（　　）ねん。（　　）才。男　女

つけて答えるようにした。提示に際しては，児童の持っているカードの番号が，調査用資料の組合せ整理番号と一致するようにした。

提示の時間は，一つの調査用資料について 15—20 秒とし，問は「感じがよいと思うもの……(a)◎，感じが悪いと思うもの……×(c)，どちらともつけにくいもの……○（b）として記入しなさい」と言うようにしたのである。

1年生より6年生に至るまで全部について調査した数値を一覧にしたものが図4である。図4中ROについて説明すると次のようになる。

Rは赤(Red)，Oは橙（だいだい）(Orange)の略号であるから，この組は赤と橙の標準色を組み合わせた資料を児童に示し，その結果が数に現れたものである。1,2,3,4,5,6 とあるのはそれぞれ1年，2年，3年，4年，5年，6年の意味で，aは感じのよいもの，bはいずれとも判断のつけにくいもの，cは感じの悪いものであることを示しているから，その下に記述された数字は，該当する学年の児童の示した a,b,c に対するひん度数である。

1年生について言えば，感じのよいものとした者が 27 名判断のしにくいもの 16 名，感じが悪いとしたものが5名である。学年を追ってこの数値を求め，1年から6年までの総計では，aが 52 名，bが140名，cが 84 名ということになる。

以下これと同様のことを，66 組の調査用資料を児童に示して得た数値を示したものである。

図4では，調査用資料を提示して児童が答えたものの実数の一覧である。

これは調査の対象としたものが1年から6年にわたるもので，それぞれのクラス構成人員が異なっていることから，発達過程の変化を比較するのに不合理であるので，全部について，それぞれ検査人員に対する百分率にしたのである。したがって，在籍の異なるクラスでも，人員を統一するための非検査人員を作らないで，クラスの傾向としての資料をも考えることになっている。

図5は a,b,c,d,e,f,g,h の8からなっているが，これは66組の実数配分表のうち（図4）左上から斜め下に一行おきに拾い上げたものである。なんら意図的に取り上げたものでなく，機械的に取り上げたにすぎない。図5について説明すると次のとおりである。

RO の配色に関して，一年生ではaが 27 名，bが 16 名，cが5名であるから，これを検査人員に対して百分率に直し，さらにグラフに示したもの

（図　4）

C	a	b	c	a	b	c	a	b	c	a	b	c	a	b	c
C	R	O		R	YO		R	Y		R	YG		R	O	
1	27	16	5	28	17	6	40	5	3	31	12	5	27	16	5
2	11	28	7	34	26	3	46	0	0	34	7	5	25	18	3
3	10	20	10	19	25	4	35	4	1	20	17	3	24	12	4
4	1	31	16	11	26	11	25	19	4	18	20	10	17	21	10
5	3	28	19	12	28	12	18	19	3	14	23	13	15	23	12
6	0	17	27	11	29	15	15	26	3	6	20	18	7	15	22
T	52	140	84	115	151	51	179	73	14	122	99	54	115	108	56
C	O	YO		O	Y		O	YG		O	G		O	BG	
1	22	21	5	28	18	2	31	11	6	26	14	8	24	17	7
2	12	17	17	34	11	1	21	21	4	37	8	1	21	21	4
3	19	11	20	19	21	0	15	22	3	21	15	4	27	15	8
4	5	18	25	11	27	10	10	15	23	20	13	15	18	19	11
5	5	16	29	12	27	11	10	25	15	6	25	19	4	26	20
6	4	14	26	11	25	8	9	19	16	10	10	24	5	22	17
T	57	97	122	115	129	32	96	113	67	120	85	71	89	120	67
C	YO	YG		YO	G		YO	BG		YO	GB		YO	B	
1	30	12	6	30	10	8	25	15	8	30	9	9	26	18	4
2	15	29	2	25	20	1	28	13	5	19	17	10	21	21	4
3	16	20	4	25	14	1	15	19	6	14	19	7	19	19	2
4	14	25	9	19	24	5	17	16	15	11	25	12	14	21	13
5	12	25	13	14	25	11	10	20	20	14	19	17	11	26	13
6	9	19	16	9	21	14	7	15	22	16	10	18	11	22	11
T	96	130	50	122	114	40	102	98	76	104	99	73	102	127	47
C	Y	GB		Y	B		Y	BV		Y	V		Y	VR	
1	33	6	9	36	10	2	35	11	2	32	11	5	32	10	6
2	21	22	3	36	10	0	32	14	0	29	9	8	22	14	10
3	23	12	5	28	9	3	28	9	3	22	11	7	20	10	10
4	23	20	5	28	18	2	21	21	6	14	17	17	13	13	22
5	9	31	10	24	24	2	20	21	9	14	17	19	15	12	23
6	8	16	20	32	11	1	28	12	4	9	18	17	11	11	22
T	117	107	42	184	82	10	164	88	24	120	123	73	113	70	93
C	YG	RV		G	BG		G	GB		G	B		G	BV	
1	29	9	10	34	9	5	29	11	8	31	13	4	37	8	3
2	29	9	8	18	13	15	6	20	20	11	25	10	21	19	6
3	12	20	8	3	12	25	3	15	22	12	16	12	21	14	5
4	8	21	19	9	11	28	3	20	25	6	24	18	20	18	10
5	8	18	24	2	8	40	2	13	35	0	30	20	11	24	15
6	6	13	25	1	6	37	3	10	31	7	16	21	7	19	18
T	92	90	94	67	59	150	46	89	141	67	124	85	117	102	57
C	BG	RV		GB	B		GB	BV		BG	V		GB	RV	
1	30	13	5	21	15	12	27	18	3	26	16	6	31	11	6
2	21	18	7	13	15	18	14	18	14	7	25	14	15	21	10
3	14	20	6	3	7	30	7	17	16	8	26	6	18	10	12
4	14	21	13	2	10	36	8	12	28	3	24	21	15	12	21
5	7	24	18	2	15	33	7	20	23	4	24	22	11	17	22
6	1	14	29	1	12	31	5	14	25	3	16	25	3	16	25
T	87	110	78	72	74	160	68	99	199	51	131	94	93	87	96

a	b	c	a	b	c	a	b	c	a	b	c	a	b	c	a	b	c
R	BG		R	GB		R	B		R	BV		R	V		R	RV	
33	9	6	23	20	5	29	10	9	28	13	7	30	13	5	28	14	6
30	10	6	22	18	6	24	19	3	32	12	2	20	22	4	12	19	15
14	16	10	13	22	5	26	7	7	19	13	8	17	15	8	7	11	22
10	18	20	7	21	20	19	10	19	16	16	16	9	11	28	1	16	31
10	20	20	7	27	20	13	30	7	15	16	19	4	23	23	4	18	28
4	15	25	6	15	23	11	25	8	14	16	14	4	15	25	1	2	41
107	78	87	78	123	79	122	111	53	120	86	66	84	99	93	53	80	143
O	GB		O	B		O	BV		O	V		O	RV		YO	Y	
30	14	8	32	11	5	30	15	3	27	15	6	32	10	6	20	13	5
31	11	5	23	18	5	31	14	1	22	18	6	28	15	3	14	19	13
20	11	9	17	8	5	24	13	3	14	18	8	13	17	10	10	14	16
21	25	14	7	24	17	15	17	16	12	15	21	12	18	15	8	21	19
15	21	20	9	25	16	16	22	12	7	25	18	10	22	18	9	26	15
14	18	21	11	16	17	15	16	13	6	18	20	7	9	23	5	25	14
131	100	77	99	102	66	131	97	48	88	109	79	102	91	80	76	118	82
YO	BV		YO	V		YO	RV		Y	YG		Y	G		Y	BG	
30	11	7	24	15	9	31	9	8	35	11	2	36	9	3	35	8	5
31	12	3	19	20	7	20	17	9	26	11	9	39	5	2	22	21	3
20	16	4	16	17	7	15	16	9	18	16	6	34	5	1	26	12	2
21	18	9	19	18	11	16	14	18	15	25	7	34	12	1	24	19	5
15	24	11	8	29	13	9	22	19	15	27	8	27	23	0	11	30	9
14	23	7	9	23	12	6	15	23	14	22	8	31	17	1	10	27	7
131	104	41	95	122	59	97	93	86	123	113	40	201	66	9	128	117	31
YG	G		YG	BG		YG	GB		YG	B		YG	BV		YG	V	
34	8	6	29	13	6	29	3	6	27	16	5	18	15	5	28	15	5
19	10	17	15	19	12	17	11	8	15	22	9	24	20	2	10	25	11
13	14	13	15	14	11	17	28	5	21	7	12	19	15	6	19	14	7
18	14	16	21	14	13	15	13	10	16	22	10	16	19	13	11	17	20
13	15	22	8	23	19	12	21	17	10	29	11	10	27	13	11	25	14
5	12	27	5	16	23	9	28	17	10	23	11	19	17	8	9	17	18
102	73	101	93	99	84	99	114	63	99	119	58	106	113	47	88	113	75
G	V		G	RV		BG	GB		BG	B		BG	BV		BG	V	
35	11	2	28	13	7	25	10	13	25	17	6	29	16	3	31	16	1
20	20	6	23	14	9	7	7	32	4	16	26	9	30	7	19	17	10
17	16	7	18	17	5	6	4	30	4	14	21	11	16	13	14	23	3
10	20	18	16	14	18	3	7	38	7	11	30	11	22	15	5	21	22
9	21	20	15	15	20	3	7	49	1	13	36	2	22	16	3	24	23
5	17	22	4	13	27	1	5	38	1	8	35	4	21	19	4	19	21
96	105	75	104	86	86	45	40	191	43	79	154	66	127	88	76	120	80
B	BV		B	V		B	RV		BV	V		BV	RV		V	RV	
27	12	9	21	22	5	34	9	5	24	14	10	28	13	7	30	13	5
11	21	14	10	21	15	26	16	4	16	12	18	22	20	4	19	15	12
6	19	15	9	26	5	14	15	11	5	8	27	8	29	3	12	12	16
6	25	17	6	18	24	12	19	17	6	11	31	11	15	22	11	8	29
7	22	21	4	27	19	15	16	19	4	24	22	6	24	20	11	11	28
6	16	22	3	20	21	11	9	24	3	8	33	3	18	23	3	4	37
63	115	98	53	134	89	112	90	80	58	77	141	78	119	79	86	63	127

（図　5）

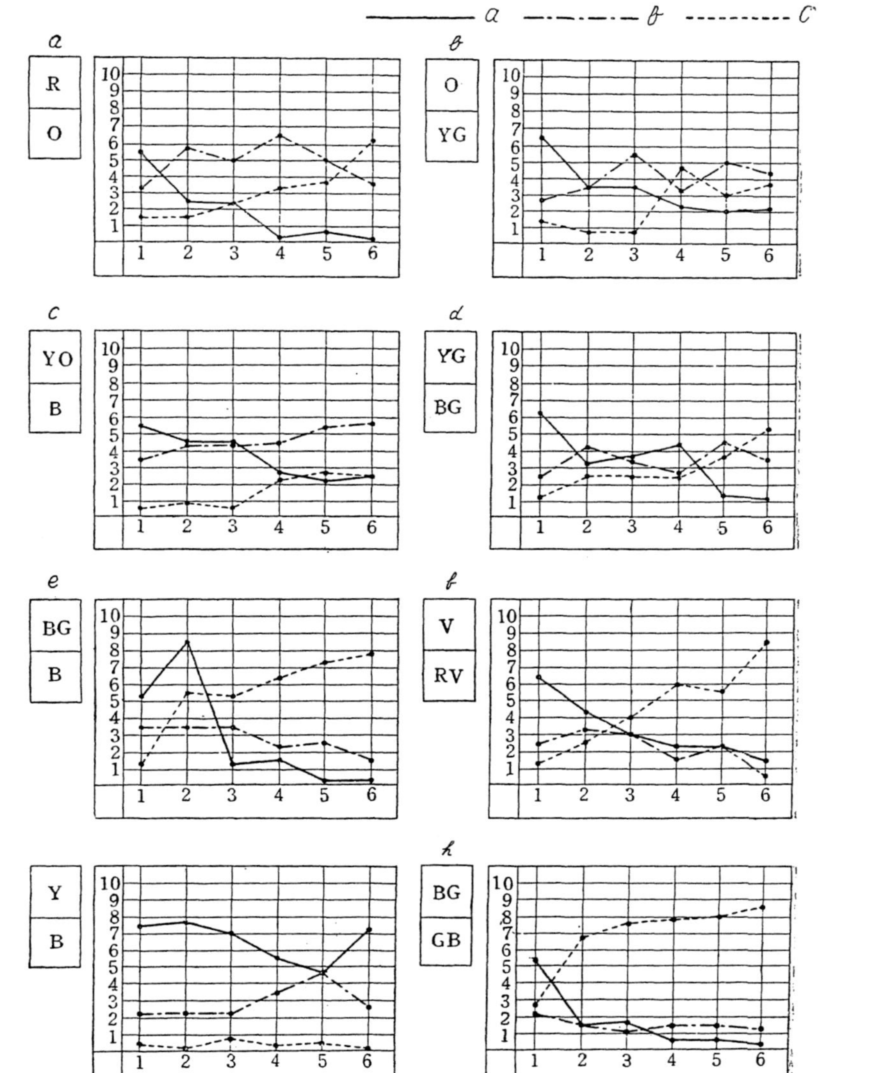

である。つまりaはだいたい 65%，bは 25%，cは 10% に近い位置を示し，およその変化と傾向を知る資料とした。したがって，太い実線はaを示し，鎖線はb，点線はcを示し，横に 1,2,3,4,5,6 と学年ごとの百分率を示している。それぞれの線の上向き，下向き，あるいは交差は，その時期の変化や傾向を示すものである。

以上は調査の方法ならびにその資料である。ここで得た資料に基いて考察を行うと次のとおりである。

(イ) 低学年で感じがよいと思われているものでも，高学年になるとその逆に，感じがよくないとしたものがかなりの数あること。

(ロ) 著しく変化を示す時期としては，３年を中心としてその前後にあることが考えられること。

(ハ) 低学年と高学年との間に，あまり変化を示さないものがある。

例　Y—B，ＢＧ—ＧＢ

(ニ) 変化のあるものを調べてみると，配色の関係が，色相の観点より明度差の観点から行われていることが考えられる。

例　R—O，ＢＧ—ＧＢ

(ホ) 低学年では多くのものが，ある程度の共通性を示すが，高学年では，個性的な判断が多くなり，しかもその理由として説明することが目だつようになっていること。

以上の考察から，色彩に関する調査のうち，配色されたものに対して，児童が示す傾向は発育段階と関係して変化することが考えられた。

この考察や結果は，わたくしの第一次の研究の実際から過程を説明したものであるが，研究の概略の項で説明したように，第二次の研究としての「造形学習における色彩指導の位置と関連について」に発展させて考察してみようと思う。

2　造形学習における色彩指導の位置と関連について

長谷喜久一

A　色彩学習は，感覚を通しての経験の上に築かれることが重要である。

色彩は造形的表現の一つの手段であるから，色彩の理論や知識をいかに蓄積しても色彩の効用が視覚に訴えられないかぎり，造形的な表現の世界では重要さがないからである。

表わそうとするものは，抽象化，概念化された色や形でなく，表わそうとする構想と密接なるつながりにおいて色や形が使われてこそ，造形的な表現としての意義をもつものである。つまりその色が黄色であること，四角や円の形であることをいかに理解しても，それをいかに用いるか，どう感じるかによって造形的なつながりをもつと考えられるから，経験や感覚の上に，色彩学習が展開されることが望ましいと言われるゆえんである。つまり形や色彩というものは，造形活動の手段である場合には，その手段そのものの影響は大きいけれども，基本的には手段を操作するものこそ，造形学習のねらいである。

感情を母体として，発想から構想，さらには具象的に表わされるに至る発動体というものは，手段としての色や形のようなものではない。あるいは，いくつかの条件を満たすためにいろいろの構想を具象化に導く場合も同じである。こう描かなければいけない。こう作らなければいけないと自己以外の者が強要することは，ここにいう発動体が自分以外の外周にあることに等しい。そしてその場合は，自分というものは，形式化されてしまった外周の命

ずるままに動く道具となってしまう。

造形教育の本来の使命というのは，まず自己を造形的に表わすところに重点があるのであるから，当然，この発動体なり，出発なりは自己の中に形成されるようにならなければならない。これは一つの意欲とか満足感などに関連をもつものである。したがって合理的に判断を下して，こうならなければならないのだから，こうするんだという形式のものより，第一に心理的に強く感銘したことが，印象づけられたとか精神的な揺り動かしからくる本能的な姿に近いものがその核を形成していると考えられる。

造形的な手段というのは，一面では表現のためのものであり，他の一面では表現されたものと自分との媒介の役目をしているものであるとも考えられる。色彩は，この手段として重要な要素である。形とともに，視覚言語といわれることからみても，色彩が造形的なことばの役目として，能動的にも受動的にも大いに役だっている。

すでに述べたように，色彩は造形の発動体と結びつくことが，本来的な意味をもつものと解することができるから，当然，精神的に影響を与える感情面につながることが考えられる。色の美しさがわかったということは，とりもなおさず，その色から受ける審美的な面，感覚的な面から，精神的，感情的に刺激されることが軸になっていわれることである。

以上のことを考えてみると，色彩の経験ということは，感覚的な刺激の上ではじめてほんとうに知る基礎があると言える。

色彩は，特に視感覚を通じて，人の心や意欲，発想，審美的満足など，いわゆる感性に基く活動に影響を与えるものである。

合理的な理解に基いて納得したり，感銘したりする活動への影響よりは，感性的なものに重点がおかれる。つまり色彩を学習させる意味の基本的な論拠は，感覚的な経験を通して行われることであると考える。

B　色彩についての理解は造形的な，感覚を形成する一つの要素である。またこのことは児童の発達時期に影響を受けて変化が認められるものである

すでに述べたように，色彩の学習で重要なことは，感覚的な経験を通すことによるということであった。しかし，次のような調査に基いて考察されることは，やはり感覚として身につくものが，生れながらにあるものではなく周囲の環境や知的理解の示唆によって判断への影響があり，変化した形になって感覚が認められるようになることである。つまり個人の感覚が洗練されるというのは，一つには視覚的経験が多いことから影響を受けているし，今一つは，色彩に関する合理的な思考・推意などによって築かれる論理的規拠をもつことの二つによってなされるのではないかと考えられる。図6は，以上の考え方の資料となるものである。この表の素点になったものは第一次の調査資料から取り出したものである。この表で BV—V という記号で表わしている意味は Blue Violet と Violet との組合せによって作られたカードに対し，児童がどのように感じたかの研究で扱った調査カードの略号である。

2年生になると，1年生の児童に比較して異なったと思われる感じ方をしたものが，66 組の組合せカードの中で，8 のカードについてあったということがわかる。異なった感じ方をしたものの8は，BV—V，B—V，B—BV GB—V，BG—B，BG—GB，G—GB，R—RV についてである。ここでは変化したと見られるものを選んだのであるから，この中には，感じのよくなったもの感じの悪くなったものをいっしょに含めての数値になっている。つまり，1年生から2年生になると，どのような組合せのものに，変った感じをもつようになるかということの資料になるのである。表では，3年生では 13 4年生では 26，5年生では9，6年生では0となっている。

この表では，それぞれのクラスの点を学年で合計したものについての変化

（図 6）

数	2	3	4	5	6		全
30							
29							
28							
27							
26			BV—RV				
25			B—RV				
24			GB—RV				
23			BG—RV				
22			BG—V				
21			G—RV				
20			G—V				
19			YG—RV				
18			YG—V				
17			YG—GB				
16			Y—RV				
15			Y—V				
14			YO—RV				
13		GB—B	YO—B				
12		GB—BV	YO—GB				
11		BG—BV	YO—BG				
10		V—RV	O—RV				YG—BV
9		G—B	O—B	G—BV			Y—BV
8	BV—V	G—BG	O—GB	YG—B			Y—B
7	B—V	YG—G	O—BG	Y—BG			Y—BG
6	B—BV	YO—Y	O—G	Y—GB			Y—G
5	GB—V	O—V	O—YG	YO—V			Y—YG
4	BG—B	O—YO	R—BV	YO—G			YO—BV
3	BG—GB	R—V	R—B	YO—YG			O—BV
2	G—GB	R—BG	R—GB	R—G			O—Y
1	R—RV	R—O	R—YG	R—YG			R—Y
学年	変化を示したと思われる配色のひん度						あまり変化を示されないと思われる配色

の比較をしたものであるから，個人についての変化が6年生では0という意味ではない。

この表でだいたいの傾向が感じられるが，こどもたちが色彩（特に配色）に対して示す判断の傾向は，第4学年において他の学年に見られない多くの数値を示し，変化の著しいことを表わしている。

さらに判断の根拠となるような説明を用紙に記載している。

例「明るさに変化があるから」
「まったく違った色相の組合せであるから」
「類似しているから」

というような判断理由を付すようになっていることは，この時期における関心が，好き，きらいということだけでなく，合理的な意図で解決しようとする働きの影響を受けはじめていると考えることができると思う。

こどもが配色のカードを見て感じ，一つの判断を下すためには，見てただちに反射的に判断するということよりは理解の裏づけを求め，いくらかでも納得のいくことが必要とされるようになっていると考えられる。

その人の感覚としてまとめ上げられるに至る因子の一つとして理解ということ，合理的であるということなどの，いわゆる色彩の理解事項というものが含まれるようになっていくことが考えられるのである。このことは，配色ということに関するものだけにとどまらず，一般に生活全体に現れる傾向と一致する方向でもある。

以上のことから，色彩学習における一つの見方として，4年生という，時期には，理解を伴った判断が影響をもち始めるということが言えるのではないかと考えられる。この傾向は，たまたま4年という学年でくぎられたこと また，その時期のある日を決めて調査したことから考察したのであるから，必ずしも4年という時期全体について，同様の考え方がなされてよいかどう

かはわからない。つまり4年生を中心にして，3年後半と，年前半に幅を持ってこのような傾向が現れることは言えると思う。

・この項のむすび

色彩学習の範囲と系統を設定する一つの条件として，以上まとめてきたことが「色彩の感じ方の変化とその時期，および変化するために影響すると考えられる因子」としてまとめた。

色彩に関する学習内容，つまり範囲の選定や系統づけに必要なことは，それが教師の計画であって，児童が具体的に扱うものの表わし方と異なっている点を明確にしなければならない。たとえば色相とか明度，彩度という述語は内容を系統立てるために必要なものであるが，児童の実際活動ではこの意味が遊びやこどもの興味と結びつくことに重点があるのであって，述語を一つの概念として学習させることを避けなければならない。

色彩というものは，一つの知識というより，感情に訴えて体得され，さらに理解を伴って高められた感覚として築かれるものであるからである。

C　色彩学習は，造形教育の中で多角的な関連をもって成長していくものである。

第一次の研究調査の考察にあたってすでにいくらか述べたことであるが，色彩学習は，造形活動の全域にわたって関連をもち，その場に応じた意味の理解を深めていくことが望ましいのである。

理由として，本研究から考察される諸点をあげると次のとおりである。

(イ)　Aの項で述べたように，色彩学習は，いろいろの感覚を通しての経験の上で洗練される影響が大きいということ。

(ロ)　合理的な解釈によって推し進められることは，児童の発達と関連してある時期が設定されるということ。

(ハ) 配色に関しての判断の属性となるべきものが，色彩に関して，本能的な反射反応以外にもあるということ。

(ニ) 色彩に対する感覚の洗練された姿は，単にカードの組合せ資料にだけ現れるものでなく，具体的な造形活動のそれぞれの場において発揮されること。またその効果がカードの結果に影響を与えているという。循環の姿を持っているということ。

などである。

このようなことから，造形教育を別に示すような構造として捕えるとすれば，色彩学習の系列は，基本的には感覚の洗練（構成の立場）に基礎がおかれてA－B，C－Dで分けられるような造形活動の全域に広がりを持つものであると考えることができる。

D 造形教育の構造に関する説明

図画工作科の学習は，絵をかいたり，いろいろの材料を用いてものを作ることがおもなものになっていると考えられる。絵をかく場合でも，ものを作る場合でも，それをなすねらいによって必ずしも同一のものであるというように言い切ることはできない。

絵をかく場合に例をとってみると，自分の気持の中に，外に向かって放出したい何ものかがあって，それを絵の形で表現する場合と，ことばや文字では説明しにくいものを絵の形で表わし，それによって理解させようとする場合は，同じように絵をかくという形をとるけれども，質的には感情を母体とする表現活動と，理解や伝達のためになされる表現活動との差異があると考えられる。

同じように，粘土でいろいろのものを作る場合がある。幼児のころは，とにかく粘土という材料に触れてもてあそび，さらに進んでは，これをいろい

ろの形にするけれども，その場合，作る過程において，児童が自分の気持や感情を主として扱おうとしているのか，あるいは何かの器物や器具として一つの使用目的にかなうようなものを作っているのかによって，同じ粘土を扱っていても，質的な活動は異なったものと考えることができる。

茶わんのようなものであれば，水が中にはいって漏らないようにすきまなどがあってはいけないし，手に持つことから考えて，途方もない大きいものであったりしては不便である。

また，形の上から言っても，それがちょうど手にささえられるのにも，机の上に置いて倒れないようにすることも必要になってくる。いくつかの条件というものが，その茶わんに要求されている。したがって，その条件に対してはただ気持とか，感情だけでは構成することのできない条件に対しての造形的処理という態度で臨まなければならないのである。このように考えてみると，絵をかくこと，ものを作るという形式の上では同じように見えるものについても，これを教育的に内容を選択したり，指導の方法を考えたりする場合には，いくつかの見方や考え方があるわけである。

造形教育ということで，一応これをまとめてはいるが，しかしその造形教育というものについては，それがどのような領域のものを，どのように位置づけているかの検討がじゅうぶんになされていないきらいがある。

色彩学習が，造形教育の全域に関連をもつと言ってもこの点の構造がある程度明確にされていなければ，その影響や効果について，じゅうぶんだということは言えない。

以上のような意味から，従来図画とか工作というように呼んできた学習の関連や位置づけについて考えてみようと思うのである。

ここに示す考え方は，それぞれの位置を独立した教科として推進すべきであるというのではなく，内容や方法を導き出すための全体構造の理解のため

の意見である。

従来図画とか工作と呼ばれていた学習については，いろいろの解釈がなされると思うが，図７の図で示すように，全体の内容をＣ…Ｄの線でくぎって図画的と称するものの中に「絵画」と「図案」を入れ，工作的と称するものの中に「彫刻」と「工芸」を含めた考え方が強いとも思われる。しかし前述したように，同じような形で活動が展開されていても，質的にはそのねらいに相当な距離のあるものがあることが考えられるから，Ａ……Ｂの線でくぎられるような立場がある。

（図　7）

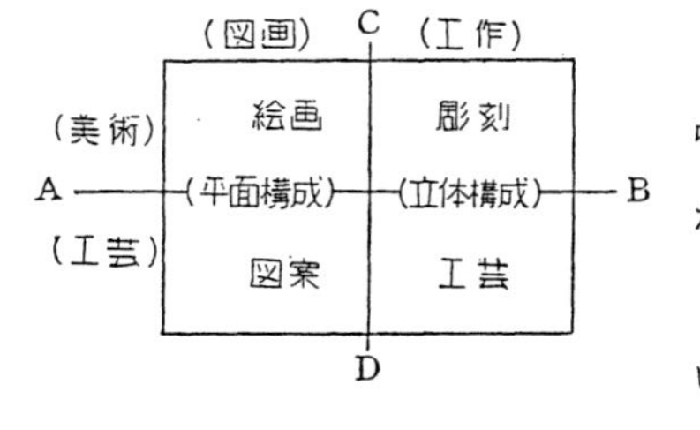

美術というのは，主として感情を母体としての活動群であり，工芸というのは合理性とか適応の条件を解決することを母体とした活動群であるという意味で一応のくべつをすることができる。

Ｃ……Ｄは活動の形式から言って平面的活動であり，立体的活動であるという立場で考えられるものである。

（図　8）

(図画)　C　(工作)
(美術) A — B (工芸)
絵画　彫型
構成
図案　工芸
D

以上は現在扱われている学習内容の扱い方や見方による構造を説明したものである。

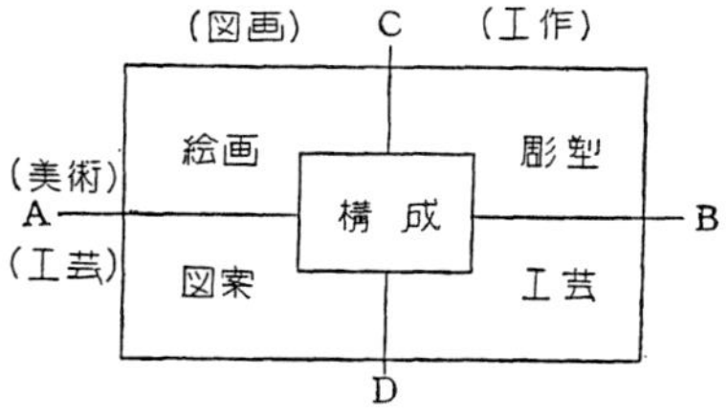

図８では，図７をさらに検討した結果考えられたもので，新たに平面構成と立体構成というものを中間においている。これは図７では「図案」の領域で扱うという意見と四つ頗域の基底にそれぞれ関係があるという意見に答えようとしたものである。

立体構成的な学習は，主として彫刻や工芸の領域で関連をもち，平面構成

的な学習は，主として絵画や図案に関連をもつという考え方から位置づけたものである。しかし，さらに考えてみると，これらはいずれにも相互に作用し合うものであって，構成的な能力というものは，ある一つだけに影響して他の領域では無関係であるということではないと考えられるので，図８からさらに発展して，図９を作ってみたのである。つまり構成的な学習の中で取り上げられる領域の中には，色彩に関することが，平面とか立体，美術とか工芸ということえの関連に別々のコースがあるのではない。色彩感覚が構成的な学習で行われて，四つの領域において効果をあげると同時に，四つの領域において経験された色彩への関心は循環して構成的な学習でまとめられる関係にあると考えてもよい。

平面的な活動の場合にも，立体的な活動の場合にも，あるいは美術や工芸の領域の中にも，それぞれ色彩があり，形があり，材質の問題がある。構成的な学習では，いわゆる造形に関する媒介となる色•形•材質の可能性が試みられると同時に，造形的な活動で，いろいろの場合から抽出される意味とか，解釈の観点というものがまとめられたり，影響する基礎となったりするものの理解が行われるのである。

（図　9）

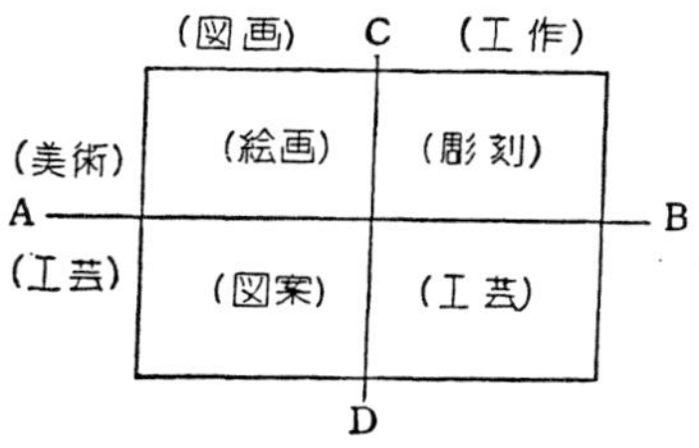

(図画)　C　(工作)
(美術) A — B (工芸)
(絵画)　(彫刻)
(図案)　(工芸)
D

したがって，図９に見られるように，それぞれの領域に関係をもつ構造としての位置を考えてみたのである。その関係については，

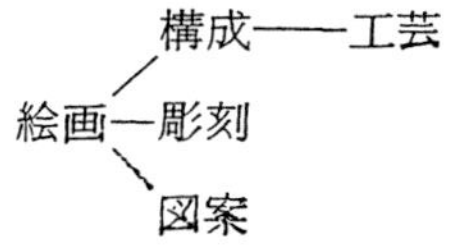

構成——工芸
絵画—彫刻
図案

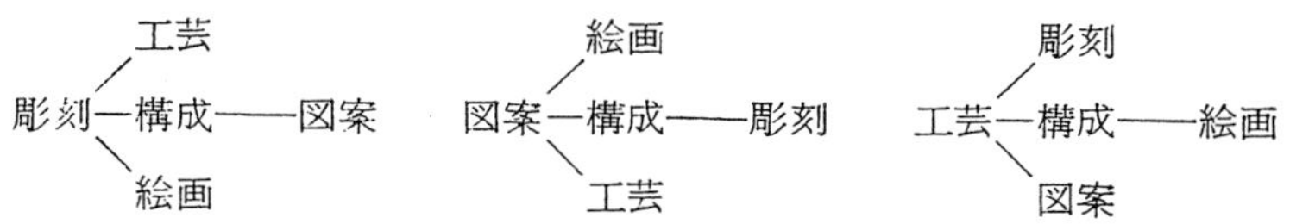

```
    工芸              絵画              彫刻
   ／                ／                ／
彫刻―構成――図案   図案―構成――彫刻   工芸―構成――絵画
   ＼                ＼                ＼
    絵画              工芸              図案
```

という形で相互の立場が影響し合うものと考えることができる。

構造としては，以上のように図によってある程度の領域を考えることができるが，実際の活動の姿では，このようにはっきりくべつされるものではない。特に，児童期に行われる造形的な活動の中には，あたかも児童ひとりが詩人であり，科学者であり，さらに動物という本能的なものの交錯したものがあるし，それらはまた一つの観点からだけに限定されるような時期でもないのである。したがって，ここで図示した試みは，あくまでも造形教育の姿を構造的に捕えようとしたもので，ただちに指導内容がそれであり，指導の方法が限定されるようなわくを意味するものではない。

児童の発育の段階と関連をもち，一方には次に示すような関連をもって調和された内容や方法が立てられねばならない。特にこの点は，小学校の教育が，図画工作科として一つになっていることから留意すべき点である。またこの構造図で示す領域は一つの領域で，他の三つの領域の能力に転移されるということに徹することも危険である。

（図　10）

	平面的な活動	立体的な活動	美術的な活動	工芸的な活動
工芸的な活動	c	e	f	
美術的な活動	b	d		f
立体的な活動	a		d	e
平面的な活動		a	b	c

＊注

図10の説明

この図でａｂｃｄｅについては，すでに図７から図９までに図示したとおりであるが，ａとｂについては，図９以後の説明では，構成的な活動を媒介として関連のあるものとしたのである。しかし実際の活動では，表十に示すようなａ，ｂの形で関連をもった活動がある。

つまり平面的な活動を主とするものと，立体的な活動を主とするものの調和を図るような作品およびそのような活動のあることが多い。

同様に美術的な活動と工芸的な活動とが交錯した例は，学習活動の内容として取り上げると少なくない。

絵をかく，それに合わせて額縁を作る，それぞれの調和について考えるなどの例はそれであるが，この例は中学校程度のものとしても，小学校においてもこれに類する内容がある。図10は図７—９の補足としたものである。

3　表現における色彩の傾向について

松本　巖

A．色彩表現の傾向

a．研究調査の動機

イ．児童が絵の具や色紙などによって，色彩表現する機会は非常に多い。この場合，児童はどのような色彩を選択し，表現するであろうか。

ロ．この児童の，色彩表現における使用傾向を研究調査し，色彩に対する種々の角度から，その傾向実態を明らかにすることによって，児童の色彩表現活動の指導に役だたせたい。

b．研究調査のねらいと計画

イ．児童が目で見た色彩に対する嗜好の傾向と，色彩を自分で表現したときに見られる傾向とは，はたして一致するであろうか。

ロ．また低学年から高学年に至るまで，その傾向には変りがないものだろうか。変ってくるとすれば，どのような変り方を示すであろうか。

ハ．研究調査を目あてにするとき，児童に色彩表現を試みさせる方法や，形式の持ち方にはいろいろなしかたが考えられるが，多くの児童を対象としてその傾向を知るため，調査の条件を，できるだけそろえなければならない。そのために色彩使用の結果の傾向だけが，できるだけはっきりわかることを第一として，次のようにすることにした。

(イ)　彩色には色を塗る範囲が伴うことであるから，その形の条件を同じにしたほうがよい。けっきょく同一の形における図案の色彩表現を試みた。

(ロ)　また，その色数を同数だけ表現させる。

(ハ)　使用する絵の具の種類もそろえる。

(ニ)　表現の色彩について調査を試みた結果，色相・色感などの角度から整理して，その傾向を求めることにする。

c．研究調査の方法

（a）　**対象**　　研究調査の対象とした児童は，小学校第1学年から第6学年まで，各学年男女各 20 名ずつで，総計 240 名である。

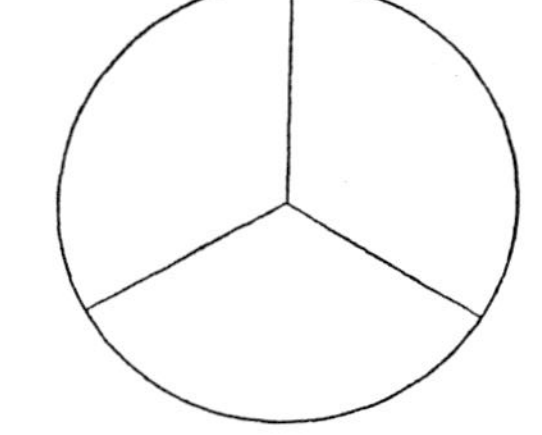

（b）　**題材**　　色彩使用の傾向をわかりやすくするために，描画によらず，あらかじめ別図のような形を一定にした図案の画用紙を与えて児童には「ひとつ模様における三色の色彩表現」をそれぞれ自由に表現させた。

（c）　**材料**　　児童が彩色に用いた材料は，1，2年がクレヨンパス類，3年以上が水彩絵の具である。いずれも 12 色入りを使用した。

（d）　**経過**　　男女児童数 50 名前後の学級単位で，いっせいに次のような経過で，児童に色彩表現をさせた作品から，研究調査の対象各学年 40 点を無作為的に選んだわけである。

イ．題材は同じであるが，三色の配合をくふうして彩色完成させる。

ロ．準備したクレヨン・パス類・水彩絵の具などの範囲において，自由に自分の好む色を選択して使用させる。

配色は自分の好みにより，最も良いと思われる色彩を選んで表現すればよく，まったく自由である。

ハ．混色重色もさしつかえない。ただし同一図案の中に同じ色を二度使わぬようにさせる。

d．研究調査の結果

（a） 色名別にみた表現の傾向

全学年，男女別に総数240点の作品を，色相別にその使用度合について整理してみると，別表に示したような結果になった。

イ．まず使用傾向の多い色名からみると，やはり赤・青・黄の三原色順に目だって多い。総数の半分以上を占めている。

(イ) 赤は圧倒的に女子に多いが，高学年になるにつれて男女差は減っている。また低学年ほど好まれている。刺激的な色の感情から，児童の世代によって，好悪の違いが出てくるのであろう。

(ロ) 青はほぼ男女同数で，高学年になるにつれてわずかにふえている。

(ハ) 黄は若干女子に多く，高学年まで増減なしとみられる。

(ニ) 緑・黄緑は明らかに男子に多い。

(ホ) 橙・黄橙はこれまた男子が多く使い，低学年にやや多い傾向である。

(ヘ) 紫はほぼ男女同数，これでははっきりせぬが，高学年で多くなる傾向と思われる。

(ト) 青緑は女子の高学年に見られる。

(チ) 無彩色は総数の５％にしか当らぬが，白は女子が好み，灰・黒は男子が多く表現する傾向である。

ロ．男女別に見ると，女子は赤・黄の系統を好み，男子は橙・緑の系統を好むというように，はっきりとした色相間のずれが認められる。

ハ．学年別に見ると，低学年では三原色の中で，目だって赤に集中的であって，逆に緑の系統が少ないのに対して，高学年ではそれが平均化してくる傾向が顕著である。

（b）色の寒暖から見た表現の傾向

暖色・中性色・寒色の使用度合，つまり色の固有感情に基く表現の傾向か

（図 1） 色名別に見た表現の傾向

	色名＼男女別＼学年		1	2	3	4	5	6	男女別計	合計
有彩色	赤	男	9	9	10	9	8	11	56	154
		女	20	22	18	13	13	12	98	
	青	男	10	12	11	8	12	13	66	134
		女	9	9	14	12	12	12	68	
	黄	男	8	9	11	11	10	9	58	129
		女	13	12	11	11	12	12	71	
	緑	男	4	9	6	13	11	7	50	75
		女	2	1	4	7	6	5	25	
	黄緑	男	7	6	5	6	7	6	37	61
		女	2	4	1	6	8	3	24	
	黄橙（だいだい）	男	9	5	6	8	3	2	33	53
		女	6	3	6	2	2	6	20	
	紫	男	－	3	6	2	2	6	19	38
		女	1	5	3	3	－	7	19	
	橙	男	5	6	2	2	4	5	24	34
		女	4	2	1	1	2	－	10	
	青緑	男	－	－	－	－	1	－	1	7
		女	－	－	1	－	2	3	6	
無彩色	灰	男	8	1	2	－	1	1	13	20
		女	3	－	2	1	1	－	7	
	白	男	－	－	－	－	1	－	1	12
		女	－	2	4	3	2	－	11	
	黒	男	－	－	1	1	－	－	2	3
		女	－	－	－	1	－	－	1	
合計			120	120	120	120	120	120	720	720

注 色数の総数は（作品1点について3色表現で学年で240点だから）720色になる。

ら見ると，明らかに男女差と学年差が見られる。

イ．まず暖色，中性色，寒色のそれぞれについて，使用の度合を見ると，

(イ) 平均して一学年当り 120 色中，多いものから暖色(赤・橙・黄橙・黄)が 62 でほぼ半数を占め，中性色（黄・緑・緑・紫・赤紫）が 33 でほ

（図 2） **暖色，中間色，寒色の使用度合**

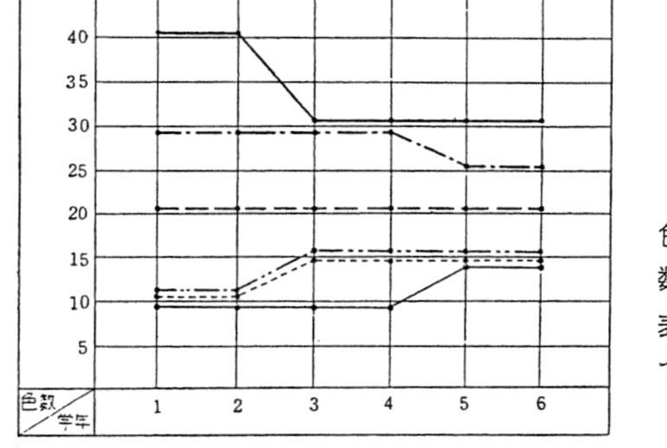

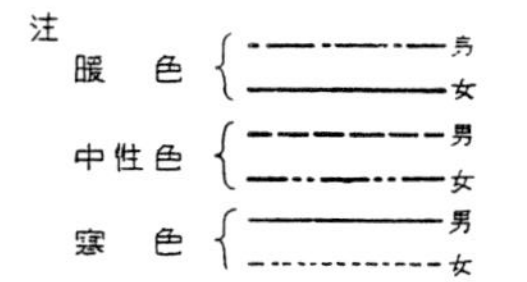

色数は各学年男女おのおのの人数 20 人において1人3色ずつ表現した色数 60 色のトータルである。

ぼ4分の1である。寒色（青緑・緑青・青紫青）が 25 で最も少ない。

(ロ) これを今回使用させた絵の具の 12 色について見ると，無彩色（白・黒）の2を除いて，10 色中暖色（茶・赤・朱・橙黄）5で，半数を占め，中性色（黄・緑・緑）2，寒色（青・藍(あい)）3で，それぞれほぼ4分の1で児童の表現に照して，現行の絵の具の色数における配分は使用の傾向にあっているといえる。

ロ．男女差について見ると，

(イ) 暖色においてその違いが最も顕著で，女子が断然暖色系統の色を多く使用表現する傾向が認められる。

(ロ) 中性色においてはその逆に，男子がはるかに多く女子よりも，中性色系統の色を好んで使用表現している。

(ハ) 寒色においては，最もその差が少ないといえよう。

ハ．次に学年を追ってその変化をながめると，

(イ) 暖色，中性色，寒色のそれぞれにおける色数の違いの最も激しいのは低学年であった。

(ロ) 中学年，高学年に進むにつれて，しだいにその差はせばまってくる。つまり色数がそれぞれについて平均化してくることがわかる。

（c） 3色による配色の傾向

別表に示したように，同一の配色のものをまとめて分類すると，40種にもなり，そのうち点数の多いものから9種をとって，240 点中の半数以上になった。

イ．色名から見た組合せは，

(イ) 赤・青・黄の三原色による表現が最も多く，総数の8分の1を占めている。

(ロ) 赤・緑・黄，青・緑・黄がこれに次いで，それぞれほぼ総数の 12 分の1に当る数である。

(ハ) 次いで青・緑・赤，橙・緑・黄，青・紫・黄が多く，全体の 20 分の1ずつである。

(ニ) 次いでは赤・橙・黄で，全体の 30 分の1に当る。

ロ．学年別に見ると，赤・橙のある配色は低学年に多く青緑のある配色は高学年に多い傾向が見られる。

ハ．男女別にこれを見ると，赤のある配色は女子に多く見られ，青・緑のある配色は男子に多い。

（d） 明度から見た配色の傾向

イ．明色は表現された色彩総数の 47% で半数近くを占め，児童が非常に明るい色を好むことがわかる。

中明色は 43% で，明色とともに約4割を占め暗色は全体の約1割でき

わめて少ない。

ロ．これを学年別男女別に見ると，

(イ) 明色は１年から６年までほとんど増減なく多く，特に女子に多い。

(ロ) 中明色も明色の場合と同様，ほとんど変りない。

(ハ) 全体的にはわずかな暗色において，高学年になるにつれて多く，また３対１の割合で男子に多い。

（図　3）　**三色による配色の傾向**

	配　色	性別＼学年	1	2	3	4	5	6	合	計
1	赤 青 黄	男	1	－	1	1	－	3	6	29
		女	3	3	5	6	3	3	23	
2	赤 緑 黄	男	1	2	－	4	1	1	9	20
		女	2	－	2	2	3	2	11	
3	青 緑 黄	男	－	3	2	2	4	2	13	18
		女	－	－	1	－	3	1	5	
4	青 緑 赤	男	2	2	－	2	－	3	9	13
		女	－	－	1	1	1	1	4	
5	橙 緑 黄	男	2	1	3	2	3	－	11	12
		女	1	－	－	－	－	－	1	
	青 紫 黄	男	－	－	3	－	1	1	5	12
		女	－	1	2	1	－	3	7	
6	青 赤 橙	男	1	2	－	－	－	－	3	10
		女	2	2	1	1	－	1	7	
	青 橙 黄	男	1	2	1	－	1	1	6	10
		女	1	2	－	－	1	－	4	
7	赤 橙 黄	男	－	1	1	1	－	1	4	8
		女	4	－	－	－	－	－	4	
	合　計		21	21	23	23	21	23	132	132

ハ．これを三色の配合において見ると，約３分の１が明・中・中・（赤・青黄）で，約５分の１が明・明・中（黄・桃・薄青）でこれに次ぎ，明・中暗，明・明・明が約７分の１でこれに次いでいる。それに次いでわずかだが，中・中・中，中・中・暗，明・明・暗が見られる。要するに児童の多くが明るい色を好むことがわかる。

(イ) 明・中・中は学年，男女の別なく好む。

(ロ) 明・中・暗は高学年になってややふえ，男子に断然多い。

(ハ) 明・明・中は逆に低学年に多く，女子が好む。

(ニ) 明・明・明は女子に多い。

(ホ) 中・中・暗ほか暗の混じった配色は，男子の好むところである。

ニ．これを寒色，中性色，暖色より見ると，

(イ) 最多は暖・暖・寒で，全体の約３分の１

(ロ) 次いでは暖・中・寒でやはり３分の１

(ハ) 次は暖・暖・中が４分の１

(ニ) 残りの４分の１が，暖・暖・暖で，暖色のはいった配色がほとんどできわめて多いのである。

（e）　混色・重色による表現の傾向

イ．薄塗りはごくわずかであるが，明るい色を出すために，薄く塗る例が見られる。

ロ．混色は白を混ぜて明るくしたり，色相を変えるために，高学年においてはるかに多い。

ハ．重ね塗りによる表現はわずかだが，低学年にやや多いと思われる。

技法的には，高学年ほど色彩表現の変化が多くなるわけである。

e．３色配色から見た色彩表現指導の考察

以上のような結果の整理から，表現における色彩の傾向が「学年別」「男

女別」にほぼわかったのであるが，まだこの図案における三色配合の表現では，にわかに結論は出せない。しかしながら，ある程度の方向性や指導上の参考点が見いだせたと思う。

（図　4）明度から見た三色配合の傾向

	種　別	学年／男女	1	2	3	4	5	6	合	計
1	明・中・中	男	6	7	5	9	8	7	42	84
		女	8	7	9	4	4	10	42	
2	明・明・中	男	5	7	3	−	3	1	19	48
		女	3	7	3	6	7	3	29	
3	明・中・暗	男	3	3	5	4	3	6	24	35
		女	−	2	3	3	2	1	11	
4	明・明・明	男	3	−	2	1	−	3	9	34
		女	5	3	3	5	5	4	25	
5	中・中・中	男	2	2	−	−	1	1	6	14
		女	3	1	1	1	1	1	8	
6	中・中・暗	男	−	−	1	3	1	1	6	8
		女	1	−	−	−	1	−	2	
	明・明・暗	男	1	−	2	1	1	−	5	
		女	−	−	1	1	−	1	3	
7	明・暗・暗	男	−	−	2	2	2	−	6	6
		女	−	−	−	−	−	−	0	
8	中・暗・暗	男	−	1	−	−	1	−	2	2
		女	−	−	−	−	−	−	0	
9	暗・暗・暗	男	−	−	−	−	−	1	1	1
		女	−	−	−	−	−	−	0	
合		計	40	40	40	40	40	40	240	240

（図　5）明度についての傾向

	色　調	学年／男女	1	2	3	4	5	6	合	計
1	明　色	男	30	24	29	20	21	24	148	339
		女	29	31	29	36	35	31	191	
2	中 明 色	男	26	31	21	28	28	26	160	312
		女	30	27	27	20	21	27	152	
3	暗　色	男	4	5	10	12	11	10	52	69
		女	1	2	4	4	4	2	12	
合		計	120	120	120	120	120	120	720	720

（図　6）混色・重色についての傾向

技　法	学年／男女	1	2	3	4	5	6	合	計
混　色	男	2	10	9	15	23	29	88	183
	女	1	3	12	23	20	36	95	
重　色	男	1	2	1	−	−	1	5	13
	女	−	2	−	3	−	3	8	
合	計	4	17	22	41	43	69	196	196

（a）色材料についての吟味

たとえば「色相別の使用傾向」から見ても「暖色・中性色・寒色の使用傾向」から見ても，また「明度から見た傾向」から見ても，学年別・男女別にその使用する色彩材料については，特に多く使用する色相や色の仲間について，色数をできるだけ多く与えてやり，その表現を豊富に変化のあるものにさせるようなことは，指導上大いに考えられることである。

（b）表現技術についての吟味

そのほか，児童が目で見た色彩に対する傾向と表現における傾向との多少の相違には，材料による表現技術の抵抗ということも考えなければならぬであろう。このことは「混色・重色による表現の傾向」からもいえることであって，それはただちに低学年から高学年に至る「易から難へ」の指導上の原則的な配慮を意味するだけでなく，前述した色彩材料の上では，単に色数だけでなく，この表現技術という点から，その色彩材料の種類ということも問題にしなければならない。つまりその区別と使用上の特徴に応じて，色数ということからはその種類も多いことが望ましいが，表現技術の点からは適当な時期や学年に応じた適当した材料の配分を考えねばならぬと思う。

このあとの研究として，次は描画表現の場合における，色彩表現の傾向などについて研究調査し，その結果をまとめて考察したいと思う。

B　色彩学習における材料と方法

a　描画における児童の色彩表現の傾向とその考察

児童の身のまわりには，さまざまな自然色と人工色がある。それらの色が児童にはどう受け取られているか。また，色彩表現にどう影響しているであろう。

（a）　自然の色の表現の傾向

イ．概念化の傾向

まず気付くことは，児童が自然の色については，山は緑，地面は茶，空は青といったように，概念的に表現する傾向の多いことである。

図七は，児童の描画作品を対象にして，そこに表現された自然物の色の傾向を調査したものである。これで見ると，低学年ほど自然物の色を，その物によって，あたかも固有の色があるかのように決めてかかって，かき表わす傾向が強い。また，高学年になっても，やはりこの傾向が強いことがわかる。

ロ．質問調査とその結果

このいわば色彩の概念化の傾向といったものの原因については，次のような質問調査と，その結果に基いて考察することができる。

(イ)　質問調査の内容

問・絵をかくときに色の塗り方を教えた（教わった）ことがありますか。

ない，ある（親，兄弟，その他（　　　））

おもにどんなことを（　　　　　　　）

・絵をかくときに，色について，次のようなことを，教え（教わり）ましたか。

空は青く木の葉は緑というように。

見たとおりの色でかくように。

自分で感じたとおりに自由な色で。

(ロ)　結果の整理

右のような質問によって，低学年では父兄に高学年では児童に，解答してもらった結果，次のような割合が見られた。

A　父兄を対象とした調査では，

a　自然の色の概念的指導（空は青く，木は緑に）をしたことがある

……………………………53％

b　その時期，4，5才（幼稚園）から小学校低学年………46％

c　教えた人，父母兄姉……………………………………………42％

幼稚園，保育園……………………………………9％

近所の人，友だちほか…………………………5％

B　児童を対象とした調査では，

a　自然の色の概念的指導を受けたことがある………………73％

b　時期，入学前から低学年………………………………………58％

最近も…………………………………………………………7％

c　教えた人，親兄姉………………………………………………46％

（図 7） 描画に現れた自然の色の傾向

自然	色＼学年	低	中	高	計	
空	青	㉕	21	16	㊷	86
	灰	1	2	④	7	
	白	3	1	⑥	4	
	その他	2	4	⑦	13	
地面	茶	㉗	19	12	㊳	119
	黄土	2	6	⑨	17	
	焦茶	2	2	④	8	
	黄	1	3	⑤	9	
	橙	2	2	③	7	
	灰	3	⑤	4	12	
	その他	1	3	④	8	
葉・草	緑	㉑	17	13	㊿	111
	黄緑	4	6	⑨	19	
	青緑	0	2	⑥	8	
	青	1	2	④	7	
	黄	2	5	⑧	15	
	その他	1	3	⑦	11	
頭髪	黒	㉚	23	19	⑫	113
	灰	2	3	⑤	10	
	焦茶	1	3	⑥	10	
	紫	0	1	④	5	
	青	2	2	④	8	
	その他	1	2	⑤	8	

調査対象　児童の想画，各学年20点（男女同数）。
数字を○印で囲んだものはその欄での最多数を示したものである。

友だち……………………………………………14%
その他…………………………………………… 8%

(ハ) 傾向の考察

これらの結果から，自然物の色と，その概念的表現の傾向の見られる原因については，次のようなことがあげられよう。

A　ことばからの影響

概念を与えるものはことばであり，自然物の名まえとその色を，ことばで結びつけて言い慣らしているうちに，絵をかくときに，その概念にとらわれて色を塗るようになる。事実，わたくしたちの話の中に出てくるちょっとしたたとえや，歌の中のことばや，日常会話にも，色の名まえが多く使用されている。児童が絵をかくときに，わきから口先だけで，色についていろいろ言うことのむずかしいことが痛感される。

B　人からの影響

人からの影響もまたことづての影響が多いと思うが，その他行動的にも，身近な人から，あるいは権威のある人，親しい人，また特に友人からの影響も強く受けている。

C　絵本などの影響

数多くの絵本その他の印刷物などからの影響も相当に強い。こうした絵本などの作られた色や形の，好みに合ったスタイルを通して表現しようとする，一種の回り道的表現に陥る例も数多い。

(b) 人工の色の表現の傾向

イ．調査とその結果

自然の色の調査と同じ児童の自由画作品を対象に，建物・乗物・人物の衣服などの，人工物の色の傾向について調べた結果が図8である。

建物や乗物を表現した絵が 93 点，人物を表現した絵が 96 点もあったから，ほぼ平均１点について，４色から５色を使用していて，自然の色の場合よりはるかに多彩な表現であることがわかる。

ロ．傾向の考察

この原因は，だいたいにおいて次の点に尽きると思う。

(イ) 人工物そのものが，形も色も多種多彩である事実に基いていること。

(ロ) それらの色彩が多分に装飾的であり，したがって多くのいろどりになる自由な彩色表現をする傾向が現れる。

以上の調査の結果には，まったく対照的な傾向が認められたが，このことから指導上考慮すべき点があげられる。

（c） 色彩学習指導上の留意点

イ．とらわれた色の表現ではないこと。

自然の色を児童がどう捕えているかは，実は多分に先入観にとらわれて表現していることの多いことがわかったが，もっと直接に，児童のその時の生な印象に基いて，自由に表現させることがたいせつである。

ロ．色彩はもともと一つきりのものではなく，多彩ないろどりの中に，生かすべき色が見いだせるということ。

ハ．単に視覚的に，色を色として見るだけでなく，児童の心の動きに合った具体的な，いわば全人的なはあくをすること。

色彩創造のねらいは，また人の心に訴えるものでなければならない。事実，色彩は単に色が色であることを人に知らせるばかりでなく，それによって種々の反応と，いろいろなことを認知し，情緒的類推を起させる。あるいは言語・文学・音楽などに表現された色の数多いことなど，人間の精神的組成の面でも，色彩は重要な役割を果している。このような色彩を表現するには，特に児童にあっては，そのありのままな性質に合った指導を

（図 8） 描画に現れた人工の色の傾向

人工	色＼学年	低	中	高	合	計
建物（室内・静物・乗物）	赤	㉘	19	13	⑥⓪	411
	橙	⑬	11	7	31	
	黄	8	⑩	7	25	
	黄緑	⑤	3	4	12	
	緑	7	5	⑧	20	
	青緑	1	6	⑩	17	
	青	⑬	7	9	29	
	紫	5	⑧	6	19	
	茶	㉒	19	18	59	
	焦茶	4	6	⑨	19	
	桃	⑮	14	8	37	
	黄土	4	5	⑦	16	
	白	2	④	3	9	
	黒	⑲	13	9	41	
	灰	6	9	⑫	17	
衣服	赤	㉛	23	14	⑥⑧	480
	橙	⑩	8	8	26	
	黄	⑱	15	11	44	
	黄緑	⑪	6	9	26	
	緑	9	⑩	6	25	
	青緑	2	4	⑥	12	
	青	17	16	⑱	51	
	紫	7	11	⑬	31	
	茶	8	7	⑨	24	
	焦茶	9	8	⑨	26	
	桃	14	⑱	15	47	
	黄土	4	5	⑧	17	
	白	6	⑨	7	22	
	黒	⑰	12	11	40	
	灰	7	6	⑧	21	

するべきで，具体的な児童の心の動き，その感情や連想にともなったはあくと，それに基く動きのある表現ができるようにしなければならない。

b　色彩の観察受容における材料と方法

（a）　色彩の感得能力と選択能力

造形活動における作用を，人を中心としたはたらきの上では，享受と創作の二面に分けて考えてみることができる。

色彩学習における観察受容の指導は，いわば消極的な面としての「感得能力」と，より確かな色彩はあくをするための，約束の習得を根底として，その「選択能力」を高めるためのものである。

（b）　物体色のはあくとその条件

自然物，人工物などの身近にあるさまざまな色，ここでそうした物体色の観察はあくはやはりたいせつなことである。しかし，そのねらいは，単に赤緑・黄といった色相弁別的なことや，光線の影響からして，あまりにも科学的分析的にかかることでもない。そこに備わった，どんな外的，あるいは内的な条件のもとで，その色がどう見えたかということに，指導の手がかりと展開を見いだすべきである。これを人を中心に考えて，いわば外にある客観的条件はあくと，内にある主観的条件はあくの二面に分けて考えることができる。

イ．客観的はあく――色と光の関連的なはあく

まず，目を通して，外的条件刺激をそのままに色を見ること，この場合もちろん光が第一にある条件である。自然光線と人工光線，昼と夜の光の違いなどから，同じ物でも明暗，彩度の変化を生ずる事実から，

(イ)　光源と光の種類に基く物体色の変化

(ロ)　光線の反射のいろいろなしかたの違いによる物体色の変化

屋内と屋外の違い，そこにはさまざまな反射と屈折をした光によって

色が種々変化している。

- 電燈のような光源色
- 虹や水玉のような分光色
- 青空や煙のような分散光色
- 色ガラスやセロハン紙のような透過光色
- 貝殻や虫の羽根のような干渉分光色
- その他，絵の具や動植鉱物などの物体から反射して見える色

(ハ)　色と光沢の関係

また，物の表面の色つやは，色とは無関係に，その物体表面の性質である。しかし，色とつやとは混同されやすい。光沢は，その物質のそれぞれによって，特有の粗密さ，つまりはだざわりを持つことを示している。たいせつなことは，児童の用いる色料自体に，光沢の有無が伴うことである。たとえば水絵の具のぬれた色は，濃く深い色に見えるのは光沢があるからで，色紙のような印刷物にも，多少の光沢がある。かさかさした色，しっとりした色の表現の違いがここにある。

ロ．主観的はあく――感情的条件はあく

色はまた，見る人自体の心身の状態によって，さまざまな受け取られ方をする。この内的条件を次の二つに分けることができる。

(イ)　肉体的条件

健全な活気にあふれた身体条件においては，色彩も明るく，生き生きとして見えるが，疲労や身体に故障があるときは，色がぼんやりとあせて見える。

(ロ)　精神的条件

「灰色」や「黒」は悲しみや苦しみを表わし，「赤」や「紫」は喜びや崇厳さを表わすといわれる。色彩感覚は，直接的な経験として第一次

的なものであるから，色彩に対する認知や反応は，知識とか想像の努力なしにできる。したがって，論理的客観的な思考やはあくよりも，直観的・具体的な経験を通して，児童の色彩表現を伸ばすことである。

（c） 色彩の比較とその条件

イ．光の条件吟味

夜買ってきた品物を昼間見て，こんなはずではなかったと思うことがある。またひなたで見る色と日陰で見る色は，色相によって，明るさやあざやかさが違って見える。だから，色はその光の条件に基く約束によって比較しないと，結果の色だけをやかましく言っても意味をなさない。

その条件には次のようなことを考える。

(イ) 光源や光線の種類の違い。

(ロ) 物体表面での照度（明かるさの度合)。

(ハ) 光の当っている角度と見る角度の違い。

ロ．色の比較照合条件

色を比べるには，色相については比較的にやさしいが，色のあざやかさ明るさは多少とも経験を積まねばならぬ。それは，いろどりのある色どうしでも，色相や彩度がかけ離れた色どうしを比較する場合の，明度の比較がむずかしいことなどでわかることである。その条件はまず色彩の三要素別に，色相の比較，明度の比較，彩度の比較の三つがある。

ハ．基になる色による吟味

たとえば，絵をかくとき，画面での部分部分の色彩を捕えるために，中心的な事物とその色彩あるいは最も明るい色と暗い色との間において，画面に表わす範囲にある，色彩の比較を行うことがある。児童の実際活動では，こうした中心となる色を決めて，それとの比較で，まとまりと調和のある色彩のはあくが，なされるように指導することも心がけたい。

（d） 色彩の当合分類とその条件

イ．指導の機会

色彩の観察受容における材料と方法が，具体的にはどんな学習の姿で現れるか。色彩は物自体を表わすための一つのたいせつな要素になり，または装飾的な役割を果すこともあるが，極端にいうと，表わすための手だてにとどまることも多い。つまり，色彩はあくまでも物に即して児童には感じとられるという面と，同時に色そのものの美しさに魅惑されることの二つの機会がある。

ロ．題材の捕え方

物体色のはあくや，色の比較と内容的な関連を考えて，観察受容の学習活動としては，色の当合分類を試みる。つまり「色集め」「色並べ」「色分け」「色比べ」などがそれである。

ハ．材料と方法

対象とする色彩は，自然物であると人工物であるとを問わず，児童に身近なものの中から，なるべく造形的要因の多くてなじみ深いものを，配列取材できればよいが，それを当合分類する条件は次のようなものである。

(イ) 色相あるいはそれに基く色名によって当合分類するしかた。

(ロ) 明度 (ハ)，彩度 などのそれぞれにより当合分類する。

(ニ) 色の感情に基く当合分類

(ホ) 色と光沢に基く当合分類

c 色彩の表現における材料と方法

（a） 色彩の創作表現と応用表現

この色彩の「創作力」「応用力」の指導では，単に児童の表現自体を伸ばすばかりでなく，進んで色彩面から生活の改善進歩に役だつ能力的な啓発を図る。

(b) 色彩創造と混色表現

表現における色彩創造が，主として，その審美的効果にあるとすれば，その主体は児童の個性的，主観的表現に置くことができる。この場合，材料としての色料は，各種の絵の具や色紙を使用することが考えられる。

(c) 絵の具の混合

イ．描画における絵の具の混合の調査

図7，図8での調査対象と同じものについて，「描画における絵の具の混合の度合」を調査した結果をまとめたものが図9である。

(イ) 混色の度合も表現される色数も，低学年では少なく，高学年になるにつれて増加する。

(ロ) 混色は，低学年では女子に少ないが，中学年から目だって増加する。また混色には色を重ねることによったものを含めている。

(ハ) 混色と混色しない色とを比較すると，ほぼ低学年で5対1，中学年で3対1，高学年で 2.5 対1の割合でふえている。

ロ．絵の具による混色の傾向

(イ) 色相は低学年では，桃・薄青など「明るくて薄い色」を表わし，色相

(図 9) 描画に現れた混色の度合

色	学年 / 男女	低	中	高	計	
混色	男	46	72	89	207	452
	女	21	94	130	245	
混ぜない色	男	183	203	215	601	1244
	女	161	229	253	643	
計		411	598	687	1696	

調査対象 児童画（想画），各学年20点（男女同数），計120点

のあまり隔りのない色どうしの混色が目だつ。高学年になるにつれてかけ離れた色相のかけ合わせや，一時に多くの色料を混ぜて複雑な色を作るようになり，色域は広がる。

(ロ) 明度は低学年で明色と中明色，つまり明るい色が多く，暗色は5％で少ない。それが中学年で 12.5％，高学年でほぼ 15％とふえ，また男子が女子の三倍も多く暗色を表現している。

(ハ) 彩度は低学年ほど「あざやかな色」を好み，高学年になるにつれて，「渋い」中間色を増し，色域も広がりをもつ。

ハ．混色の方法

(イ) 絵の具を上へ上へと重ね塗りをする。

(ロ) パレットの上で混ぜ合わせる。

(ハ) パス類の排水性を生かして，水彩と併用する。

(ニ) 点描によって画面上で混色の効果を出す。

(d) 色紙による表現

(イ) 色セロハン紙のはり重ねをする。

(ロ) 薄い色紙のはり重ねでする。

(ハ) 色紙と絵の具の併用でする。

(ニ) 色紙を細かくちぎったはり紙によってする。

(ホ) 色紙の立体構成表現により，光の効果をねらってする。

(e) 色彩の応用表現とその条件

色彩の応用表現は，色彩の生活化に主眼をおいた，機能や合目的性に基く色彩表現である。

(f) 応用表現の強調点

(イ) 装飾的色彩応用表現　　(ロ) 合理的機能的色彩応用表現

(ハ) 調和的色彩応用表現

（g） **応用表現とその条件**

(イ) 形との関連表現　　(ロ) 色の明視と注目性に基く表現

(ハ) 色の感情的表象性に基く表現

○結　び

以上，「色彩表現の傾向」を，児童の図案作品や，描画作品について調査し，その結果について考察し自然物にみる「自然に生れてくる色」と，人工物にみる「多彩な色」など色彩表現の実態から，生活における，色彩の必要と用から生ずる，色彩処理の課題や，材料や方法について論じた。そこには過去の約束に規制された，いわば古い色彩と，色彩科学によって開拓された今後の改善進歩の方向を示す新しい色彩の二面がある。故にこの現実に基き動的な児童の体得経験を通してのはあくと，受容と表現の活動作用の両面での能力啓培こそが，この学習のねらいであることを強調して終ることにする。

4　色彩感覚の発達傾向から見た配色学習の範囲と系統に関する考察

森　市松

A　は じ め に

かってわたくしたちは，色彩について，ニュートンのプリズムによるスペクトル分析以来色彩は光であるという物理的考察が，強く頭に刻みつけられていたのであるが，これが，ドイツの化学者オストワルドの研究でさらに生理的色彩心理的色彩として研究されるに及び，色彩は感覚であるという立場が大きく浮び上がってきたことは，御承知のとおりである。

しかし，一方色彩教育の立場から見ると，色彩そのものについての研究は20 世紀初期後の大きな発展とともに，理論的には，基礎的な部分として，重要性と魅力をもって指導されるようになったが，児童の感覚的発達との関係において研究されるようになったのは，よほどあとからのように思う。

しかも，現在でも，色彩指導にあたって，感覚的発達についての研究は，ヴァレーンタインの個人観察の記録など，いくつかの研究はあっても，まだまだ未開拓の分野が多いようである。

B　色彩学習における感覚の問題

諸科学者，美術家に至るまで，色彩は，感覚としての立場から研究されていることは事実であるが，一方児童の色彩教育でも，色彩は感覚するものであって，指導としては，知識として理解されるだけでは果されないということは現在の定説にまでなっている。

色彩感覚を発達させる指導は，常に色彩に接し，色彩に親しみ，関心をもたせ色彩を生かす学習の中で果されるといわれている。

しかし，さらに確かな指導のあり方について考えるならば，その前に，児童の色彩に対する感覚的な発達を知ることによって，いっそう効果を上げうるものであると思われる。

ところが，今日の児童の色彩感覚の発達についての研究は，いずれも現場の教師が欲する適当な資料がなく，指導にあたっては，かなり困難な点が多いようである。たとえ色彩の指導を相当に力を入れて行ってみても，指導の結果に自信がもてないでいるのではないかと思う。

（表 1）　色彩指導内容――要約すると次の四つに分けられる

	1・2	3・4		5・6	
① 色彩常識	名まえを覚える。	明るさの理解をする。		あざやかさの理解をする。	
② 当　合	なまえを覚える。	明度の当合をする。 純色—無	〃 純明暗—無		
③ 分　類	色並べをする。	類似色を集める。 色　相	同 明　度	同 彩　度	
④ 配　色		明度・色相の関係。 2〜3色	同 目だつ配色の理解をする。 初歩的技能。	主調色の理解をする。 三要素の差による感じを配色に生かす。	同 配色とその面積の関係を理解する。 同一図柄による配色の効果を理解する。

C　色彩学習の系統について

それでは，現在の小学校における色彩学習は，どのような指導目標と内容をもって指導されているかというと，一般的には，指導要領の色彩指導内容から次の四つの系統が考えられ，それを筋として実際の学習指導の方針が立てられ，学習が行われていると思うのである。一つには色彩常識の系統，一つには明度の当合について，一つには色彩の分類に関する系統，もう一つが配色についての系統である。

この四つの系統のとり方については，別の機会に考察することにして，今はこの四つの系統の学年的発達過程に関しては，その指導内容の表わし方からみて，ややおおまかすぎるものではないかと思われる点，そしてその指導内容をもって実際指導にあたっては，かなり不自由な面があるのではないかと，思われる点など考えると，さらに研究すべきものが残されているように思うのである。そこで，われわれが持っているところの指導内容を，さらに満足すべきものとするためには，児童の色彩に対する感覚の発達段階をはっきり示すことができれば，いっそう確かな学習ができると思うのである。

では，現在色彩感覚指導の段階をどのように考えて研究すべきかについて検討してみたいと思う。別表の中にもあるように，指導要領に示されているものを分析してみて，色彩の感覚的指導の観点から，おもな特徴を取り出すと，

1，2年生では，色相に関し，好ききらいその他の感情が発達し，色に対する関心印象が高まるというようになって，主として有彩色 12 色，無彩色 3 色を中心に，考えられている。3・4年では，明度を中心に明度を理解して，明度差の判別ができ，類似色相の分類ができる。2〜3色の組合せによる異なった刺激に関心をもつ配色についての初歩的な技能をもつということになっている。

5・6年では，彩度が出てきて，彩度差の判別ができることになり，色の感情が暖寒色を中心に理解できることになり，三要素の組合せ方の差によって異なる感じの判別ができるということになっている。

（表 2）

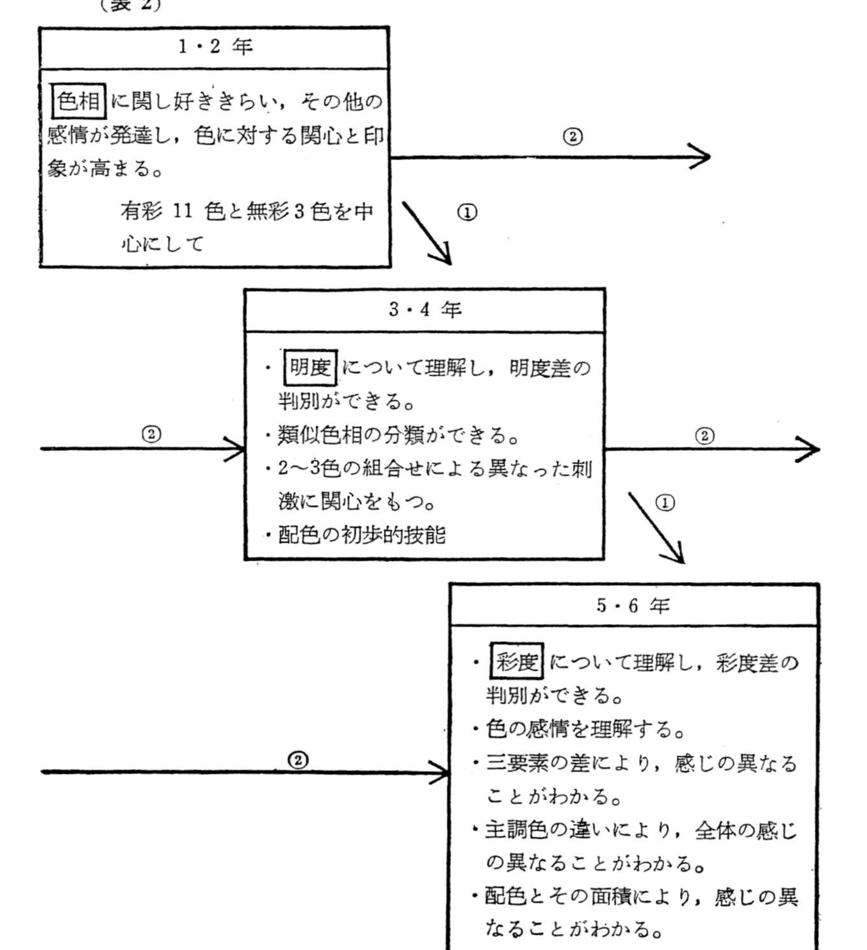

1・2 年
色相に関し好ききらい，その他の感情が発達し，色に対する関心と印象が高まる。
有彩 11 色と無彩 3 色を中心にして
3・4 年
・明度について理解し，明度差の判別ができる。
・類似色相の分類ができる。
・2〜3色の組合せによる異なった刺激に関心をもつ。
・配色の初歩的技能
5・6 年
・彩度について理解し，彩度差の判別ができる。
・色の感情を理解する。
・三要素の差により，感じの異なることがわかる。
・主調色の違いにより，全体の感じの異なることがわかる。
・配色とその面積により，感じの異なることがわかる。
①
②

また主調色による全体の感じ，配色とその面積の関係についての感じについて扱えることになっている。これらは，一応，やさしいものからむずかしいものへと段階はとられているものの，実は，別表におけるいわば斜行的段階に解釈されやすいというところに，指導上問題点がもたれているのではないであろうか。

たとえば，色に対する感情についても，1，2年生における感情は，やがて5，6年生の暖寒色の感情に至るまで，なんらかの移行が見られるはずであるし，明度についても，3，4年前後の学年についても，発達の傾向が，なお詳しく説明されることが望ましいと思うのである。そこで，やや誤解されやすい，斜行的段階の示し方から，同表にある②にあるような，平行的な発達段階，あるいは傾向を明らかにすることが必要であると思う。

以上のようなことから，少しでも問題を明らかにしようと，いくつかの基礎調査を試みたのであるが，現在まで最も力を入れたのは，小学校の色彩学習の中で重要な位置を占めるところの，明度と色相についてであった。そのおもなものは，

○色紙を与え，明度差・色相差の判別調査
○色の記憶による明度差別調査——(筆問)
○具体によ物る目だつ配色の調査——(筆問)
○暖寒色など，色の感情により色相判別調査
○機能に対する，配色の好みの調査
○色の配色により，一部面積の変化による重さの感じ判別調査

これらについては，主として学年的な発達の傾向をみることに重点をとった。この中で，まず初めに取り上げたいのは色紙を使っての明度差・色相差の判別調査である。この調査では，教育大付小の1年生から6年生まで男女任意に，それぞれ 44 名ずつ計 264 名について行ったものである。もちろん

264 名という人員，そして付属小であるという条件で行われたものであるから，さらに一般的客観性からいえば，検討の余地はあることと思うが，どこまでも，基礎段階として，傾向をつかむという見地からしたものである。

調査方法は，色彩研究所の標準色紙により異なる２色の組合せ，10 例を同時に見せ，最も目だつ配色３例を，順位をつけて判別させたものである。

２色の組合せは，基本色環の中から，まず補色関係にある，むらさき——きいろ No.6（配列 No. 表(3)による）と，あお——だいだいの No.3 の二補色対をとり，No. 6 に対し明度差のやや落ちるむらさき——きだいだい。No. 10 と No. 3 の明度差にやや等しい，むらさき——みどり，をとり，他を明度色相の比較的接近した組合せのものをとって，10例の組合せとしたものである。（図 1）

調査の実施にあたっては，10. 例の組合せ配列は，無為配列にし，それぞれの左肩に順位記入の（　）をつけたのである。それぞれのカードは，２色組合せのうち，１色を地色とし，１色を不等辺三角形にして，中央に点布したものである。

（図 1）

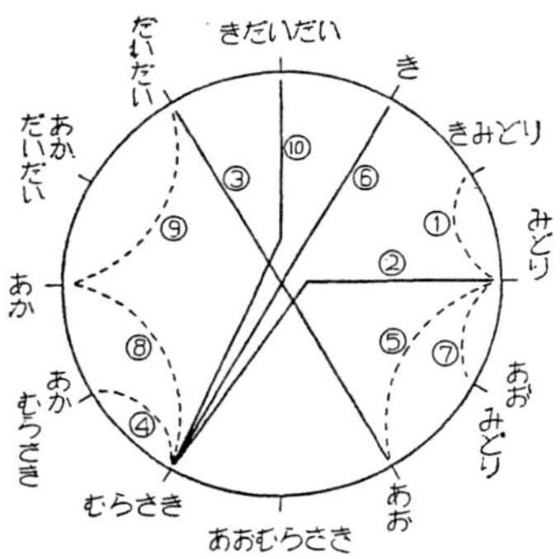

調査を徹底させる意味から，調査前には無彩色明度 15 相当のものと，明度 18 相当の地色のものに，同一きみどりをそれぞれ点布して，比較展示して，どちらの三角形がはっきりと目に立つかを，口頭で答えさせ，調査の方法を納得させた上で実施したのである。調査の結果は，資料に整理したように，低学年では組合せ10例のほとんど全部に，相当のひん数を数えることができるが，高学年に進むに従い，集中し，しだいに安定の度を見ることができるように思われる。

（図 2）

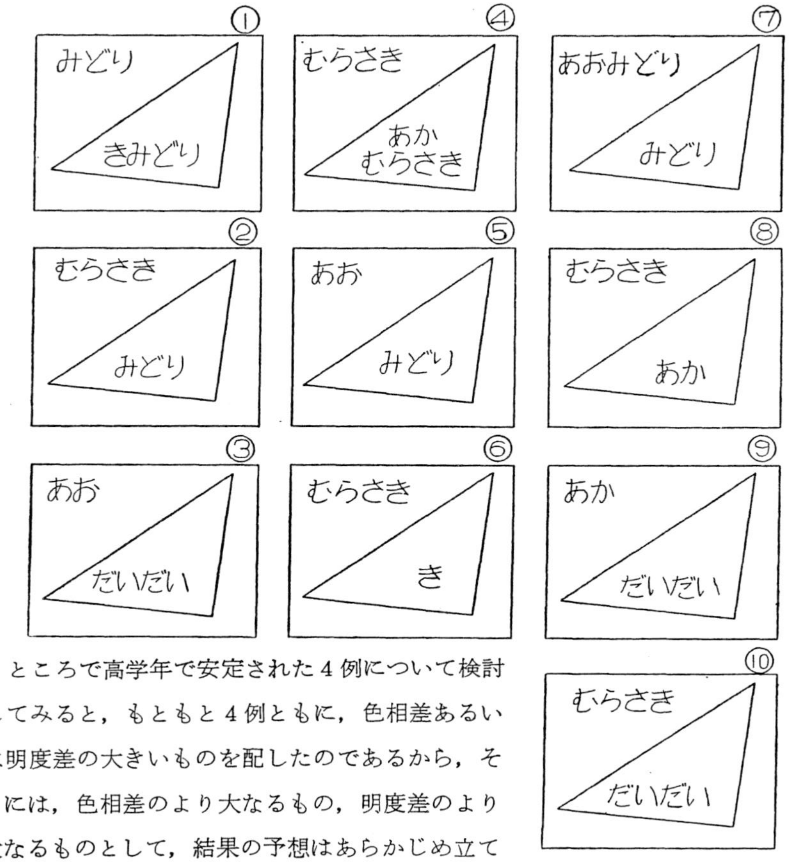

ところで高学年で安定された４例について検討してみると，もともと４例ともに，色相差あるいは明度差の大きいものを配したのであるから，そこには，色相差のより大なるもの，明度差のより大なるものとして，結果の予想はあらかじめ立てられてはいたのであるが，この No. 2, No. 3, No6, No. 10を，さらに考察してみると，No. 2 を除いては一位，二位，三位の順位の合計は，一見してだんだんに低学年から，高学年へと漸増し，ゆるやかなカーブを想像されるが，さらに No. 3, No. 6, No. 10 の内容を検討すると，ある学年では，たいへんな変化をしていることに気がつくのである。

（図　3）説明カード

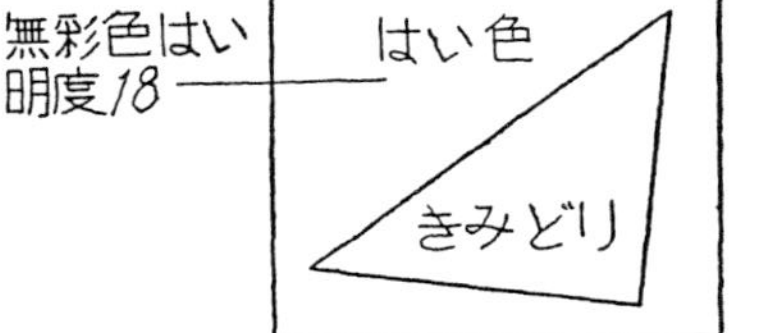

No.3, No.6, No.10 のうちには，No.6—No.3, No.10 と順を記入したものもあり，No. 6, No. 10—No.3 もあり，No.6—No.1—No.2 もあり，その他 No.3—No. 5—No. 10 など，いろいろ含まれているのである。

これらの中で，最も集中された順位としては，No.6—No.3—No.10（これをA順位とする）No.6—No.10—No.3（これをB順位とする）それと順位

調査の結果は（表3）に全学年を通じて②，③，⑥，⑩が最も高いひん数を示したが，各学年の安定度は高学年に進むに従って集中され，安定を見せている。

（表　3）

配列順	組合せ ＼ 学年・順位	1年 Ⅰ	1年 Ⅱ	1年 Ⅲ	2年 Ⅰ	2年 Ⅱ	2年 Ⅲ	3年 Ⅰ	3年 Ⅱ	3年 Ⅲ	4年 Ⅰ	4年 Ⅱ	4年 Ⅲ	5年 Ⅰ	5年 Ⅱ	5年 Ⅲ	6年 Ⅰ	6年 Ⅱ	6年 Ⅲ
①	みどり—きみどり	7	1	2	-	3	5	-	2	1	-	-	-	1	-	2	2	-	-
②	むらさき—みどり	3	9	4	2	1	6	2	6	9	1	4	12	-	1	1	1	-	1
③	あお—だいだい	4	8	8	2	12	⑮	3	13	⑲	6	12	12	6	⑲	13	1	㉕	16
④	むらさき—あか むらさき	1	1	-	-	1	1	-	1	-	-	-	-	-	-	1	-	-	-
⑤	あお—みどり	2	4	2	1	1	3	2	1	1	-	-	1	-	1	-	-	-	-
⑥	むらさき—き	㉓	6	2	㉞	5	2	2	㊱	2	㊱	6	1	㉞	8	2	㊷	2	-
⑦	あおみどり—みどり	-	-	3	-	-	-	-	-	-	-	-	-	-	-	-	-	-	-
⑧	むらさき—あか	2	⑩	8	3	4	2	-	1	1	-	2	2	-	-	-	-	1	-
⑨	あか—だいだい	-	1	1	-	2	2	1	1	1	1	-	2	1	-	-	-	1	-
⑩	むらさき—きだいだい	2	4	⑭	2	⑮	8	-	⑰	10	-	⑳	⑭	2	15	㉕	-	15	㉗

（表　4）

	1年		2年		3年		4年		5年		6年	
⑥—③—⑩	5	6	6	13	8	17	7	16	18	38	24	39
⑥—⑩—③	1		7		9		9		20		15	
⑥—○—○	17		21		19		20		4		3	

以外の一位として，最高位の No.6—X—X，（C順位）をグラフに表わしたものが表(5)である。

ここで注目されるのは，A順位の判別とB順位の判別では，それぞれのひん数カーブが交錯していること，2年生から4年生まで大きな変化はなく，4年生から5年生にかけて変化を示すこと，しかも2年生から4年生までは，両方のひん数も類似していることである。また，C順位の判別は，低学年に高く高学年に低くなっていることである。

次にA順位，B順位，C順位の比較により考えられることは，低学年・中学年にかけて，一位だけしか正しく判別できなかったものが，高学年になって，三位までの判別ができるようになっていることが，はっきりとしてきている。

そこで，二位，三位の判別は，やや困難なところもあるので，A順位，B

（表　5）

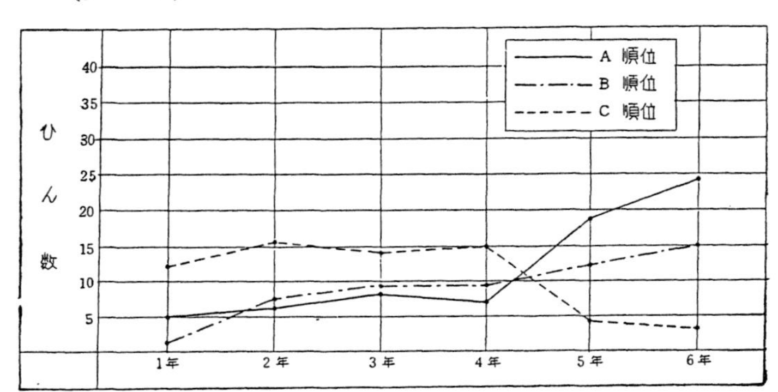

（表　6）

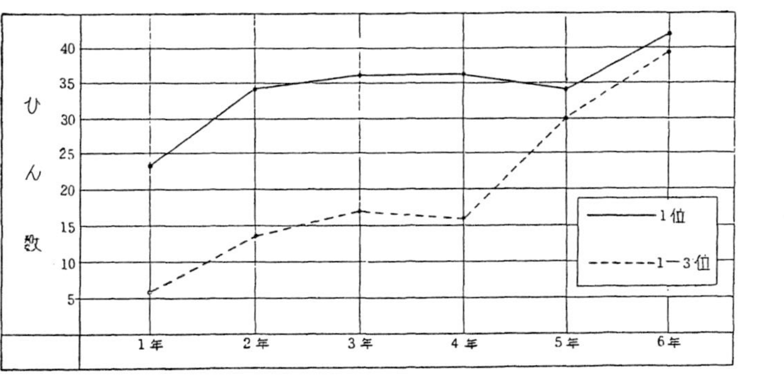

順位の判別者を，かりに三位までの判別者として考えると，その結果は，表6のようになり，一位を正しく判別した全ひん数のカーブと比較することにより，全学年の判別段階が，いっそうはっきりとしてくると思うのである。

以上の結果から，2年生から4年生までは感覚的に目だった変化が見られないが，4年生から5年生にかけて著しく変化を見せていることがわかる。また，六年生では，一位から三位までの判別が，90%に近い，正しいと思われる判別をしている。1年生は，一位では 50% の段階であり，一位から三位では，15%の段階にあることが結果として得られた。

D　児童の色彩感覚の発達傾向

以上のようにして，目だつ配色による明度色相について，判別傾向から，色彩感覚の発達傾向を調査したのであるが，小学校の色彩指導で重要な位置を占める色相と明度について，どのような感覚的発達傾向を見ることができるか，そこから学年別の発達段階をだいたい捕えようとしたものである。結果は，

- 2～4年まではゆるやかな発達を示し
- 5年になって著しい発達を示し

- 1年生ではきわめて不安定な状態であった。

そして，1年生から2年生にかけての急激な安定，2年生～4年生の停滞4年生～5年生にかけての変化については，次の問題として残されているわけである。

E　児童の配色についての関心傾向

一方児童の配色についての関心傾向の調査では，長谷氏が標準色 12 色を用い，異なる2色の組合せを 12 色ともすべての組合せを作り，計 66 組について感じのよいと思う組合せ，どちらともつかない組合せ，感じの悪いと思う組合せと三とおりの判別をさせたのである。

この調査の目的は，

児童の配色に対する関心がどのようになっているかの傾向を見ると同時に配色についての発達過程を知る手がかりとなっているものである。結果は，

- 著しく変化のある時期が，2～3年ころであったこと。
- 低学年でよいと判断したものが，高学年ではよくないと判断するものが多くあったこと。
- 高学年になるに従って，個性的判断の傾向が見られたこと。
- 変化を示した原因は，明度差に関係があったこと。

などが，おもな注意点としてあげられた。

以上児童の感覚に関する調査，配色に関する調査において，共通して問題とされる点は，

- 2年生と4～5年生が，ある転換期になるように思われる。
- はっきりとつかめないのが，2～4年であること。
- 1年生はいずれも不安定であること。

F　次段階の調査の目的と意図

前回調査の結果から，高学年（5年・6年）で，感覚的に安定のカーブを

示し，関心についても個性的な判断をするようになっているのは，色彩を扱う学習で，感覚的な経験を重ねつつ，その上に配色についての理解や論理的思考が加わった結果であると一応考えられる。

また，１年生の不安定な状態は，調査にあたっての，言語・文字など，知的な発達の不足から，ある程度の制約を考慮する必要も感じられるわけである。中で最も注目されるのは，２年～４年の傾向である。感覚の発達傾向からみると，２年生も４年生も大差が出ていない。しかも関心調査からみると２年生からは，ほぼ関心の傾向が一定のカーブを描きはじめている。

考え方を変えれば，理解や論理的考察を課さない２年生ですら，以後の高学年の配色に対する判断の傾向と，同一な方向をとっているといえる。

もしほんとうに２年生と４年生が，感覚上大差が認められたいならば，配色学習の指導内容にある種の検討が必要ではないかと考えられるのである。そこで４年生以前の学年について，配色上どのような差異があるか，さらに具体的に傾向を見ようとしたのが，今回の調査の動機になったのである。

（図　4）

25 cm

20cm

調査用紙（画用紙に W 字印刷）

G　調査の方法

前回は，カードを見せて判別させたのであるが，今回は，児童にクレヨンを使わせ，彩色をさせることにした。

図４のような，縦・横 25 センチ・30 センチの画用紙に W 字形の印刷したカードを与え，彩色材料はクレパス（ペンテル）に統一し，むらさき・みどり・あか・だいだい・きみどり・あお・きいろの７色を用意させた。

方　法

・調査の対象とした学年は，４年・３年・２年・１年で，各 40 名計 160 名について実施。

・カードの形の外側の部分をむらさきで，ほぼむらなく塗らせ，次に，内側の形に色を塗るとき，残り６色のうちどの色で塗ったら，内側の形がよく目だって見えるか，一色を選ばせて塗らせる。

H　調査経過と結果

この調査は，二色の配合であるから，４年３年では，かなり高い正答率が出てくるのは当然であるが，１年・２年でも同様高い正答率が得られたのは何に原因するかと一応考えられる。

（表　7）

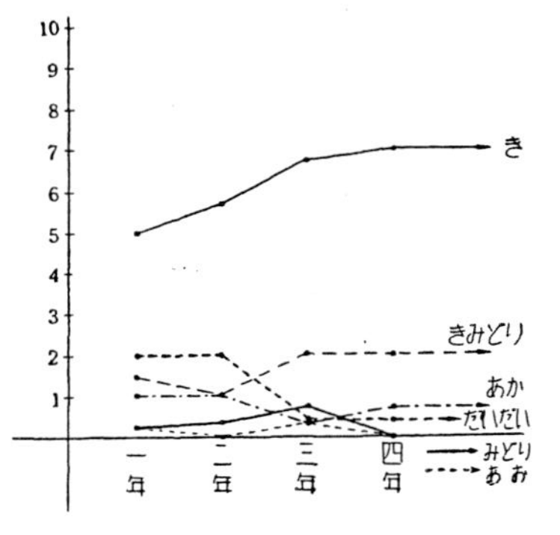

この調査は，主として明度に関するもので，明度の差の大なるほど目だつことは理屈の上からは簡単にわかっていることであるが，１年・２年では，明度ということばについてもあいまいであるし，明度差の大なる配色の効果についても，基本的な理解を得ていないはずである。しかるに配色をさせてみると，かなりの正答を示していることが実証されているのである。（表　7）

I　児童の配色能力と配色学習

以上，前回の調査により，児童の配色能力のすべてが判明したわけではないが，少なくとも明度・色相に関しては，低学年でも，ある程度能力をもっていることは確かである。しかもそれは，理解や理論的考察を伴わないでも感覚的に処理しているということが，それによってわかるのではないかと思う。もともと配色学習は，基本的理解事項，そしてそれによる知的な考察は高度な配色に進めば進むほど必要なものであるが，知的理解のみを目的として果されるものでもない。感覚的な経験を伴う理解があってこそ，配色の力は伸びていくものである。

低学年の児童の配色学習では，理解を中心に学習を進めることは，一般の知性の発達の上からも無理がある。感覚的な経験だけで終らせては，基本的に整理された力がつかない。そこで理解と感覚的経験との関係を，実際の指導上どう考えたらよいか，そこを明らかにすることが児童の配色学習にとって，大きな問題になると思う。

J　配色学習の指導内容

（a）　指導要領の主旨と実際指導のずれ

配色という仕事は，小学校の児童の生活では，色彩を使うところ，いたるところに存在するもので，一つ一つ取り上げるならば限りなくある。しかしながら，配色学習の経験の場として，どのくらい生かされているかというとまた数えるほどしかないといったら誤りであろうか。指導要領によると，理解に関する系統は，学年に応じ，発達に即して立てられている。そして興味を持たせ，感覚を発達させるということを明示されている。どこで何をさせるということについては詳細に出ていないまでも，色彩学習の一項目として，配色学習をすませるものではなく，他の項目，他の教科との関連において，広範囲な経験を得させるように書かれている。しかし，実際指導では，主旨はわかっていても，そのとおりに配色指導が行われ得ない面があるように見受けられる。

その原因は，いくつか考えられるが，その一つとして，主知主義的な考えによる誤りも行われているのではないかと思う。

配色指導ばかりでなく，色彩指導そのものを，理解を中心に指導し，そのあとに感覚的な経験をさせるほうが，能率がよいと考える行き方である。この考えを持つには，別な面で根拠が考えられないことはない。進学試験には

そうするほうが早道であると思うかもしれない。しかしこれは指導要領の意図に逆行するだけでなく，やがては児童のすなおな発達を曲げることになりかねないと思う。

原因の二つには，配色学習は色彩学習の項目の一系統として，色彩学的な扱いをしようと考えるとき，理解を中心に指導の体系は立てやすいが，感覚的な経験の系列が立てにくくなるということである。

もともと，配色に関する指導は，色彩にのみ行われるものでなく，描画・工作・図案など，図画作科の領域はもちろん，他教科の中でも適切な学習の取扱を得させなければならないものであって，関連的な指導の中には，配色感覚を高める経験として，きわめてたいせつな事がらが考えられるのである。そこで，配色の指導が色彩の中の一項目，一系統として安易に考えると誤りのもとともなるので慎重でなければならないものである。

また，実際には配色学習は，小学校の３年から，色合いと明るさに関して配色を調べたり，２～３色の配色練習をすることになっているが，３年になつて色合い明るさについて理解できるようになったから，そこから配色指導が始まると考えるなら，それは理解先行の考え方に立つことになり，配色学習としては，やはり狭義な解釈といわなければならない。

では指導要領の主旨や意図がわかっていながら，そうあってはならないということがわかっていながら，なぜ以上のような問題の点が出てくるかということである。

それは，配色学習でも理解の系統は立てにくく，指導のねらいも打ち出せない面があって，安心した指導ができないということにあるのであろう。

（b）　配色学習では，感覚的な経験が先行する

色彩感覚の発達段階を具体的に表わすことはむずかしいことである。しかし知的理解にさきだって，理解内容を感じの上で捕えうることは，さきの

配色に関する指導内容の配列

系列＼学年	1年	2年	3年	4年	5年	6年
集塊調査による考察			同　右	ポスター，レッテル，身のまわりの配色 色合い，明るさとの関係	ポスター，レッテル，身のまわりの配色 色合い，明るさ，あざやかさの差を調べる	
基本的に実験練習			○2色〜3色の配色練習	○目だつ配色の理解 ○2〜3色の配色練習	○暖寒色のとりあわせ，主調色の選び方を考え配色練習する	実験 ・色合いの大小の差による配色効果 ・明るさの差による配色効果 ・あざやかさの差による配色効果 ・色合い，明るさ，あざやかさについて面積の変化による配色効果 ・既成図案の図がらについて配色を変える
応用と関連			・模様の配色 ・図表の配色 ・人形のへやの配色 ・着せ替人形の配色 ○その他，教科，他学習との関連	・模様の配色 ・図表・地図の配色 ・工作物の配色 ○その他，教科，他学習との関連	○その他，教科，他学習との関連	○その他の教科，学習との関連

色彩感覚の発達傾向調査，配色関心傾向調査によっても明らかなことである。

配色学習の指導内容が，学年別にあげてあるのは，児童の知的発達との関係で，感覚的な経験が，児童の能力として整理されうる段階を示していると考えるならば，学年別にあげられた指導内容は，さらに下位の学年で，感覚的に経験を得させることができると考えられる。

たとえば前回の調査の一つに，10色の色紙を与え，きれいな並べ方を幾とおりか好きに作らせたが，1年，2年において，

- 明暗交互の模様
- 類似色相順ににじ模様

など部分的に配色したものを入れると，明度や色合いの関係による配色を考えたものが，かなり多数の児童に見られたことも参考になったと思うのである。

K　配色学習の範囲と系統について

配色学習の範囲と系統を指導内容の表によって考察してみると，集塊調査の系列を考えることができる。また範囲については，ポスター・装飾品・その他身のまわりの物の配色物から，他の学指領域における作品や作業に至るまでの中で，色合い，明かるさ，あざやかさ，それぞれの差異による配色効果，面積の変化による配色の効果について扱うことになっている。

これを今回までの調査および結果から考察を加えてみたいと考えることは，次の二点であった。

① 指導内容の系列にある各項目は，感覚的な経験を得させる意味では，さらに早い学年で行えないか。

② 他学習との関連の際には，配色の指導内容をさらに具体的に適用させることがたいせつである。

①の指導内容の系列について，さらに早めて行うについては，これまでの調査の結果から，次のような観点から考えてみたらよいかと思う。

- 低学年では，知的理解を伴う配色学習は無理であるが，配色の関心を持ち，いくらかの配色能力を持っている。
- 中学年では，断片的ではあるがある程度知的理解力ができ，配色の関心も高まつている。指導によっては，教師が児童に意図的な配色的活動をさせることができる。
- 高学年では，配色の関心の傾向からも個性的なものとなり，感覚的にも安定した発達をみることができるのであるから，相当程度の意図的な配色活動を試みさせてもよいと考えられる。

②の関連する配色学習の指導内容について具体化する必要があるという点は，配色の学習は，色彩指導の項目だけで満足されるものではなく，他の図案，工作，描画などの項目で，適宜積極的に取り上げられなければならないからである。

なぜならば，児童は，配色の調査や抽象的に，２～３の配色の実習をさせるときは，案外おもしろい意見を持っていたり，理屈にかなった仕事をしながら，描画的な学習や工作的な学習で，目的意識が異なってしまうと，配色については，意外なほど無関心で過ごしてしまうからである。

配色学習の，経験の場を図解すれば，図(5)のようになるのであるが，従来最も配色学習の活用の場としてたいせつなところでありながら，あいまいに取り扱われていたのは，図解の中の斜線で示された学習の場である。

たとえば工作と関連的に学習される場合，児童はその学習が工作学習であるという目的意識をもつが，教師としては，そこで大事な配色指導をするよい機会と考えたならば，配色についての，何をどのように学習させるか，その内容を確立しなくてはならない。

（図　5）

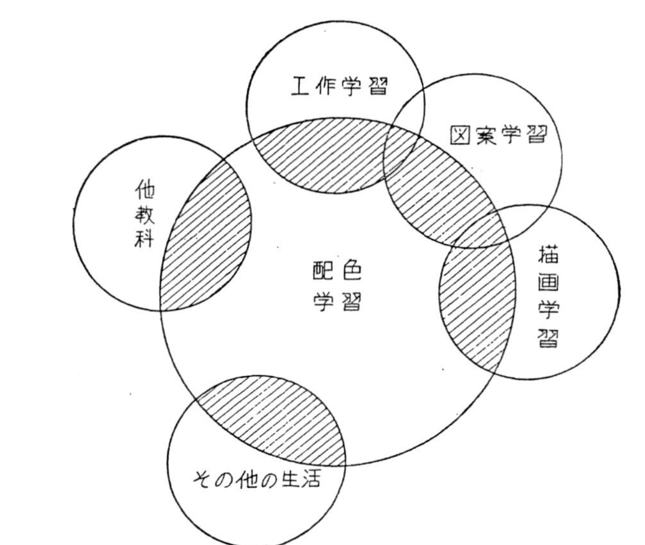

以上，児童の色彩感覚の発達傾向を色相および明度を中心に調査し，配色学習の範囲と系統を考える上の一資料とし，配色学習の学習の場および指導上の問題点を考えてみたものである。

5 色彩学習における理解教材の範囲と系統に関する研究

村 内 哲 二

A 研究の趣旨

「色彩学習における系統と範囲」という与えられた文部省の実験学校課題に対し，理解という部面からこれを取り上げようとして「色彩学習における理解教材の範囲と系統に関する研究」としてここに取り上げたのである。

色彩学習というものを分析してよく考えてみると，そこには実際筆をとって色を塗る表現活動とか，彩色されているものを見る，鑑賞するといういわゆる鑑賞活動，あるいはこれらと関連するところの理解活動とかいうようにさまざまな学習活動が予想されてその範囲はきわめて広い。そしてこれらの活動は，色彩学習ではあるいは図画工作科の学習活動の中にいては，それぞれが，有機的に直結し関連している部面が非常に多いのである。

したがってこのように有機的に関連しているもの，あるいは有機的に直結しているものを，表現活動とかあるいはここからここまでが理解活動であるとか，またはこの部分が鑑賞活動であるとかいうように，それぞれの活動の分野を明確に区分するということはなかなかむずかしいことなのである。むしろむずかしいことというよりは有機的に関連しているこれらの活動を明確に区分しようとする考え方そのものからして最初から困難なことであるかもしれないのである。

しかしながらここでは研究の必要上という立場から，あるいは分析的に解明していこうという立場から，図画工作科の学習活動を下のように，

○主として表現活動に属する分野

○主として理解活動に属する分野

○主として鑑賞活動に属する分野

というような三つの大きな分野に考えてみた場合，それでは色彩学習における理解活動，理解教材というものの範囲と系統といった事がらについてどのように考えることができるかということについての考察が，本研究の立場なのである。

したがって本研究では，

第一に，色彩学習で理解教材というものはどのように考えられなければならないかどのように考えるのが最も妥当であるかという点，すなわち理解ないしは理解教材の特質について明らかにし，

第二に，さらにそれでは理解教材にはどのような分野あるいは領域が考えられるか，そして現在の文部学習指導要領図画工作科編（昭和 26 年改訂版）にはどのようにその範囲と系統が位置づけられているか。

第三に，これらの範囲と系統は実際にこどもの能力とにらみ合わせてみた場合に，あるいは実際に指導を通してみた場合に，どのような関係にあるかということ。

第四に，今後これらの問題についていかに考えられ組織づけられるべきかそしてまたその取扱上についてはどのような点に留意されなければならないか。

といったような点について究明してみたものである。

B 色彩学習における理解教材

図画工作学習の中には，実際にクレヨンや筆をとって絵をかく活動，あるいは粘土，木その他の材料でものを作るというようないわゆる表現活動といったもの，それからそれの正反対の立場であるものを見る，鑑賞するといわ

ゆる鑑賞活動と，そしてまたいろいろな事がらについての理解活動といったものが予期される。そしてさきにも述べたように，これらの活動は単にばらばらに存在するのではなく，きわめて有機的に密接な関連をもっているのであって，明確に区分することは困難なことなのである。

図画工作科という教科を，よく表現教科であるとか，技術教科であると呼ばれるが，実際図画工作科教育というのは，被教育者すなわち，こどもの体験・経験・作業という能働的な活動，具体的な実際的な行動を通して行われる教育であって，この点単なる知識を授ける教科でもなければ，また単なる理解のみに終るという教科では決してないのである。具体的に感覚とかあるいは技能といったものを通して，あるいは訴えて，そこからそれぞれの個性を重んじ，それぞれの創造的な力をじゅうぶん養っていこうとすることをねらいとする教科であって，したがって図画工作の教育では知識・理解に決して終始してはならないし，また重点をおくものでも決してないわけである。

しかしながらまた，反面では次のようなことがいえると思う。

それは絵をかいたり，ものを工作するということで，最も能率的に最も効果的に学習させ，最も有効的にこどもに経験させるということになると，そこにはこどもに対して活動の原動力となるもの，あるいは活動に対して方向性を与えるもの，活動を合理的に有効的にするためのものとして，理解あるいは理解活動といったものが考えられるのである。

したがって理解ということは，単に知識を暗記するとか，法則を覚えるというのではなくして，具体的に実際行動の裏づけとなっていなければならないのである。すなわち，理解するということは，実際の行動にも適用することができて，はじめて理解することができたといえるのであって，いわゆる知識修得という事がらだけに終るものでは決してないのである。このように理解というものを解釈し，定義づけることは，現今の教育にあっては，どの

教科どの教育活動にもこのように解されなければならないと思うのであるが特に図画工作科では理解は技能ないしは感覚修練に結びついて解され，それを通して考えられなければならないのである。

C　理解教材の分野（領域）

現行の小学校学習指導要領（昭和 26 年改訂版）では，図画工作の指導内容を，描画・色彩・図案・工作・鑑賞・態度習慣の６項目に分けているが，これらの図画工作科教育の指導目標としての理解活動としては，ごくおおまかにいってどのような活動内容をもっているだろうか。次にこれを列挙してみよう。

○色・形・質・量などに関する理解
○紙・粘土・木材・金属その他各種材料に関する理解
○用具・材料に対する理解
○形式ないし様式についての理解
○構成要素についての理解
○構成方法の適否についての理解
○造形品の用と美との関係についての理解
○造形活動の人生における意味の理解
○造形活動が情緒の安定に役だつことの理解
○造形活動を通して，地域社会に対しての理解
○わが国および外国における美術品に対する理解

などがあげられる。

このような図画工作科における理解活動のうちで，さらに色彩学習のうちではどのように考えることができるかといえば，

○色・形・質などに関する理解

○材料・用具・表現方法などに関する理解

○リズム・対称・つりあい・調和など美の構成要素についての理解

○用と美についての理解

○その他

などが考えられるのである。

されこれらの大きく分けた理解の分野について，現行の文部省学習指導要領図画工作科編（昭和 26 年改訂版）には，色彩学習における理解教材としてどのように配置され，位置づけられているかといえば，下の表のようになっている。

第1学年	○有彩色 11 色無彩色3色の色の名まえについての理解
第2学年	○前学年の継続
第3学年	○色の明るさについての理解（無彩色 11 段階） ○配色の効果が，色合い，色の明るさに関係あることを理解
第4学年	○色の明るさについての理解 ○有彩色の純色，明色，暗色の理解 ○目だつ配色，目だたぬ配色の理解
第5学年	○色のあざやかさについての理解 ○有彩色の清色，濁色，色の寒暖等について理解
第6学年	○前学年の継続

この指導要領に示された基準も，指導要領の初めにしるされているように一つの試案として目安として，書かれたもので，なんら決定的，規定性のあるものではないのである。このように一応示されている基準に対し，われわれがどのように指導の上に展開していくべきかが問題なのである。

D　範囲と系統についての実証的な研究

わたくしは，色彩学習における理解教材の範囲と系統ということに対し，昭和 30 年4月に文部省の実験学校に指定されてから，特に上述してきたような意味における理解ないしは理解活動，ならびに前記したような学習指導要領に示された色彩学習の基準を，できるだけ忠実に守って日々の教育実践にあてはめて，実験的に実証するとともに，またいろいろな調査をも試みたのである。特に本研究の第1年度では,「色の名まえについての学習を中心として」というテーマでやってみたのである。

以下少しページ数をさいて，第1年次におけるいわば基礎調査研究としての「色の名まえについての学習」について，その報告をしるしてみたい。

◉色の名まえについての学習を中心として

（1）趣　旨

文部省の学習指導要領に，色彩の指導目標として，

「主要な有彩色および無彩色の色の名まえを覚え，実際に色を扱うことによって色に対する感覚を発達させる」

というのがある。（文部省学習指導要領小学校図画工作科篇 20 頁，各学年における指導目標と指導内容，色彩の項，第1学年指導目標）

これは小学校第1学年の色彩学習に関する指導目標であるが，実際われわれは小学校第1学年にかぎらず，この目標は小学校・中学校を通じて，色彩教育の全部を言い表わしている目標であるといってもさしつかえないかもしれない。

元来色彩学習というものは，それが孤立して行われるものではなく，実際には描画・工作・図案などの各学習つまり図画工作教育のあらゆる活動に関連し，織り混ぜて展開されていくわけなのであるが，その過程で，やはり色

彩は色彩としての学習内容の系統と範囲というものが，しっかりと系統立てられ位置づけられなければならないと思うのである。

このような学習で，それでは色の名まえについてはどのように学習を体系づけ，実際の教育活動に位置づければよいであろうか。そしてさらにできれば最も効果的な学習を進めていくためには，どのような創意とくふう，計画と実践が必要とするかというのが，本研究の課題なのである。

このような趣旨に基き，児童たちは色の名まえについてどのように知っているか。色の名まえをどのように呼んでいるか。どのような色がむずかしくどのような色の名まえを最もよく知っているだろうか。一度も学校で教育を受けない新入児童についてはどうであろうか。学年が進むにつれてどのような変化があるだろうか。また色の名まえについての指導はどのようにすれば最もよいであろうか。

（図１） 調査問題

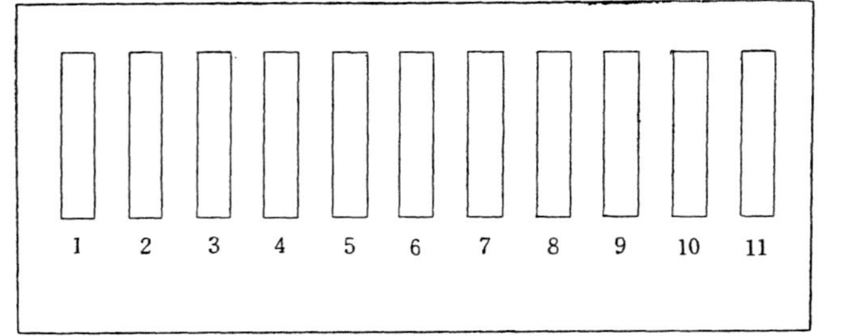

（図２） 回答用紙

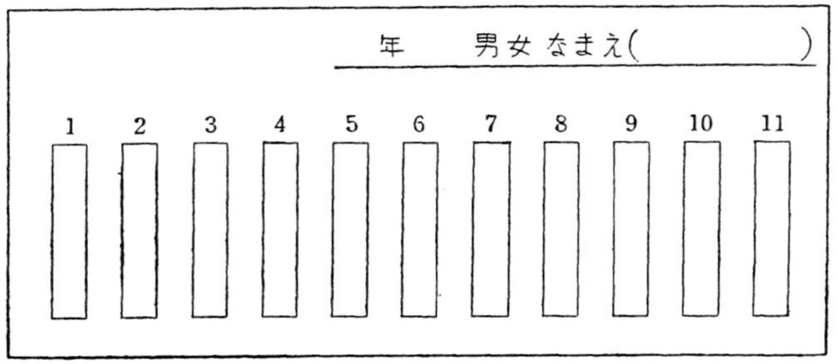

年　　男女 なまえ（　　　　　）

1　2　3　4　5　6　7　8　9　10　11

これらの問題をまず明らかにし，「色彩学習における系統と範囲」という課題で，主として色の名まえについての学習を中心として考察する上に，色の名まえについての調査を実施したものである。

（２） 調査問題ならびに方法

① ＪＩＳ（日本工業規格）で決められた有彩色 24 色の中から，基本色としてあか・だいだい・きだいだい・きいろ・きみどり・みどり・あおみどり，あお・あおむらさき・むらさき・あかむらさきの 11 色を選んだ。これらの標準色を，図１のように配列し，各色の下に番号をつけた。

② 学年別，男女別，氏名および並べた色の名まえを書けるようにした。記入用紙（図２）を配布。

③ 試験材料（図１）を黒板に掲示し，よくながめながら，回答用紙のそれぞれの番号の所に色の名まえを書かせる。

④ 調査期日は，第２学年以上第６学年までは，昭和 31 年３月に実施，第１学年のみ同年４月に実施。

⑤ 第２学年以上は上述のような質問紙法によったが，第１学年のみは回答用紙に記入することが不可能なため，面接法によって個人調査をなす。

⑥ 調査条件をなるべく等しくするために，各学年とも晴天の日の午前中を選ぶ。

（３） 調査結果について

i 新入児童は，色の名まえをどの程度知っているか

新入児童対象の調査は，昭和 31 年４月入学後まもなく調査したものである。まだ学校で一度も図画や工作の学習をしない新入の児童を対象に行ったものである。

この結果は，図3にも示すごとく，総体的には色の名まえをよく知っているものといえよう。中でも，あか・きいろ・みどり・むらさきなどのように，色合いのはっきりとしているもの，あるいは，日常よく使われる色の名まえについては，非常によく知っているといえる。

色の名まえを調査してみて，どういう色の名まえが返答できなかったか，といえば，あおみどり・あかむらさき・がいちばん多く，その他はきだいだい・きみどり・あおむらさきなどの色が多かったのである。

標準色を見せて，こちらが要求している色の名まえ以外に，どういう色の名まえが多かったかといえば，

（図3） 新入学児童は，色の名まえをどの程度知っているか

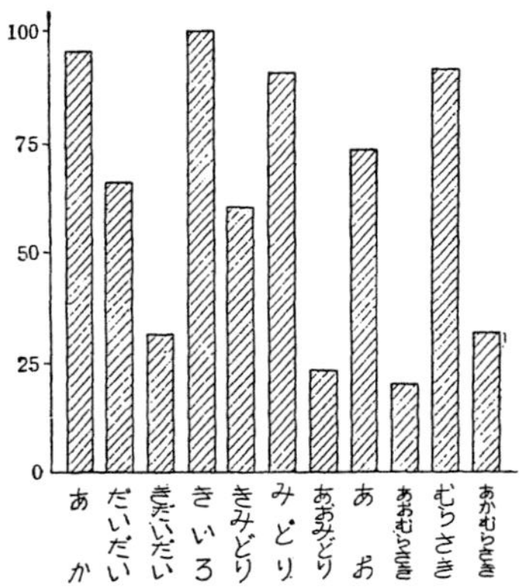

あか…………朱・ピンク

みどり………あお・きみどり

だいだい……みかん色・はだ色・朱・かば色・かき色

きだいだい…山ぶき色・みかん色・きいろ・たまご色・だいだい・顔色こい黄

きみどり……うす緑・きいろ・緑・うす黄・くさいろ

あおみどり…みどり・水色・青・空色・グリーン・こいみどり・紫

あおむらさき…あお・むらさき・ぐんじょう色・空色・あい

むらさき……うすむらさき・赤紫

あかむらさき…ももいろ・紫・あづき・ピンクぼたん色

あお…………水色・空色・あい・ぐんじょう色

上のような回答をするものが多かった。

図3を見てもわかるように，きいろは全員百パーセントきいろと答え，その他あかみどり・あお・むらさきはそれぞれ答えられたが，青系統ならびに三原色の中間色についてはむずかしいとみえ，いろいろ違った答をする者が多かった。しかしながら，よく緑のことを青と呼んだり，赤のことをピンクと呼んだりする例が多いのであるが，今回の調査ではほとんど見当らなかった。

ただ色の呼び名に，みかん色・かき色・たまご色・顔色・かば色などと，生活の具象物と結びついた名まえで呼ぶ者が多いこと，また濃い黄とかうすい紫というように，自分のよく知っている色を基準に置いて考えるのが多かったのは，低学年の一つの特色でもあると考えられよう。

ii　1年生と2年生との比較

色の名まえについての調査結果を，1年生（新入児童）と，1年間教育を受けた（別に色彩について特別な教育をしたのではない）2年生とを比較してみると，図表4のようである。

（図4） 1年生と2年生との比較

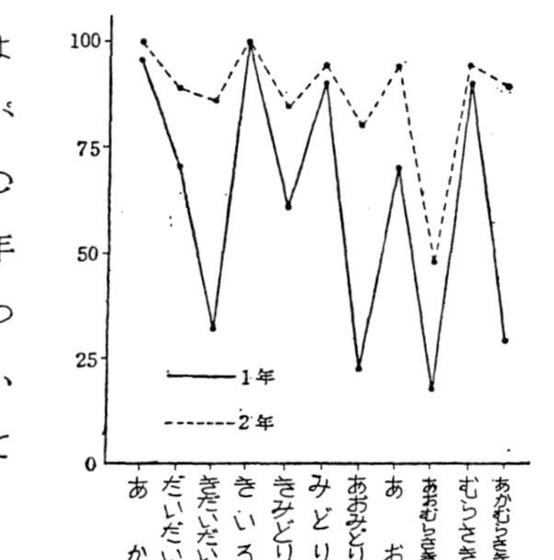

第1学年に比べて第2学年は，色の名まえを非常に正確に知っているといえよう。ただあおむらさきのみが目だってパーセンテージが低くなっている。今回の調査では，3年・4年・5年と，高学年に進むにつれていくらか色の名まえについて正確になってきているが，だいたい2年生のグラフによく似た傾向を示しているのである。

iii　6年生はどのように色の名を呼ぶか

6年生についていえば，1年生のそれと比べて色の名まえを呼ぶのがまちまちでないということである。同一色の呼び名が，ほとんど限定されている

ということである。

次にこれを列挙してみると（かっこ内は違った呼び名）

あか（朱），だいだい（きだいだい），きみどり（うすみどり），あおみどり（みどりあお，うすあおみどり），あお（水色），あおむらさき（あいむらさき），あかむらさき（むらさき，あか）。

のような呼び方をしているものがあった。

なおまた，6年生はほとんどが正確な呼び名を知っていたことも目についた。

（4） 基本色について

基本色というのは，有彩色のことを理解したり，色を使ったりする上に，最も重要と考えられる色をさすのであって，普通にはＪＩＳ（日本工業規格）で決められた有彩色 24 色の中から横に線をひいた 12 色をとっている。

あか・だいだいあか・あかだいだい・だいだい・きみだいだい・きだいだい・だいだいき・きいろ・みどりき・きみどり・きみみどり・みどり・あおみどり・あおみみどり・みどりあお・あお・むらさきあお・あおむらさき・あおみむらさき・むらさき・あかみむらさき・あかむらさき・むらさきあか・むらさきみあか

右に述べた 24 色の中から，具体的には選択基準の取り方によっていろいろな案が立てられる。（以前にはこの中から「みどりあお」をのけた 11 色にしていたこともある。）

この調査では 11 色を基本色として取り上げたのであるが，このほか 10 色案，12色案がある。そしてそれぞれの案には長所もあり欠点も見うけられるが，実際に絵の具を使用したり色を扱ったりするときには，10 ないし 12 色ぐらいが小学校では適切であるが，高学年における色の名まえについての指導に際しては，この調査からいって，できるだけたくさんの色について名

まえを覚えたり，また感覚の訓練に使用したりするほうが適切であるように感じられた。

（5） 色の名まえについての指導

色の名の呼び方というものには，大きく分けると次の二つに区分することができる。

その一つは，色相の系統に従ってつけられた系統的な呼び方であり，もう一つは個々の色についての呼び方である。

普通われわれが生活の中に呼んでいる色の名まえは，非常にまちまちである。それはわれわれの生活を取り巻いている色の数が非常に多く，したがってそれらの一つ一つの色に対して正確な色の名まえをつけ，これらを統一することがほとんど困難な状態にあるからである。

たとえば，海の水は青いといっても，実際には紫がかった青もあれば，緑をおびた青もあり，水色がかった青もあり，白みを帯びた青もあり，同じ海の水でも岸べや沖のほうの色など，所によっていろいろ違った色を呈している。しかし普通には，海の色をみな，青色とか水色といった名まえで呼んでいる。赤い口紅といっても，朱のような口紅もあれば桃色がかったものもあり，ピンクのようなものもあればだいだいみを帯びたものもあり，同じ口紅の赤といってもいろいろ厳密にいえばその数が多い。

このように色の名まえは，色の数に比べるとその数が非常に少ないので，一つ一つの色にそれぞれ違った名まえをつけることができないから，いくら厳密な呼び方をしようとする場合でも，多少の幅をもっていることを常としなければならない。

したがって学校における色彩教育でも，初めから厳密な呼び名を要求することは無理であり，またいろいろな呼び名を教えることも無理で，非常に窮屈なものとしないで考えていきたいと思う。しかしできればだんだんと正確

な呼び名を教えるほうがよいのであって，これには新入１年生の時から気をつけて指導すればずいぶん違うと思う。

またしばしば描画材料としてのクレヨン・パス類・絵の具・色紙などの名と，色彩教育の目的から選んだ標準色による基本色との，色そのものの違いや，色名などの違いを，どのように関連づけて指導すればよいかという質問を受けるが，これらの問題も色名を非常に窮屈なものと考えず，標準色の赤が最も赤の特色を多く発揮しているものであるくらいの意味で扱い，高学年になって色相・明度・彩度などのことを知り，幅を狭く考えていかなければならない時の基盤を養うようにしたい。

しかしながら，このような多くの色の呼び名が乱雑に用いられたり，あるいは同一色でもいろいろな呼び名があるということに対しては，教育的な意味から，われわれとしてはできるだけ科学的に統一をとり，はっきりとした色と，その名まえについて規定し，それの普及徹底に努めることがたいせつだと思う。

また基本的な色の名まえについては，一，二でしっかりと覚えさせるよう努力したい。基本的な色名をしっかりした上で，いろいろな名まえを自然に覚える程度にしたいと思う。

E　理解教材の範囲と系統についての試案

1　実証的な研究結果から

「理解教材の範囲と系統」という立場から，わたしは昭和 30 年に実験学校に指定されて以来，特にこどもの理解力，感得力といった面を授業を通して細かく分析し，いつも仮説を立てては問題点をつかむように心がけ，実証的なもののはあくに努めたものである。

たとえば，色の名まえについていえば，前項でも述べたように，入学して

まもない１年生に標準色 11 色の色の名まえについて調査した結果と，それから色の名まえを正しく教え，理解させ，一年間図画工作の授業をやって２年生になったときに，もう一度入学当初やってみた調査と同じものをやった結果，非常に修得率がいいのである。

また，色の明るさあるいは色の寒・暖ということについても，理論的な説明というか，あるいは，いわゆる色彩理論というか，そんなものは抜きにして，つまり体系的に上から教えこまなくても，現実にこどもたちは，どの色はどの色に比べて明るいとか，あるいはどの色はどの色に比べて寒い感じがするということは，低学年の児童にも感覚的にはわかっているということが実際の授業を通してみてはっきりとしたのである。ただことばの上で，色の明るさとか，暗さ，あるいは寒色とか暖色とかいったことは，知らないのである。

すなわち，感覚的には感受していても，言語の上でそれを概念づけて口で言うことを知らないのである。寒色・暖色ということは，第２学年の２学期ごろになると，じゅうぶん感じとる能力・感覚といったものがあるのである。

問題はこのようにこどもの能力が感覚的にいって感じとる力，弁別する力識別する力，感受する力というものがすでにあって，実際感覚的に体験しているときに，

「これは，このような色は暖かい色というのです。」

とか，あるいは，

「この色に比べて，この色がこうなるのを，これが色が明るいというのですよ」。

とか，あるいは，

「色の明るさというのですよ」。

ということを，すなわち理解面の裏づけというか，概念的，言語的な説明を

してよいものかどうかということである。

もちろん，たとえば寒色・暖色についての理解とか色の明るさについての理解というように一口に簡単にいっても，現実にはどの程度にどのようにこどもに教えるかというのが問題であって，こういう程度の問題になると，それぞれこどもの能力にも相応しなければならないし，その場その場に適切でなければならないし，いろいろ条件が伴ってくるので複雑になってくるが，わたしは実は研究的な教育実践を通して，結論をさきに述べると，２学年の２学期なら２学期に，こどもが色の寒さ，暖かさというものに感じ取る力，識別する力ができると，「たとえば赤色とかだいだい色という色は暖かい色（暖色）というのである」そしてその反対に青色のようなのを寒い色(寒色)というのである」と教える。そしてわたしはこれからの事実を具体的にこどもの生活現象に結びつけて，「赤くかんかんにおこっている炭の火，まっかに燃えている火事，みんな熱いですね。こんな時には何色をしていますか。赤色とかだいだい色をしていますね。だから赤色とか，だいだい色を暖かい色，暖色というのですよ」。と教える 。また寒色の場合には，「海の色は何色ですか。青色ですね。海の水は冷たいですね。だから青色のような色を寒い色，寒色というのですよ」。

（図　5）

と説明するのである。

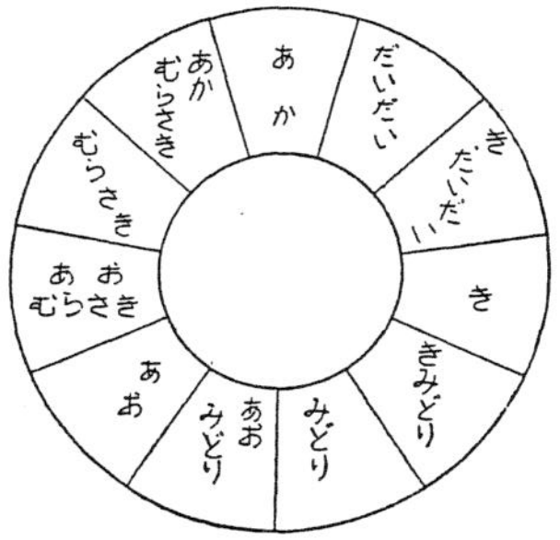

このようにこどもが感じ取る力，感覚的に理解する力がついている場合には，具体的なものすなわちかれらの生活現象の中から見つけて，それに即応させて説明すると，こどもは非常に理解しやすいことを体験している。

ただこの寒色・暖色についても，わたくしたちが，いわゆる色彩理論から

割り出していうのなら，たとえば標準色 11 色の色環図を考えてみて，赤・橙・黄橙・黄色は暖色，黄緑・緑は中間色（中性色），青緑・青は寒色，青紫・紫・赤紫は中間色（中性色），そしてまたもとにもどって赤・橙・黄橙……というように回るわけであるが，このように色環から出発して寒色・暖色を教えるということになると，これは２学年の２学期ではとても程度が高すぎる。

しかし赤く燃えている炭火の暖かい色，青く広々とした海の寒そうな色とくると，こどもは実感的に暖色・寒色がうなずける。しかし２学年では赤の暖色・青の寒色は出てくるが，中間色は出てこない。出てこないというのは感覚的にも感じないからで，わたくしは２学年の児童に暖色・寒色のことを教えても，こどもは「ああ，そうか」と思うだけで何も質問が起らない。

ところが同じことを４年生にやってみたら，２年生と違って，「赤の暖色，青の寒色はわかるが，紫はどうなのかという質問があった。ここが実はこっちが望んでいたつぼであり，指導のこつで，２年生では紫が出るかなあと内心では少し予期していたのだが出てこなかったのであるが，４年生で出てきたのである。そこで紫は何色と何色と混ぜるとできるか，あるいは赤と青とを半々に混ぜると何色ができるか，と問うと紫だと答える。そこで紫は，暖色の赤と寒色の青を半々に混ぜてできる色，すなわち中間の色だから，これを中間色というのだと教えると，なるほどとうなずくのである。同様なことが，色相・明度・彩度などについても言えるのである。

以上は実際の授業の事例をあげての話なのであるが，このように特に教師側からの理解といったことに留意しての指導過程の結果と，またこどもの理解力，感得力，修得率といったものを絶えず細かく分析し，実証的なものの研究結果を累積してみたのである。

2　理解教材の範囲と系統についての試案

上記のような実証的，研究的な結果からわたくしは色彩学習における理解教材の範囲と系統について，次のような試案を御参考までにしるしてみたいと思う。

学年	理解事項
第1学年	○有彩色 11 色，無彩色3色の色の名まえについての理解 ○自然物には，いろいろな色の名まえがあることの理解
第2学年	○寒い色，暖かい色についての理解 ○色のつりあいについての初歩的な理解 ○色相についてのある程度の理解 ○類似色との区別 ○標準色とそれに近いものの色の区別
第3学年	○色のあざやかさ，明るさ，暗さについての理解 ○配色のよしあし，対称の美しさなどの初歩的な理解
第4学年	○有彩色の清色・濁色についての理解 ○目だつ配色，目だたぬ配色の理解
第5学年	○混色・重色についての理解 ○色相・明度・彩度の初歩的な理解
第6学年	○標準色の色相・明度・彩度についての理解 ○色の効果と応用についての理解

E　理解教材取扱上の留意点

上記のように色彩学習における理解教材の範囲と系統ということについて一つの試案を掲げてみたのであるが，しかしながらそこにはいくつかの問題点を含んでいる。そしてまたこれらの理解事項ないし理解教材というものを取り扱う時に，そこには特に留意しておかなければならないいくつかの問題点がある。最後にかかる点について述べてみたいと思う。

まず第一の問題点はこの研究に関する計画上からの問題点であるが，実はこの研究は3か年の計画でやることになっていた（実際はいろいろな事情で2か年になった)。したがって3か年の計画を，第1年次は基礎調査，基礎理論の研究に第2年次は整理し一応体系づける段階に，第3年次は立てた仮説に対する実証的な研究段階に，というように考えていたのである。したがって範囲と系統に関する試案についても，いろいろな調査や実際の指導事例は東京教育大学附属小学校の児童を対象としてしか実施することができなかった。このような一つの試案ができるだけ客観性普遍性を帯びたものとするためには，限られたある一つの学校の児童を対象として調査・研究し，そこから生まれたもののみをもって決するのではなくして，広く各地方，各学校の実態をも調査し研究されなければならないと思っているのである。さらにまた理解ということは技能とか感覚という面に深く結びついているから，どうしても図画工作教育活動の全般について心理学的な研究調査が必要であり，今後こどもの能力という問題と学習内容の関係という事がらについて，もっと研究を拡充し，継続していきたいと思っているのである。

第二には，理解とか理解教材というものの考え方についての問題である。理解ないしは理解教材というものは前にも述べたように，表現活動とか鑑賞活動とかいったものに非常に密接な関連があり，一体不離な関係にあるものが非常に多いので，したがって実際の指導にはこれらの関係をよくはあくして，密接な関連を保ちながら指導しなければならないということである。

つまり理解ということ，ないしは理解教材といったものがばらばらに存立するとか単なる断片的な知識といったものに終るのではなくて，広く表現力鑑賞力といったものに結びついていなければならないということである。そして理解すること理解活動ということを通して，表現力とか鑑賞力というものが，より以上により効果的に，高められ裏づけられるということを，期していきたいと思うのである。

そしてこのような立場において実際の指導場面には，理解教材を取り扱う場面を通して二つの契機が考えられる。その一つは，理解活動というものが表現や鑑賞という活動に対して先行する場合である。つまり理解活動というのがさきにあって，理解活動の段階を経て，それから表現活動とか鑑賞活動に移っていくような場合である。次に第二の場合として考えられるのは，第一の場合とはまったく逆の立場で，さきに表現とか鑑賞活動があって，その結果理解が深められ高められていくという場合である。つまり理解活動，理解教材があとにくる場合である。

そしてこれらのそれぞれは指導の場面で最も有効に扱えばよいので，ここでは簡単にどんな場合にはこんなぐあいにとは言いにくいが，理解というものの概念，意味するものをさきほどから述べてきたように，真に実践的活動と結びつけて考えられ，また関連をもっているだけに，実際の指導にあたっては，このような指導の場面ということについても，わたくしたちはもっとこどもの有効な学習活動の効果を願う立場から，いろいろ考えられなければならないと思うのである。

初等教育研究資料 XXI 集

色彩学習の範囲と系統の研究

—図画工作実験学校の研究報告(1)—

MEJ 2760

昭和33年8月31日 印刷
昭和33年9月5日 発行

著作権所有 文部省

東京都千代田区神田神保町1の39
発行者 矢崎慶吉

東京都千代田区神田錦町2の2
印刷者 中島豊治
(有限会社 工文社)

東京都千代田区神田神保町1の39
発行所 博文堂出版株式会社
電話・東京 (29) 4927・1814
振替・東京 119926番

定価 46 円

初等教育研究資料 第XXII集

家庭科
実験学校の研究報告
（1）

文部省

家庭科実験学校の研究報告
（1）

文部省

ま え が き

この家庭科実験学校の研究報告は，文部省初等教育実験学校として，東京都台東区立浅草小学校が昭和31年度および昭和32年度の二か年間にわたって研究した結果を報告したものである。

この研究の主題は，「家庭科の指導計画の作成」であって，31年度に改訂した学習指導要領を実際の場にどのように実践していくかについて，最も重要な問題として取り上げ，実験研究をおこなったのである。31年度の学習指導要領は，目標も内容も5，6学年を一括して示していたので，実際問題として，これをどのように学年別に分けて指導するかは，学習指導要領に留意点を示したとはいえ，具体的にはいろいろ問題をもっていた。そこで，この研究は，現場の実際指導の参考資料を得るためと，今回の，小学校教育課程の全面的改訂に伴う家庭科の改訂に際し，学年別の内容を明らかにする上での資料を得るために，大きな意味をもっていたのである。

研究は熱心な諸先生の努力によって成果をあげ，二度にわたる研究発表会の報告によって多くの参考資料を現場の教師に提供した。さらに今回の学習指導要領の改訂にいろいろな面から資料が提供され，有形無形の寄与があった。今，この報告書を出版するにあたって，また，この背後にかくれている担当教師の尊い教育愛について思いを新たにせずにはいられない。

なお，この報告書を出版するについては，はじめ多少のちゅうちょがあった。それは，昭和36年度からの改訂学習指導要領の実施を目ざして準備研究を進めているときに，これが，はたして直接的な指導の役割をするか

どうかという懸念であった。しかし，再三，この報告書を読んでみて，指導計画を作成するための大きな手がかりを得られるものであること，そして，この一朝一夕にしてできない労作を公にすることは，非常に有意義であるということを感じるようになった。この書を参考にされるかたは，今回改訂された学習指導要領との関係において，次のようなことに一応，注意されたいと思う。

○ 指導計画を作成する方針や手順については変りがないこと。

○ 5，6学年を一括してある「指導内容の分析」した研究は，内容を学年別に示した今日，必要がないとも考えられようが，学年別にした内容のそれぞれは，どういう観点にたっているかを知ろうとする参考となろう。

○「作成した指導計画」は，浅草小学校独自のものであり，他校でこれをそのまま採用すべきものでないことは，指導計画の性格上当然であろう。しかも，これは31年度の学習指導要領の内容によったものである。改訂ではこの内容から削除したものや，やや強化した内容や，位置づけに多少の変化のあった内容があるが，児童がよりよい家庭を建設しようとする，その実践的な態度を育成するためにはらわれたこの計画には，今後の指導計画作成に参考となるところが多いであろう。また，内容は多くの部分が31年度のものと改訂のものとが共通しているので，その点でもこの研究は参考となるものである。

○「低・中学年との関連」は，低・中学年の他の教科の内容が改訂によって多少異なったので，その点に留意したなら，5学年から課される家庭科としては，こうした研究を土台にして，今後深められなければならない。

○「理科との関連」も，改訂された理科は実験観察を中心に基本的な内容にしぼったのであるが，ここではだいたいそれと同様な立場にたってい

るので，参考になると考える。しかしこれは一例にすぎないので，改訂では，これまでやや重複していた衣食住の応用的事項が，家庭科だけで取り扱われるようになったことを念頭において，さらに他の面にも研究をひろげてほしいと考える。

○「『家族関係』・『生活管理』の分野から見た指導計画の検討」については，この二分野が改訂では「家庭」の領域となり，「家庭」の領域は他の三領域と結んで，それらを生活に生かすような意味において位置づけられている。この研究のおりには，２分野が現在の「家庭」より多少ふくらんでいて，各学年，各学期に時間を設けて，被服・食物・住居などが生活に生かされるように図られたのである。この形は，そのままとることはできないが，児童の発達段階に応じて，家庭のよき一員とするため，衣食住などの学習を生活に実践させようと計画された考え方や，その発展の筋道は，今後の「家庭」の領域を扱う上に参考となるものである。

以上のようなことを考慮において，この報告書をご覧くだされば，いろいろの面で利用していただけるのではないかと考えられる。

この研究を進めるにあたっては，いろいろと困難なことがあったが，それを克服し，ここまで研究をまとめてくださった浅草小学校前校長山下俊三先生をはじめ諸先生，中でも家庭科主任の高橋妙先生，家庭科部員の石田美佐雄先生，三枝民雄先生，横田トシ先生，この実験に協力してくださったＰＴＡのかたがたや児童のかたがたに対して厚く感謝申し上げたい。

昭和３４年10月

初等教育課長

上野芳太郎

目次

I　は じ め に

昭和31年度，32年度の二か年にわたって本校は文部省実験学校として「家庭科」の研究指定を受けた。

本校に課せられた研究課題は「家庭科の指導計画の作成」で，実践を通してこれの完成を期するよう計画されたのである。

指定を受けた当時は，本校は，東京都総合研究協力学校第二年を迎え，そのまとめへのための中間発表および本発表を控えていたので，二重の負担を感じたわけである。そこで第1年度（31年度）の研究方針は，指導計画の全般を見通し，学習指導要領によって重要な要素を分析して題材の設定と配列に重点をおくことにした。また実践的研究は5年に主力をおくことにしたのである。これは家庭科の研究主任が5年の担任であったので学校の実際に即して考慮したのであるが，現在これを反省してみても当を得た方法であったと思われる。

研究の手順として，第一に改訂（31年度改訂）された小学校学習指導要領家庭科編をじゅうぶんに研究し，特に指導内容の学年配当について徹底的に吟味を行い，「家庭科学習内容の系列表」を作成した。第2には指導計画の素地をなす地域の実態や，児童の家庭生活環境の調査を行った。これまでの一般的な調査を整理するとともに，家庭科として必要な調査問題を吟味したのである。その上でさきの「家庭科学習内容の系列」との関係を明らかにして5,6年の年間計画を作り上げたのである。

以上で改定した学習指導要領に基いた指導計画の作成は一応できあがったのであるが，なお，家庭科の内容に属する事がらについて，低・中学年からの指導の発展的系統を，体系的に明かにしようとして取り組んでみた。

このことは家庭科は他教科と異なり，5年から課するのであるから，学習経験を具体的にはあくする必要があり，また家庭科の学習内容が広範で，各教科との関連や生活指導などの関連も多く，これらを発達段階に応じて整理して，家庭科の学習を適確に行えるように考慮したのである。

また同学年における他教科との関連，なかでも理科との関係について，実際指導の立場から，どのように家庭科独自のものを考えたらよいかについても検討を行ってきたが，この点は実践的な研究を中心とする第2年度（昭和32年度）で研究を深めることに努め，本発表物をまとめ得たのである。

実践研究については，研究主任，部員が中核となり実際指導は5,6年の担任教師がこれに当ることを本体としたのであるが，教材によっては交換授業を取り入れた。また設定された題材の内容により，これに熟練した教師が関係しながら研究を進めていったのである。

本校の場合，家庭科の研究主任が学級担任である関係から，児童の環境調査をはじめとして，個性調査，能力調査など各種の調査を，適切な時期を見はからって絶えず実施することのできたことが，この研究によりよく資し得たことゝ思われる。

ことにこの研究の中心学級は集団指導に力を注いでおり，第1年度は5年であり，第2年度は6年であったため，研究の関連や学習の進め方にきわめて有効であった。学級作りが自主的に行われ，各児童がその学習や作業の目標なり，条件なり要点なりを，綿密，周到に1つ1つ検討して共通的に理解したのち実践するという方法によって，積み重ねられていったのである。

以上のような立場から，基本的な調査，家庭科学習の諸調査はきわめて

スムーズに行うことができた。課題の実践的研究も，いろいろな条件によって構成されているので，これの分析的な研究を行った上で，総合的に判断しなければならなかったのであるが，第1年度において基本的な研究が実施されてあったので，第2年度は家庭科独自の問題に調査，研究がしぼられたことは非常に効果的であったのである。

指導計画の作成はまた指導方法によって大きく左右されるところもあるものであって，家庭科学習における導入としての話合い，技能指導と話合いの持ち方などに関して，モデル的な指導を行い，よい成果をあげ得たと考えられる。

第1年度は施設がまことにふじゅうぶんであったが，まがりなりにも家庭，工作室という形で，ガスや水道を引き，洗たくなどにも事欠かぬよう設備されたことは，本研究のたまものと考え感謝に堪えない。今後は，新しい施設を生かしてますます研究を充実させ，33年度改訂の新学習指導要領への移行に万全を期して研究中である。

おかげをもってさる昭和33年5月7日お茶の水女子大学講堂で一応の研究をまとめて発表会を催されたことは，本校にとり光栄に存ずる次第である。

このたび印刷される運びになったので前後二か年にわたって研究されたものをここに一括してまとめたもので，大方の教育資料に供せられるならばまことに幸なことである。

昭和34年3月

東京都台東区立浅草小学校長
山下俊三

Ⅱ 研 究 の 概 略

1. 研 究 課 題

研究課題は「家庭科の指導計画の作成」であるが，昭和31年度に家庭科の学習指導要領が改訂され，実施をみるに至ったので，これに基き，現場でどのように計画をたて，どのように効果的に指導していくかが重要な問題であった。そこで本校が次の諸点につき実践的に検討を加え，問題を解明するようにと研究を課せられたわけである。

(1) 指導計画作成にあたってどのような問題や考慮がされなくてはならないか。

(2) 作成された計画によって実際指導を行って，学習指導要領に示された目標が達成されたか。

- 指導内容は児童の実践によってどのような反応を示すか
- 難易の度はどうであるか
- 男女の問題はどうであるか
- その他の問題は何か

(3) 他教科との関連をどう考えたらよいか。

2. 研 究 経 過

(1) 昭和31年度の研究

A 指導計画作成の手順についての研究

- 学習指導要領に示された目標の研究

- 指導内容を5,6年に分析する
- 児童の学習経験や発達の状況の分析
- 児童の家庭生活環境調査
- 季節や学校，地域社会の行事との関連
- 他教科との関連を明確にする

B 指導計画の立案

C 学習資料（標本の作製）

D 5年の実践と検討

(2) 昭和32年度の研究

A 前年度の実践により指導内容を検討し改訂する

B 他教科との関連（主として理科）を明確にする

C 4年以下の学習との関連を明らかにする

D 施設，設備の充実

E 6年の実践と検討

3. 研 究 部 会

家庭科研究部（女教師3名，男教師1名），5,6年担任（男教師2名，女教師2名）および校長校務主任を中心に，文部省の担当官をまじえて週1回（金曜）集会して研究討議をし，随時，他教科の主任教師の意見を求めたり，職員協議会において研究課題についての検討をおこなつた。

Ⅲ 指導計画の作成

1. 作成の手順と留意点

指導計画を作成するにあたって，その手順については31年度学習指導要領（17ページ～20ページ）に示してある留意点について研究し，本校の実態に即して考察し，分析し，調査した。以下これについて説明する。

(1) 指導の目標

31年度には学習指導要領には「小学校における家庭科は，家庭における親子・兄弟姉妹などの家族相互の正しいあり方を理解させ，進んで敬愛・信頼・感謝・協同というような精神や態度を養い，家族の一員として家庭生活を自律的に営ませようとするものである。また，この教科は家庭において日常経験する衣食住の生活について基礎的な理解を持たせ，技能を習得させ，健康で幸福な家庭生活を営ませようとするものである。」とその性格が述べられている。ここに「男女の児童がともに家庭科を学ぶべきである」という要求が生れ，またそうなければ小学校における家庭科の目標を達成することが不可能であると考えられる。

31年度の学習指導要領（5ページ）に示してある，5つの目標についてみると，1は家庭科の総目標とも解される項目で，以下四つの目標の家庭の人間関係に対する理解，生活技能の習得（衣食住）生活の合理化（労力，時間，物資，金銭）豊かなうるおいある生活建設（休養，娯楽）のそれぞれの部分をおおっているようになっている。すなわち，家庭科は児童が人間関係のあり方を基盤として生活様式をくふうし，反省を重ね，家庭生活

の改善向上のためにはたらきかける実践的な態度の育成という点に指導の目標をおかなければならないと考えたのである。

(2) 指導内容の分析

31年度の学習指導要領（6ページ～16ページ）に示してある指導内容は家族関係，生活管理，被服，食物，住居の5分野に区分され，具体的に示されているが，5,6年を一括して示してあるので，これと31年度の学習指導要領（18ページ）に示してある4つの留意点，すなわち

A 日常すでに経験している単純でやさしいものを先にし，複雑で比較的高度のものをあとにする。

B 基礎的なものから総合的発展的なものへと進める。

C 長期にわたってしばしば学習をくり返さなければならないものはなるべく早くとりあげる。

D 学習時，特に安全について周到な注意を要する作業はあとにする。

ということを念頭に，東日本指導者講座（31年度）における例や，他府県の例などを参考にして5,6年に分析し，次のような系列表を作成したのである。

家庭科指導内容の系列表

（家　族　関　係）

内容		5年 指導の要点	観点	学習題目との関係	6年 指導の要点	観点	学習題目との関係
家庭の生活	家庭生活の意義	○　家庭はあたたかな人間関係の中に家族が互に協力していることがわかる。 ○　家族のよい一員となるように努める。	理　解 態　度	わたくしの家 わたくしの家	○　家庭は人間生活にとって，保健，経済，娯楽，教養，社交などのたいせつな機能をもっていることがわかる。 ○　家庭の中での自分の立場を知り自分の生活に責任をもつようになる。	理　解 理　解 態　度	家庭の協力 家庭生活の反省
	家庭の仕事	○　家庭生活を営むいろいろなしごとがあることがわかる。 ○　家庭の仕事の一部を受持ち協力しなければならないことがわかる。（そうじ，お使い留守番）	理　解 理　解 態　度	家の手伝い 家の手伝い	○　家族関係の中で自分の受持つ分野を認識して分担する。	理　解 態　度	家族の協力 家庭生活の反省
	家庭と社会	○　近隣の人とのよいつきあいができる。 ・　あいさつ，仕事の手伝い ・迷惑をかけない	技　能 理　解 態　度	わたくしの家 応接と訪問	○　家庭生活は地域，国，世界とのつながりをもっていることがわかる。（衣・食・住）	理　解 態　度	家族の協力 清けつなすまい方

内容		5年 指導の要点	観点	学習題目との関係	6年 指導の要点	観点	学習題目との関係
家族の人々	家族	○　親子，兄弟の間がらがわかる。 ○　祖父母との間がらがわかる。	理　解 態　度 理　解 態　度	わたくしの家	○　家族以外の人へ思いやりの心をもって接する。	理　解 態　度	思いやり
	家族としてのあり方	○　家族は互に理解し合わなければならないことがわかる。（意見の交換，遊び，好み） ○　家族に対し正しい言語動作で接することができる。 ○　弟妹，祖父母に親切にする。 ○　たのまれた仕事は責任をもってする。（るす番，お使い，そうじ）	理　解 態　度 態　度 態　度 態　度	わたくしの家 夏休みの計画 冬休みの生活	○　明かるい態度で家中の人と生活することができる。 ○　家庭を楽しくするように努める。 ○　家族の間がらを反省し，これを改善しようとする。 ○　老人や弟妹の世話をすることができる。 ○　病気の看病や傷の手当の手伝いができる。（検温，水枕） ○　家庭常備薬や用具の扱い方がわかる。	態　度 態　度 態　度 技　能 態　度 理　解 技　能 技　能 態　度	家族の協力 冬休みの生活 家庭生活の反省 思いやり 家族の健康 応急手当
家庭の交際	親しい人々	○　友だちと親しくつき合うことができる。 ○　親類との関係がわかり親しくつき合うことができる。	態　度 理　解 態　度	応接と訪問	○　近隣の人と親しくつき合うことができる。	態　度	家族の協力 清けつなすまい方
	応接と訪問	○　来訪者に対しよりよい態度で接することができる。 ・　あいさつのしかた ・　取次ぎのしかた（電話の応待） ・　案内	技　能 態　度	応接と訪問			

家族の交際		・ いす，ふとんの進め方 ・ 茶菓の出し方 ・ 見送り方 ○ 人を訪問する時によい態度で接することができる。 ・ 訪問の作法 ・ 用件の伝え方 ・ ことばづかい	理 解 態 度 技 能				

（生 活 管 理）

内	容	5 年 指導の要点	観点	学習題目との関係	6 年 指導の要点	観点	学習題目との関係
合理的な生活	生活の計画化	○ 生活を計画的にする必要があることがわかる。	理 解	生活の計画 夏休みの計画 冬休みの生活	○ 生活を計画的にする必要があることがわかる。 ○ 生活のむだを改善する。	理 解 態 度	家族の協力 家庭生活の反省
	生活の能率化	○ 生活を高めるためには，生活を能率化する必要があることがわかる。	理 解	生活の計画 夏休みの計画 冬休みの生活	○ 労力，時間，物質，金銭など，出来るだけ有効に使用することが必要であることがわかる。	理 解	家族の協力 冬休みの生活
労力と休養	労力の尊重	○ 自他の労力を尊重することがわかる。	理 解	洗たく，おやつ作り，そうじ，ミシンの使い方	○ 労力を能率的に使用する態度や能力を身につける。	理 解	家族の協力 洗たく 簡単な調理 家庭生活反省

労力と休養	仕事の能率化	○ 仕事をするには作業計画がいること。 ○ よい仕事をするには道具や機械が必要なこと。 ○ 物の置き場所を考えて整とんすること。 ○ 仕事にふさわしい身じたくをする。（そうじ，調理） ○ 気持よく仕事をすること。 ○ 仕事の準備とあとしまつがたいせつなこと。	理 解 理 解 技 能 態 度 態 度 態 度 理 解 態 度	身のまわりの整とん	○ 物の機能を考えて整とんする。 ○ 仕事をする場合には必ずそれにふさわしい身じたくをする。 ○ 仕事の準備とあとしまつがよくできる。	理 解 態 度 態 度 技 能	涼しいすまい方 簡単な調理 洗たく 簡単な調理 楽しいつどい
	休　　養	○ 計画的に休養する。	態 度	生活の計画 夏休みの計画	○ 健康のためには休養がたいせつなことがわかる。 ○ じょうずな休養の方法がわかる。 ○ 計画的な休養ができる。	理 解 理 解 理 解 態 度	休養と睡眠
	娯　　楽	○ 娯楽は家庭生活にうるおいを与え，あたたかい人間関係を作り出すものであることがわかる。	理 解	わたくしの家	○ 家庭のレクリエーションのたいせつなことがわかる。 ○ 家族が皆で楽しむ方法を考える。 ○ 良いレクリエーションのしかたがわかる。	理 解 理 解 態 度 理 解 態 度	家族の協力 家庭生活の反省

時間の尊重	時間の尊重	○ 時間を尊重し活用することがわかる。 ○ 約束や集会の時間を守る。	理解 態度	生活の計画 夏休みの計画 冬休みの生活	○ 時間を尊重し活用することのたいせつなことがわかる。 ○ 約束や集会の時間を守る。	理解 態度	冬休みの生活 家庭生活の反省
	規則的な生活	○ 規則的な生活がたいせつであることがわかる。 (夏休み，冬休み，起床，就寝，登下校，食事) ○ 1日，週，月の計画を立てて生活する。	理解 技能		○ 規則的な生活がたいせつであることがわかる。 (夏休み，冬休み，起床，就寝，登下校，食事) ○ 1日，週，月の計画を立てて生活する。	理解 技能	家族の協力 冬休みの生活 家庭生活の反省
	余暇利用	○ 余暇を有効に使おうとする ・よいあそび方	態度		○ 余暇を有効に使おうとする ・ よいあそび方	態度	冬休みの生活
物資の尊重と活用	物資の尊重	○ 物をたいせつにする。	理解	そうじ用具の修理 洗たく，おやつ作り 身のまわりの整とん	○ 家具をたいせつにする。 ○ 電気，ガス，水道を無駄に使わない。	態度 態度 技能	冬休みの生活 洗たく 簡単な調理
	物資の管理と活用	○ 自分の持物を使いやすく整とんしておくようにする。 ○ 通学に必要なものを長持ちさせるようにくふうする、 ○ 物をじょうずに使用する方法がわかる。	態度 態度 理解	身のまわりの整とん	○ 必要を考えて自分の持物の種類や数量を調整する。 ○ 物の性質によって保存法をくふうする、 ○ 物の種類によって，その置場所や入れ物をくふうする。	態度 技能 態度 態度	被服の計画と手入れ いろいろのくふう

物資の尊重と活用					○ 物をじょうずに使用する方法がわかる。	理解	
	修理・更生 廃品利用	○ 修理，更生により持物を長く使用する。 (学用品，衣類) ○ 廃品を利用する。	態度 技能 態度 技能	身のまわりの整とん	○ 修理，更生により持物を長く使用する。 (家具，衣服) ○ 廃品を利用する。	態度 技能 技能	つくろい 防寒用品作り 冬休みの生活 いろいろのくふう
金銭の使い方	買物	○ 小づかいを計画的に使う。 ○ 買い物がたいせつな仕事であることがわかる。 ○ 買ったものを記帳する。	態度 技能 理解 技能	冬休みの生活	○ 予算生活ができる。 ○ じょうずな買い方がわかる	態度 技能 理解 技能	冬休みの生活 衣服の計画と手入れ 簡単な調理
	貯金	○ 計画的に使うため，不時の必要のため貯金が必要なこと	理解	冬休みの生活	○ 貯金するようにつとめる。	理解	冬休みの生活

(被　　服)

内容		5年 指導の要点	観点	学習題目との関係	6年 指導の要点	観点	学習題目との関係
被服と生活	被服の機能	○ 被服は保健と活動に適さなければならないことがわかる ○ 被服は品位を保つことがわかる。	理解 理解	わたくしたちの服そう	○ 被服は季節によってちがいがあることがわかる。 ○ 衣服や持物の目的と性能とがわかる。	理解 理解	衣服の計画と手入れ

被服と生活		○　被服は季節，男女，年令，仕事によってちがいがあることがわかる。 ○　衣服や持物の目的と性能とがわかる。	理解 理解		（アクセサリー，ふろしき，かばん）		
	被服生活の計画				○　自分の被服の種類と数を考えて合理的な計画をたてる必要があることがわかる。 ○　被服の計画は季節と経済を考えなければならないことがわかる。 ○　不足している被服の補充のしかたをくふうする。（姉，兄からもらう，買う） ○　既製品の選び方，買い方がわかる。	理解 理解 理解 態度 理解	衣服の計画と手入れ
衣服の着方	衛生的な着方	○　常に清潔な衣服をきる。 ○　衛生的な下着の選び方がわかる。	理解 態度 理解	わたくしたちの服そう	○　季節に応じた衣服の着方がわかる。 ○　気温によって衣服の用い方を調節することがわる。	理解 理解	衣服の計画と手入れ あたたかい着方
	活動に便利な着方	○　仕事や運動に応じた衣服の着方がわかる。	理解 態度	そうじ 洗たく おやつ作り	○　仕事や運動に応じた衣服の着方がわかる。	理解 態度	洗たく 簡単な調理

衣服の着方	整った着方	○　上着，下着のつけ方が正しくできる。 ○　着方と姿勢は関係があることがわかる。 ○　調和のとれた着方がわかる	理解 態度 理解 理解	そうじ 洗たく わたくしたちの服そう			
手入れと保存	つくろいのしかた	○　ほころびは小さいうちにぬう。 ○　簡単なつくろいができる。（ほころび） ○　ボタン，スナップを正しくつけることができる。	理解 態度 技能 理解 技能	ほころびぬい	○　布のいたみとそれに適したつくろい方がわかる。 ○　簡単なつくろいができる、（あなつぎ，さしつぎ，しきしつぎ）	理解 理解 技能	つくろい
	簡単なしみぬき				○　簡単なしみのとり方についてしる。（すみ，えのぐ，どろ，果じゅうしょうゆ） ○　しみをつけたらすぐ取る。	理解 技能 態度	しみぬき
	あとしまつ	○　衣服はぬいだらすぐ始末する、 ○　ブラッシを使う。 ○　衣服のたたみ方がわかる。（上衣，ズボン，スカート，シャツ）	理解 態度 技能 理解 技能	わたくしたちの服そう	○　衣服のたたみ方がわかる。（ねまき）	理解 技能	衣服の計画と手入れ

手入れと保存	しまい方				○ 虫やかびを防いで衣服を保存する方法がわかる。 ○ 防虫剤とその使い方がわかる。 ○ 容器の種類とその使い方がわかる。	理解 理解 技能 理解	衣服の計画と手入れ
洗たく	洗たくのしかた	○ 洗たくの必要と簡単なものは自分で洗たくする。 （くつ下，ハンカチーフ，頭おおい，鉢まき，マスク） ○ もめん物に適した洗剤がわかる。 （もめん物と洗剤） ○ 洗たく用具とその使い方がわかる。 ○ 洗い場の高さがわかり，よい高さで洗たくすること。 ○ 簡単な洗たくができる。 （もめん物の洗い方，干し方）	理解 態度 理解 理解 技能 理解 態度 理解 技能	洗たく	○ 洗たく物の種類によって用いるせっけんやその他の洗剤の区別をする。 ○ じょうずに洗たくする。（下着）	理解 態度 技能	洗たく
	仕上げのしかた	○ 手のし，しきのし仕上げができる。	理解 技能	洗たく	○ 簡単なアイロンかけができる。	理解 技能	衣服の計画と手入れ 洗たく

作り方	用途と材料	○ 裁縫用具の名称と使い方がわかる。 ○ いろいろな布のちがいがわかる。 ○ 用途に適した布地その他の材料のえらび方がわかる。	理解 技能 理解 理解 技能	台ふき作り 前かけ作り	○ 裁縫用具の名称，使い方がわかる。 ○ 用途に適した布地その他の選び方がわかる。	理解 技能 理解 技能	休養と睡眠 防寒用品作り いろいろのくふう
	裁ち方	○ 寸法のとり方，決め方がわかる。 ○ 布目や縫いしろ，たち合わせを考えて布をたつことができる。 ○ 型紙の使い方がわかる。	理解 技能 理解 技能 理解 技能		○ 寸法のとり方，決め方がわかる。 ○ 布目や縫いしろ，たち合わせを考えて布をたつことができる。 ○ 型紙の使い方がわかる。	理解 技能 理解 技能 理解 技能	
	縫い方	○ 手縫いの基礎ができる。 （なみ縫い，とめ方，半返し縫い，本返し縫い，まつり縫い，つぎ方） ・ 糸と針の関係，布と針の関係 ○ ミシン縫いの基礎ができる ・ 機械各部の名称と扱い方 ・ 足ふみのしかた ・ 糸の通し方，針のつけ方 ・ 下糸のまき方，入れ方	理解 技能 理解 技能	台ふき作り 前かけ作り ミシンのかけ方 冬休みの生活 整理箱作り	○ 手縫いの基礎の応用ができる。 ○ ミシン縫いの基礎の応用ができる。	理解 技能 理解 技能	

内容		5年 指導の要点	観点	学習題目との関係	6年 指導の要点	観点	学習題目との関係
作り方		・ 縫い方（直線縫い） ・ 針目の調節のしかた ・ 針と糸と布との関係 ○ 簡単な日常品を製作する。（台ふき，前かけ，カーテン袋物）	理解 技能		○ 簡単な日常品を製作する。（まくらカバー，のれん，座布とんカバー）	理解 技能	
	簡単な手芸	○ 手芸により生活を美しく豊かにする。 ○ 簡単なししゅうができる。（基礎ししゅう，アップリケ）	態度 理解 技能	前かけ作り 整理箱作り	○ 手芸により生活を美しく豊かにする。 ○ 簡単な染物，編物ができる。	態度 理解 技能	

（食　　物）

内容		5年 指導の要点	観点	学習題目との関係	6年 指導の要点	観点	学習題目との関係
食物と栄養	食事の意義	○ 食事の社交的意義がわかる ○ 家庭の団らんにも食事はたいせつなことがわかる。	理解 理解	食事の用意とあとかたづけ	○ 食事の栄養的意義がわかる ○ 家庭の団らんにも食事はたいせつなことがわかる。	理解 理解	食事と健康
	食品の選択	○ 日常食の栄養分についてしる。 ○ 栄養的目標にかなった食品の選択ができる。	理解 技能		○ 日常食品の栄養分についてしる。 ○ 栄養的目標にかなった食品の選択ができる。 ○ 栄養的な食品の組合わせがわかる。 ○ 食品には消化しやすいものとしにくいものがある。	理解 技能 理解 理解	食事と健康 献立作り
	日常食の献立				○ 食品を栄養的に取合わせることができる。 ○ 予算や社会事情，季節，行事等を考えて食品を取合わせなければならないことがわかる。 ○ 美味で好みに合った献立を作る必要がわかる。	技能 理解 理解	献立作り
食事のしたくとあとかたづけ	材料の整え方	○ 野菜やくだものの鮮度をしる。	理解	おやつ作り	○ 野菜やくだものの新しいものを選ぶことができる。 ○ 安くてよい品を必要なだけ選んで買う。 ○ 材料を整える時期がわかる	理解 技能 態度 態度	簡単な調理
	身支度	○ 調理に適当な服装その他を整える。	態度	食事の用意とあとかたづけ おやつ作り	○ 調理に必要な身支度を必ずする。	態度	簡単な調理
	台所の整備	○ 調理用具，食器を清潔にしまつすることができる。 ○ ごみの衛生的な処理ができる。 ○ 調理用具，食器を安全，能率的に配置することがわかる。	態度 技能 技能 理解		○ 台所を安全で能率的にすることがわかる。（調理台，流しの高さ，広さ） ○ 調理用具，食品の配置のしかたができる。 ○ 採光や換気の必要なことが	理解 理解 技能 理解	簡単な調理

内容		5年 指導の要点	観点	学習題目との関係	6年 指導の要点	観点	学習題目との関係
				応接と訪問	わかる。 ○ 台所を改善しようと努める	態度	
食事のしたくとあとかたづけ	調理用具とその扱い方	○ 用具の種類，用法，手入れと安全な扱い方がわかる。 ○ 計量器の使い方がわかる。（カップ，スプーン）	理解 理解		○ 用具の種類，用法，手入れ安全な扱い方ができる。 ○ 計量器の使い方に慣れる。（はかり，スプーン，カップ）	理解 技能 理解 技能	簡単な調理
	燃料の使い方				○ 調理用燃料を安全かつ合理的に使うことができる。 ○ こんろの手入れや保管ができる。	理解 技能 技能	簡単な調理
	調理	○ 簡単な調理ができる。（サンドイッチ） ○ 食品の洗い方，切り方，味のつけ方，もりつけ方の基礎ができる。 ○ 食品の扱いを衛生的，科学的にする。 ○ 協力して能率的に仕事ができる。 ○ 手順よく仕事ができる。	技能 技能 態度 態度 態度	おやつ作り	○ 日常食の簡単な調理ができる。（ごはんたき，みそしる，卵料理，青菜のひたし） ○ 食品の洗い方，切り方，味のつけ方，もりつけ方，加熱のしかたがわかる。 ○ 食品の扱いを衛生的，科学的にする。 ○ 手順よく仕事ができる。 ○ 協力して能率的に仕事ができる。	技能 理解 技能 態度 態度 態度	簡単な調理
	配膳とあとか	○ 日常食の膳立てがわかる。	理解	食事の用意と	○ 日常の膳立てができる。	技能	簡単な調理

— 20 —

内容		5年 指導の要点	観点	学習題目との関係	6年 指導の要点	観点	学習題目との関係
食事のしたくとあとかたづけ	たづけ	○ 食器やふきんの衛生的な洗い方ができる。 ○ 廃棄物を衛生的に処理できる。 ○ 食器，食物，台所，食事の場所を衛生的にしようとする	理解 技能 技能 態度	あとかたづけ おやつ作り	○ 食事の形式を簡素化し，楽しく能率的にしようとする。 ○ 食器やふきんの衛生的な洗い方やしまい方ができる。 ○ 廃棄物を衛生的に処理できる。 ○ 食器，食物，台所，食事の場所を衛生的にしようとする	態度 理解 技能 技能 態度	楽しいつどい
食事のしかた	健康と食べ方	○ 偏食の害についてしる。 ○ 食事の時間と分量がわかる ○ 衛生的に食事する。	理解 理解	食事の用意とあとかたづけ おやつ作り	○ 食事の事間と分量を適度にする。 ○ 衛生的に食事することができる。	理解 理解 技能	食事と健康 簡単な調理
	食事の作法	○ 日常の食事作法を身につける。 ○ 明るく楽しく食事をする。 ○ 来客に茶菓を進めることができる。	理解 態度 理解 技能	応接と訪問	○ 来客に食事を進めたり，招かれた時，望ましい態度で食事ができる。	態度	簡単な調理 楽しいつどい

（住　　居）

内容		5年 指導の要点	観点	学習題目との関係	6年 指導の要点	観点	学習題目との関係
す	すまいの機能	○ すまいにおける各場所の働きがわかる。	理解	そうじのしかた	○ すまいは家族の団らんの重要な機能をもつことがわかる	理解	清けつなすまい方

— 21 —

III 指導計画の作成

まいと生活					(保健，安全，休養) ○ すまいにおける各場所の働きがわかる。	理 解	
	すまいの合理化				○ 合理的なすまい方がわかる ○ 現在のすまいの改善に関心をもつ。	理 解 理 解 態 度	清けつなすまい方
清掃	そうじのしかた	○ そうじのたいせつなわけがわかる。 ○ いろいろなそうじのしかたがわかる。 ○ 計画的能率的なそうじについてしる。 ○ 場所に応じたそうじのしかたがわかる。 ○ そうじに関心をもつ。	理 解 理 解 理 解 理 解 態 度		○ 大そうじについて時期，方法，効果をしる。	理 解	清けつなすまい方
	そうじ用具	○ 用具の種類がわかる。 ○ 用具の良否と選び方がわかる。 ○ 用具の使い方，管理のしかたがわかる。 ○ 簡単な用具を作ったり修理ができる。 (台ふき，ちりとり，はたき)	理 解 理 解 理 解 技 能 技 能	そうじ用具の修理 台ふき作り			

整とんと美化	身のまわりのせいとん	○ 決った場所へ必ずおく。 ○ 整理に必要な簡単なものをくふうする。 (整理箱，整理袋)	態 度 態 度 技 能	身のまわりの整とん			
	室内の整とんと美化	○ 常に室内を使いよくする。 ○ 室内の美化を考えて物の置き方をくふうする。 ○ 調和のよい室内の飾りつけがわかる。 ○ 室内の装飾品を作ることができる。	技 能 態 度 態 度 理 解 技 能				
	家具，道具，建具の扱い方				○ 家具，道具の扱い方がわかる。 ○ 建具の扱い方がわかり，簡単な手入れができる。 (めばり，切ばり)	理 解 理 解 技 能	冬休みの生活
健康なすまい方	採光と照明				○ 適切な採光や照明についてしる。 ○ 照明用具の種類や扱い方がわかる	理 解 理 解	清けつなすまい方
	通風と換気				○ 通風や採風のしかたがわかり，これに気をつける。	理 解 態 度	涼しいすまい方

健康なすまい方	季節とすまい				○ 暖かいすまい方をくふうする。 ○ 暖房用具の種類と扱いがわかる。 ○ 梅雨期のすまい方をしる。 ○ 涼しいすまい方をくふうする。	理　解 理　解 理　解 理　解	暖かいすまい方 〃 清けつなすまい方 涼しいすまい方
	清潔と消毒				○ 不潔になりがちな場所に気をつける。 （便所，台所） ○ 清毒方法をしり，簡単な消毒ができる。	理　解 態　度 理　解 技　能	清けつなすまい方

さらに昭和32年度において，実践の結果を考え合わせ，次のような点を5,6年で明らかにするようにした結果が次表である。

① 5,6年で扱う程度を明らかにした。

② 題材で扱う範囲を明らかにした。

③ 5,6年共通に扱う内容についてどの学年に重点をおくかを明らかにした。

④ 生活管理の総合的な内容をどこで扱うか明らかにした。

（家　族　関　係）

この分野は全題材の基盤となって扱われ，5,6年に分けることは無理であると思うが，しいて分析してみた結果を示す。

内容		5年 指導の観点	題材	6年 指導の観点	題材
家庭の生活	家庭生活の意義	家庭生活を認識させ，生活を改善していこうという眼を開かせる。	わたくしたちの家庭 夏休みの生活 お正月にそなえて 反省会	積極的に家庭生活を改善していく方法を考えさせる。	明かるい家庭 夏休みの生活 冬休みの生活 くらしのくふう
	家庭の仕事	家庭の仕事（家事的役割と生計的役割）について理解させ，特に母の仕事に重点をおいて考えさせ，自分でできる仕事をよく認識してさせるようにする。	わたくしたちの家庭 そうじ 夏休みの生活 食事の手伝い お正月にそなえて 身のまわりの整とん 反省会	家族全体がどのように家庭の仕事に協力しているか考えさせ，家事についての従来の概念をなくすように指導する。	明かるい家庭 夏のしたく 夏休みの生活 冬のしたく くらしのくふう
	家庭と社会			大そうじと結んで近隣との協力について扱う	健康な生活

家庭の人々	家族	家庭の生活と関連して扱い，家族の構成員，立場，役割について理解させる。	わたくしたちの家庭	家族以外のいつしよに生活している人たちに思いやりの心をもつて接する態度を培う。	明かるい家庭 くらしのくふう
	家族としてのありかた	家庭生活全般にわたるものであるから，5年の初めに理解面を扱い，態度としておさえている要点は，衣食住と結んでいろいろの形で扱う。	わたくしたちの家庭 反省会	老人，弟妹への思いやり，病人の看護（水枕，検温），傷の手当（薬のつけかた，ほうたいまき）の手伝いなどの技能面及び改善への方法を考えさせる。	明かるい家庭 健康な生活 健康と食物 冬のしたく くらしのくふう
家庭の交際	親しい人々	応接と訪問と結んで扱う。	お正月にそなえて		
	応接と訪問	和洋式の作法，親るい，知人，友人知らない人などに対する応接，訪問のしかたについて扱い，手伝いとしてできるようにさせる。	お正月にそなえて		

（生活管理）

学習のいずれにもその根底としていろいろの形で指導されなければならない。

内容		5年 指導の要点	題材	6年 指導の要点	題材
合理的な生活	生活の合理化	生活の合理化を認識させるようにしすべての学習で扱う。	全題材中にふくまれる。	生活の改善くふうに重点をおいて扱う。	全題材
合理的な生活	生活の能率化	仕事の分担，そうじのしかた，そうじ用具，洗たく用具，洗たくのしかた，夏休みの生活，サンドイッチ作り，冬休みの生活，身のまわりの整とん，ミシンの使いかたで扱う。	全題材	5年で学習したことを基礎にして深める。	全題材
労力と休養	労力の尊重	家庭の仕事の分担，衣，食，住の技能実習の際に指導する。	わたくしたちの家庭 そうじ 身なり 食事の手伝い サンドイッチ作り	技能実習と結んで扱う。	明かるい家庭 健康な生活 よい食事 楽しいつどい くらしのくふう
	仕事の能率	理論的に究明するのでなく，いろいろな実習（そうじのしかた，用具の修理，洗たく用具，洗たくの実習，食事の手伝い，前かけ作り，サンドイッチ作り，身のまわりの整理整とん，ミシンと手ぬい，ミシン実習）を通して扱う。	そうじ 身なり 食事の手伝い サンドイッチ作り 身のまわりの整とん ミシンの使いかた	仕事の分担のしかた，枕カバー作り大そうじ，調理実習，働きよい調理場，冬休みの生活，会の計画，あとしまつ，くらしのくふうなど実習を通して扱う。	健康な生活 よい食事 冬のしたく 楽しいつどい くらしのくふう
	休養	家族関係の話し合いの中にでる程度で意識して扱わない。	わたくしたちの家庭	重点的に扱う。	健康な生活 くらしのくふう

労力と休養	娯　楽	家族関係の中で考えさせる程度に扱う。	わたくしたちの家庭	積極的にどんな方法でやったらよいか，家庭のレクリェーション，会のレクリェーションについて扱う。	明かるい家庭 楽しいつどい
物資の尊重	時間の尊重	家族関係，衣，食，住の学習の実習冬休みの生活，応接と訪問などを中心に重点的に扱う。	わたくしたちの家庭 そうじ 身なり 食事の手伝い サンドイッチ作り お正月にそなえて	実習と結んで扱う。	
	規則的な生活	重点的に扱い，家族の生活のしかた夏休みの生活のしかた，冬休みの生活のしかたなどと結んで扱う。	わたくしたちの家庭 夏休みの生活 冬休みの生活	５年の学習を基礎としさらに改善の方法を考えさせるように扱う。	明かるい家庭 夏休みの生活 冬休みの生活 くらしのくふう
	余暇利用			娯楽と関連し，家族の生活のしかた夏休みの生活，時間の使いかたなどで扱う。	明かるい家庭 夏休みの生活 くらしのくふう
物資の尊重	物資の尊重	そうじ用具の修理，使いかた，裁縫用具の扱いかた，洗たく用具の使いかた，ほころび縫い，食事のあとしまつ，調理実習，整理箱作り，ミシンの使いかたなどに重点をおいて扱う。	そうじ 身なり 食事の手伝い サンドイッチ作り 身のまわりの整とん ミシンの使いかた	衣服の手入れ，つくろい，調理実習くらしのくふうなどでふれる。	夏のしたく よい食事 くらしのくふう
時間の尊重	物資の管理と活用	重点をおいて扱う。	そうじ 身なり 食事の手伝い サンドイッチ作り 身のまわりの整とん ミシンの使いかた	保存法について指導する。	夏のしたく くらしのくふう
	修理，更生，廃品利用	ほころび縫い，ボタン，スナップつけ，整理箱作りなどで扱う。	身なり 身のまわりの整とん	あなつぎ，くらしのくふうなどで扱い，技能的に高度なものを６年にする。	夏のしたく くらしのくふう
金銭の使い方	買　物	被服製作の材料の買いかた，調理実習の買物，夏休みの仕事，などと結んで扱う。	そうじ サンドイッチ作り 夏休みの生活	５年と同じであるが，５年の学習を基礎として深めて扱う。	健康な生活 よい食事 冬のしたく 楽しいつどい くらしのくふう
	貯　金			金銭の使いかたの学習と結んで扱う	くらしのくふう

（被　　服）

内容		5年 指導の要点	題材	6年 指導の要点	題材
被服と生活	被服の機能	そうじの身じたく，身なり，ほころび縫い，ボタン，スナップつけ，食事の手伝いの身じたく，調理の身じたく，応接と訪問で扱う。	そうじ 身なり 食事の手伝い サンドイッチ作り お正月にそなえて	よい寝具，衣服の手入れ，涼しい着かた，暖かい着方，調理の身じたく被服生活のくふうと結んで扱う。	健康な生活 夏のしたく よい食事 冬のしたく くらしのくふう
被服と生活	被服生活の計画			被服の補充は，物資の尊重と結んで姉，兄のをもらう，つくろい，新しいものを買う，という内容によって扱い，既製品の選び方は買える物と相談するものにわけて扱う。	くらしのくふう
衣服の着方	衛生的な着方	身なり，洗たくと結んで扱い，清潔な衣服を着ることに目を開かせる。	身なり	清潔な寝具，衣服の手入れ，涼しい着かた，暖かい着かた，などと結んで扱い衣服の調節のしかたに重点をおく。	健康な生活 夏のしたく 冬のしたく
衣服の着方	活動に便利な着方	そうじの身じたく，身なり，洗たくの身じたくなどと結んで扱い，5年に重点をおく。	そうじ サンドイッチ作り 身なり 食事の手伝い	調理実習の身じたく。	よい食事
衣服の着方	整った着方	身なりで扱う。	身なり		
手入れと保存	つくろいのしかた	ほころび縫い（まつりぬい，半返しぬい）ボタン，スナップの正しいつけかた（一つ穴，二つ穴，四つ穴，糸と布，糸の色との関係，じょうぶなつけ方，位置）縫い方の基礎技能の実習。	身なり	つくろい（さしつぎ，あなつぎ）の実習を通して理解し，つくろうものがあったらすぐ手入れする態度を養う。	夏のしたく
手入れと保存	簡単なしみぬき			すみ，えのぐ，どろ，果じゅう，しょうゆのしみのとり方の理解と，実習を通して実践的な態度を扱う。	夏のしたく
手入れと保存	あとしまつ	洗たく，身のまわりの整とん，と結んで扱う。	身なり 身のまわりの整とん	衣服の手入れ，ブラッシかけの実習衣服のたたみ方，くらしのくふうと結んで習慣づけるように指導する。	夏のしたく くらしのくふう
手入れと保存	しまい方			理科と関連して扱う。	夏のしたく
洗たく	洗たくのしかた	洗たくのしかた ・　布地の種類と洗剤（もめんを主とし，毛・スフ・ナイロン・人絹程度） ・　洗たく用具（電気洗たく機についてもふれる）	身なり		

洗たく		・洗い場（場所と作業面について扱う） ・簡たんな洗たく（もめん物のシャツ・ブラウス程度）			
	仕上げのしかた	手のし仕上げ	身なり	5年の実習をもとに家庭で洗たくしたもののアイロンのかけかた，アイロンの扱い方，かける物とアイロンの温度，始末のしかた。	夏のしたく
作りかた	用途と材料	裁縫用具（はさみ，物さし，針，針山，運針用布，箱，指ぬき，へら）台ふきの材料，糸，ほころび縫い，ボタン・スナップつけの布と糸との関係，前かけの材料，ミシンの糸と針の選びかた，など実習に必要なものについて用途と材料を考えさせる	そうじ 身なり 食事の手伝い ミシンの使い方	枕カバーの材料，つくろいの布と糸防寒用品の材料，日用品作り，など実習に必要なものについて扱う。	健康な生活 夏のしたく 冬のしたく くらしのくふう
	裁ち方	実習するものについての裁ち方について考える。	そうじ 食事の手伝い ミシンの使い方	5年と同じ	健康な生活 くらしのくふう
	縫い方	手縫いの基礎（なみ縫い，半返し縫い，まつり縫い，とめ方） ミシンの扱いかた，から踏み，から縫い，本縫，台ふき，前かけ，整理箱のカーテン	そうじ 食事の手伝い ミシンの使い方 身のまわりの整とん	手縫い，ミシン縫いの基礎の応用（ふくろ縫い，かざりミシン）（枕カバー，のれんなど）	健康な生活 くらしのくふう

作りかた	簡単な手芸	生活を美しく豊かにすることに重点をおき簡単なししゅうをする。	食事の手伝い 身のまわりの整とん	生活を美しく豊かにすることに重点をおく。（アップリケ，編物など）	冬のしたく くらしのくふう

（食　　　物）

内容		5年 指導の要点	題材	6年 指導の要点	題材
食物と栄養	食事の意義	社交的　食事の作法，食事のしかたと結んで5年に重点をおいて扱う 家庭団らん　配膳とあとかたづけ，食事の作法と結んで扱う。	食事の手伝い サンドイッチ作り	栄養的　食品の選択，日常食の献立材料の整え方，調理，健康なたべ方と結んで扱い6年に重点をおく 家庭団らん　楽しいつどい日常食の献立と結んで扱う。	よい食事 楽しいつどい
	食品の選択	調理実習の献立を中心に簡単にふれる。	サンドイッチ作り	食品の組合わせを中心に，重点をおいて指導する。	よい食事
	日常食の献立	調理実習する献立について理解させる。	サンドイッチ作り	食品の選択を中心に理解させる。	よい食事
食事のしたくとあとかづけ	材料の整え方	調理実習を行うものについて考える。	サンドイッチ作り	調理実習を行うものについて考える	よい食事
	身支度	食事の手伝いとしての，ぜんだてとあとかたづけと結んで重点をおく。 調理実習の際に習慣づける。	食事の手伝い		

食事のしたくとあとかたづけ	台所の整備	学校で調理を実習する場合のおさえ所としてあげられていると考える。調理実習に即した扱いとする。	サンドイッチ作り	改善的な面を重点とする。	よい食事
	調理用具とその扱い方（計量器を含む）	調理実習を行う範囲の調理用具の扱い方として考えて指導する。調理のこんだてをきめる条件とする。	サンドイッチ作り	5年と同じ扱いにする。	よい食事
	燃料の使い方			調理用に燃料を使う時に扱う。	よい食事
	調理	火を使わないサンドイッチ作り	サンドイッチ作り	ごはんたき，みそしる，目玉やき，青菜の油いため，パンケーキ	よい食事
	配ぜんとあとかたづけ	重点をおき指導する。	食事の手伝い サンドイッチ作り	調理実習の際扱う。	よい食事 楽しいつどい
食事のしかた	健康と食べ方	調理実習	サンドイッチ作り	食品の選択と結んで重点をおいて扱う。	よい食事
	食事の作法	日常の応接，接待，食事作法	サンドイッチ作り 応接と訪問	食事の作法	よい食事 楽しいつどい

（住　　　居）

内容		5年 指導の要点	題材	6年 指導の要点	題材
すまいと生活	すまいの機能	家族関係，そうじ，調理実習の台所などと結んで扱う。	そうじ	清潔なすまい方，涼しいすまい方，働きよい調理場，暖かいすまい方，くらしのくふうと結んで扱う。	健康な生活 夏のしたく よい食事
	すまいの合理化			清潔なすまい方，涼しいすまい方，働きよい調理場，暖かいすまい方，くらしのくふうと結んで扱う。	健康な生活 夏のしたく よい食事 冬のしたく くらしのくふう
清掃	そうじのしかた	家庭の一室のそうじのしかたを中心に考えさせる。	そうじ	家庭と社会とのつながりと関連して大そうじ，台所の整備，不潔な場所と結んで指導する。	健康な生活 よい食事
	そうじ用具	生活指導と関連して扱い，台ふき作り，はたきの修理を技能として取り上げる。	そうじ		
整とんと美化	身のまわりの整とん	重点をおいて生活管理と関連して指導する。	身のまわりの整とん		
	室内の整とん	整とんのしかた	身のまわりの整とん	積極的に美化する方法を扱う。	くらしのくふう

整とんと美化	家具，道具の扱い方	そうじと結んで扱う。	そうじ	涼しいすまい方，暖かいすまい方などと結んで扱う。	夏のしたく 冬のしたく
健康なすまい方	採光と照明			涼しいすまい方，暖かいすまい方と結んで扱う。	夏のしたく 冬のしたく
	通風と換気			涼しいすまい方，暖かいすまい方と結んで涼しく住むための通風のしかた，暖房のある室の換気のしかたを中心に扱う。	夏のしたく 冬のしたく
	季節とすまい			暖かいすまい方，涼しいすまい方，清潔なすまい方を中心に理科の学習を基礎として考えさせる。	健康な生活 夏のしたく 冬のしたく
	清潔と消毒	そうじ，調理実習と結んで不潔な場所に対する関心をもたせる。	そうじ サンドイッチ作り	消毒方法，消毒のしかたを実習させる。	健康な生活

(3) 家庭生活環境調査

児童の学習活動が生き生きと展開していくためには，児童の家庭生活の実態をよく調べ，それに即した問題にふれ，発展していくことがたいせつであると考え，昭和31年度に家庭の職業調査および指導内容に示された5分野について5,6年児童について調査をし，その結果を分析し，指導計画立案の資料としたのである。

① 地域別児童分布状況と職業構成表

区域別児童分布状況
東京都台東区立浅草小学校 1956.4.調

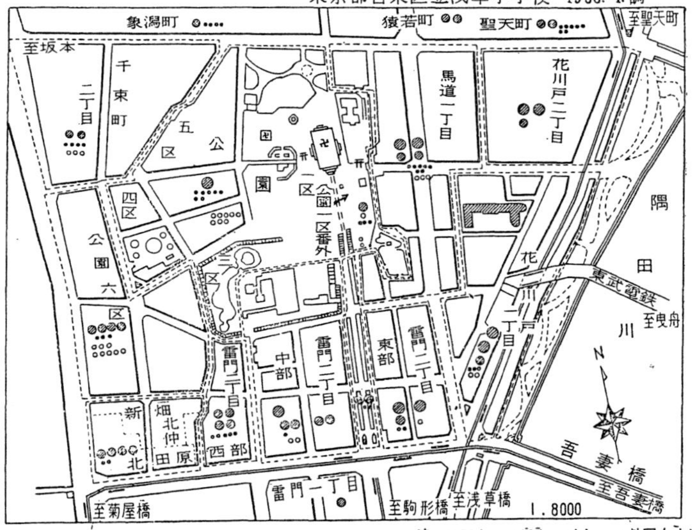

注 ◎50人 ◎10人 •1人 ∘外国人1人 1:8000

職業構成表

職業		問屋	製造	加工	小売	飲食業	自由業	技術	サービス業	公務員	会社員	露天業	その他	無職	計
日本人	人数	一二三	四四	二四	三一二	一四五	四二	五三	三二	二七	九九	一六	三	二〇	九四〇
	%	一三	五	二	三三	一五	四	六	三	二	一〇	二	一	二	九八
外国人	人数	五		二	二二	一〇	一		三		五	九		六	六三
	%	八		三	三五	一六	一		五		八	一四		一〇	一〇〇

② 職業と生活のしかたの概念的分析

ア 花川戸1，2丁目・聖天町・猿若町

(ア) 問屋町の性格の強い地域

・店舗併用住宅で，生活時間と営業時間が比較的に一致している。

開　店……午前6時～7時

閉　店……午後6時～7時

・夜間は一家そろって楽しむ時間がある。

・学習室や机の設備されている家庭が多い。

・こづかい銭を使う機会が多い。

・比較的遊び場に恵まれ，道路や露路の遊びが少い。

(イ) 職業構成と児童数

・児童数……270人（全校の27%）

問屋業……102人（当該地域の37%）

製造業…… 19〃（　〃　　7%）

小売業…… 44〃（　〃　　16〃）

その他……105〃（　〃　　39〃）

イ 馬道1丁目

(ア) 問屋，製造，小売，飲食業，その他の業種が混合した地域で，問屋町と小売商店街の中間的な性格をもつ地域

・生活時間と営業時間の整とんされている業種，生活時間と営業時間がかなりくいちがった業種とがある。

・比較的遊び場が多く，道路や露路の遊びが少ない。

(イ) 職業構成と児童数

・児童数……127人（全校の13%）

問屋業……10人（当該区域の 8%）

製造業…… 8〃（　〃　　6〃）

小売業……39〃（　〃　　30〃）

その他……70〃（　〃　　56〃）

ウ 雷門2丁目・仲見世・新畑町・北田原町・北仲町

(ア) 浅草寺の参道，映画興行街を含む浅草の最もはなやかな小売商店街，いわゆる浅草らしい様相を呈する地域。

・両親ともに商業経営に力を注ぎ，こどもの面倒をみる時間が比較的少ない。

・こどもの生活時間と親の商業経営の時間とに大きなへだたりがある。

起床時間のちがい

食事の時間のちがい

就寝時間のちがい

・こづかい銭の額が多く，使用する場所や機会が多い。

・遊び場が少なく道路や露路の遊びとなりやすい。

・夜間，戸外で遊ぶことが多い。

・学習室や設備が比較的少ない。

(イ) 職業構成と児童数

・児童数……322人（全校の32%）

小売業……173人（当該区域の54%）

飲食業…… 71〃（ 〃 22〃）

その他…… 78〃（ 〃 24〃）

エ 公　園

(ア) 浮浪者，客引，夜の女などが集まりやすく，露路の集中している地域。

・一区番外，六区には第３国人が集団的に居住している。

・不健全なものがこどもの目や耳にふれやすい。

・こどもも夜ふかししやすい。

・こづかい銭の額が多く使用する場所や機会も多い。

(イ) 児　童　数

日 本 人……110人（全校の9.5%）

第３国人…… 46〃（ 〃 4.6〃）

オ 区域外通学，区外通学の場合

(ア) 区域外通学児童数をみると，象潟その他北部から通学する者が多い。

また，このほかに交通事情の関係もあって，東部地区，西部地区から通学する児童が非常に少ない。

(イ) 区外通学児童の大部分は入学当時，学区域内に居住していたが経済事情の変化によって他区へ転住し，学校だけはかえないものである。

入学頭初からの区外居住者の入学は稀有である。

カ 区域別児童分布状況

区域	花川戸一丁目	花川戸二丁目	聖天・猿若	馬道一丁目	雷門二丁目	仲見世	新畑・北田原・北仲	公園	雷門一丁目	千束二丁目	区内北部	区内その他	江東・江北地区	中央区	都外	計
人数	一〇九	一一三	五七	一五三	二五二	一二	四八	一八一	一六	二七	五四	二	二六	一	三	一、〇五四

昭和31年４月調

③ 5,6年児童を対象にして調査した家庭生活の実態についての一資料

学年組＼性別	男	女	計
5 の 1	24	23	47
5 の 2	21	24	45
6 の 1	24	28	52
6 の 2	22	25	47
計	91	100	191

ア あなたは，うちの仕事の手伝いをしますか。

種類		そうじ		お使い		るすばん		店の仕事		おもり		食事の手伝い		風呂たき		その他	
学年組	性別	男	女	男	女	男	女	男	女	男	女	男	女	男	女	男	女
いつもする	5 の 1	1	2	3	4	0	0	1	0	2	0	1	3	0	0	1	1
	5 の 2	3	4	6	5	3	4	1	2	1	1	2	3	0	0	1	0

いつもする	6の1	2	4	3	4	3	2	3	0	2	1	1	3	1	0	1	2
	6の2	2	10	6	11	4	6	2	5	1	9	4	8	0	4	4	12
	計	8	20	18	24	10	12	7	7	6	11	8	17	1	4	7	15
		28		42		22		14		17		25		5		22	
時々する	5の1	4	2	8	9	5	0	3	3	2	2	1	2	0	0	1	0
	5の2	3	7	12	12	3	5	6	6	3	3	6	7	0	0	0	0
	6の1	2	5	8	6	7	3	8	2	2	0	2	5	2	1	0	1
	6の2	4	10	12	13	5	5	7	6	1	5	5	9	3	1	4	7
	計	13	24	40	40	20	13	24	17	8	10	14	23	5	2	5	8
		37		80		33		41		18		37		7		13	

	%
いつもする	38
時々する	58
ほとんどしない	3

イ　あなたのうちの人々は隣近所の人たちと仲よくしていますか。

問 / 性別 / 学年組	仲よくしている		仲よくしていない家がある		どのうちともあまり仲よくしていない	
	男	女	男	女	男	女
5の1	11	13	13	9	0	1
5の2	20	19	1	3	0	1
6の1	18	25	6	3	0	0
6の2	14	22	8	3	0	2
計	63	79	28	18	0	2
	142		46		2	
%	75		24		1	

ウ　あなたのうちではけんか（意見があわなかったり，言い争い）をする時がありますか。

問 / 学年組		父と母がけんかをする		兄弟げんかをする		兄や姉が父や母とけんかをする	
		男	女	男	女	男	女
よくする	5の1	0	0	8	12	3	6
	5の2	0	5	10	17	1	1
	6の1	0	0	7	11	0	2
	6の2	0	0	10	13	0	0
	計	0	5	35	53	4	9
		5		88		13	
時々する	5の1	10	8	12	10	14	12
	5の2	5	13	7	5	7	7
	6の1	9	6	12	9	3	3
	6の2	4	5	9	12	5	6
	計	28	32	40	36	29	28
		60		76		57	
しない	5の1	13	15	3	3	6	5
	5の2	5	9	3	0	12	15
	6の1	14	20	4	6	19	24
	6の2	18	20	3	0	17	17
	計	50	64	13	9	54	63
		114		22		117	

エ　あなたのうちでは，うちの人たちが仲よく楽しく暮していくためにみんなで話し合う時がありますか。

学年組＼性別＼問	いつも話し合っている		時々話し合う		ほとんど話し合いをしない	
	男	女	男	女	男	女
5 の 1	1	1	13	11	10	11
5 の 2	2	5	14	12	5	6
6 の 1	0	0	5	16	19	12
6 の 2	0	2	11	18	11	5
計	3	8	43	57	45	34
	11		100		79	
%	6		53		41	

オ　あなたのうちには女中さんや店員さんがいますか。

	学年組＼人数	0	1	2	3	4	5	6	7	8	9	10	11	12	13	14	15	16	17	18	19	20
女中さん	5 の 1	34	9	1	1	1																
	5 の 2	25	11	2	2	1	1			1			1									
	6 の 1	24	14	10	1	2																
	6 の 2	34	7	5	1																	
	計	117	41	18	5	4	1			1			1									
店員さん	5 の 1	20	4	7	5	1	4	2	1	1		1										1
	5 の 2	22	4	1	1	5	1	1	2	1			1	1	1							1
	6 の 1	21	12	3	3	4	3	2	2	2			1									
	6 の 2	30	7	2	3	2	3		1													
	計	93	27	13	12	12	11	5	6	4		1	2	1	1							2

カ　あなたは女中さんや店員さんに自分の用事をたのむ時がありますか。

学年組＼性別＼問	いつも自分の用事をたのむ		時々自分の用事をたのむ		たのまない	
	男	女	男	女	男	女
5 の 1	0	1	11	5	5	6
5 の 2	1	2	7	10	11	1
6 の 1	1	2	12	11	10	10
6 の 2	1	0	7	6	3	6
計	3	5	37	32	29	23
	8		69		52	
%	6		54		40	

キ　あなたのうちのおとうさんやおかあさんは，女中さんや店員さんに対して，どんな気持でいますか。

学年組＼性別＼問	きびしい		親切		よくしかる		なにもいわない	
	男	女	男	女	男	女	男	女
5 の 1	5	2	7	7	1	0	4	2
5 の 2	4	0	7	11	1	0	2	1
6 の 1	1	7	5	17	2	4	3	5
6 の 2	0	0	6	8	2	0	3	4
計	10	9	25	43	6	4	12	11
	19		68		10		23	
%	16		57		8		19	

ク　あなたのうちの人々は，きまりよい暮し方をしていますか。

問／学年別・性別		きまりよい		少しきまりよい		きまりよくない	
		男	女	男	女	男	女
朝起きる時間	5の1	8	4	5	9	11	9
	5の2	7	12	10	8	1	3
	6の1	3	11	11	9	10	8
	6の2	5	7	8	14	7	4
	計	23	34	34	40	28	24
		57		74		52	
食事する時間	5の1	12	6	5	3	7	13
	5の2	6	9	7	13	4	3
	6の1	2	13	16	9	6	6
	6の2	5	11	10	11	7	3
	計	25	39	38	33	24	25
		64		71		49	
ねる時間	5の1	7	2	12	6	5	14
	5の2	8	5	4	11	5	8
	6の1	2	3	12	16	11	9
	6の2	3	6	6	13	13	6
	計	20	16	34	46	34	37
		36		80		71	

	きまりよい		少しきまりよい		きまりよくない	
朝起きる時間	57人	31%	74人	40%	52人	29%
食事する時間	64人	34%	71人	39%	49人	27%
ねる時間	36人	19%	80人	43%	71人	38%

ケ　あなたのうちでは，ふだんうちの人たちが集まってみんなで楽しくすごす時がありますか。

問／学年組・性別	いつもする		時々する		しない	
	男	女	男	女	男	女
5の1	6	5	9	10	9	7
5の2	3	5	11	15	6	4
6の1	2	6	19	16	3	6
6の2	1	2	10	25	11	0
計	12	18	49	66	29	17
	30		115		46	
%	16		60		24	

コ　あなたはおこづかいをもらっていますか。

問／学年組・性別	もらっている						もらっていない	
	Ⓐお手伝いしたりほめられた時もらう		Ⓑなにか買う時もらう		Ⓒきまってもらう			
	男	女	男	女	男	女	男	女
5の1	1	0	1	0	20	19	0	0
5の2	4	7	5	8	13	13	0	0
6の1	3	1	3	2	17	28	0	0
6の2	0	2	3	6	15	17	3	0
計	8	10	12	16	65	77	3	0
	18		28		142		3	
%	10		15		74		1	

サ　コの©のきまってもらうの内わけ

もらい方 / 学年組 性別	毎日		週ごと		5日ごと		10日ごと		15日ごと		月ごと		なくなったら	
	男	女	男	女	男	女	男	女	男	女	男	女	男	女
5の1	14	5	1	2	0	0	2	0	0	0	3	12	0	0
5の2	7	6	1	0	0	0	2	1	0	0	3	6	0	0
6の1	7	10	2	2	0	1	3	4	0	1	5	9	0	1
6の2	7	5	1	5	0	0	1	2	0	0	6	5	0	0
計	35	26	5	9	0	1	8	7	0	1	17	32	0	1
	61		14		1		15		1		49		1	

シ　あなたは貯金をしていますか。

問 / 学年組 性別	している				していない	
	Ⓐもらった時にする		Ⓑきめてする			
	男	女	男	女	男	女
5の1	11	7	4	7	8	3
5の2	12	16	6	5	0	5
6の1	8	22	10	8	5	6
6の2	9	13	7	8	6	5
計	40	58	27	28	19	19
	98		55		38	

ス　シⒷのきめて貯金しているの内わけ

貯金のしかた / 学年組 性別	毎日		週ごと		10日ごと		月ごと	
	男	女	男	女	男	女	男	女
5の1	2	1	0	1	0	1	2	4
5の2	1	3	1	0	1	0	3	2
6の1	4	1	1	1	0	1	5	5
6の2	4	1	0	3	0	0	3	4
計	11	6	2	5	1	2	13	15
	17		7		3		28	

セ　あなたが朝，学校へくる時，うちの人たちはどうしていますか。

問 / 学年組		①父も母もまだねむっている	②父だけねている	③母だけねている	④父も母もおきている
いつも	5の1	6	11	0	20
	5の2	1	7	3	14
	6の1	7	10	5	9
	6の2	2	2	5	25
	計	16	30	13	68
時々	5の1	3	4	1	
	5の2	7	12	4	
	6の1	9	12	8	
	6の2	3	8	2	
	計	22	36	15	

ソ　あなたが着る洋服やはき物は，いつ買ってくれますか。

問 / 学年組 性別	いつもほしいと思う時に買ってくれる		うちの人がきめた時に買ってくれる		なにかある時に買ってくれる		なかなか買ってくれない	
	男	女	男	女	男	女	男	女
5の1	0	1	16	10	7	10	2	2
5の2	5	2	10	7	3	15	2	3
6の1	8	10	5	11	12	7	0	0
6の2	6	6	7	7	7	11	3	1
計	19	19	38	35	29	43	7	6
	38		73		72		13	
%	19		37		37		7	

タ　あなたのうちでは，洋服や下着などがどのようにしまってありますか。

学年組＼性別＼問	ひとりひとりきめられたところにしまってある		男のものと女のものに分けてしまってある		洋服と下着にわけてしまってある		おとなと子どもに分けてしまってある		だれのもいっしょにしまってある	
	男	女	男	女	男	女	男	女	男	女
5の1	10	14	2	3	6	5	3	2	6	3
5の2	11	8	1	1	7	10	3	9	5	4
6の1	11	17	1	4	7	12	5	6	6	3
6の2	13	12	1	1	4	6	3	5	3	5
計	45	51	5	9	24	33	14	22	20	15
	96		14		57		36		35	

チ　あなたのうちでは，父と母といっしょに食事をしますか。

	学年組＼問	朝食夕食ともにいっしょにする	朝食だけいっしょにする	夕食だけいっしょにする	ほとんどしない
いつも	5の1	8	3	12	14
	5の2	10	2	9	9
	6の1	14	4	13	8
	6の2	10	2	10	8
	計	42	11	44	39
時々	5の1	4	1	3	
	5の2	7	5	10	
	6の1	7	3	5	
	6の2	4	0	13	
	計	22	9	31	

ツ　食事の時のおかずはどんなふうにしていますか。

	学年組＼問	うちの人がつくる	できたものを買ってくる
朝食	5の1	34	13
	5の2	35	9
	6の1	38	33
	6の2	32	13
	計	139	68
夕食	5の1	29	14
	5の2	32	10
	6の1	18	21
	6の2	32	15
	計	111	60

テ　食事の時，うちの人は栄養のことを考えてくれていますか。

学年組	考えてくれる	あまり考えてくれない
5の1	41	5
5の2	31	3
6の1	24	5
6の2	43	4
計	139	17

ト　あなたのうちは住みよいですか。

学年組＼問	すみよい	すみよくない				
		せまい	近所がうるさい	間取がよくない	設備がよくない	その他
5の1	14	9	19	1	1	1
5の2	29	2	10	0	0	3
6の1	39	7	7	2	1	1
6の2	23	10	13	2	4	3
計	105	28	49	5	6	8
%	52	48				

ナ　あなたのうちでは，へやの中をどういう方法でそうじをしていますか。

学年組＼問	はくだけ	はいてふくだけ	ふくだけ	茶がらや新聞紙をまいてからはいてふく
5の1	5	24	0	18
5の2	1	23	0	20
6の1	2	22	0	25
6の2	3	23	0	21
計	11	92	0	84

ニ　あなたのうちでは，へやをどのようにそうじをしていますか。

学年組＼問	毎日する			1日おきにする	気がむいた時だけする	ほとんどやらない
	1回	2回	3回			
5の1	2	20	24	1	0	0
5の2	5	19	17	0	1	1
6の1	8	22	18	1	0	0
6の2	3	14	25	2	2	0
計	18	75	84	4	3	1

ヌ　あなたのうちには勉強する机がありますか。

学年組＼問	ある		ない
	自分だけで使う	兄弟と一緒に使う	
5の1	18	25	5
5の2	11	27	7
6の1	28	20	3
6の2	18	22	7
計	75	94	22
	169		

ネ　あなたのうちにある物はどれですか。

学年組＼ある物	ラジオ	テレビ	ミシン	ミキサー	ガス	電気洗たく機	電気そうじ機	水道	冷蔵庫		扇風機	ストーブ			石油コンロ	ふろ		便所	
									電気	氷		電気	ガス	石油		ガス	石炭まき	水洗	ため
5の1	46	21	25	8	22	25	0	45	6	25	31	6	11	5	10	11	7	39	6
5の2	45	23	32	9	36	17	2	43	12	19	23	4	12	7	12	14	6	40	4
6の1	52	28	36	15	46	26	5	50	8	30	37	9	22	4	17	15	5	45	11
6の2	45	15	30	4	35	19	3	45	4	20	26	1	7	3	12	9	6	40	7
%	188	87	126	36	139	87	10	182	30	94	117	20	52	19	51	49	24	164	28
									124			91				73		192	
%	98	45	66	19	72	45	5	95	65		61	43			27	38		100	

④　実態調査から問題と考えられる点

ア　家族関係

・家庭でこどもにまかせる仕事が少ない。

・兄弟げんかが多い。

・使用人を使っている家庭が多く，こどもの生活態度に影響を与えることが多いと考えられる。

・家庭団らんや話し合いの機会が少ない。

・近隣との交際は表面的によいつきあいをしていると考えられる。

イ　生　活　管　理

・規則的な生活をする家が少なく，特に起床，就寝，食事時間など両親とこどもの生活にずれがある。

・こづかいの与えかた，使い方など無計画な家庭が多い。

・家族全体で楽しむ機会が少い。

ウ　被　　服

・被服生活に計画性のある家庭が少ない。

エ　食　　物

・両親といっしょに食事をする家が少なく，食事作法をしつけられていない。

・副食を調理せず，できた物を買ってくる家が比較的多い。

オ　住　　居

・文化的施設は比較的備えられているが，環境のよくない家が多い。

以上のように考えられるが，調査のしかたが表面的であり，家庭生活を知るつっこんだ資料とならないものもあった。

⑤　地域社会と家族の生活調査

さらに，昭和32年度には，浅草の中小商業のサンプルとして，問屋と小売商を選んで，次の諸点を究明しようと調査した。

ア　家族全員で仕事にあたる問屋や小売商は，家族のしくみがどのようになっているか。

イ　問屋や小売商の家族関係はどのようになっているか。

ウ　親とこどもの関係は家庭生活の機能の面からどのように維持されているか。

エ　主婦は家事の担当をどのようにしているか。（詳細は省略）

(4)　季節や学校，地域社会の行事は指導計画作成に必要な条件である。

季節や学校・地域社会の行事一覧表

月	日	学校行事	季節と行事	地域社会行事	関連づけた題材
四月	1			緑の週間はじまる	健康な生活、そうじ
	6	始業式，入学式			
	7			世間保健デー	
	8		花まつり		
	10			婦人の日	
	11	学級ＰＴＡ			
	15・16	身体検査（測定）			
	17			少年保護デー	
	21・22	定期身体検査		大そうじ（下旬）	
	23・24・25	校外学習			
	26	ＰＴＡ総会			
	29			天皇誕生日	
五月	1			メーデー，赤十字募金	
	2		八十八夜		
	3			憲法記念日	
	5			子どもの日	
	6		立　夏	端午の節句	
	7	家庭科発表会			
	8			赤十字平和デー	

	10			バードデー	
	12			母の日	
	17			三社祭	
	18				
	20	知能検査			
	23	小運動会			
	24	創立記念日			
六月	4			むしば予防デー	夏のしたく・身なり
	6	音楽教室			
	7			計量記念日	
	10		入梅	時の記念日	
	16	学力テスト			
	17	青葉展			
	22		夏至		
七月	1	授業短縮，プール開設		全国安全週間	夏休みの生活
	7		七夕祭		
	10			浅草観音4万6千日	
	13		うら盆会		
	15	学級会			
	19	終業式			
	20	夏季休暇			
	21	区営夏季施設参加			
八月	6			広島平和記念日	
	8		立秋		
	9			長崎平和記念日	
	13		うら盆会		
	14		十五夜		
	15		月見	終戦記念日	
	20	プール大会			
九月	1	始業式	二百十日		
	8	夏休み生活展	中秋の明月		
	9		菊の節句		
	11		二百二十日		
	15			年よりの日	
	20		彼岸の入り		

	22	普通授業			
	23			秋分の日	
十月	1			東京都民の日	
	2	運動会		共同募金	
	17			貯金の日	
	25	校外学習（下旬）		結核予防週間	
	27			読書週間	
十一月	3			文化の日	冬のしたく
	8	地域別球技大会	立冬	交通安全週間	
	15			赤十字デー	
	20	連合音楽会	七五三	勤労感謝の日	
	23				
	24	楽焼展			
十二月	1			防火デー，針供養	お正月にそなえて
	8	学級会			
	22		冬至		
	23			皇太子誕生日	
	25	終業式		クリスマス	
	26	冬季休業（区営冬季施設参加）			
	31		大晦日		
一月	1	新年祝賀式		元日	楽しいつどい，身のまわりの整とん
	2		書初，初荷		
	6		小寒		
	7		七草		
	8	始業式，書初席書			
	10	区展	初えびす		
	11		鏡開き		
	15			成人の日	
	17	中央展			
	21		大寒		
二月	3		節分		
	4		立春		
	8		針供養		

月	日	学校行事	一般行事	国民の祝日等	備考
	10	新入生，予備身体検査			
	20	区学芸会			
三月	3 4	学芸会	ひな祭		反省会
	6			皇后誕生日	
	8			国際婦人デー	
	16	学級会			
	18		彼岸入		
	21			春分の日	
	23	卒業生を送る会			
	24	修業式			
	25	卒業式			
	26	春季休業			

2. 作成した指導計画

(1) 題材の配列

前節にしるした，指導計画作成上の問題点を考え合わせ，題材を具体的に構成し，年間計画として配列したのであるが，配列上特に留意した点をあげると

① 児童の生活経験を生かして，生活的なまとまりをもたせ相互に有機的関連をもたせるようにしたこと。

② 各題材間の指導内容の系統的な発展展開を無理のないようにしたこと。

③ 季節，学校，社会的行事などの関係に無理がないようにしたこと。

④ 各指導内容の要点が，各題材のどこかにもれなく配当され，題材間に内容の無意味な重複がないようにしたこと。

⑤ 他の教科や教科以外の活動などとの関連を考えたこと。

⑥ 学習予定時数が家庭科学習予定時数と合致するようにしたこと。

年間題材配当表（昭和31年度）

第5学年					
学期	月.	題材名	時数	学習題目	時数
第一学期	4月	わたくしたちの家庭生活	4	わたくしの家	2
				家の手伝い	1
				生活の計画	1
	5月〜6月	そうじ	12	そうじのしかた	2
				用具の修理	2
				台ふき作り	8
	6月〜7月	よい身なり	9	わたくしたちの服そう	2
				洗たく	4
				ほころび縫い ボタン・スナップつけ	3
	7月〜9月	夏休みの計画	2	夏休みの計画	1
				夏休みの反省	1
					27
第二学期	9月〜11月	食事の手伝い	20	食事の用意とあとかたづけ	3
				前かけ作り	12
				おやつ作り	5
	12月	お正月にそなえて	5	応接と訪問	3
				冬休みの生活	2
					25
第三学期	1月〜2月	身のまわりの整とん	8	身のまわりの整とん	2
				整理箱（袋）作り	6
	2月〜3月	ミシンの使い方	9	からふみ	3
				本縫い	3
				日用品作り	3

	月	題材名	時数	学習題目	時数
	3月	反省会	1	反省会	1
					18

第6学年					
学期	月	題材名	時数	学習題目	時数
第一学期	4月	明かるい家庭生活	4	家族の協力	2
				老人への思いやり	1
				弟妹の世話	1
	4月～6月	健康な生活	11	家族の健康	2
				応急手当	2
				休養と睡眠	5
				清潔なすまい方	2
	6月～7月	夏のしたく	11	衣服の計画と手入れ	2
				しみぬき	1
				洗たく	4
				つくろい	3
				涼しいすまい方	1
					26
第二学期	9月～11月	よい食事	15	食事と健康	2
				献立作り	3
				簡単な調理	8
				働きよい調理場	2
	12月	冬のしたく	11	暖かいすまい方	2
				暖かい着方	2
				防寒用品作り	6
				冬休みの生活	1
					26

学期	月	題材名	時数	学習題目	時数
第三学期	1月～2月	くらしのくふう	9	家庭生活の反省	3
				いろいろのくふう	6
	3月	お別れの会	7	会の計画	2
				楽しいつどい	5
					16

・昭和32年度（改訂事由は指導の実際に詳記）

第5学年					
学期	月	題材名	時数	学習題目	時数
第一学期	4月	わたくしたちの家庭	4	わたくしたちの家	4
	5月～6月	そうじ	12	そうじのしかた	2
				用具の修理	2
				台ふき作り	8
	6月～7月	身なり	9	わたくしたちの服そう	1
				洗たく	5
				ほころび縫い ボタン・スナップつけ	3
	7月	夏休みの生活	2	夏休みの生活	2
					27
第二学期	9月～11月	食事の手伝い	15	食事の用意とあとかたづけ	2
				前かけ作り	13
	11月	サンドイッチ作り	5	サンドイッチ作り	5
	12月	お正月にそなえて	5	応接と訪問	3
				冬休みの生活	2
					25

学期	月	題材名	時数	学習題目	時数
第三学期	1月〜2月	身のまわりの整とん	8	身のまわりの整とん	2
				整理箱作り	6
	2月〜3月	ミシンの使いかた	9	扱い方	3
				縫い方	3
				日用品作り	3
	3月	反省会	1	反省会	1
					18
		70			

第6学年					
学期	月	題材名	時数	学習題目	時数
第一学期	4月	明かるい家庭	4	明かるい家庭	4
	4月〜6月	健康な生活	12	家族の健康	2
				応急手当	2
				清潔な寝具	6
				清潔なすまい方	2
	6月〜7月	夏のしたく	10	衣服の手入れとしまい方	5
				しみぬき	1
				つくろい	3
				涼しいすまい方	1
	7月	夏休みの生活	1	夏休みの生活	1
					27
第二学期	9月〜11月	よい食事	14	食事と健康	2
				献立作り	3
				簡単な調理	8
				働きよい調理場	1

学期	月	題材名	時数	学習題目	時数
	11月〜12月	冬のしたく	11	暖かいすまいかた	3
				暖かい着かた	1
				防寒用品作り	6
				冬休みの生活	1
					25
第三学期	1月〜2月	楽しいつどい	6	会の計画	2
				楽しいつどい	4
	2月〜3月	くらしのくふう	12	家庭生活の反省	1
				くらしのくふう	4
				家族の間がら	3
				簡単な日常用品	4
					18
		70			

(2) **題材の展開**（昭和31年度分は省略）

（第　5　学　年）

題　材　　わたくしたちの家庭（4月・4時間）

趣　旨　5年生になってはじめて家庭科を学習するので，その基盤となる家庭生活について，家族は愛情で結ばれ，互に協力しあっていることを理解させ，家族の一員としての自分の生活のしかたや，家族のしかたを考えさせる。

学習題目	時数	目標	学習活動	指導上の留意点	準備・資料	他教科との関連
わたくしたちの家	4			・学習にはいる前に「わたくしの家」という題で作文をかかせておく 作文をかかせる時の観点として ①家族各人の性質 ②各自が分担している仕事 ③家族相互の人間関係	・作文「わたくしの家」	
		○親子，兄弟，祖父母との間がらがわかる	○作文「わたくしの家」の中から，いろいろな家のくらし方について発表する	この作文の中から，いくつかのちがった事例をあげて導入にする ・作文を発表する時は，こどもの名前はあげない		
			○家の人は，それぞれどんな仕事をしているか，調べる 1　家でいっしょにくらしている人々について ・性　質 ・人間関係	・作文の発表から，各自の家庭のくらし方について考えさせる ・家族一覧表を各自に作らせそれをもとにして，ひとりびとりの性質や家族間における人間関係について話合いをさせる	・家族一覧表 （名前・年令・間がら・仕事の欄のある表） 仕事の欄は次の学習活動の際にかきこむ	
		○家族は互に理解し合わなければならないことがわかる		・この話合いの中で，家族各人の個性やその間の交流によってそれぞれの家庭のふんい気，生活様式などが作られていることを理解させる		
		○家庭生活を営むいろいろなしごとがあることがわかる	2　家の人々のしている仕事について ・くらしに使うお金を得るためにしている仕事（生計的役割）	・家族の各人が生計的・家事的の役割をどのように受け持っているか理解させる（家族一覧表使用） ・各自に「一覧表」に記入させた後，話合いにはいる。		
		○家庭はあたたかな人間関係の中に家族が互に協力していることがわかる	・くらしがうまくいくようにいろいろ世話する仕事（家事的役割）	ここの話合いでは，家事的役割を主としてになっている母親の仕事ぶりと，それに対して家の人々がどんな態度でいるか，またどんな協力のしかたをしているかについて問題として取り上げる		

学習題目	時数	目標	学習活動	指導上の留意点	準備・資料	他教科との関連
		○家庭の仕事の一部を受持ち協力しなければならないことがわかる	○わたくしたちでも，できる仕事について考える（話合い）	・家事の内容として，衣食住の面を主として取り上げる ・「家事的な仕事をわたしたちもしなければならない」という意識にたたせないで「自分たちにできる仕事があるかどうか」「自分たちはどうしたらよいのか」という考え方からはいっていく ・仕事の内容について全体として統一しないが，母親と相談する機会を持たせるようにする		
		○娯楽は家庭生活にうるおいを与え暖かい人間関係を作り出すものであることがわかる	○わたくしたちの家を，今までよりももっと楽しくくらしよくしていくためにはどうしたらよいか話し合う 1　人間関係ではうまくいっているか 2　仕事の役割はうまくできているか 3　みんなで楽しくすごす機会があるか	・今までの話合いで，友だちの家の様子をいろいろな面から知ることができたのでそれを自分の家の様子と比較し，取り入れられるものを考えさせる。 ・ここの話合いでは，自分の家について客観的な立場で考えさせ，さらにこうしたいという意識を持たせるようにしたい。ただ「こうしたい」という意識が高まれば必ず「こうするにはどうしたらよいか」という問題に直面することになるが，これは今後二年間の家庭科学習の中で機会あるごとに指導していくようにする		社会（4年）「東京のくらし」わたくしたちの生活には改善を要する問題があり，都市にはくらし方のちがう人々が多いことを理解させる

題　材　　そ　う　じ（4月～6月・12時間）

趣　旨　この地域では，4月下旬から，5月にかけて清掃期間になっているので，この時期に，従来のそうじのしきたりや方法にそのよさを発見させ，また改善の目を開かせるとともに，用具の修理や，台ふきを作ることができるようにさせる。

学習題目	時数	目標	学習活動	指導上の留意点	準備・資料	他教科との関連
そうじのしかた	2		○そうじについて話し合う	・そうじについての経験調査をしておく ・学校や家庭でのそうじのしかたについて発表させ，導入とするとよい	・当番日記	生活指導（そうじ）
		○そうじのたいせつなわけがわかる	1　どうしてそうじをするのか ・衛生上 ・精神上	・そうじのたいせつなことを上記の三点から理解させるのであるが精神上とは気持よく生活ができることであ		理科 5年（すまい） ・すまいは，きれいな空気を

	・物質上	り，物質上とは家がながもちすることである		とることが健康上必要なことを知らせる
○そうじに適当な身じたくがわかる	2　どんな身じたくがよいか ・衛生的 ・活動的	・マスク，前かけ，頭おおいなどの身じたくについて，その必要を理解させる	・マスク ・前かけ ・頭おおい	
○手順よく，能率的，合理的なそうじのしかたがわかる	3　どのような順序でしたらよいか	・一へやの手順を考えさせる ・順序を次のように考えさせる 1　へやを片づける 2　用具の準備をする 3　窓をあける（風向きを考えて） 4　はたく，はく，ふく，ごみのしまつ 5　あとしまつをする		理科 5年（すまい） ・へやの空気は対流作用で動いていることを理解させる
○いろいろなそうじのしかたがわかる	4　はたきのかけ方，はき方，ふき方はどのようにしたらよいか	・ほこりとよごれを合理的に除くように考えさせる ・はたきのかけ方 ○ほ先を使って，上から下へはたく ・はきかた ○畳や板めにそって力を入れすぎないように平らにはく	・はたき ・ほうき	

		○茶がら，スポンジゴム，ぬれ新聞などをまいてはくとほこりがたたない ・ふきかた ○ぞうきんをかたくしぼってふく ○からぶきのしかた ○ガラスのふき方 などに注意させる ・用具はじょうずに使うと長もちすることをしらせる	・ぞうきん	
○あとしまつのしかたがわかる	5　あとしまつはどのようにするか ・用具のしまつ	・用具は使いやすい場所によく整とんしてしまっておくこと ・しまつのしかた ○はたき，ほうきはかけておく ○ぞうきんはよくすすいで，風通しのよいところへかけておく ○バケツもよくすすいでふせておく 以上のことがよいことをわ		

			・へやの整とん	からせる ・もとの場所へきちんと物を整えることをしらせる		
		○そうじに関心をもち，進んで受け持つことができる	○家庭で各自がそうじを受け持つ場所を考えて実行する	・家庭とよく連絡をとり，母と相談させて実行するようにさせる		
用具の修理	2	○そうじ用具の種類，良否がわかる	○そうじ用具の種類と良否について話し合う 1 種類にはどんなものがあるか ・はくもの ・はたくもの ・ふくもの ・ごみをとるもの 2 使用に適した用具の選びかたについて	・電気そうじ機についても簡単に話す ・へやの大小とほうきの長短 ・はたく物によるはたきの種類 ・ふく場所によるぞうきんの区別 ・よごれるところとあまりよごれないところのバケツの使いかたなどについて考えさせる	・いろいろなそうじ用具 ・便利なそうじ用具の写真	
		○そうじ用具の修理ができる	○そうじ用具の修理をする 1 ほうきのひものつけか	・用具は破損の少ないうちに	・いろいろなひ	生活指導（清掃時）

		○こまむすびができる	た ・ひもの質 ・こまむすびのしかた 2 ほうきのほ先のまがったもののなおしかた 3 ふさのとれたはたきのなおしかた	修理するようにさせる ・洗ってほ先をなおし干しておく ・修理用具がない場合には図示して話す程度でもよい ・用具の修理はこの学習時だけではじゅうぶんでないので，そうじの時にも指導する	もの標本 ・こまむすびの標本または図表 ・はたきの標本 ・はたきのふさの作り方の図	図画工作・5年（工具の使いかた）
台ふき作り	8	○台ふきに適した布地，大きさ，厚さ，糸の選び方がわかる	○台ふきについて話しあう 1 布地はどんなものがよいか ・家で使っている台ふき 2 大きさや厚さはどれくらいが適当か 3 どのように縫ったらよ	・裁縫についての経験調査をしておく ・じょうぶ，ねだん，吸水性などの点からもめんが適当である ・使用面を多くするため 。大きさは片手を広げたくらいがよいが厚さとの関係でその二倍にする 。厚さは，初歩的ななみ縫い指導の面から二枚ぐらいが適当である		理科・5年（生物の保護と利用） 動物性せんい 植物性せんい 化学せんいの特徴を考える

	いか ・縫い方	・周囲は粗に，手のあたる部分が密になるようにぬうとよい	・縫い方の例
	・糸の選び方	・もめん糸で色が出ないものを選ばせる	
○衣服に関する製作用具の名称や扱い方がわかる	○裁縫用具にはどんなものが必要か話し合う 1　種　類 2　名　称 3　使いみち 4　整理のしかた	・用具の準備は一週間ぐらい前に知らせておく ・はさみ，へら，縫い針，まち針，針山，ものさし，ゆびぬき，裁縫箱など ・記名のしかた，針の始末，手を洗ってから仕事をすることなどはじめに徹底させる	・裁縫用具ひとそろい
○手縫いの基礎ができる（なみ縫い，とめ方）	○運針の練習をする 1　姿　勢	・前かがみにならぬように気をつけさせ，体の重心が下腹にあるように，肩に力がはいらぬようにさせる	・運針の姿勢図
	2　布のもち方	・両手で平に持ち，両手の距離は十センチぐらいがよい	・運針用布
	3　手の動かしかた	・両方の手首を交互に動かし同時に右手の親指と人さし指を交交に動かす練習をさ	

— 72 —

Ⅲ　指導計画の作成

		せる	
	4　指ぬきのはめ方	・右手中指の第二関節と第三関節との間にはめさせる	
	5　針の長さ，もちかた	・針が指先より三ミリくらい長いものがよく，自分にあった針を使用させるようにする ・指ぬきに針のめどの部分をあて，親指と人さし指を伸ばして針をもたせる	・針の正しいもち方の図 ・針の標本
	6　糸の通しかた 7　玉むすびのしかた 8　糸こきのしかた	・糸さきをななめに切って針のめどに通す練習をさせる	
		・運針練習は次のような3段階にわけて練習させるとよい 1　指の動かし方の練習 2　針に糸をつけないで縫う練習 3　糸をつけた針で縫う練習	・運針記録表の例

月日	めかず	長さ	気づいたこと

— 73 —

Ⅲ　指導計画の作成

学習題目	時数	目標	学習活動	指導上の留意点	準備・資料	他教科との関連
		○計画をたて仕事をすることができる	○製作の計画表をつくる ・予定日数 ・各自の作る台ふき図 ・材料	・計画表の書き方を指導する	・計画表の例 （　　）計画表 月日　月 日～ 月 日 時 材料 用具 できあがり図 縫い方 反省　家の人のことば　先生の評	
		○台ふきを作ることができる	○台ふきを作る 1　布の裁ち方 2　布のたたみ方 3　へらのつけ方 4　まち針の打ち方 5　縫い方 6　糸のつなぎ方 7　とめ方	・みみ，裁ち目についてしらせる ・へらのもち方，姿勢，しるしの大きさなどに注意させる ・正しい打ち方を徹底させる ・縫い方順序は図解するほうが理解が早い ・重ねつぎを指導する ・とめる前に糸こきをよくさせる ・玉どめのしかたを指導する	・かさねつぎ ・玉どめ ・玉結び （標本）	
		○作品について批評ができる	○作品を批評し合う 1　針が直角にはいっているかどうか 2　糸こきのしかたはどうか 3　玉どめ，玉結び，重ねつぎは正しくできているかどうか	・作品としてよいかどうかという面からと，使用できる喜びという面から話合いをさせる		

学習題目	時数	目標	学習活動	指導上の留意点	準備・資料	他教科との関連
		○進んで手伝いをすることができる	○台ふきを使った結果を話し合う	・自分の作った台ふきを使って進んで家の手伝いをするようにさせる		

題　材　　身　な　り（6月～7月・9時間）

趣　旨　からだの清潔や，身なりととのえかたについて考えさせ，簡単な洗たくなど，家の人の手をわずらわさずにできるようにさせる。

学習題目	時数	目標	学習活動	指導上の留意点	準備・資料	他教科との関連
わたしたちの服そう	1	○衣服は保健，活動に適していなければならないことがわかる ○衛生的で感じのよい着方がわかる ○活動に便利な着方や整った着方がわかる	○どんな身なりがよいか話し合う 1　自分の身なりについて反省する ・整った身なり ・清潔な身なり ・活動的な身なり	・児童の衣生活の大要を事前調査によってしっておく ・衣服の必要について簡単に話合いをさせ導入とする ・よい身なりは人によい感じを与えたり，また自分も気持よくすごせることをしらせる ・貧困家庭の児童に劣等感を与えぬよう注意する ・衣服の着方や，衛生的な下着の選び方についてもふれる	・大きい鏡 ・よい身なりの掛図	理科・5年（生物の保護と利用） ・いろいろなせんいの特徴を理解させる
		○よい身なりはか	2　からだの清潔について	・よい身なりの第一条件とし		理科・4年

		らだの清潔に注意しなければならないことがわかる	どのように注意しているか ・入　浴 ・洗髪，散髪	てのからだの清潔について考えさせる ・入浴のたいせつなわけ，はいる時の注意適温などについて話し合わせる ・洗髪の回数，洗い方と洗髪に適したせっけん，髪の手入れなどについて話し合わせる		（じょうぶなからだ） ・からだの各部分の働きや健康増進についての関心と初歩的な理解をもち衛生的なよい習慣を身につける
せんたく	5	○洗たくのしかたや用具についてわかる	○洗たくのしかたや用具について話し合う 1　洗たくの経験について 2　必要な用具はなにか	・洗たくについての経験を事前に調査しておく ・よくできたこと，失敗したことについて話し合わせ，そこから問題をとらえ，まとめるようにさせる ・電気洗たく機についても簡単にふれる	・洗たく用具 たらい・洗面器・洗たく板・ほしづな・物干ばさみ	
		○洗剤と布地との関係がわかる	3　洗剤について ・もめんの洗剤 ・その他の洗剤 4　順序や，やりかたはど	・洗剤と洗たく物との関係はもめんを主とし，毛，スフ人絹，ナイロン程度の関係をしらせる	・せんいと洗剤の関係図 ・洗剤の標本	

			のようにしたらよいか ・洗たく物の区別 ・洗う順序 ・洗いかた	・色物，上着，下着，などの区別をすることを考えさせる ・下洗いの必要について考えさせる ・生地をいためぬ洗いかたはどのようにしたらよいか考えさせる		
		○洗たくしやすい洗い場についてわかる	5　洗い場はどのようなところがよいか ・場　所 ・作業面	・各自の家庭の洗い場について考えさせ，洗たく場所や作業する時の能率的な高さなどについて考えさせる	・洗い場や作業面をあらわした図	
		○計画をたてて仕事ができる	○実習の計画をたてる 1　洗たくをするもの 2　用具の準備 3　計画表を作る	・もめんのシャツ，ブラウス体操着などがよい ・グループで分担をきめて細かく計画をたてさせる ・グループは六人ぐらいがよい	・計画表の例 月日計画表　班 用具　身じたく　順 実習して気づいたこと 反省　班の人のようす 名　項目　じゃま　協力　身じたく	
		○簡単な洗たくができる	○実習をする 1　準備をする 2　下洗いをする	・休憩時に下洗いの準備をさせておくと能率的である		

			3 本洗いをする ・つかみ洗い ・もみ洗い	・洗剤と水，洗たく物と水の量との関係を計量器によりはっきり理解させる ・ブラウス，シャツなどは水1リットルにつき，粉せっけん3グラム(大さじ1杯)ぐらいの液がよい ・よごれたところを重点的に洗うようにさせる		理科・6年 （せっけん）
			4 すすぐ	・石けんのにおいのなくなるまで3～4回すすがせる		
			5 しぼる	・強くねじらないように気をつけさせる		
			6 ほ す ・ほし場 ・さおをふく ・種 類	・ほす前に，簡単にたたませ小じわをのばすようにさせる ・洗たく物がかわきやすく，よごれない場所にほすように考えさせる	・さお ・ほしづな ・物ほしばさみ ・衣服かけ	
			○仕上げのしかたを話し合う ・手のし仕上げ	・手でよく，しわをのばし，形をととのえて，たたむようにさせる		
ほころび縫い	1	○ほころびを縫うことができる	○ほころびの縫いかたを実習する	・ほころびは小さいうちに縫うことがよいことをしらせ		

		（半返し縫い，本返し縫い）	1 わきのほころび ・半返し縫い 2 ポケットのほころび ・本返し縫い	る ・運針用布によって，半返し縫い，本返し縫いのしかたを指導する ・半返し，本返し縫いは，じょうぶにするための縫い方であるから小針にし，糸をよく引くことに注意させる		
ボタン，スナップつけ	2	○ボタン，スナップを正しくつけることができる	○ボタン，スナップのつけかたを実習する			
			1 ボタン，スナップの種類	・4つあな，2つあな，1つあなボタンのつけかたを実習させる	・ボタン，スナップつけの標本	
			2 糸の選び方	・生地の種類や，色にあったじょうぶな糸を使うようにさせる		
			3 つける位置	・スナップのおうとつのつけかたはまちがいやすいのでよく理解させる ・上前になるほうに凸，下前に凹をつける		
			4 糸のかけかた	・つけかたはいろいろ方法があるが(2)のつけかたのほうがじょうぶなことに気		

				づかせるようにする		

題　材　　夏休みの生活（7月・2時間）

趣　旨　夏休みは終日ほとんど家庭で過ごすことが多く，それだけに母親の日々のくらし方がよくわかる機会でもある。この機会を利用して，一家のくらしの中心にある母親の仕事を見つめさせ、そこから自分が協力できる仕事や家の人が協力してほしい仕事などについて理解させるとともに，家庭生活に対する協力の態度を身につけさせる。

学習題目	時数	目標	学習活動	指導上の留意点	準備・資料	他教科との関連
夏休みの生活	2		○夏休みに，母のくらしの様子を調べることについて話し合う 1　母はどんな仕事をしているのか	・一家のくらしの中心になっている母親を対象として取り上げて，母のくらし方の中から，家全体のくらしの実体についての理解を深めさせたい ・母親がいない子の場合は，母親にかわって世話してくれている人について考えさせる		生活指導（児童会）
		○家族は互に理解し合わなければならないことがわかる	2　母がしている仕事は，どれも母でなければできないしごとだろうか ・母でなければできない仕事 ・母でなくてもできる仕事	・児童の家庭によって，母親の仕事に相違はあるから，これだけが母の仕事であるという規程はできない ・母でなくてもできる仕事をなぜ母がしているか，考えさせる		
			3　母でなくてもできる仕事は，わたくしたちではできないだろうか			
		○家庭の仕事の一部を受け持ち協力しなければならないことがわかる	・わたくしたちでも，できる仕事 ・家の人ならできる仕事（わたくしたちにはできない仕事）	・家の人に協力してもらうことを考えさせる（特に，家の人との話合いの機会を持つこと）		
		○家族はあたたかな人間関係の中に互に協力していることがわかる	○自分でもできる仕事をきめて計画をたてる 1　計画をたて表に記入する	・計画がうまく実行されたかどうか，二学期の初めに，この問題について話合う機会をつくる（あき時間を利用）	・計画表	
			2　計画について話し合う	・友だちの計画をきいて，自分の計画をもう一度検討させる		

題　材　　食事の手伝い（9月～11月・14時間）

趣　旨　児童の生活実態を調査すると，そうじについて食事の手伝いが多く，特に夏休みの終った時期をとらえて，その手伝い方を反省させながら，さらによい方法を理解させ，食事の身じたくに必要な前かけを作ることができるようにさせる。

学習題目	時数	目標	学習活動	指導上の留意点	準備・資料	他教科との関連
食事の用意とあとかたづけ	2	○日常食のぜんだてとあとかたづけの方法がわかる	○食事の手伝いについて話し合う 1　食事の用意について	・夏休みの生活経験をもとに話合いをさせ，導入とする ・家庭によっていろいろしきたりがちがうのでよく児童に考えさせる ・衛生的な点に注意して食事の用意をさせる		
		○食器，食物，食事の場所などは衛生的にしなければならないことがわかる	2　ぜんだてのしかた ・食器の並べ方 ・その他のものの並べ方	・すぐ食事をしない時も衛生的にするように，考えさせる（フキンなどをかけておくこと）	・配膳図 ・食器類	生活指導（給食時）
			3　あとかたづけ ・食　器	・残物のまとめかた，油のついた食器の区別，食器の形，大きさなどを考えてまとめるように考えさせる		
			・食　卓	・台ふきでよくふいておくようにさせる		

学習題目	時数	目標	学習活動	指導上の留意点	準備・資料	他教科との関連
			・食事の場所			
		○食器やふきん，流しなどを清潔にし，きちんと整とんしなければならないことがわかる	4　食器やふきん，流しの清潔，整とんのしかた ・食器の洗い方	・よごれの少ないものから静かに，洗うようにさせ，表ばかりでなく茶わんの糸そこ，さらのうらなども洗うことに気をつけさせる ・油のついたものは紙でふき湯でせっけんをつけて洗うとよいこと ・ごはんがかたくなってついているときは，しばらく水につけておいて洗うこと ・アルミニウムや金属の製品は強く洗わないこと ・ガラス器やプラスチック製のもの，ぬりものの洗い方 ・洗剤の使い方などについて理解させる		
			・ふきん，台ふきの始末	・ふきんには食物のかすがつきやすく，細菌の発生がいちじるしいことをしらせ，使うたびに洗剤を使ってできれば熱湯で洗い，よく乾		

			・流　し	燥させておくように注意する ・たわしをかけて，流し水をしてきれいにする ・給食時を利用して，食事の用意とあとかたづけを実習させるとよい		
前かけ作り	12	○前かけの必要，種類，形，生地などがわかる	○前かけについて話し合う 1　前かけの必要について 2　種　類 ・地　質 3　形 4　生　地 5　縫い方	・前かけによって衣服に汚染するのを防ぐためであること，活動に便利なことを理解させる ・ゴムもめん絹などの地質で作られたものがあること ・前かけの必要な理由から考えさせる ・各自の持っている物や，家族のを持ち寄って縫い方を研究させる	・いろいろな前かけ サロン前かけ かっぽう着 洋服用の前かけ ・布地の標本	理科・5年 （生物の保護と利用） ・いろいろな繊維の特徴をしる

— 84 —

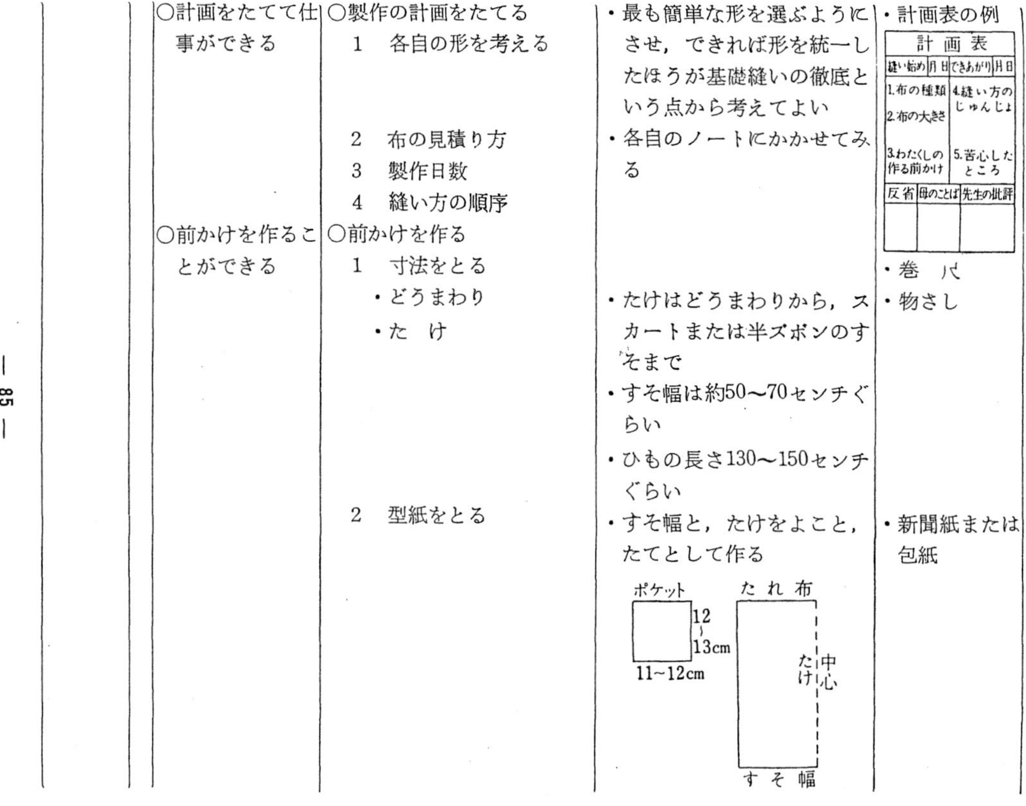

		○計画をたてて仕事ができる	○製作の計画をたてる 1　各自の形を考える 2　布の見積り方 3　製作日数 4　縫い方の順序	・最も簡単な形を選ぶようにさせ，できれば形を統一したほうが基礎縫いの徹底という点から考えてよい ・各自のノートにかかせてみる	・計画表の例 計画表 縫い始め 月 日 / できあがり 月 日 1.布の種類 2.布の大きさ 3.わたくしの作る前かけ / 4.縫い方のじゅんじょ 5.苦心したところ 反省 / 母のことば / 先生の批評	
		○前かけを作ることができる	○前かけを作る 1　寸法をとる ・どうまわり ・た　け 2　型紙をとる	・たけはどうまわりから，スカートまたは半ズボンのすそまで ・すそ幅は約50〜70センチぐらい ・ひもの長さ130〜150センチぐらい ・すそ幅と，たけをよこと，たてとして作る ポケット 12〜13cm 11〜12cm たれ布 たけ 中心 すそ幅	・巻　尺 ・物さし ・新聞紙または包紙	

— 85 —

学習題目	時数	目標	学習活動	指導上の留意点	準備・資料	他教科との関連
			3 布の裁ち方 ・型紙のおき方	・ふきんを考え，たて布を使いむだなく裁つようにくふうさせる		
			・縫いしろのとり方	・布目にあわせて型紙をおく		
			4 前かけ各部の名称	・たれ布，ひも，わき，すそポケットなどについてしらせる		
			5 縫う ・縫い方を研究する	・まつり縫い，わりはぎ，すくい返しどめのしかたを徹底させ，半返し縫いはポケットに応用させる ・すそ，ひものかどのしまつはきちんとできるように指導する ・早くできあがった児童にはししゅうをさせる サテンステッチ，クロスステッチ，アウトラインステッチ程度	・まつり縫い ・わりはぎ ・半返し縫い　標本 ・かどの始末の拡大標本 ・ししゅうの標本	図画工作（色彩・図案）
		○作品の反省ができる	○製作についての反省をする 1 前かけをしてみる	・完成の喜びを感じさせる意味で取り扱う		
			2 気がついたこと			
			・技術面	・縫い方（半返し縫い，まつり縫い，わりはぎ）が正しくできたかどうかを考えさせる		
			・その他のこと	・作業のしかた，時間，困難した点などについて発表させる ・家庭で前かけを利用させるようにしむける		

題材　サンドイッチ作り（11月・5時間）

趣旨　前題材により，食事の用意やあと片づけについて学習した児童は，さらに，ごちそう作りをすることにも意欲をもってきている。そこで，サンドイッチ作りの実習をさせ，食生活への関心を深めさせるとともに，初歩的な調理の技能を習得させる。

学習題目	時数	目標	学習活動	指導上の留意点	準備・資料	他教科との関連
サンドイッチ作り	5			・調理についての経験を事前に調査しておく		
			○簡単な調理をした経験について話し合う 1 作ったもの 2 作りかた 3 苦心したこと	・児童の調理経験を発表させながら，手軽にでき，栄養上もくふうできるサンドイッチ作りに導くようにする		

○計画をたてて仕事をすることができる	○サンドイッチ作りの計画について話し合う		・材料(1人分) 食パン 150グラムぐらい (小がた$^1/_3$きん6まい)	
	1 材料と分量，費用	・材料は必要量を一括購入すると安くなることをしらせる		
	2 作り方	・順序を考えさせる	バター 13グラムぐらい (大さじ1ぱい)	
	3 栄 養	・どんな種類の栄養を取り合わせることができるか考えさせる	ハムまたはソーセージ 20グラム (角ハムなら1.5まい) キャベツ 30〜40グラム) きゅうり 15グラム 塩 0.5グラム (小さじ$^1/_{10}$) ときがらし，油 こしょう少し	理科・5年 (たべ物と健康) ・健康を保つために栄養分が必要であることを理解させる
	4 必要な調理用具		・ほうちょう・まないた・ふきん・ざる・	

			さいばし・小ざら・大ざら・計量器・洗いおけ	
	○計画表を作る 1 グループで用意するもの		・計画表の例 調理計画表 班 月日サンドイッチ 卵 やさい 材料名 | 分量 | 費用 仕事の分担 仕 事 | 氏 名 調理中気づいたこと 反 省	
	2 仕事の分担をきめる	・グループの仕事の分担は細かくきめさせる		
○サンドイッチを作ることができる	○サンドイッチを作る 1 身じたくを整え，手を清潔にする	・身じたくや手指の清潔は特に注意させる	・サンドイッチに関する資料	
○調理用具をじょうずに使うことができる。	2 パンをきる	・パンやで切ってくれれば切ったのを使う。		
○食品の洗い方，切り方，味のつけ方，もりつけができる	3 野菜を洗う ・洗い方 ・栄養の点を注意	・栄養の点，寄生虫の点などを考えてどのように洗ったらよいかしらせる ・食品の洗剤があることを知らせる		
○計量器を使うこ	4 野菜を切る	・調理中必要な事項は記録さ	・小学家庭科掛	

とができる	・せんぎり ・いちょうぎり	せるようにする ・調理時間 ・味つけに要した調味料の分量	図 （食編）	
	5　味をつける	・からし1，バター3の割合でねって，食パンの内側にぬりつけておく		
	6　材料をパンにはさむ			
	7　ぬれぶきんにつつんで軽くおさえておく	・ぬれぶきんにつつんでおくと中身がくずれないことをしらせる		
	8　切　る	・ほうちょうを温めておいてひきぼうちょうにするとよい ・ランチやピクニック用にはパンのみみを落さずに用いることもある。 ・みみの利用を考えさせる（あげる，パン粉）	・いろいろな切りかた参考図	
	9　さらにもりつける	・もりつけは，美しく，ていさいよくくふうさせる ・季節の花や，パセリなどをそえるとよい		図画工作（図案）
○調理用具のしまつができる	10　調理用具のしまつ	・作業を終った児童から，用具の始末をさせるとよい		

Ⅲ 指導計画の作成

		・ほうちょう，まないた，さいばしなどの始末のしかたを指導する		
○配ぜんをし，楽しく食べることができる	○配ぜんをし，試食をする 1　食事の作法を考える ・初めと終りのあいさつ ・楽しい話をする ・速さをそろえる	・楽しいふんい気で食事ができるようにする ・よい姿勢で大声にならないように話をさせるが，口の中に食物がはいっている時には話をさせないようにする	・テーブルかけ ・台ふき ・おぼん	生活指導（給食時）
	・食べ方	・サンドイッチは中身がはみ出さないようにふつう手でつまんでたべる		
	2　できぐあいを反省する ・味 ・食品の取合せ			
○食器や調理場，食事の場所を衛生的に始末をすることができる	○あと始末をする ・食品の洗い方 ・しまい方 ・調理場を清潔にする	・あと始末は全員でさせる		

題　材　**お正月にそなえて（12月～１月・５時間）**

趣　旨　年末年始はどこの家庭でも忙しい，来客を迎えたり，他家を訪問することも多いので，感じのよい態度でもてなしたり，訪問できるようにさせるとともに，冬休みの間，家族の一員としてどう協力すべきかを考え実行するようにさせる。

学習題目	時数	目標	学習活動	指導上の留意点	準備・資料	他教科との関連
応接と訪問	3		○年末年始の来客や訪問についての経験を話し合う 1　年末年始のようす 2　客を迎えたときのこと ・いろいろなお客に対する態度 ・作　法 3　訪問したときのこと ・態　度 ・作　法	・失敗したこともかくさず話し合わせるようにし，ここは次への導入として扱い，その中から問題をとらえるようにさせる	・クリスマス，正月の写真	
		○訪問や応接の心得や態度がわかる	○よい訪問のしかたや客の迎え方を話し合う	・児童が家の手伝いとしての応接や訪問のしかたを考えさせる	・応接，訪問の写真掛図	生活指導（児童会）
			1　服装はどのようにしたらよいか	・さっぱりして，きちんとした服装であること		
			2　訪　問	・他人の迷惑にならない時間にあらかじめつごうをきくようにさせる		

学習題目	時数	目標	学習活動	指導上の留意点	準備・資料	他教科との関連
			3　あいさつのしかた	・感じのよいあいさつ，取次がたいせつなこと		
			4　取次，案内の態度 5　もてなし方 6　客の送り方			
		○訪問や応接の態度がよくできる	○お客の迎え方，訪問のしかたを実習する	・班ごとに客と訪問者をわけ全員ができるようにさせる		
			1　親るい，知人の場合	・洋式と和式の場合についてやらせてみる		
			2　友だちの場合	・お祝や，相談ごとの場を想定してやらせてみる		
			3　知らない人の場合	・心からもてなしたり，訪問したりする内面的な心情とそれが形として感じよくあらわれるように導く		
		○茶菓の出し方やいただき方がじょうずにできる	○茶菓のすすめ方といただき方を実習する	・客に菓子をすすめる場合は茶を出してお菓子を出し，最後にまたお茶を出すのが普通である		
			1　茶を入れる		・接待用具 お盆・茶わん 茶たく・菓子器，菓子ざら	
			・湯かげん	・80～90度ぐらいの湯を使うとよい	・水温計	

			・茶の量	・1人前1グラムぐらい		
			・湯を入れておく時間	・3分ぐらい		
			・出しかた	・きゅうすに入れた湯は全部ついできっておく		
			2 菓子のもりつけかた			
			・客の好み	・来客によって好みを考えてあげるようにする		
			・めいめいの場合	・菓子は客の食べよいように細かい心づかいがたいせつである		
			・もりつけの場合			
			3 運び方	・息のかからないように持つこと		
			4 さげ方			
			5 いただき方	・食べにくい場合は，かい紙で口をかくすようにして食べるとよい		
冬休みの生活	2		○冬休みに，家のくらしのようすを調べることについて話し合う	・冬休みの期間は，年末年始の時期で，どこの家庭でも多忙にあけくれる状態である。特にこの地域では，商店街だけに一般の家庭よりさらに多忙な日々になると思われる。この時期に，家庭生活の現状を客観的な立		・冬休みの生活指導(児童会)

Ⅲ 指導計画の作成

				場から観察させながら，家のくらしの忙しさに対する理解や，それに協力しょうとする態度を身につけさせたい		
		○家庭生活を営むいろいろな仕事があることがわかる	1 ふだんより忙しい様子について ・どんなことで忙しいのか ・だれが忙しいのか	・忙しいために，家の人の手がまわらないことをみつけさせ，それをどうするか問題として残しておく		
		○余暇を有効に使おうとする	2 ふだんのくらしでは，あまりしないことについて	・来客，訪問，ごちそう，家の人と遊ぶことお年玉，などが考えられる		
		○家庭の仕事の一部を受け持ち協力しなければならないことがわかる	3 わたくしたちは，どうしたらよいのか	・忙しさのために，家の人の手がまわらないこと，忙しさを少しでも少なくすること等について，自分たちでできることを考えさせる		
				・この話合いの結果から，各自に自分の家のくらしを観察する項目や自分が協力できることを記入させる。なおこれをもとにして，冬休みにレポートを書かせる	・レポート用紙	
		○自他の労力を尊	○家のくらしのようすについ			

		重することがわかる	て調べたことを発表する	・各自のレポートによって発表させる		
		○家庭はあたたかな人間関係の中に家族が互に協力していることがわかる	1　忙しかった様子について 2　ふだんのくらしでは，あまりしないことについて 3　自分が協力したことについて	・児童のレポートは，発表の終了後集めておいて，来年の「冬休みの生活」の時に資料として使う		

題　材　　身のまわりの整とん（1月〜2月・8時間）

趣　旨　身のまわりのしまつは，低学年の時から何回となく，家庭でも学校でも指導されてきたことであるが，自分でできることとして，身のまわりを自分で整えさせる習慣をいっそう理解して身につけ，家庭生活の合理化への関心を深めさせるため特に新しい年の初めの時期にこの題材をとりあげた。

学習題目	時数	目　標	学　習　活　動	指導上の留意点	準備・資料	他教科との関連
身のまわりの整とん	2			・物の整とんの実態を事前に調査しておく		
		○身のまわりの能率的な整とんのしかたがわかる	○自分の持ち物をどのように整理しているか話し合う 1　持ち物を不始末にしておいて困ったこと	・不始末であると仕事の能率が低下し，金銭もむだになり，ていさいも悪いことに気づかせる		生活指導（児童会）
			2　学用品について	・本やノート，成績物，こまかいものなどについて発表させる		
			3　遊び道具について	・運動用具や，遊び道具の始末のしかたについて話し合わせる		
			4　衣類について	・家庭で分類してだれでもわかるようになっているかどうか		
			5　その他の持ち物について			
		○便利で能率的な整とんのしかたがわかる	○便利な整理のしかたを調べる 1　物の分類のしかた	・種類別，使うものと使わないもの，家族別などに分類することを考えさせる		
			2　いろいろな場所の利用 ・空間の利用	・壁にかけたり，たなをつったりして空間をじょうずに使うようにくふうさせる		
			・置き場	・物を使いよくおくようにさせる		
			3　整理用品	・いろいろな便利な整理用品	・便利な整理用	

				について発表させる	品の写真	
		○室内の整とんのしかたがわかる	○室内の整とんのしかたを話し合う	・清潔で簡素なへやの整とんのしかたを考えさせる	・整とんされた和洋室内の写真	
			・物の置きかた	・調和よく，物を置き，へやを広く使えるようにする		
			・飾りかた	・整理，整とんされたへやの床の間や，かべに絵をかざったり，本箱や机の上に花などを感じよくおくことは全体の美をひきたて効果的にするものであること		図画工作（色彩，図案）
整理箱または整理袋作り	6	○すすんで身のまわりを整理することができる	○整理に必要な道具を作ることについて話し合う 1 用具を作った経験 2 各自が作る整理箱 ・使うめあてと大きさ	・児童の実態に基き，実際に必要とするものを作らせ，全部が同じものを作らなくてもよい		
			・材料の入手のしかた	・あき箱を利用するようにさせる （りんご，みかん，ビールいちご，ワイシャツなどのあき箱）		
		○仕事を計画的に				

		することができる	1 順序よい作りかたを考える 2 必要な材料，用具，順序，月日を記入する		○計画表の例 計画表 月日から 月 日 時 材料 用具 作る順序 苦心したところ 反省 利用 教師評	
		○廃品を利用して整理箱を作ることができる	○整理箱を作る			図画工作（工具の使いかた）
			1 あき箱の補修をする	・補修はていねいにさせる。くぎが出ていたり，こわれそうなところをよくうちつけておく	・整理箱の標本 ・金づち ・ペンチ ・くぎ ・さら ・はけ ・新聞紙	
			2 下ばり，上ばりの紙を切る	・包装紙などを利用させ，紙をむだのないようにくふうさせる		図画工作・4年（紙を主とする工作法の理解）
			3 のりを作る	・のりは粉をよく水でといてうすめににる		
			4 紙をはる	・しわにならないように，特にすみずみがはがれないようにはらせる ・じょうずに仕上げるには，下ばりをしてよくかわかしてから上ばりをするほうがよい		
		○カーテンを作る	○整理箱につけるカーテンを	・カーテンの布地は，家庭に		

		ことができる	作る ○反省し，まとめる 1　感想を発表する 2　整理をしてみる	有合せのものを使用させる ・三つ折り縫い，まつり縫いを応用させる ・少しのくふうで生活が便利で楽しくなることに気づかせる	・三つ折り縫い ・まつり縫い ｝標本	

題　材　ミシンの使い方（2月～3月・9時間）

趣　旨　手縫いの基礎が一応終ったこの時期に，仕事が能率的で，家庭に普及して日用品となりつつあるミシンを扱い，手縫いと比較させながら正しい操作に慣れさせ，簡単なものが縫えるようにさせる。

学習題目	時数	目標	学習活動	指導上の留意点	準備・資料	他教科との関連
扱い方	3	○機械を使うと仕事の能率を高めることがわかる	○ミシンについて話し合う 1　ミシンを使った経験を発表する 2　手縫いと比較する 3　ミシンの種類について ・手まわし ・足踏み ・動　力 ○から踏みの練習をする	・ミシン使用の実態を事前に調査しておく ・手縫いとミシン縫いの長所短所について比較させる	・ミシンの掛図 ・ミシン	社会・5年 （日本の工業・農業） 働く人々は機械の利用や協同作業に努めて仕事の能率を図る
		○協同して能率的に仕事ができる ○ミシンの扱いができる	1　必要な部分の名称と役目を研究する （頭部，あし，ふみ板，ベルト，ベルトかけ，はずみ車） 2　ミシンの頭部の出しかた，しまいかた 3　ベルトをかける 4　いすに正しくかける 5　踏み板へ足をのせる 6　はずみ車を動かす練習をする	・名称はあまりこまかくなりすぎないようにし，必要な部分を必要に応じて指導するようにする ・グループ別に順番に練習させる ・機械はていねいに扱わないとすぐくるったり破損したりすることをしらせ，初めから取扱をていねいにすることを徹底させる ・針棒を中心に腰かけるように指導する ・足は各自のきき足があるのでどちらを前にしてもよいが，前後にのせると力の釣合いのよいことを知らせる ・初めは逆転してもよいからつづけてふむ練習をよくさせ，どうしたら逆転せずに	・ミシン縫いの進度表の例 ・ミシンいすに正しくかけた図	理科・5年 （家庭の電気） 電気を使った機械について知る 4年 （便利な道具） 人が手数を省くのにいろいろ便利な道具を使っていることを知る

—100—

—101—

Ⅲ　指導計画の作成

Ⅲ　指導計画の作成

				踏み出せるかを逆転しては縫えない理由をわからせ練習させる		
		○から踏みができる	7　踏み初めと終りの練習をする	・自分の思うところでとまるようになるまで練習させる		
			8　から縫いの練習をする ・針の付け方 ・直線縫い ・曲線縫い	・から縫いの練習は，包装紙などを利用させるとよい ・針は平たいほうを右側にむけ，みぞに深くさしこみ，ねじをしっかりとめるようにさせる	・包装紙	
縫い方	3	○ミシン縫いができる	○本縫いの練習をする 1　糸のかけ方を研究する	・糸のかけ方と，名称は毎時間くり返し練習させるとよい	・ミシンの掛図	
			2　糸かけに必要な部分の名称と役目を調べる（糸立棒，めど，上糸調子ざら，あげばね，てんびん，糸みち，糸かけ，針どめ，針あな，すべり板，おさえ金，ボビンケース，針目調節ねじ）			
			3　下糸の入れかたを練習する			

			4　縫い始めと終りの練習をする			
			5　縫う練習をする ・直線縫い ・曲線縫い	・経験の少ない児童はあわてて機械を故障させやすいので注意させる ・故障をした場合は早く申出るようにさせる	・端布	
			6　機械の故障について研究する ・糸の切れるとき ・針の折れるとき ・糸のからまったとき	・操作をさせながらどんなとき故障がおこるか，その原因に気づかせる		
日用品作り	3	○ミシンを使って簡単な日用品を作ることができる ○ミシンの使いかたや作品について反省することができる	○台ふきを作る ・まわりにしつけをかける ・順序よく縫う ・反省をする	・初歩のミシン縫い作品としては台ふき，袋類などが適当である ・手縫いと比較させてみる	・ミシン縫いの台ふきの標本	

題　材　反　省　会（3月・1時間）

趣　旨　1年間の家庭生活について反省させ，家族の一員としての自覚を高めさせるとともに，家庭生活の改善への目を開かせる。

学習題目	時数	目　　標	学　習　活　動	指導上の留意点	準備・資料	他教科との関連
反省会	1			・1年間の家庭科学習に対する感想文を事前にかかせる	・反省表の例 反省表（　） ことから／自評／母のことば	
		○家族の一員としての自覚を高める	○1年間の家庭生活について発表し話し合う			
			1　学習が生活に役だった点について	・家庭科学習のいろいろな分野から話合いができるようにさせる ・技術的な面のまとめをさせる ・家族の一員として家庭生活を明るくしている喜びを感じさせる		
			2　実行できなかった点について	・実行できなかった理由をよく話し合わせ，実行できるような方法を考えさせる		

（第　6　学　年）

題　材　明るい家庭（4月・4時間）

趣　旨　小学校の最高学年としての新学期を迎え，学習意欲のもりあがっているこの時期に，5年生の学習をもとにして各自の家庭生活について，そのよさや改善すべき点を考えさせ，明るく楽しい家庭をきずく一員である自覚と責任をもたせるようにさせる。

学習題目	時数	目　　標	学　習　活　動	指導上の留意点	準備・資料	他教科との関連
明るい家庭	4		○明るい家庭では，人々はどんなくらし方をしているか話し合う	・「明るい家庭」ということについて，家庭が持っている各機能（保健・経済・娯楽・教養・社交）の面から，具体的な問題をあげて話合いをさせる ここの話合いでは，こどもたちがいだいている理想の家庭が，いろいろな形で出てくることが予想される ・理想の家庭について考えながら，常に自分の家庭の場合を比較させて，この学習を展開させていく		
			1　健　康 ・家の人のだれかがじょうぶでないと，どんな	・実際にあったことを話題として出させる		理科・5年（食べ物とけんこう）

	ことになるか ・だれもが健康であるためには，どうしたらよいか （健康についての家族の細かい心づくしを中心にして）	・健康を保持する条件については，次の題材「健康な生活」で学習するので，ここでは，それらの条件について家庭で具体的にどんな心づかいをしているかという面から健康に対する家族の関心について強調したい （たとえば，就寝時をどのようにきめているかとか，入浴は何日おきにしているか，栄養剤をのんでいるかといったこと）	・食べ物がかたよると成長がおくれ，病気になることがある 6年（伝染病とその予防） ・病原体や病気のなかだちをする動物は，日光や熱や薬で殺すことができる
○家族が互に自分の受持つ分野を認めて分担すれば，家庭が明る	2　家　事 ・家の中の仕事を，どのように手わけしたらよいか	・一般の家庭では，家事は母親が中心になってされているが，家族が家事についてどのような協力をしているか，また家事について理解ある態度を持っているか等に問題をしぼっていく ・家事について「これは男の仕事，女の仕事」と頭からきめつけてかかるような概	社　会 6年（政治） ・家族のひとりひとりはそれぞれの役割をもっており，その役割を通して，家庭生活を維持し楽しくしている

くなることがわかる		念（封建的）をなくすことを，具体例を通して指導する	
○家庭のレクリエーションのたいせつなことがわかる	3　人間関係 ・みんなで楽しむ機会をもつにはどうしたらよいか	・家族が楽しむ機会をじゅうぶんにもつことができないこの地域では，特にこの問題について，各自の家庭でどうしたらよいか，その実践の方法について考えさせたい	
○老人や弟妹に思いやりの心をもって接することができる	・家の人が互に仲よくくらすには，どうしたらよいか	・家の人に対する思いやり（老人弟妹の世話）についてもふれる ・お互が，自分だけの気持を通さないで，人の立場を考えたり，話し合う機会を持つ必要などについて考えさせる ・仲よくいっていない実例があったら，それを取り上げて，原因について考えさせる	
○家庭は人間生活にとって，保健		・近所の人たちとのつきあいについてもふれる	

		・経済・娯楽・教養・社交などのたいせつな機能をもっていることがわかる		・国語の時間を使って「わたくしの家を明るくするには，どうしたらよいか」という題で作文をかかせる（本題材の学習のまとめとして）	・作文用紙	国語（作文）

題材　健康な生活（4月～6月・12時間）

趣旨　家庭生活を明かるくするには家族の健康がたいせつなことを理解させ，いろいろな病気の発生しやすくなるこの季節に，家族のかかりやすい病気の原因を考え，未然に防ぐように習慣づけ，簡単な病人の看護や，応急手当ができるようにさせ，休養に必要なまくらカバーを作ることができるようにさせる。

学習題目	時数	目標	学習活動	指導上の留意点	準備・資料	他教科との関連
家族の健康	2	○家族の健康は家庭生活を明るくすることを理解する	○家族に病人がある時の心配や，病気の時の気もちについて話しあう 1　父母の病気の時 2　弟妹の病気の時 3　自分の病気の時	・この学習の導入として扱い父母の心配や家族全体が暗い気もちになることを理解させたり，病人に対していたわりの気持をもたなくてはならない	・病気の時の作文	
		○健康生活の習慣は家族全体が考えなくてはならない	○家族が病気にかからないようにどんな注意をしているか話しあう	・事前調査によって家族のかかりやすい病気について知っておく		理科・6年（伝染病とその予防）
			1　かかりやすい病気とその原因について 2　かからないようにするにはどうしたらよいか	・医者にかからなくてはならぬ病気と家庭で簡単になおせる病気について考えさせ，ここでは家庭で扱える病気についての注意を話し合わせる	・病気の原因と手当の表 ・伝染病の表	・うつる病気は食べ物，水，空気，動物などのなかだちで広がる ・料理をする道具や食器，手からだを清潔にすることは病気を防ぐのにたいせつである
		○家族の病人の簡単な看護ができる ○病人に対して思いやりをもって接することができる	○家族に病人のある時，看護をどのようにしたらよいか話し合う 1　熱の多い時の手当のしかたはどうしたらよいか 2　下痢の手当はどうしたらよいか	・寝具の扱い方，そうじのしかたを考えさせる ・薬の飲ませ方，検温のしかた、水まくらのあて方を理解させる		
			○実習をする 1　水まくらの入れ方，手入れのしかた	・水まくらは空気の出し方，水の量について注意させ，タオルで包んで病人にさせることの必要を理解させる ・しまい方は特にゴムがくっつかぬように注意させる	・水まくら ・タオル	
			2　検温器の扱い方	・検温器は温度の下げ方，わきの下をよくふいて軽くはさむことに注意させる	・検温器（サックのあるものないもの）	
応急手当	2	○家庭でできるけがの手当のしかたがわかる	○学校や家庭でけがをした経験を話しあう ○応急手当のしかたを実習す	・思いがけないけがは落ち着	・きずと薬の手	

			る	いて処理し，やけど，骨折などはおとなをよんで医師にすぐかからねばならぬこと	当のしかたをあらわした図	
		○家庭常備薬及び衛生材料について知り，その使用注意や保管のしかたを知る	1　薬品の扱い方と保管のしかた	・いろいろな薬を使うときは父母・医師のさしずをうけること	・家庭常備薬 赤チン・オキシフルなど、ほうたい	
			2　薬のつけ方	・切りきず，すりきず，はな血，やけど，骨折，目，耳のごみ，どく虫，貧血 ・ばいきんを入れないままにする		
			3　ほうたいのまき方	・ほうたいまきの目的について知らせる ・手の指，ひざのまきかたを実習させる	・ほうたい ・三角きん ・ほうたいまきの図	
清潔な寝具	6	○家族が健康を保持するのには衣服や身体の清潔がたいせつなことがわかる	○家族が健康にすごすためには衣服や身体の清潔についてどうしたらよいか話しあう 1　入浴のしかた 2　衣服のかえ方	・理科と関連し，ここではからだ，衣服の清潔について考えさせる		理科・5年 (すまいと着物) ・着物やふとんなどはときどき洗たくしたり，日光に当てたりするとからだによい
		○寝具について理解しその扱いかたや手入れのし	○気持よい睡眠のとり方について話しあう	・休養のために睡眠の必要なことを知らせ，特に寝具と睡眠について考えさせる	・寝室や寝具の写真	

		かたを知る	○寝具の扱い方，手入れはどのようにしたらよいか話し合う 1　扱い方 2　手入れ	・寝具のしき方，しまい方，干し方などについて考えさせる		
			○まくらの形，大きさ，高さはどのようにしたらよいか	・まくらが睡眠に関係あることを知らせ適当な形，大きさ，高さを考えさせる ・寝具は常に清潔にしなくてはならぬことを理解させる	・まくら・まくらカバーの標本	
		○まくらカバーを作ることができる	○まくらカバーを作る 1　寸法のとり方 2　材　料 3　裁ち方 4　縫い方	・材料を共同購入させたほうが指導が徹底する ・ふくろ縫いのしかたを指導する ・ミシンと手縫いを応用させると能率的である ・ギャザーのよせ方，ひものつけ方は特に細かく指導する	・ふくろ縫い ・まつり縫い } 標本	
			○作品を批評しあう 1　裁ち方 2　縫い方			
清潔なすまい方	2	○大そうじは近隣の生活とつながりをもっている	○大そうじについて話しあう 1　各自の家庭の大そうじについて発表する	・いつごろすることがよいか考えさせる ・ふだんできないところを清		

学習題目	時数	目標	学習活動	指導上の留意点	準備・資料	他教科との関連
		ことを知る	2 合理的にするにはどうしたらよいか考える	潔にしたり，蚊，はえ，ねずみなど，近隣と協力してすみよい社会をつくること ・場所によって，そうじのしかたのちがうことを考えさせる		
		○すまいの不潔になりやすい場所を知り，常に清潔にしようとする	○家庭や学校で不潔になりやすい場所をみて話し合う 1 水飲場 2 便 所 3 台 所 4 ごみすて場 5 取 手	・学校の不潔になりやすい場所をよく観察させて気づかせるようにする ・便所，ごみ箱の清潔に関心をもたせる ・梅雨期には細きんの発生しやすいことをわからせる		理科・5年 （すまいと着物） ・台所，便所，下水の清潔を保つことは，蚊やはえの発生を防ぎ健康によい
		○すまいの消毒のしかたや殺虫の方法がわかる	○すまいの消毒のしかたや殺虫のしかたを調べ実習する 1 薬品を使う場所はどうするか 2 使い方はどうするか 3 その他の消毒のしかた	・実際の場所について使い方を実習させる ・日光，熱湯，やきすてる方法などを知らせる	・消毒薬の見本 ・殺虫剤の見本	

題 材　夏のしたく（6月～7月・10時間）

趣 旨　春から夏に移り変るこの時期に，家族の手をわずらわさずに簡単な衣服の手入れや始末のしかたを理解させるとともに，暑い夏を涼しく過ごすためのすまい方についてくふうさせる。

学習題目	時数	目標	学習活動	指導上の留意点	準備・資料	他教科との関連
衣服の手入れとしまい方	4			・事前調査によって児童の衣服生活の大要を知っておく	・夏の布地標本	
		○涼しい衣服の着方がわかる	○夏の衣服の着方について話し合う 1 布地や色彩について発表する 2 形はどんなものがよいか話し合う 3 どのような着方が涼しいか話し合う	・理科で色彩と熱の吸収について学習しているので応用して考えさせる ・えり，そで，ズボン，スカートなど涼しい形を考えさせる ・布地，形，色彩などを考え清潔にすることのたいせつなことを知らせる	・スタイルブック ・夏の衣服の形をあらわした絵	理科・5年 （すまいと着物） ・着物の材料や仕立方などは外見のほかに保温，通気，からだの保護に関係が深く健康に影響する 5年（写真機と望遠鏡） ・すべての光を反射するものは白く見え，
		○衣服の手入れのしかたがわかり簡単な手入れができる	○衣服をどのように始末しているか話し合う 1 ほこりのはらい方はどうしたらよいか ・ブラッシのかけ方	・ここでは毎日の衣服の手入れについて考えさせる ・ほこりをはらっておかないと衛生上も悪く，布地もいためること ・ブラッシの選び方，ほこり	・ブラッシ	

				のはらい方を知らせる		すべての光を吸収するものは黒く見える
			2　たたみ方はどうするか ・ズボン ・ねまき	・和服のたたみ方はそでたたみ程度を理解させる		
			3　清けつにするにはどうしたらよいか	・計画的に下着，その他を洗うことのたいせつなことを考えさせる		
			4　実習をする ・ブラッシかけ ・たたみ方			
		○アイロンのかけ方がわかる	○アイロンかけの実習をする		・アイロン ・きりふき ・アイロン台	
			1　アイロンの温度と地質について調べる	・熱に弱い布地の取扱いについて注意させる		
			2　アイロンをかける ・ズボン ・スカート ・ブラウス（運動服）	・実習するズボン，スカートについてかけかたの順，じかにかけぬことを注意させる	・アイロンの温度と布地の関係をあらわした図表	
				・毛織物のアイロンかけはむずかしいので教師がやってみせる		
				・洗たくを家庭でしたものを持ってきて実習させる		
			・アイロンのしまい方と	・コードの扱い方，しまい方		

			手入れのしかたについて話し合う	金属部分の扱いについて注意させる		
		○衣類のしまい方がわかる	○冬着や春着のしまい方について話し合う			
			1　しまつのしかたを発表する ・家で始末するもの ・洗たくやへだすもの	・洗たくやへ出すものと家で始末するものを区別し，家で始末するものを家庭でどのように始末しているか発表させる		
			2　しまい方 ・分類のしかた	・繊維別，家族別，上着，下着の別など考えさせる		
			・容　器	・防虫，防湿によい容器について知らせる		
			・防虫剤	・防虫剤とその使いかたを考えさせる	・容器の写真 ・防虫剤の標本	
しみぬき	1	○しみをつけたらすぐとる必要がわかり，簡単なしみをとることができる	○いろいろなしみをつけて困ったことを発表する	・しみぬきについての経験を調査する		
			1　しみのとり方を調べる	・すぐとれたことや，とれなくてかえって大きくなったことについて発表させる		理科・6年（せっけんつくり）
			2　どろのはねたとき，どうしたか	・かわかしてもむとよいこと		・アルコールや揮発油は，水にとけないものはとかす
			3　すみをつけたとき	・ごはんつぶかのりをつけてそれにしみこませるように		

				する		
				・ベンジンでとかしてふきとる	・ベンジン ・しゅうさん	
			4　ペンキ，インクをつけたときどうしたか	・しゅうさんえきとさらしこでとる	・さらし粉	
			5　くだものの汁はどうしておとしたか	・すぐ水で洗う		
			○簡単なしみぬきの実習をする	・すみ，インク，くだもののしるのとり方などについて実習させる	・示範用小布	
つくろい	3		○衣服がいたんだとき，母がどんなつくろい方をしているか話しあう			
		○布のいたみ方とそれに適したつくろい方がわかる	1　いたむ原因について話し合う			
		○いたみの小さいうちにつくろわねばならないことがわかる	2　つくろい方はどうするか発表する	・布がうすくなったときのつくろい方，やけあな，かぎあなになったときのつくろい方を知らせる		
		○簡単なつくろいができる	○つくろいの実習をする			
			1　さしつぎのしかたを実習する	・あて布はつくろい物の地質や色のにているものを穴より大きくきって使うこと	・さしつぎ ・しきしつぎ } 標本	

			2　しきしつぎのしかたを実習する	・細い糸で同色またはにている糸を使うこと	・あなつぎ	
			3　穴つぎのしかたを実習する	・つくろいは目立たぬようにすること ・縞目のあるときはあて布の縞とよくあわせるようにさせる		
涼しいすまい方	1	○夏の涼しいすまい方がわかる	○涼しいすまい方について調べる			
			1　各自の家庭でくふうしていることについて話し合う	・グループでまとめてよくくふうされているものを発表させてもよい		理科・5年 （すまいと着物） ・日当り，採光通風，換気のよい家は，冬暖かく夏涼しく，細菌がふえない上にからだも気持よく働けるので健康によい
			2　準備する用具について発表する	・涼しい感じを出すものや文化的な冷房用具についてふれさせる	・冷房用具の写真	
			3　室内をどのように整えたらよいか各自の家庭について考える	・通風，換気を考え，物の置き方をくふうし，清潔にすることが涼をよぶことを理解させる		
			4　日よけをどのようにしたらよいか調べる	・日よけの色や布地について考えさせる		
			5　涼しい感じを出すものをくふうして発表する	・風鈴，小草，植木，金魚など涼しい感じを出すもの，庭の照明の色彩などについて考えさせる		

		○夏の来客の接待のしかたがわかる	○夏の来客の接待のしかたについて話しあう ・涼しい接待のしかたについて ・室の整えかたについて	・涼しいすまい方の学習のまとめとして扱う ・うちわ，おしぼり，扇風機などのすすめ方 ・冷いのみものを出すこと ・室内のものの配置のしかたを考えさせる		

題　材　　夏休みの生活（7月・1時間）

趣　旨　5年題材夏休みの計画では，母親の仕事に視点をおいて，そこから自分で協力できる仕事について計画をたてて実践させてきた。本題材では，5年の実践を基盤にして，家庭生活に協力する態度とその実践の方向を，日ごろこどもたちが経験していないものを仕事として取り上げ，それを毎日継続していくことに主眼をおいた。

学習題目	時数	目　標	学習活動	指導上の留意点	準備・資料	他教科との関連
夏休みの生活	1	○家庭の仕事の一部を受持ち協力しなければならないことがわかる	○家の仕事で，自分でもできる仕事をきめて計画をたてる 1　計画を立てる 2　計画を発表し合う	・日頃経験していない仕事で自分たちにもできるものを考えさせる ・計画については，この時間に入る前に，その要旨を話しておいて，各自に家庭で家の人（主として両親）と相談させた上で，立てさせておく	・計画表2枚（各自）（個人用・教師控用）	生活指導（児童会）

		○同じ仕事を継続していくと，その仕事の内容や苦労がよくわかる	・計画を立てた時に，くふうしたこと ・実行する場合にむずかしいこと	・友だちの計画をきいて，自分の計画について再検討させる ・計画がうまく実行されたかどうかについては，二学期のはじめにあき時間を利用して話し合う		

題　材　　よ い 食 事（9月～11月・15時間）

趣　旨　家族の健康に深いつながりをもつ食事の栄養について児童に初歩的な理解をもたせ，食事を通して社会性を育成するとともに，簡単な調理のしかたを習得させ，さらに働きよい調理場について関心をもたせるようにする。

学習題目	時数	目　標	学習活動	指導上の留意点	準備・資料	他教科との関連
食事と健康	2	○日常食品の栄養分について知りよい食事のとり方がわかる	○食事の手伝いをした経験について話しあう ○食物と栄養について研究する 1　6つの基礎食品について調べる 2　よい取合せについて研	・ここではこの題材への導入として主として調理の経験について発表させる ・家族の健康と食事の深いつながりを知らせ，栄養をよく考えなくてはならぬことを知らせる ・6つの基礎食品について教科書や図表を使用して正しく理解させる ・理科で学習した栄養分とそ	・6つの基礎食品表 ・食品栄養分析表	理科・5年（食べ物と健康） 健康を保つためには，でんぷん，脂肪，たんぱく質，はい分，ビタ

			究する	の働きについて復習的に取り扱う ・偏食の害についてもふれる	・栄養素の働きと病気との関係表	ミンなどの栄養分が必要である
			○食事調べをする 1　1日の献立を調べる 2　調べたことをまとめて話しあう	・各家庭の食事の献立について栄養的な面から，よい食事のとり方をしているか考えさせたり，必要量の大略について知らせる	・食事調べ表	
献立作り	3	○栄養，費用，好み，仕事の能率を考えて日常の簡単な食事の献立を作ることができる	○家庭の人々はどんなおかずが好きか発表する 1　年令によって異なった好みについて話しあう ・老　人 ・若い人 ・こども 2　家族の好みを考えて献立を作るにはどうしたらよいか考える	・年令によって食事の好みや調理について家族の人々が互に理解しあわねばならぬことを知らせる	・年令別栄養摂取量	
			○献立作りをする 1　どのように作ったらよいか話し合う 2　グループで朝，昼，晩に分けて作る	・食品の組合せ，価格，大体量，消化，美しさと味などを考えて作るようにさせる ・しゅんや出さかりを深く知るため，商店の食品に関心をよせるようにさせる ・献立をたてる時に，模造紙		

				にかかせておけば発表の時便利である		
			○作った献立を発表し検討する	・発表前に教師はグループの献立について知っておき，献立に特徴のあるものを二つぐらいえらんで検討させるとよい		
簡単な調理	8	○調理に必要な品物の買い方がわかる	○実習の献立を作る 1　献立をきめる 2　必要な材料を調べる 3　費用の計算をする 4　買物をする	・1日中の1食を考え六つの基礎食品が入るようにさせる ・グループに分けて分担させる	・計画表 ・野菜の時価表	
		○ごはんたきとみそしるを作ることができる	○ごはんとみそしるを作る 1　仕事の分担をする 2　作業の順序を話し合う	・仕事の分担手順は細かくたてさせ，さわがしくならぬよう作業させる ・作業中必要なことは記録させる		
		○計量器を使って科学的な調理ができる	3　ごはんをたく ・米の計り方 ・米の洗い方 ・米と水の量 ・火加減 ・むらし方	・計量器の使い方を正しく指導し，科学的な調理ができるようにする ・施設に応じた作業のしかたを考えさせる	・計量器（台ばかり ・計量スプーン ・〃　カップ ・調理用具	

			4　みそしるを作る ・しるの水の分量を計る ・だしの分量といれ方を考える ・みを洗う ・みを切る ・みを入れる順序を考える ・みその分量を計る ・みその入れ方	・いちょう切り，せん切りなどの実習をさせる ・みはにえにくいものから先に入れる ・計量スプーンで正しく計って入れあじをみさせる			
		○目玉焼を作ることができる	○目玉焼とおひたしを作る 1　目玉焼を作る ・卵の見分けかたを話し合う ・油のひきかた，火加減を考えて実習する ・もりつけをどうしたらよいか 2　おひたしの作りかた ・菜の洗いかたを実習する	・スプーンで油の量を計ってやるようにさせる ・水を少し入れふたをしてやるときれいにやける ・菜の根本を4つに切って洗うとよい			

			・ゆで方 ・洗い方 ・もりつけのしかた	・ゆでる時は根からいれてさっとゆでる ・もりつけは各グループでくふうさせ，ていさいよく，美しくもらせる			
			○試食をする 1　配ぜんをする 2　正しく食事をする 3　調理の反省をする ○あとしまつをする	・家で実践するように話し合わせることもたいせつである ・油気もののあとしまつ，調理用具のしまつをきちんとさせる			
働きよい調理場	1	○働きよい台所は仕事の能率をあげることを知る	○各自の家庭の台所の不備な点について話し合う ○どんな調理場が使いよいか調べる 1　調理場の設計のしかた 2　調理用具の整理のしかた 3　便利な調理用具	・調理場の理想的な例をあげる ・台所の仕事の能率をあげるため家族みんなで話し合ってくふうするようにさせる			

題材　冬のしたく（11月～12月・11時間）

趣旨　季節のうつり変りによる衣食住の世話は，これまでほとんど母やその他の家人によって整えられてきたが，家庭科の実習をしたこの冬は，進んで寒さへのしたくについて関心をもたせ，暖かいすまい方や，着物の着方について考えさせ，あわせて防寒用として利用価値の多い毛糸編物の基礎技能を習得させる。

学習題目	時数	目標	学習活動	指導上の留意点	準備・資料	他教科との関連
暖かいすまい方	3	○暖かいすまい方について関心をもつようにさせる	○冬，暖かくすごすため，どんなくふうをしているか話し合う			
			1　適温・湿度	・家屋の構造，場所，年令等によって暖房を考えたりして，ほどよい温度や湿度を保つようにくふうさせる（乾湿計を利用する）	・乾湿計	理科・6年（からだのはたらき） ・皮膚は体の中を保護したり体温を調節したり，暑さ，寒さ，痛さなどを感じたりする
			・切りばり，目ばりの実習	・寒さを防ぎ，ほどよい温度を保つために，切りばりや目ばりをするとよいことに気づかせる		
			・カーテン，窓，雨戸の役割	・室内の熱をにがさないようにするための役割をもつ		5年（すまいと着物）
			2　日光の利用 ・植込み	・日当りをよくするために植込みはじゅうぶんに刈込むこと		・温度や湿度を適当に保つと気持よくからだが働ける
			・居間	・日当りがよいところを居間にする（客間本位を改める）		理科・5年（すまいと着物）
			・新築の場合	・日当りをよくするために隣家との距離をじゅうぶん考える		・日当り，採光通風，換気のよい家は冬暖かく夏涼しく細菌がふえない上に，からだも気持よく働けるので，健康によい
			・夜具 ・日当りの悪いへや	・日当りの悪いへやは，いつも何度くらいだか，寒暖計を見て，ちようどよい温度を保つようにくふうする		
		○いろいろな暖房用具の安全な使い方がわかる	○いろいろな暖房のしかたについて調べる	・事前調査によって，家庭の暖房について知っておく ・調査の結果，児童の家庭で特に使用しているものの多いものについて取り上げていく		
			1　暖房用具とその使い方について	・暖房用具や燃料を慣習で使っている者がありはしないか，暖房について家族の人々がどのような関心をもっているかを考えさせる	・温度計 ・暖房用具の種類の掛図	
				・理科学習で得た知識を土台として燃料のえらび方やへやのあたため方，安全で衛生的，経済的，合理的な使		理科 4年（火と熱） ・物が燃える時熱と光が出る

		い方についての目を開かせる		・燃料にはいろいろな種類がある 5年（家庭の電気） 6年（電気の利用） ・電気は光，熱動力などとして使われる
	・家族の構成人員	・人数の多い少いこと，および老人，幼児について考えさせる		
	・使い場所と，用具をおく位置 ・経　済 ・便　利 ・安　全 ・へやの広さ	・へやによって，暖房用具が異なるかどうか気づかせる ・近代的な暖房用具を学んだ児童はわが家の実情を見つめて，最も適した暖房の方法を考えるようにさせる ・予定してある来客や帰宅した者に対する配慮の必要なことを気づかせる ・家庭において，火をだれが扱い，だれが始末しているかということから家族関係のあり方を考えさせる		
	2　燃料のじょうずな使い方について	・燃料を家の構造，使途，経済的な面から，どのように改善したらよいか考えさせる（木炭・石油・石炭・ガス・煉炭・電気） ・グループに分けて研究させてもよい	・いろいろな燃料の標本	理科・6年 （地下資源の利用） ・地下から石炭や石油をとり出して，燃料などに利用し

	○火鉢の火の入れ方を実習する	・火の扱いや，どのように入れたらよいか考えさせながら実習する ・台じゅうのうを使用する	・火鉢・炭・火ばし ・台じゅうのう	ている
	1　火がよくおこる方法 ・灰のならし方，入れ方 ・火，炭の入れ方 2　長もちする方法 ・灰のかけ方	・灰をならすこと，灰の入れ方などについても指導する ・火のあとしまつをよくさせる （消し炭をつくる） ・客が来る場合は30分ぐらい前に火を入れておくことを知らせる		理科・4年 （火と熱） ・物がもえるときは酸素が必要である ・熱の伝わり方にはいろいろある
○換気の必要がわかり，合理的な換気ができる	○換気のしかたについて話し合う	・家庭で換気をどのようにしているか調べる。換気をしていないとすれば，それはなぜか，どうしたらよいか考えさせる		理科・5年 （すまいと着物） ・通風，換気のよい家は冬暖かく夏涼しく細菌がふえない上に，からだも気持よく働けるので，健康によい
	1　換気をしなかった時の経験を発表する	・一酸化炭素によ中毒，炭酸ガスによる中毒，空気のよごれなどに注意させる	・空気の対流の図解表	
	2　換気窓の場所をどこにしたらよいか	・へやのどういう場所につくったらよいか考えさせる		
	冬の衣服について話し合う	・理科で学習してきたことをここで整理して，次の学習		理科・5年 （生物の保護と

— 128 —

				にはいる ① 布地の厚さ ② 使われている繊維 ③ 織り方は，どんなものが暖かいか ④ 色はどんなものが多いか	・布地の標本 ・平織，綾織の織り方を示した図	利用） ・人は動植物から皮、毛，骨せんいなどをとって，着物その他の日用品に利用している
暖かい着方	1	○衣服の暖かい着方や健康的な着方ができる	○衣服の暖かい着方について話し合う 1 各自の着方を発表する			
			2 どんな着方がよいか	・いろいろな繊維や，織り方の特質を考え，合理的に着るようにさせる 通気性の強いものは中に着る 吸水性のよいもの はだ着はぴったりしたものがよい 空気の層ができるように重ねる		
			3 衣服の形は，どんなものがよいか	・暖かい織り物として，毛織物，毛糸，編物，メリヤス化繊等が使われている ・風のはいらぬように形をくふうする（そで口，えりな		

— 129 —

				ど）		
			○健康的なよい着方を考えて発表する 1 厚着の害について	・暖かくあるばかりでなく，保健，活動，清潔という面からの着方を考えさせる		理科・5年 （すまいと着物） ・着物の材料や仕立方などは外見のほかに保温，通気，からだの保護に関係が深く健康に影響する
			2 清潔な衣服	・人にいわれて着るのでなく，自分で心がけて清潔なものを着るようにしむける		
			3 衣服の調節のしかた	・自分で調節するようにしむける		
防寒用品作り	6	○防寒用品についてその特徴がわかる	○いろいろな防寒用品について話し合う		・いろいろな防寒用品の掛図	
			1 種類や特徴	・いろいろな防寒用品の特徴と役割について知らせる		
			2 毛糸編物	・軽くて暖かいが，虫がつきやすいことなどを知らせる	・毛糸編物製品	
			3 編方について	・編物の経験について発表させ，いろいろな編方があることを知らせる	・編方の標本	
			○編物の実習をする 1 糸と針との関係について			
			2 かぎ針を使って編む	・くさり，長編み，短編みのしかたを指導する		

			3　2本針を使って編む ・目の作り方 ・編針の持ち方 ・糸のかけ方 ・目のふやし方，へらし方 ・とめ方 ・糸のつなぎ方	・ガーター，メリヤス編などのしかたを指導する		
		○簡単な防寒用品を作ることができる	○自分たちでできる防寒用品について話し合い，計画をたて自由に作る	・時間の関係で，家庭作業となるが，時間をきめて完成するように指導する	・マフラー ・室内ばき ・ネッカチーフ ・帽　子 の標本	
冬休みの生活	1	○家族の中で自分が受け持つ分野がわかり，それを分担する	○冬休みに，家の仕事に協力できることについて考える	・5年題材「お正月にそなえて」で学習した「冬休みの生活」と同じように，冬休みの期間を利用して家のくらしのようすを観察させながら，家の仕事に協力できることについて考えさせる	・「冬休みの生活」のレポート（昨年度）	生活指導（児童会）
		○労力，時間，物資，金銭など，できるだけ有効に使用することが必要であることがわかる	1　きよ年の冬休みに使ったレポートを見る	・自分が家の仕事に協力したことの内容を見て，今年はどうしたらよいか考えさせる		
			2　今年は，どんなことをするかきめる	・できるだけ教師，友だちに相談させる		
			2　各自で，きめたことをもちよって話し合う	・話合いを通して，自分できめた内容を検討させる ・冬休みが終ってからレポートをかかせて，集める。余暇を利用して発表する機会を作るようにする	・レポート用紙	

題　材　　楽しいつどい（1月・6時間）

趣　旨　家族や親しい人たちが集まって楽しい会合をもつ方法や，よいレクリエーションのしかたをくふうさせ，会に必要なごちそう作りを実習させる。

学習題目	時数	目　標	学習活動	指導上の留意点	準備・資料	他教科との関連
会の計画	2		○お正月の楽しかったことについて話し合う 1　家族の団らんの様子 2　いろいろな遊び	・前題材「冬休みの生活」と関連し，休み中に過した家庭生活について反省させ，この題材への導入とする		
		○会の計画をたてることができる	○楽しい会の計画について話し合う 1　どのような会にするか	・簡素な中に皆が気軽に楽しい一時をすごすことができるような会にさせる		
			2　仕事と役割をきめる			

			3　作るものの費用について	・簡単にできて，あまり費用のかからないものを考えさせる		
			4　楽しくするくふうについて ・会場の作り方	・形にはまったものでなく，児童に創案させる		
		○よいレクリエーションのしかたがわかる	・レクリエーション	・だれもが楽しめるよいレクリエーションのしかたを考えさせる		
楽しいつどい	4	○パンケーキを作ることができる	○パンケーキを作る 1　材料をそろえる	・グループ別に一括して材料をととのえさせるとよい	・パンケーキの材料(1人分) 小麦粉75g(1カップ) 牛乳65cc($\frac{1}{3}$カップ) たまご25g(中半こ) さとう10g(大さじ1) ふくらし粉10g(小さじ1) しお0.4g(小さじ$\frac{1}{10}$) 油　少し	理科・6年 ・かび，こうぼ菌，細菌などの働きが原因となって，物の実質が変わることがある
			2　仕事を分担して調理する ・小麦粉をふるう ・粉と牛乳，たまごとまぜる ・皮をやく	・フライパンに油を小さじ½ひき，弱火でやくようにさせる		
			・クリームを作る	・こげつかないように注意してかきまぜるようにさせる		
			・クリームを皮にはさむ 3　もりつける			

					・クリームの材料(6人分) 小麦粉100g (1.5カップ) 牛乳180cc(1) たまご30g(大半こ) ・ボール ・ふるい ・皿	
		○紅茶の入れ方がわかる	4　紅茶をいれる	・実際は会場ができてから，会食の始まる前に入れる ・紅茶は湯の温度90度，分量は1人前2グラム，湯を入れておく時間は10秒ぐらいがよい	・紅茶，茶わんスプーン	
			○会場をつくる	・調理がおわって手のあいた児童から会場作りをはじめてもらうとよい		
		○会食のしかたがわかる	○会食のしかたについて話し合う 1　調理品，その他のならべ方		・会食の写真	
			2　茶菓のいただき方	・5年生の時のしかたを思い		

			○プログラムによって会をする	出させながら，全員がそろってなごやかにさせるようにする ・紅茶ののみかたを指導する		
		○協力して能率的にあとしまつができる	○あとかたづけをする 1　食器のしまつ 2　会場のあとかたづけ	・全員で協力して能率的にさせるようにする		

題　材　　くらしのくふう（2～3月・12時間）

趣　旨　家庭科学習の最後の題材であるので，2年間に学習してきたことをまとめながら，家庭生活についての再検討とそれを発表させて，改善していく問題や方法について考えさせ，身近なことから実行に移させていく。

学習題目	時数	目　標	学　習　活　動	指導上の留意点	準備・資料	他教科との関連
家庭生活の反省	1		○今までに家庭料で学習してきたことが，家のくらしの中で役にたっているかどうか，考えてみる	・本題材の導入（話合い）と同時に2か年間の家庭科学習の反省（学習してきたことが，生活の上に活用されているかどうか）をすることをねらいとしたい	・5・6年題材一覧表	
			1　役にたっていること	・役にたっていることについて，家の人はどんな態度を示したか，教師の方からきく		

学習題目	時数	目　標	学　習　活　動	指導上の留意点	準備・資料	他教科との関連
			2　役にたてようと思ったが，うまくいかなかったこと	・うまくいかなかった原因がどこにあるのか考えさせる ・「うまくいかない」ということを問題として意識させると，「家のくらしを改善したい」ということになる		
くらしのくふう	4		○家の中のくらしのことで，もっとくふうしていきたいことがあるかどうか，考えてみる	・この学習活動に入る時に，各自に右欄に示すような項目について記入させておく ・くらしのくふうについて考えさせる場合に ①　自分ひとりでもできること ②　家族の協力があればできること ③　家族の協力があってもできないこと（家庭内だけでは解決できない問題） の観点があげられるが，本学習活動では①と②について考えさせていく	・くらしのくふうについて	
			1　「すまい」について ・そうじ	・すまいのくふうをしようと思っても，家族の協力が得		

時間の使い方	着ることや着るもの	食　事	すまい	
				自分ひとりでできること
				「家の人の協力があればできる

			・整とんと美化 ・健康とすまいとの関係 ・その他	られないために，くふうできない事例などをメモしておく（できれば小黒板を利用して，事例の筋を板書しておく）		理科・5年 （すまいと着物）
			2 「食事」について ・献立（栄養）と調理 ・したくとあとかたづけ ・食事のしかた ・台所（食器・用具） ・その他	・食事についてくふうしようと思っても，家族の協力が得られないためにできない事例などをメモしておく	・小黒板	理科・5年 （食物と健康） （すまいと着物）
			3 「着ることや着るもの」について ・衣服の計画 ・手入れ ・洗たく ・あとしまつ ・作ること ・しまい方 ・その他	・「着ることや着るもの」について，くふうしようと思っても，家族の協力が得られないために，くふうできない事例などをメモにしておく	・小黒板	
		○家庭の仕事は家庭の人々の立場や能力に応じて	4 時間の使い方について ・1日のすごし方 ・金銭の使い方（買物・貯金） ・物のつかい方	・4は生活管理の領域の問題を想定している ・時間の使い方についてくふうしようと思っても，家族の協力が得られないために	・小黒板	

		適当に分担されまた互に協力しなければならないことがわかる	・娯 楽	くふうできない事例をメモしておく		
家族の間がら	3		○家の人同志の関係について考える 1 家の人の協力が得られないために，くふうできなかった事例をまとめてみる	・すまい，食事，着るものや着ること，時間の使い方について家族の協力が得られなかった事例について，その原因について考えさせる	・小黒板	
		○家族は互に敬愛・信頼・感謝・協同し合い，おのおのの立場を理解することがたいせつであることがわかる	2 家の人同志の間が，うまくいっていない例と，うまくいっている例を劇にしてみる ・劇のしかたについて話をきく ・うまくいってない例を劇にしてみる ・うまくいっている例を劇にしてみる	・ここの学習活動で，即興劇（心理劇）を活用してみる何人かのこどもに，それぞれ家族の1員にならせて，即興的に劇をさせる（話し合いの内容をある程度きめておいたほうが劇がしやすい） ・劇を通して，くらしのくふうをしていくためには，家族の間がらがうまくいっていることがいちばん必要なことを理解させる		

		○幸福な家庭を建設するために，家族は互に意見を述べたり，すなおに聞いたりしなければならないことがわかり，またその能力や態度が身につく	○家の人たちがみんなで，くらしのくふうをしていくために，話合いをどのようにしたらよいか考える 1　話合いのしかた ・話し合う内容 ・時間，機会 2　家の人に，話し合いの機会を持つことをわかってもらうためには，どうしたらよいか 3　家の人への働きかけの場面を劇にしてみる	・くらしのくふうをしていくためには家族が話し合いによってきめていくことが必要なことを理解させる	
簡単な日常用品	4	○簡単な日常用品を作って活用することができる	○くらしの中で，簡単にくふうできるものを考えて作ってみる 1　各自で作るものを考える 2　製作の準備をする 3　製　作 4　製作したものを見せ合う	・家庭科学習最後の製作として，簡単なものを選ぶ（たとえば，のれん・整理箱・紙くず箱等）	・いろいろな作品（実物・写真）

3.　1年から4年までの各教科および教科以外の活動との関連について

昭和31年に出された学習指導要領の中に，「小学校における家庭科と他の教科との関係」として，こんな一節がある。「家庭科は学校教育法に示された小学校教育のいずれの目標にも関係があることをのべた。したがって家庭科は，同じこれらの目標を達成するために設けられた他の教科と相互に深い関係があることは明らかである。つまり家庭科は家庭生活という場を中心にして，これに必要な知識・技能を習得させ，よき家族の一員として実践的な態度を身につけさせることをおもなねらいとするものである。それゆえ，他の教科との関係は，ある場合は，他の教科で学習したことを基礎にして，さらに家庭科においてそれを応用的に扱うという関係となりある場合には，他の教科で得た理解を，さらに家庭科で深めてゆくという関係となり，また，ある場合には，家庭科で養われた理解や能力が他の教科の学習に役だつというような関係となることもある。しかし家庭科と他の教科との関係が，上の場合のいずれであるにしても，家庭科が他の教科よりも価値が高いとか低いとかをいうのではない。それぞれの教科が相寄り相助けることによって，はじめておのおのの教科のねらいをじゅうぶんに達成することになるのである。したがって家庭科の指導は，他の教科の指導の成果によって達成することにもなるし，また家庭科の指導がじゅうぶん成果をあげることによって，他の教科の指導が目的を達することにもなるのである。……なお，小学校の家庭科は第5学年からおかれているので，それまでに学習した他の教科との関連を考える必要があるし，また中学校の職業・家庭科との関係もじゅうぶん考慮しなければならない。」確かに，カリキュラム作成にあたっては他教科および教科外との関連ということを度外視しては，内容的に妥当でないものになってしまう。それで，まず横の広がりにおける他教科との関連，次に児童の発達段階を縦に貫く学年の学習内容の，累積による関連の二つで十字を描き，この十字の交差点に家庭科の題材を位置づけて，その題材の学習内容を決めるというような方法をとることが，ポイントをはずさないカリキュラム作成の方法ではないかと考えられた。そこで，まず1年から4年まで，すなわち，家庭科の学習以前に，家庭科の学習内容に関連のある事がらをどんな角度から，どの程度学習しているかを調べてみた。それによると，家庭科の目標を達成するために，すでに学習している事がらをさらに深めて行くもの，他教科と全然違った陶や面をおさえるもの，また既習内容を土台としてこれを活用し応用して行くものというような三つの性格の内容が見出だされた。ところで三つの性格のものといつてもわかりにくいようであるから，後載の関連の表の中から例をあげて説明してみる。まず既習のものを深めるものの例をあげると，製作の課程の中に，はさみを使用するものとして「前かけ作り」や「整理箱作り」等がある。この時のはさみを使う目的の「切る」ということは，工作で，切る場合も家庭科で切る場合も使用方法の理解という点ではなんら変りなく，家庭科でやる切るという技術は低学年で学習した事がらをそのまま深めていくというようなことになる。次に他教科と全然違った陶や面をおさえるものとして，「夏休みの計画」をあげてみると，夏休みということについては国語は国語の立場から，算数は算数の立場からというようにそれぞれ各教科独自の特色ある内容をもって，夏休みの計画に向かって進んで行き，各科の相互扶助において「夏休みの計画」が充実されるというような形をとっている。ただこの場合，中間発表（第1年度）の時の家庭科のカリキュラムにおいては，社会科との完全な重複面が見られたのである。第2年度のカリキュラムでは，どの教科をも

ってしてもたがやされない面を家庭科の中で指導していきたいという意図のもとに改正したものである。次に既習学習内容を土台としてこれを応用し活用していくものとして題材ミシンの取扱をあげてみよう。このミシン教材については，理科教材との関連が深く，1年で「どうぐのつかい方」を学習して，はさみを素材として人間がどうぐを使うことによって生活を能率化していることを理解し，2年で「くるま」を学習して，重いものを運ぶ場合に便利であることを理解し，3年で便利な機械としてミシンのはずみ車とベルトの作用により，力の移行を理解し，機械について部分的に学習して5年で総合されたものとしてミシンで縫うという応用操作の段階にはいっていくのである。したがって前述のとおり家庭科の目的を達するのに家庭科だけではじゅう分でないし，また反面他教科とどうしてもとりかえられないものも相当にあるのであるから，やはり各教科とも互に関連事項を整理しながら，目的達成に邁進すべきであると考えられた。

以下指導内容および各題材についての関連表を掲げる。

(1) 指導内容と低・中学年学習の関連（昭和31年度研究）

（家族関係）

		1・2年	3・4年
家庭の生活	家庭生活の意義	・家族は互に助け合って仲よく楽しく生活しなければならない	・家庭を楽しくするように皆で力を合わせて努力しなければならない
	家庭の仕事	・かんたんなお使いができる ・お店の番ができる	・気持よく働く ・まちがいなくお使やことずけをする ・順序よく仕事をする ・どうしても自分にできないことは助けてもらう

	家庭と社会	・近所の人のめいわくになることはやめる ・登校の時友だちをさそう	・祝祭日のいわれを知り，ふさわしい一日を送る ・国旗について知る
家族の人々	家族		
	家族としてのあり方	・自分のことは自分でする ・兄弟は仲よくする ・父母に心配をかけないようにする ・小さいものや老人のめんどうをみる ・珍しいものやおみやげなどはわけていただく ・おこったり，すねたりしない ・学校での話をしてあげる ・人の言いつけをよく守る ・だれにでも親切にする	・父母の仕事を知り感謝する ・人を尊敬する ・下級生や弟妹の世話ができる
家庭の交際	親しい人々	・友だちと仲よく遊ぶ ・しんるいや近所の人を知る	・じょうずな遊び方を考え，けんかしない ・道具や材料を皆で仲よく使う
	応接と訪問	・近所の人にあいさつができる ・お客様にあいさつができる ・人の家をたずねた時あいさつができる ・先生やお友だちにあいさつができる ・ありがとう，ごめんなさいが言える ・よそで何かいただいたら家の人に話す ・お客様のとりつぎができる ・名まえをよばれたら「はい」のへんじができる ・友だちと約束したら必ず守る	・お客様のむかえやお見送りができる ・正しくすわることができる ・来客に物の出し方ができる ・はっきりと応答する ・ことばづかいを正しくする ・お互にあいさつを忘れない ・お客に行ったときあいさつができる

（生 活 管 理）

		1・2 年	3・4 年
合理的な生活	生活の計画化		
	生活の能率化		・よい計画をたてる
労力と休養	労力の尊重		・大きな仕事は大ぜいでする
	仕事の能率化	・物をじゅんじょよく使う	・仕事をするときは身がるなしたくをする ・仕事のあとかたづけをじょうずにする ・道具の使い方がわかる ・用具の手入れをする
	休養	・早寝，早起をする ・すいみんのよいくせをつける ・ねる前に物を食べない	
	娯楽	・遊び道具の使い方がわかる ・雨の日の遊びがじょうずにできる・ ・皆できめた遊びに喜んで参加する ・遊び道具のうばい合いをしない	・大ぜいで楽しく遊ぶ遊び方をくふうする ・よい遊びをえらぶことができる ・係をきめて楽しくしようとする
時間の尊重	時間の尊重	・登校，下校の時刻を守る ・起床，就寝の時間をきめる	・家での学習の時間をきめて守る ・約束した時刻を守る
	規則的な生活	・仕事や勉強の時間をきめて守る ・カレンダーをよむことができる	・生活表をつくり実行する ・休日の生活日程をくふうする
	余暇利用	・幻燈や紙しばいや放送を楽しく見たり聞いたりすることができる	・よい音楽や絵を楽しむ
	物資の尊重	・家の物も自分の物も皆物をたいせつにする	・物の扱いをていねいにすること

物資の尊重と活用	物資の活用と管理	・物をよごしたりこわしたりしない ・人から借りたものはたいせつにして必ず返す ・自分のものには名まえをつける ・人のものはことわってから使う	・物はこわれないうちに手入れする ・あとしまつをよくする
	修理更生廃品利用	・本やノートの修理ができる	・廃品を利用する
金銭の使い方	買物	・百円までのお金のつかい方を知る ・こづかいをむだに使わない ・お金をたいせつにとりあつかう	・むだなものを買わない ・良い品物を安く買うことができる（学用品） ・こづかい帳がつけられる
	貯金	・貯金するように心がける	・こづかいを節約して貯金する ・貯金のつかい方がじょうずにできる

（被　　　服）

		1・2　年	3・4　年
被服と生活	被服の機能		
	被服生活の計画		
衣服の着方	衛生的な着方	・衣服をひとりで着られる	・よごれた衣類は自分でとりかえる ・季節によって質の違うものを着ることができる
	活動に便利な着方		

	整った着方	・ボタンやホックはきちんとかけておく ・衣服は正しくきる	・正しい衣服の着方をしる ・ボタンの落ちたものは自分でつける ・身につけるものはきちんとする
手入れと保存	つくろいのしかた	・よごれものやつくろいものをわすれずにいう ・やぶれたらすぐつくろってもらう	・簡単なやぶれは自分で縫う
	簡単なしみぬき		
	あとしまつ	・きまった場所へしまつする ・衣類や持物に必ず名をかいておく	・左同
	しまい方	・使いやすいように整とんしておく	・左同
洗たく	洗たくのしかた	・よごれたら洗たくしてもらう ・ハンカチや手ぬぐいの洗たくができる	・小さいものを自分で洗たくする
	仕上げのしかた		
作り方	用途と材料		
	裁ち方		
	縫い方		

（食　　物）

		1・2　年	3・4　年
食物と栄養	食事の意義		
	食品の選択		・食品のよしあしの見わけができる
	日常の献立		・主食と副食の関係を知る
食事のしたくとあとかたづけ	材料の整え方		
	身支度		
	台所の整備		
	調理用具とその扱い方		
	燃料の使い方		
	調理		
	配膳とあとかたづけ	・配ぜんの簡単なお手伝いができる ・茶わん，はしのならべ方がわかり，正しくつかうことができる ・食べおわったら食器のあとしまつができる	・食事の用意，あとかたづけの手伝いを進んでする ・食器を乱暴に扱わない ・食器を洗うことができる

食事のしかた	健康と食べ方	・好ききらいをせず残さず食べる ・よくかんでゆっくり食べる ・じょうぶに育つにはどんな食べものをとればよいかを知る	・ほどよい時間で食事をする ・偏食の害を知る ・食物のだいたいの栄養がわかる ・食べすぎないようにする
	食事の作法	・食事の前に手を洗う ・食事の前にはなをかみ用便をたす ・食事の時のあいさつができる ・正しい姿勢で食べられる ・パンは小さくちぎってたべる ・買いぐいをしたりおやつを外で食べない	・食事の時の礼儀作法を守る ・食器を正しく持つ ・食物をそまつにしない ・弟妹の食事の世話ができる

（住　　居）

		1・2　年	3・4　年
すまいと生活	すまいの機能		
	すまいの合理化		
清掃	そうじのしかた	・水やその他のものをこぼしたらすぐふく ・お庭をはくことができる ・ガラスをふくことができる ・ふきそうじができる ・かれた花のしまつができる	・はき方がわかる ・ふき方がわかる ・服装をととのえる
	そうじ用具	・使った道具はもとの場所に返す	・道具のつかい方がわかる ・道具のあとしまつを忘れない ・用具の手入れをする
	身のまわりの整とん	・へやをよごしたらすぐ片づける ・机のまわりを飾り，本箱に本をきちんと入れる	・家の中をよごしたらあとしまつをしておく ・机のまわりを整とんすることが

整とんと美化		・落書きをしない ・はきものをきちんとそろえる	できる
	室内の整とんと美化	・持ち物の置場所は必ずきめたところに整とんしておく	・へやのものは使いやすいようにしておく ・勉強べやは整理してかざる ・学用品を整理しておく ・遊び道具をちらかさない
	家具の扱い・家具道具建方		
健康なすまい	採光と照明	・まどや障子を開く（天気のよい日）	
	通風と換気		
	季節とすまい		
	清潔と消毒	・便所をよごさない ・ごみはごみ箱へ入れる ・家のまわりの草をとる ・足をきれいにしてへやに入る	・目につかないようなところに気をくばりそうじする ・便所をよごさない ・たんやつばはじょうずにしまつする

(2) 各題材と低・中学年学習との関連（昭和32年度研究）

題　材　　わたくしたちの家庭

関　連　　社会・国語・図画工作・教科以外の活動

（次の表で(国)(算)(社)(理)(図工)(体)(教科外)とあるのは国語、算数、社会、理科、図画工作、体育、教科以外の活動の略である。）

学習活動	4年	3年	2年	1年
○作文「わたくしの家」の中からいろいろな家のくらし方について発表する ○家の人はそれぞれどんな仕事をしているか 1. 家でいっしょにくらしている人々について ・性　質 ・人間関係 2. 家の人々のしている仕事について ・くらしに使うお金を得るためにしている仕事 ・くらしがうまくいくようにいろいろ世話する仕事	(社) 東京のくらし ○わたくしたちの生活には改善を要するいろいろな問題が横たわっている ・日曜日家族そろって楽しむことのできないのは，商業経営によって生活をたてているからである (国)のびていくもの ○たんじょうびの夜 ○ふしぎなノート ○わたしの写真帳 母　の　日 こどもの日，母の日，このことについて生活文を	(社) 浅　草　の　町 ○仕事の性質上親とこどもの生活の相違はどうしてもおこる ・店の混雑する時間や整理の時間を知る ・どのくらいちがうか時間差を知る ○わたくしたちの生活は親の仕事によってささえられている ・こども自身で自分たちの生活を築かなければならない ・親も協力してできるだけ是正してもらう (図工) はたらく人	(社) 消防とおまわりさん ○家庭では防火に注意している ○わたくしたちの協力は（るすばん，戸締り）日常生活の流れの中で無理なく行われるものである お　　店 ○じょうずな買物をする時どうしたらよいか，話し合う ・買物をする時どうしたらよいか ・買った品物の使いみちを話し合う	(社) ○家の人たちは種々の仕事を分担して互にいたわりあって暮している ○家族の構成とくらしに協力している様子 ・両親の働く家の職業 ・家族は仕事を分担している ・家庭内における自分の関係 ○自分たちは両親の世話をうけている ○自分でできる仕事は進んでする ・自分でできる仕事をみつける（おつ

○わたくしたちでもできる仕事について考える ○わたしたちの家をもっとたのしくくらしよくするためにはどうしたらよいか話し合う ・人間関係 ・仕事の役割 ・みんなでたのしくすごす機会があるか	書く こどものころ ○母の力 (図工)しごとをする人 工場見学や家庭や職場で働いている人たちをよくみてきて描く (教科外) 3年の内容をさらに深める	○市場や店で働いている人や家の人々の働いている様子，自分のお手伝いした情景を描画表現する うちの人 家庭生活の中で最も身近に接しており，親しんでいる父・母・兄弟姉妹・祖父母など家族の人たちを記憶によって書き，楽しい家庭生活を物語るようなつもりで表現する (教科外) ・気持よく働く ・まちがいなくお使いやことづけをする ・順序よく仕事をする ・どうしても自分にできないことは助けてもらう ・父母の仕事を知り感謝する ・人を尊敬する ・下級生や弟妹の世話が	・毎日のこづかいの反省をする ・こづかい帳をつける (国)こどもの日 こどもの日の経験を中心に生活文を書く おてつだい 各自のおてつだいの様子を文に書く (図工)こどもの日 楽しい生活行事に題材をとって絵を描いたり立体的に表現したりする はたらく人 町で働いている人や家の人々の仕事や各自の手伝等から題材を選ぶ ひなまつり 行事に関心を持たせ美しい飾りを作る等，楽しく	かい，そうじ，おもり，るすばん) ・自分のことは自分でする ○家庭には慰安娯楽のいろいろな方法がある ・家庭が協力しあって生活のくふうをする ・友だちの家のくらしのようすを通して自分の家をもっと楽しくしようとする ・家族のだんらんのしかた ・家の美化 ・家庭生活の改善 ○家庭には昔からの行事がある ・ひなまつりを通して家庭の楽しみを味う ・ひなまつりは楽し

		できる	行事をする態度を養う (教科外) ・自分のことは自分でする ・兄弟は仲よくする ・父母に心配をかけないようにする ・小さいものや老人のめんどうを見る ・めずらしいものやおみやげはわけていただく ・おこったりすねたりしない ・人のいいつけをよく守る ・だれにでも親切にする	い ・ひなまつりをして楽しむことは家を明るくする (国)おかあさん ○特に親しみをもって日常なれ親しんでいるおかあさんを題材にして作文を書く (図工)こいのぼり ○こどもの日を中心とした行事の絵を描いたり，こいのぼりを作ったりする おまつり ○秋祭にかぎらず秋の行事を題材にしてその情景をお話するつもりで表現する まめまき じぶんで好きな面を作

				り，節分の遊びをする (教科外) 2年に同じ

題材　そ　う　じ

関連　社会・国語・図画工作・理科・教科以外の活動・算数・体育

学習活動	4　年	3　年	2　年	1　年
○そうじについて話し合う ・どうしてそうじをするか 衛生上 精神上 物質上 ・どんな身支度がよいか 衛生的 活動的 ・どのような順序でしたらよいか ・はたきのかけ方ふき方はどのようにしたらよいか ・あとしまつはどのようにするか 用具の始末 へやの整とん ○家庭でそれぞれそうじを受け持つ場所を考えて実行する ○そうじ用具の種類と良否について話し合う ・種類にはどんなものがあるか はくもの はたくもの ふくもの ごみをとるもの ・使用に適した用具の遊び方について ○そうじ用具の修理をする ・ほうきのひものつけ方 ひもの質 こま結びのしかた ・ほうきの先のまがっ	(図工) 竹を使って 竹を主材としたおもちゃや日用品等を創意くふうして製作させる ・製作されたものを実際に使用してみて，その機能はどうか反省し，悪い点はやり直してよりよくする (教科外) そうじのしかた ○1年から3年まで習得したことを深め，さらに自分の教室だけでなく他の場所もそうじできるようになる	(図工) はたらく人 市場や店で働いている人や家の人の仕事をしているようす自分のお手伝いした情景を話せるように描画表現する へやのどうぐ 厚紙のあき箱，中厚紙，色紙，布切等，自由な材料を使って好きなへやと内部の情景を創造的に表現させる (理) へやをきれいに 教室の採光，換気，清潔等の状態を観察してこれを活用すると共に整とんに注意して危険を防止し，住みよい教室にするよう努力する ○そうじをするのはなぜたいせつかを話し合い，そうじのしかたやそうじの時に注意する点を話し合う（へやの不潔は健康に大きな害をもたらすことをじゅうぶん納得させ切実な必要感から清潔をとりあげる） (教科外) そうじのしかた ○身支度をととのえる ○道具の使いかたがわかる ・道具のあとしまつを忘れない	(国) おてつだい 各自のおてつだいのようすを作文に書きそれをいっそうりっぱな文になおすことを学習する (図工) おうち 粘土にかぎらず木片，自然物，あき箱等を用いておうちを作る はたらく人 はたらく人の身なりや形その周囲の情景の特徴をとらえて表現する (教科外) そうじのしかた ・ガラスをふくことができる ・はくことができる ・ふきそうじができる ・かれた花のしまつができる ・使った道具はもとの場所へ返す	(社) おてつだい ○家の人たちは種々の仕事を分担して互にいたわりあって暮している ・家族は仕事を分担している ・自分でできる仕事をみつける おつかい・そうじ・おもり・るすばん ・自分のことは自分でする (教科外) そうじのしかた ・水をこぼしたらすぐふく ・おちている紙くずをひろってくず箱に入れる ・机の整とんをする

Ⅲ 指導計画の作成

<table>
<tr>
<td>たもののなおし方
・ふさのとれたはたきのなおし方
○台ふきについて話し合う
・布地はどんなものがよいか
家で使っている台ふき
・大きさや厚さはどれくらいが適当か
・どのように縫ったらよいか
縫い方
糸の選び方
○裁縫用具はどんなものが必要か話し合う
・種類・名称
・使いみ方
・整理のしかた
○運針の練習をする
・姿　勢
・布のもち方
・手の動かし方
・指ぬきのはめ方</td>
<td>(図工)
低学年で習得した要領でくり返し練習し，はさみの使い方に習熟する
(体)
○意識的な注意の持続が長くなる
○眼球運動および目と手の協応がかなりよくできるようになる
(算)ふろしきと包み紙
定木とコンパスの使い方ができるようになる</td>
<td>・用具の手入れをする
・目につかないようなところに気をくばりながらそうじする
(図工)はさみの使い方
重ねて何枚もきれるようになる
(体)
大筋使用が多いが細かな筋肉が使えるようになり器用さを増してくる
(算)このごろの温度
線を引く時の線引きやものさしの使い方</td>
<td>(図工)はさみの使い方
どうすればよく切れるか
・持ち方は1年で学習した方法を練習する
・何かの形に切る
・細長く切る
・紙を動かして切る
・むだのない切り方をする
・直線切りの時は折り目をつけ折り山を上にしてその線にそって切る
・円を切る時は紙を二つ折りにして中心をきめその中心をおや指と人さし指で上下からしっかりささえ，紙をまるく動かしながら中心から等距離のところを見当をつけてきる</td>
<td>(図工)
はさみの使い方
どうすればよく切れるか考える
・はさみを深くいれる
・はさみの持ち方をおや指でささえる刃と人さし指でささえる刃の力の加え方がなるべくまさつが多いようにする
(理)どうぐのつかいかた
○ものさしが使えるようになる
○はさみにはいろいろな種類がある
・はさみで紙をきる
・はさみの使い方について話し合う
・はさみの種類をしら</td>
</tr>
</table>

<table>
<tr>
<td>・針の長さ，もち方
・糸の通し方
・玉結びのしかた
・糸こきのしかた
○製作の計画表をつくる
・予定日数
・各自の作る台ふき図
・材　料
○台ふきを作る
・布のたち方
・布のたたみ方
・へらのつけ方
・待針のうち方
・縫い方
・糸のつなぎ方
・とめ方
○作品を批評し合う
・針が直角にはいっているかどうか
・糸こきのしかたはどうか
・玉どめ，玉結び，重ねつぎは正しくできているか</td>
<td></td>
<td></td>
<td>(体)
細かな筋肉がかなり使えるようになる
(算)長さの単位
長さの概念を理解する
○センチの長さの単位を知る
○センチメートル単位で長さの測定をする
・ものさしの使い方，測るものが向側にありものさしが手前になるような位置においてはかる</td>
<td>べる
・いろいろなはさみを集めどんな時に使うか実際に切ってみる
・はさみをさびないようにするにはどうしたらよいか話し合う
(体) 大筋使用の活動が大部分で運動は不器用である，眼球運動及び目と手の協応がうまくできるようになる</td>
</tr>
</table>

○台ふきを使った結果を話し合う				

題材　身なり

関連　理科・教科以外の活動

学習活動	4　年	3　年	2　年	1　年
○どんな身なりがよいか話し合う ・自分の身なりについて反省する 整った身なり 清潔な身なり 活動的な身なり ・身体の清潔についてどのように注意しているか 入　浴 洗髪・散髪 ○洗たくのしかたや用具について話し合う	じょうぶなからだ ・下着の衛生に気をつける 3年の内容を深める	(教科外) ・小さいものは自分で洗たくする	(理)からだをきれいに ○からだや着物を清潔にしておくことがたいせつなことを話す ○入浴は病気を防ぐ ・ハンカチのよごれを調べる ・ハンカチを洗ってそのあとの水のよごれを見る ハンカチを洗った場合(湯と水でせっけんを使った場合のよごれの	(理)きれいなからだ ○からだの清潔は病気を防ぐのにたいせつであることがわかる ・どんなところがよごれがひどいかたしかめる 首・耳の中・歯・頭髪・足 ・からだの不潔と病気について話し合う ・入浴するとからだがきれいになることが
・洗たくの経験について ・必要な用具は何か ・洗剤について ・順序ややり方はどのようにしたらよいか ・　洗い場はどのようなところがよいか ○実習の計画をたてる ○実習をする ・準備をする ・下洗いをする ・本洗いをする ・すすぐ ・しぼる ・干す ○仕上げのしかたを話し合う ○ほころびの縫い方を実習する ○ボタンスナップのつけ方を実習する		・よごれた衣類は自分でとりかえる ・季節によって質の違うものを着ることができる ・正しい衣服の着方を知る ・ボタンの落ちたものはできるだけ自分でつける ・身につけるものはきちんとする ・簡単なやぶれは自分で縫ってみる	おち方を比較する) ・入浴の際どんなことに気をつけたらよいか話し合う (教科外) ○ハンカチや手ぬぐいの洗たくができる	わかる ・からだを清潔にする方法を発表し実習する ・手洗い，つめきり入浴，散髪，洗髪について (教科外) ・よごれたら洗たくしてもらう

題 材　夏休みの計画

関 連　社会・理科・国語・算数・図画工作・教科以外の活動

学習活動	4 年	3 年	2 年	1 年
○夏休みに母のくらしの様子をしらべることについて話し合う ・母はどんなことをしているか ・母がしている仕事はどれも母がしなければならない仕事だろうか ・母でなくてもできる仕事はわたしたちはできないだろうか わたしたちもできる仕事 家の人ならできるしごと ○自分でできる仕事をきめて計画を立てる ・計画を立て表に記入する	(図工)夏休みのしごと 文集や切り抜きなどの表紙や形をくふうして作る (国)夏休みの生活 ○夏休み生活から取材し，このごろの生活の一端がわかるように生活文を書いてみる ○時間をかけて長文を書く 夏休みの学習 ・事実問題 ・およその数 ・加 法 ・減 法 ・測定値を上の位で表わす，下の位で表わす	(図工) みんなのさくひん 夏休み中に描いたり作ったりした作品を鑑賞し合い，楽しい想い出にひたらせるとともに鑑賞力を高める (国)夏のくらし ○夏の生活設計をたてる ○その計画の中にこどもたちの個々に応じて観察記録，生活日記，手紙等を予定する 休み中のこと 夏休み中の感銘深かった思い出を生活文に書く	(図工)夏休みの作品 夏休みの思い出から画題を選んで絵に描かせる，夏休みの生活経験や情景を豊かに描かせる (国)(作文)夏休みがくる ○夏休み中の計画をまとめて表に書く ○日記（絵日記）を書きその書き方をお互に批正する ○先生や友だちに手紙が書けるように練習しておく 夏 休 み ○ 夏休みの日々の生活	(社) 楽しいもよおし ○楽しく夏休みを過ごすために計画をたてる ・楽しい期待を持たせる ・規則正しい生活をしようとする心構えをする ・危険な遊びや健康を害する飲食物はとらないようにする ○夏休みの作品展の計画を立てる (理)夏 休 み ・夏みまであと幾日あるか話し合いながら夏休みの抱負につい

学習活動	4 年	3 年	2 年	1 年
・計画について話し合う	・小数の加法 ・小数の減法 ・かけ算 ・珠 算 (教科外) ・健康安全 ・規則的な生活 ・学 習 ・お手伝い	(国)夏休みのけいこ ・乗法九九 ・時刻と時間 ・容 積 ・温度計 ・二位数のよせざん，ひきざん (教科外) 2年の内容を深める	経験を日記に書く ○先生や友だちなどに手紙を書き，それを実際に投かんする ○休み中に読んだ長編の読み物を紙しばいに書く ○休み中の感銘の深かった生活経験を文に書く (算)夏休みのおけいこ ○20までのよせざん，ひきざん（くり上る，くり上らない） ○100 までのよせざんひきざん（くり上る，くり上らない） (教科外) ・健康，安全 ・学 習 ・お手伝い ・規則的な生活	て話し合う ・家庭でのくらし方や調べ方，海や山にでかけるについて計画を立ててみる 海に出かけた時の計画をたててみる 動物，海そう，貝がら 山に出かけた時の計画をたてる虫，草花 ・夏に多い病気にかからないようにするためにはどんな注意が必要か (図工)夏 休 み 夏休みにあった楽しい思い出を描画表現する (国)えばなし 夏休み中の課題として絵日記のかき方がわかるようになる

				かいてしらせる 主として夏休み中の話題について話すつもりで文に書く (算) 夏休みのおけいこ ・20までの数え方，よみ方，書き方 ・20までの順序数と数系列 ・5までの合成分解 ・5までの増減 ・時計のよみ方 (教科外) ・健康安全，学習，お手伝い，規則的な生活

題材　食事の手伝い

関連　社会・国語・図画工作・教科以外の活動・算数

学習活動	4　年	3　年	2　年	1　年
○食事の手伝いについて話し合う ・食事の用意について ・おぜん立のしかた 食器の並べ方 その他のものの並べ方 ・あとかたづけ 食器，食卓，食事の場所 ・食器やふきん，流しの清潔整とんのしかた 食器の洗い方 ふきん，台ふきの始末 流　し ○前かけについて話し合う ・前かけの必要につい	(図工)仕事をする人 人物を中心としてその動的な様子をいきいきと表現させ，勤労的なものに興味を持たせる (教科外) 給　食 低学年での内容が深められ能率的に配ぜんできるようになる (図工)はさみの使い方 低学年で習得した要領でくり返し練習し，はさみの使い方に習熟する	(図工)はたらく人 市場や店で動いている人や家の人の仕事をしているようす，自分のお手伝いした情景を話しできるように描画表現する ・服装，持ち物，姿勢や周囲の様子など描こうと思う情景をよく覚えておく (教科外) 給　食 低学年での内容が深められる 巻尺を使って長さをはかることができるようにな	(国)おてつだい 各自のお手伝いの様子を作文に書きそれをいっそうりっぱな文にする (図工)はたらく人 はたらく人の身なりや形その周囲の情景をとらえて表現させる ひなまつり 古はがきや布片，色紙，毛糸等，はい品を利用して独創的におひなさまを作ってあそばせる きせかえあそび ○色や形の美しいとりあわせを考えてきせかえ人	(社)おてつだい 集団生活を経験し新しい目の開けたこどもたちに自分の家庭を見なおし家の仕事や家族の生活のようすの理解を通して自分の立場を認識させ，家庭の一員としてさらに進んだ協力のできるように目をひらかせる (題材そうじの欄参照) がっこう ○学級は常に整とんされ，美しく居ごこちのよいようになっている ・お花を飾る

学習活動	4年	3年	2年	1年
て ・種　類 ・形 ・布　地 ・縫いかた ○製作の計画をたてる ・各自の形を考える ・布の見積り方 ・製作日数 ・縫い方順序 ○かけを作る ・寸法をとる どうまわり たけ ・型紙をとる ・布の裁ち方 ・前かけ各部の名称 ・縫　う 縫い方を研究する ○製作について反省する ・前かけをしてみる ・気がついたこと 技術面・ その他のこと		る (図工)はさみの使い方 重ねて何枚も切れるようになる	形を作る ・人形の作り方，着物の作り方，持ち物はき物等をくふうする (教科外) 給　食 身じたく，食事の用意食器の並べ方，あとかたづけの方法がわかる はさみの使い方 (題材そうじの欄参照)	・絵をはる ・くさりをつくる ○いろいろな用具のじょうずな使い方とその整とんのしかたをくふうさせる (図工)ままごとどうぐ 粘土や自然物を使ってままごとどうぐを作る かたちならべ 美しい形や物に興味を持たせ初歩的な配置配合の能力を養い自然物や身のまわりの形に興味を持たせる はさみの使い方 どうすばよく切れるか考える(題材れそうじの欄参照) (教科外)給食時 ・食器の並べ方・あとかたづけの方法がわかる

題　材　　サンドイッチ作り

関　連　　理科・図画工作・社会・算数・教科以外の活動（給食）

学習活動	4年	3年	2年	1年
○簡単な調理をした経験について話し合う ・作ったもの ・作り方 ・苦心した点 ○サンドイッチ作りの計画について話し合う ・材料，分量，費用 ・作り方 ・栄　養 ・必要な調理用具 ○計画表をつくる ・グループで用意するもの ・仕事の分担をきめる ○サンドイッチを作る ・身じたくをととのえ手を清潔にする ・野菜を洗う 洗い方	(理)海からとれるもの 人は海から塩，魚介その他いろいろのものをとりそれを利用しているということを理解するとともに海の資源をよりよく利用し，生活に役だてるようにする ○海からどんなものがとれるか，魚介類，海草類，塩などについて調べ，塩水から食塩を作ってみて塩の結晶を観察する ○海からとれたものをどのように利用しているか表や図にかいてまとめる	(理)わたくしたちのたべもの 正しい食事法，偏食の害食物の衛生等について理解し，正しい食生活を行う習慣をつける ○日常の食物を調べ，食べ物にはどんなものがあるかをまとめる (図工)はたらく人 市場や店で働いている人や家の人の仕事をしているようす，自分のお手伝した情景を話せるように描画表現する (教科外) ・給　食	(理)しょくじのときに 学校での給食を通して食べる時の清潔，よい食事法を身につけ，食物の種類や偏食の害について知り，偏食のくせをなくす ○食前，食事，食後の衛生について話し合い実行する ・食事の注意について話し合う ・生で食べる野菜，くだものの清潔について話し合う ・食物の種類を調べる ○偏食すると成長がおくれたり病気になったりするから注意する	(理)たのしいしょくじ 食事の時の注意を理解するとともに食事のよい作法，順序，方法等を知って正しい習慣を身につける (教科外) 給食（したく，食べ方あとしまつ） (理)くだものとやさい こどもたちに親しみやすい秋のくだものと野菜の種類や特徴をしらべて理解する ○くだものや野菜にはいろいろな種類があ

栄養を考える ・野菜を切る ・味をつける ・材料をパンにはさむ ・ぬれふきんをかける ・切　る ・さらにもりつける ・調理用具のしまつ ○配ぜんし試食する ・食事の作法 ・できぐあいの反省 ○あとしまつをする ・用具の洗い方しまい方 ・調理場を清潔にする	(図工) うつわ 粘土でつぼ，はち，食器などいろいろいろなうつわを創造的につくらせ創造力を高める ・日常使用しているものを思い出して作る 切りだし小刀の使い方 3年で習得した内容を練習によって習熟する (教科外) 給　食 (算)おべんとうの重さ ・はかりの種類とその正しい使い方 ・目盛のよみ方がわかる ・全体の重さ，正味の重さ，風袋の重さの意味がわかる	(算)私たちのどうぐ ○重　さ 重さをはかることの意味を考え上皿自動ばかりや，ぜんまいばかりを用いて目盛をよむことになれる (図工) 切りだし小刀の使い方 ○切る時 ・持ち方 切出しの木部がおやゆびと他の4本の指の間から出るようにして裏刃は人さし，中指の2本でささえ，表刃の上部をおやゆびがあたるようにする ○そぎぎりの時 木部を手のひらの中に入れ材料を持っている手のおや指で刃の反対側の切れないほうへ力	(図工)野菜とくだもの 野菜やくだものを写生風に表現し，その特徴をどのように表現するかについてくふうする。また粘土を主材として自然物を用いてくふうして表現する はたらく人 はたらく人の身なりや形その周囲の情景の特徴をとらえて表現させる ○働く人の姿態をよく観察しておく ○働く人の服装や持っているもの等も観察 きりぬきもよう 色や形の組み合せ方によって，色や形の調和やつり合を感じる (社) お　店	り，それぞれ特徴がある ○くだものや野菜はそれぞれ色や形がちがう ○同じ種類でも色や形のちがうことがある (図工) ままごとどうぐ 粘土や自然（木の実，木の葉，草花等）を使ってままごとどうぐを作る くだもの できるだけたくさんのくだものを持ってきて手に持ったり四方から観察してくだものについての感じをすなおに表現する (社) じょうぶなからだ

	(社) 上水と下水 わたくしたちの生活になくてはならぬものは都が改善や充実に力を注いでいる ○魚はどのようにしてわたくしたちの食ぜんに上るのだろう ○野菜はどのようにしてわたくしたちの食ぜんに上るのだろう	を加えておしながらそぐ	品物を買う時は注意を払う (教科外) 給　食	健康な生活をするには食べ物に対する注意がたいせつである (社) 学校や家庭には皆が使う道具があるが，その置場所，使い方，始末のしかたについて皆がくふうすれば，これらをいっそう役に立てるばかりでなく，いろいろな危険を防ぐことができる (算)いろいたならべ いろいろな形

題　材　お正月にそなえて

関　連　国語・図画工作・算数・教科以外の活動・社会

学習活動	4　年	3　年	2　年	1　年
○年末年始の来客や訪問について話し合う ・年末，年始の様子 ・客を迎えた時のこと ・訪問した時のこと ○よい訪問のしかたや客の迎え方について話し合う ・服装はどのようにしたらよいか ・訪問時間 ・あいさつのしかた ・取次，案内の態度 ・もてなし方 ・客のおくり方 ○茶菓のすすめ方といただき方 ・お茶を入れる ・菓子のもりつけ方 ・運び方	(国)年のくれ 1年中でいちばん多忙な年の暮れをむかえ，各自の身辺や，近隣の生活，社会的行事，催し等から取材し，年末にあたり1年をふりかえって生活文を書く (算)お年始まわり ○案内図の読み方，書き方 ○方位，道順，およその道程，かかった時間 (教科外) 3年の内容を深める	(国)冬休みの日記と年賀状 ○ことしの正月にきた年賀状を集めてそれらの意味を考え書き方を理解する ○いろいろ練習したのち実際に年賀状を書いてポストに入れるようにする ○冬休み中の生活から報告するにふさわしい題材で生活文を書く ○冬休み中はいろいろと人間の出入りも多いので，それらの中から選んで人間行動の描写を中心とする写生的生活文を書く	(国)ことしがおわる ○この1年間の経験素材の中からいくつかをはっきりと選び出してその思い出を生活文に書く ○年賀状を書く (図工)かるた 楽しいお正月の遊び道具を作らせ造形的感覚を高める ふゆのあそび 冬休みの生活経験の記憶をもとにしてその特徴の現れた情景を表現する	(国)えにっき ○冬休みをひかえて絵日記を課し，その絵日記の書き方を学び冬休みに期待して表現の意欲をもたせる おしょがつのあそぞ ○正月の経験を回想して「どんなことをして遊んだか」「何がいちばんおもしろかったか」によって題材を選びなるべくくわしく書く ○遊んでいる姿をそのままその時思ったことをさけぶように書く
・いただき方 ・さげ方 ○冬休みの家のくらしの様子をしらべることについて話し合う ・ふだんより忙しい様子 どんなことが忙しいのか だれが忙しいのか ・ふだんのくらしではあまりしないことについて ・わたしたちはどうしたらよいか ○家のくらしの様子について ・忙しかった様子について ・ふだんのくらしであまりしないことについて ・自分が協力したことについて		(図工)たことこま 年のくれ いもばん ○年の暮れの町の様子やお正月を待つよろこびを描画的に表現する能力を高める ○いもばんやお正月の遊び道具を作り，くふう創造の能力を養う ○自然物や，身のまわりにあるいろいろな材料を利用して，すきな版を作ってみることに興味を持たせる (算)お正月 ・新しいこよみ 年号・日付・七曜・毎月の日数・大の月・小の月 ・おたんじょう日しらべ (教科外) ・お客様のむかえや見送	(算)郵便ごっこのはがきつくり ・長さに関する概念 ・長さの単位（センチメートル・メートル） ・1ミリメートルの長さ ・長さのよび方 ・長さに関する用語 (教科外) 1年の内容を深める (社)近所の家 わたくしたちは近所の人々と協力する ○近所の人々へ気持よく奉仕する ○近所の人々への接し方がじょうずになる ゆうびん ゆうびんの正しい使い方になれる	(図)おしごと お正月を待っている家のようすを描画表現する おしょうがつ お正月のたのしかった思い出を描画表現する ふゆのあそび 冬の遊びのたのしかった様子を話す気持で表現する おおうりだし ○いろいろなおかね ・種類 ・ねうち ・おつり ・1段階の問題の解決 ・漢字のよみ方，書き方

		りができる ・正しくすわることができる ・来客に物の出し方がわかる ・はっきりと応答する ・言葉遣いを正しくする ・お互にあいさつを忘れない ・お客に行った時あいさつできる		(教科外) ・近所の人にあいさつができる ・お客様にあいさつができる ・人の家をたずねた時あいさつができる ・先生やお友だちにあいさつができる ・ありがとう，ごめんなさいが言える ・よそで何かいただいたら家の人に話す ・お客様のとりつぎができる ・友だちと約束したら必ず守る (社) 楽しかった冬休みの生活を発表する ・遊びの種類 ・季節にあった遊び ・ままごと遊びをする ・あいさつのことば

題　材　　身のまわりの整とん

関　連　　社会・図画工作・教科以外の活動

学習活動	4　年	3　年	2　年	1　年
○自分の持ち物をどのように整理しているか話し合う ・学用品について ・衣類について ・その他の持ち物について どのようにくふうしているか ○室内の整とんのしかたを話し合う ・物の置き方 ・飾り方 ○整とんは仕事の能率を高める ○便利な整理のしかたを調べて発表する ・どのようにすると便利か ・分類のしかた	(図工) 紙を使って 生活に必要なものを自分で作り自作のものを使用する喜びを味わせる 美しいはこ 厚紙を主材とした立体表現に興味を持たせ，立体的構成能力を高める はさみの使い方は 題材，そうじ参照 (教科外) 3年の内容を深める	(図工) わたしのつかうもの 自分の使うものに興味と関心を持たせ自分で作る態度を養う パノラマ 厚紙のあき箱や児童の作った種々の作品を用いて風景や情景をパノラマ風に表現する ・構成配置など自分でくふう創造させる へやのどうぐ 厚紙のあき箱や厚紙，色紙，布切等自由な材料を使って好きなへやと内部の情景を創造的に表現さ	(図工) かみのふくろ かみのふくろを作って身のまわりのいろいろなものを整理する ・ふくろに限らずあき箱などを利用して箱の外観を美しく装飾して身のまわりを整理する (教科外) 1年の内容を深める	(社) がっこう 自分の教室や座席，くつ箱や便所等の位置や使い方になれさせる ○持ち物の始末のしかたに慣れさせる ○学級は常に整とんされ美しく居ごこちのよいようになっている (図工) へやのかざり 身のまわりを美しくかざる相談をする わたしのつくったもの 遊びに使うもの身のまわりを飾るもの等を自

学習活動	4年	3年	2年	1年
・置き場 ・必要な道具 ○必要な道具をつくることについて話し合う ・用具を作った経験 ・みんなで作れる整理箱 ・使うめあてと大きさ ・材料の入手のしかた ○計画表を作る ・順序よい作り方を考える ・計画表を作る ・必要な材料，用具，順序，月日を記入する ○整理箱を作る ・あき箱の補修をする ・下ばり，上ばりの紙を切る ・のりを作る ・紙をはる ○カーテンを作る ○反省をまとめてする ・感想を発表する		せる （教科外） ・家の中をよごしたらあとしまつをしておく ・机のまわりをせいとんすることができる ・へやのものは使いやすいようにしておく ・勉強べやは整理してかざる ・学用品を整理しておく ・遊び道具をちらかさない		然物を利用して立体的に表現する いろいろなもの いろいろな材料を用いて造形的にくふうして身近な乗り物，器物，人形，がん具等を作る かたちならべ 美しい色や形に興味を持たせ，初歩的な配置配合の能力を養い自然物や身のまわりの形に興味を持たせる （教科外） ・へやをよごしたらすぐ片づける ・机のまわりを飾り本箱に本をきちんと入れる ・落書きをしない ・はきものをきちんとならべる

				・持ち物の置場所は必ずきめたところに整とんしておく

題　材　　ミシンの使い方

関　連　　理科・図画工作・体育・教科以外の活動

学　習　活　動	4　　　年	3　　　年	2　　　年	1　　　年
○ミシンについて話し合う ・ミシンを扱った経験を発表する ・手縫いと比較する ・ミシンの種類にはどんなものがあるか 手まわし 足ふみ 動　力 ○からふみの練習をする ・必要な部分の名称と役割を研究する （頭部・あし・ふみ板・ベルト・ベルトかけ・はずみ車） ・ミシンの頭部の出し	（理）便利な道具 ものさしとおもりで，てこの理を調べたり，てこの理を活用してはかりを作ったり，仕事が楽になってはかどる場合を経験したりして，人が手数を省くのにいろいろ便利な道具を使っていることを知る （教科及び教科外） あとしまつについては理科・図画工作・体育・家庭の学習・教科外等で常に指導される	（理）すいしゃつくり 身近な材料で水車をつくり，これをまわして遊ぶことにより，水車のしくみや，はたらきを理解する ○水車はどんなしくみで動くか調べる ○いろいろな水車をつくりくふうして遊ぶ ○水車のしくみを利用してあるおもちゃのいろいろを調べる べんりなきかい 家庭のミシンのベルトが	（理）く　る　ま 車を使うとどれほど楽に物が運ばれるかためしたり，日常生活で車が利用される場合について観察する ○車を使ってあるものを知る ・車の構造や形について観察する ・車を使った機械や道具の絵や写真をさがして話し合う ○日常生活でどんな時にころを使いまた車を使うか考える	（理）どうぐのつかいかた 身近な道具を集めてその使いみちや使い方を理解し，日常生活に応用するようにする ○はさみにはいろいろな種類がある ・はさみで紙を切ってみる ・はさみの使い方について話し合う ・いろいろなはさみを集めて，どんな時に使うか実際に切ってみる

方，しまい方 ・ベルトをかける ・いすに正しくかける ・ふみ板へ足をのせる ・はずみ車をわずかに前後に動かす練習をする ・ふみはじめと終を練習する ○から縫いの練習をする ・針のつけ方 ・直線縫い ・曲線縫い ○本縫いの練習をする ・糸のかけ方を研究する ・糸をかけるに必要な部分の名称と役目をしらべる （糸立棒・めど・上糸調子ざら・あげばね・てんびん・糸みち・糸かけ・針どめ・針あな・すべり板	(図工) くみものあみもの 各種の糸，ひも，つるなどいろいろな美しい材料を使って自由に構成し感覚と創造性を豊にする (体) ・有意注意の持続が長くなる ・眼球運動および目と手の協応がかなり安定してくる	かけられ，自転車にチェンが用いられていることを調べて　きかいには，にかよったところがあることを知り，機械を使うと仕事がよくはかどることを実験したり，見たりする ○ゴムや糸まきを使って動力を伝えるしくみを作ったり，便利なきかいの絵を集めたりする ○ゴムや糸まきを使って力を伝えるしかけをつくる うごくおもちゃ ぜんまいじかけや，ゴム動力，慣性を利用したおもちゃのしくみを調べたり簡単な動くおもちゃを作ったりして動くおもちゃのしくみや，はたらきに興味と関心を持つ	うごくおもちゃ ビー玉を動力にして紙で作った自動車を走らせたり，わゴムで動くおもちゃの動力の種類やしくみに関心を持つようにする ○動くおもちゃにはゼンマイ，ゴム，はずみ車などの動力がとりつけてある ・動力のついているおもちゃを集めて話し合う ・おもちゃでいろいろな遊びをする ○はぐるまやベルトの力を知る ・おもちゃを動力によってわける (図工) おもちゃ 遊びに用いるおもちゃを中心にその種類や構造を話し合い，あき箱を利用	・はさみをさびないようにするにはどうしたらよいか話し合う ○日常生活にはいろいろなどうぐが使われている ・いろいろな道具の絵を書いて切り抜き，使いみちによってわけてみる (図工) うごくおもちゃ 自分の考えた材料で，おもちゃをこしらえ動くようにくふうする (体) ○大筋使用の活動が大部分で運動は不器用である ○眼球運動および目と手の協応がかなりよくできるようになる

・おさえ金・ボビン ・ボビンケース・針目調・飾ねじ） ・下糸の入れ方を練習する ・縫いはじめと終の練習をする ・直線縫い ・曲線縫い ・機械のこしょうについて研究する 糸が切れる時 針が折れる時 糸がからまった時 ○台ふきをつくる ・まわりにしつけをかける ・順序よく縫う ・反省をする		(図工) あそびどうぐとのりもの 糸まき，ボタン，あき箱などを利用して遊び道具をくふうしてつくったり中厚紙の車輪で動くのりものを工作し，のびのびと表現する ・動く仕掛けについては特に調節をくふうする (体) 大筋使用が多いが，細かな筋肉が使えるようになり，器用さをましてくる	して車やボタンや糸まきを利用してつくる 切りぬきもよう 自由に切ったり折ったりして美しいもようをつくる (体) 細かな筋肉がかなり使えるようになる	(教科外) 正しい学習の躾としていすのかけ方が指導される

(3) 家庭科と理科との関連

次に掲げた表は家庭科と理科とのそれぞれの観点を明らかにする試みとして考えた一例である。学習活動の一つ一つに対して，それぞれの観点を明らかにすることによって，学習の的確な効果をねらったものである。

① 題材「冬のしたく」における理科との関連

題 材　冬のしたく（第6学年）　　（12月・11時間）

学習活動	家庭科としての観点	理科としての観点
○ 冬暖かくすごすため，どんなくふうをしているか話し合う		
1. 適温・湿度	○ 家の構造やへやのある場所や，年令等によって適当な温度のとり方がちがうから，暖房を考えたりしてほどよい温度を保つようにくふうさせる	
	○ へやの暖かさの程度をはかるのは温度計であるが，ちょうどよい温度や湿度を保つのに，乾湿計を利用するようにさせる	○ 人間の生活上，C 15° からC 20° ぐらいが適温であるとされる ○ 寒さを防ぎ，暑さをしのいで，ほどよい温度を保つことが健康を保つために必要であるから，寒暖計および乾湿計の見方をわからせ，常時利用する科学的実践的態度を身につける
	○ 従来の日本家屋は非常に解放的で，構造が冬暖かく住まうのに適当でないことに気づかせる	
・切りばり，めばりの実習	○ 寒さを防ぎ温度を保つために障子の手入れや壁のめばりをするとよいことに気づかせる	○ すきま風は熱をうばうことに気づかせる

学習活動	家庭科としての観点	理科としての観点
・カーテン，窓，雨戸等の役割	○ 防寒用としての役割を知ってじゅうぶんに利用する	○ 室内の熱を逃がさないような役にたち，特に窓は採光，通風，換気に役だっていることに気づかせる
2. 日光の利用	○ 家族が暖かく住まうには家をどう造ったらよいか考えさせる	
・植込み	・日当りをよくするために植込はじゅうぶんに刈り込む	○ 日当り採光のよい家は暖かである
・居　間	・日当りのよいところをつとめて使うようにさせる	
・新築の場合	・新築の場合，日当りをよくするために家屋の構造や隣家とのきょりをじゅうぶん考える ・客本位でなく日当りのよい場所を居間にするような建て方がよいことに気づかせる	
・寝　具	・寝具は日光によくあてて使うようにする	○ 太陽は熱と光を与え，わたしたちの健康に役だっている
・日当りの悪いへや	・日当りの悪い家，障子のない家，地下室などに住んでいる人もあるが，家族の健康保持について注意しなければならない	
○ いろいろな暖房のしかたについて調べる		
1. 暖房用具とその使い方 ・家族の構成人員 ・使い場所と用具をおく位	○ 暖房用具や燃料を慣習で使っている者がありはしないか，暖房について家族の人々がどのような関心をもっているかを考えさ	○ 物が燃えるとき，熱と光がでることや，燃料にはいろいろな種類があること，火の扱い方などについては，4年で学習してい

置 ・経　済 ・便　利 ・へやの広さ	せる ○　理科学習で得た知識を土台として燃料のえらび方，へやのあたため方，安全で衛生的・経済的・合理的な使い方についての目を開かせる ○　予期した来客や外から帰ってきた人が気持よく暖まれるような配慮ができる ○　近代的暖房用具を学んだ児童は，わが家の実状を見つめて，最も適した暖房の方法を考えるように，現在のくふうに目を向けさせる	るから，これをもとにして合理的な扱い方を考えさせる ○　家庭での暖房用具の種類や燃料の使い方が合理的であるかどうかを考えさせる
2.　燃料のじょうずな使い方	○　燃料を家の構造・使途・経済的な面からどのように改善したらよいか考えさせる ○　家族と使用人その他家族以外の人と暖房の差別はないか，考えさせる ○　家庭において，火をだれが扱い，だれが始末しているかという事から家族関係のあり方について考えさせる	○　燃料の特徴がわかる ○　石油・石炭・ガスなどについては，家庭科で扱う以前に学習させるくふうが必要である
○　火鉢の火の入れ方を実習する 1.　火がよくおこる方法	○　火の扱いや，どのように入れたらよいか考えさせながら実習する ・灰の扱い方を注意させる ・火や炭の入れ方をくふうさせる	○　合理的な火のおこし方を考えながら実習する。 ・物が燃えるには酸素が必要であり，空気の対流を利用すると，常に新鮮な空気とともに多くの酸素を供給できる

2.　長もちする方法	○　火のあとしまつをよくさせる ・灰のかけ方をくふうする ・消し炭をつくる	○　燃焼の度合を弱くすれば時間的に長くもつ
○　換気のしかたについて話し合う	○　家庭で換気をどのようにしているか調べる ・換気していないとすれば，それはなぜかどうしたらよいか考えさせる	○　新しい空気は健康によく，炭酸ガスや有毒なガスは健康に悪いことや換気のくふう等の学習を基礎として，いろいろなガス中毒と換気との関係を考えさせる
1.　換気しなかったときの経験を発表する	○　家族の人たちが換気について，どのような関心をもち，どのように実践しているかを見る	○　炭酸ガスの有害な限度について理解させる ・室内の空気中に0.1％以上 ・一酸化炭素は1万分の1以上
2.　換気窓の場所	○　へやのどういう場所につくったらよいか考える	
○　衣服の暖かい着方について話し合う	○　理科で学習した事を基盤にして家庭科の学習をする 冬の衣服 ・布地の厚さ ・使われている繊維 ・織り方はどんなものが暖かいか ・色はどんなものが多いか	○　着物の材料として天然繊維や化学繊維が使われている ○　短かい繊維も，集めてより合わせると強く長い糸になる ○　布は縦横の糸をからみ合わせて作るものであり，平織り，綾織，しゅす織等の織り方がある
1.　各自の着方を発表して話し合う		
2.　どんな着方がよいか	○　いろいろな繊維や，織り方の特質を考え合理的に着るようにさせる ○　暖かい織物として毛織物・毛糸編物・メ	

	リヤス・化繊等が使われている ○ 衣服の重ね方について考えさせる ・通気性の強いものは中に着る ・吸水性のよいもの ・はだ着はぴったりしたものがよい ・空気の層ができるように重ねる	
3. 暖かく着る衣服の形や色はどんなものがよいか	○ 襟・袖口・裾などを風の入らないようにくふうする	○ 熱の伝導・空気の対流・放射・蒸発等を考える ○ 通気は熱をうばう ○ 黒は保温力が大きく，白はよく反射することがわかる
○ 冬の衣服の健康的なよい着方を考えて発表する 1. 厚着の害について	○ 暖かくあるばかりでなく保健・活動・清潔という面からの着方を考えさせる	○ からだによい着物の条件を考える
2. 清潔な衣服	○ 家の人にいわれて清潔な着方をしているか，自分で清潔な着方を実行しているかどうか調査して，家の人にいわれてしているようであったら，自分で着るようにしむける	○ あかがたまっている衣服は冷たく感じる
3. 衣服の調節のしかた	○ 衣服を自分で調節するようにしむける	○ 気温や健康状態によって調節することが必要である

② 理科との関連を試みた観点

ア 適 温

この学習活動の中で「適温」については，5年の理科「すまいと着物」という単元の中で，寒さを防ぎ暑さをしのいで，ほどよい温度を保つことが健康を保つためにぜひとも必要であること，わたくしたちの住んでいる土地で，気持よく仕事や勉強のできる温度はどのくらいだろうか。それは温度や風のあるなしにもよるが，C16° から20° くらい，湿度65%くらいがよいといわれている。環境によって多少変える必要があること，一例を次に掲げてみる。

居間，客間，書斎	18～20度
講堂，教室，寝室	16～18度
老人室，病室	20～22度

以上のような内容を学習してきている。また，「温度調べ」を継続的に記録することとその処理によって適温の理解は深められ，実証されていく。高学年になれば乾湿計を見る技能も養われる。これらの理解や技能を土台として家庭科で「暖かいすまい方」の学習がなされる。家の構造やへやのある場所や仕事の種類や年令等によって，適当な温度のとり方が違うから，暖房によって適当な温度を保ち，病気をしないようにくふうするのである。普通は寒暖計が多く使われているが，科学的合理的な適温を知るには乾湿計のほうがよいわけである。乾湿計とともに湿度表をそばにおいて湿度の調節に心を配る生活態度は，科学的合理的に物事を処理していく態度で，これは理科の目標であると同時に，家庭科にとっても重要な目標であり，全教科の基本的な目標である。

従来の日本家屋は非常に解放的で，構造が冬暖かく住まうのに適当でないことに気づかせたい。これはやがて環境を改善する意欲を芽ばえさせるもとになるものである。日本の都会でもいなかでも見られる「切りばりやめばり」の問題についても同じように考えられる。障子が破れていると，冬はすきま風が吹いて寒い。熱がいちばん逃げやすいのは室のどこかにすきまがあるときである。このすきま風は熱をうばい去るから寒いのだという科学的理解を根拠として，切りばりや目ばりをして暖かくするという生活問題のくふうに立ち向かうことができるようにする。しかも経済生活とも関連深い問題である。豊かでない庶民生活では経済的理由から，いろいろのくふうがなされているわけである。こうした家庭科の学習によって，理科で学習されたことがいっそう深く理解され，科学的経済的に応用くふうへの目が開かれるわけである。

すまいを明るくすることはやがて生活を明るく健康にすることであるが，最も関係の深いものは窓であり，雨戸である。窓は広く高く数多くとることによって採光をじゅうぶんにすることができ得る。また，通風換気にも欠くことのできないものである。太陽光線を室内に多くとり入れて，暖かく健康にするために窓は役だち，冬，寒い風を防ぐのにも役だつものである。雨戸は日本の家屋では冬の寒さを防ぐためにどうしても必要なものである。また，最近の住居はガラスを多く使うために，採光を調節したり防寒用としてカーテンを多く利用するようになってきた。このような雨戸，窓，カーテンなどの利用と室内の温度との関係について具体的にこどもの生活と結びつけて考えさせたい。

イ　日　光　の　利　用

太陽は地球の生物が生きていくために必要な光と熱を送ってくることは，6年の理科「植物の生活」で，「植物がじょうぶに育ち，大きくなっていくためには日光が必要である。」ことを学習し，日の当らない所で植物がどのように育つかは「だいこんの芽ばえ」で比較実験の結果，太陽の光と

熱とは，植物がじょうぶに育つためにはどうしてもなくてはならないものであることを確かめている。6年の「土地の生物」で動物も日光と深い関係があることを知り，6年の「伝染病とその予防」で，たいていの伝染病病原体は，熱や日光や薬にあうと死ぬことを学習している。

5年の理科の「すまいと着物」で「健康にいい家」は家が健康にいい場所にあること，家の建て方が健康によくじょうぶなことの2つをあげ，どちらにも，「日当りのいいこと」「どのへやにも日光がよくはいること」が第一の条件にあげられている。経験から得た知識は科学的根拠を持つことによっていっそう確実なものになる。この確実な基礎的理解をふまえて，「家族が暖かく住まうには家をどう造ったらよいか。」を考えさせる学習が展開されるのであるが，日当りのよい場所を客間としてだけ使うのではなく，家族の健康維持のために使えるような建て方がよいことに気づかせなければならない。そして大都会の片すみに日当りの悪い家，障子のない家，地下室などに住んでいる人もあるが，家族の健康生活を維持することにはじゅうぶん注意しなければならないことに気づかせる。そして環境改善への目を開かせたいのである。

ウ　暖房用具とその使い方

暖房についての基礎的理解はまず4年の理科の「火と熱」で火を起す原理を学習している。すなわち「物が燃えるとき，熱と光が出る」ことや，燃料の種類として炭火，アルコールの火，ガスこんろの火があげられている。そして「炭火は高い温度で固体のまま燃えているものである。ガスこんろの火は石炭ガスが燃えているのである。」とごく簡単に燃料の特質を明らかにしている。5年の理科の「家庭の電気」，6年の理科「電気の利用」で電気が燃料として利用されていることを学習している。そこで燃料のえらび方，へやの暖め方，安全で衛生的，経済的，合理的な使い方につ

いての目を開かせ，わが家の実状を見つめて現在のくふうに目を向けさせるのである。

暖房用具の使い方は理科のそぼくな原理から最も文化的な応用面に学習が展開される。石油，石炭，ガス等については，6年「地下資源の利用」でその特質や用途を学習するので，「冬のしたく」を扱う以前に配当するとまことに効果的である。

次に物が燃えるには酸素が必要であり，空気の対流を利用すると，常に新鮮な空気とともに多くの酸素を供給できる。逆に燃焼の度合を弱くすれば時間的に長もちするのは自然の理であろう。これらの理解に立って合理的な火の起し方を考えながら，経済的で安全な火鉢の火の入れ方を実習する。火のあとしまつをよくすることは，燃えやすい日本の家屋では当然であり，また，消し炭を作るのはどこでもやっているくらしのくふうである。

家庭生活という場面に即し，家庭生活の幸福という焦点で家庭の機能の正しい発揮という目標に向かって，家庭において「火をだれが扱いだれが始末しているか」ということから，家族関係のあり方について考えさせるのである。

また暖房用具や燃料を慣習で使っているものがないだろうか。暖房について家族の人々がどのような関心をもっているか，また燃料を家の構造，使途，経済的な面からどのように改善したらよいかを考えさせるのである。家族と使用人その他家族以外の人と暖房の使い方にはなはだしい差別はないかどうか，仕事の種類や仕事の時間，場所などから考えさせることは，一つの家庭に生活する人間どうしのあり方について関心を持たせることになる。

エ　換気のしかた

室内暖房によって室内の空気がにごってくるから，換気について考慮を

払わなければならない。5年の理科の「すまいと着物」で，新しい空気は健康によく，二酸化炭素や有毒なガスは健康に悪い。それで新しい空気が絶えず室の中に入り，古いよごれた空気が出ていくようにしなければならないことを学習している。線香の煙を使って，室内の空気の動き方を調べ，室では回転窓やらん間から空気が入れかわっていることを実験によって確かめている。日本間では障子紙や床や戸のすき間から空気が少しずつ入れかわるが，西洋間では自然には入れかわらないので，空気抜きがつくってある，という基礎的な科学的理解をもっている。だから換気をすることの必要な原理は理科でやり，家庭における換気の問題，家族の人たちの換気に対する関心の問題をとりあげて家庭科の学習がなされるわけである。理科で学習した原理を，日常生活の上にどのように応用していけばわたくしたちがより幸福になれるかの問題であり，これは家庭科全体の底を流れている家族関係および対人関係につながるものである。

次にこのように冬暖かく健康的な生活をする上になくてはならない最もたいせつなものは衣服である。

オ　衣服の暖かい着方

5年の理科の「すまいと着物」で次のような学習をしている。着物の材料として天然繊維や化学繊維を使われている。短い繊維も集めてより合わせると強く長い糸になる。布は縦糸，横糸をからみ合わせて作るものであり，手織あや織しゅす織などの織り方がある。

冬の着物は布の中に空気がよくこもるようになっていて，からだで暖まった空気が外へ逃げにくくなっている。黒いきれはよく熱を吸いとるが，白い布は熱をはね返すなどの最も基礎的な理解を基盤として，暖かい織物として毛織物，毛糸編物，メリヤス，化繊等が使われているから，それらの繊維の織り方の特質を考え，合理的に着るにはどのようにしたらよいか，

特に衣服の重ね方について考えさせる指導計画が立てられる。体温が失われる原因には伝導，対流，放射，蒸発の４つの働きがある。この四つの働きを少なくするように着ることが暖かい着方になるから，どのような衣服の形が暖かいかの指導計画が生れてくるわけである。

衣服は暖かければそれでよいのでなく，わたくしたちは働かなければならない。活動的で健康的な着方はどうあるべきか，気温や健康状態によって調節することも必要である。このような日常生活に密着した生活問題ととり組むことになる。すまいと着物で，はだ着に汗やあぶらがつくと，しめって体温がうばわれるから，健康によくないという理解を持っているが，児童は家の人に言われて清潔な着方をしているか，自分で清潔な着方を実行しているかどうか，忙しい家庭では，こどもの事について「お手伝いさん」に任せっきりであるから，こういうことは調査することがたいせつである。家の人に言われてしているようであったら自主的に着換えをするような態度を養い，気温の変化に応じて自分で調節するようにしむけることがたいせつなのである。

③ 結 び

この「冬のしたく」の題材を通して理科との関連を掘り下げて検討したのであるが，理科はあらゆる自然の一般法則を究明する方向に学習が進められるのである。その法則の中から生活に役だつものを学習していくのが家庭科である。同じ法則を同一基盤としながらも，学習の方向は原理の追求と応用的なものとに分れる。そして互の教科の範囲と方向を見きわめて指導計画は立てられるべきである。

威勢のいいはたきかけの音は聞えてきたが，ほこりはきれいにとれていなかった。「はたきをかければごみは落ちる」という考え方や，ごはんは薪かまどでたかなければおいしくない。という考え方，これらの考え方に

は因習のにおいを強く感じる。便利なガスや電気があるのに，不便さを取り除く努力をしないでいる。もちろん経済をぬきにして生活改善は考えられないが，経済ということよりも知性の乏しさを表わしたものではなかろうか。自然の理法を学び，現在の実状を細かに観察して，「どうすればよいか」，「どうすればよくなるか。」を自主的に考えていく知性が，今日の家庭科では強く要請されてよいのではなかろうか。

Ⅳ 指 導 の 実 際

1. 指導についての基本的な考え方

(1) 問題解決学習として

本校の教育計画の構造はその力点を問題解決の実践力におき，基礎的な習慣の形成をその基盤にふまえる形をとっており，習慣形成のコース，生活運営のコース，教科学習のコースと三コースから児童の人間形成を目ざし，さらに教科学習コースの中に問題解決コース，基礎学習のコース，表現学習のコース，保健体育学習のコースを考えているのである。このようにして考えると，家庭科は社会科や理科とともに家庭生活の適応と改善という面から，生活現実の課題の解決を図る問題解決コースに含まれているのである。したがって家庭科の学習指導展開にあたっては，あくまで児童の家庭生活経験を生かし，問題をもち，興味をもってその生活経験の拡大深化をしていくように指導し，家庭科の特性上，その解決は生活技能の習得に結び，生活に実践するように考えた。

本校教育計画の構造

習慣形成のコース／生活運営のコース／問題解決のコース／基礎学習のコース／表現学習のコース／保健体育学習のコース

(2) 技能の指導について

家庭科の内容には技能に関するものが相当多く含まれているが，指導上特に留意したい点は一定の技能を「こうやるのだ」と教えこむのでなく，技能を習得する目的をはっきり理解させ，合理的な学習ができるように順を追って分解しながら一つ一つ形造っていくようにし，

「なぜそうしなくてはならないのか」を考えさせながら正確に身につけさせるように指導し，練習させるようにすることである。また，単なる手先の巧みさだけをねらわず，学習の過程における計画性，注意深さ，見通し，構想力などの発達を練るように考えた。

(3) 態度，習慣の形成

家庭科には，態度や習慣の形成をねらうものが多いが，知識や技能のようにはっきりとらえることができないので見落されがちである。この面についても指導上次の諸点に留意していきたい。

① 児童の行動を変化させるような指導でなければならない。

② 学習について両親の協力を得，態度の変化を観察してもらうとか，友だちが相互に態度について注意しあうとかの配慮をする。

③ 児童のぼんやりした態度をはっきりさせるような具体的な経験に直面させるようにする。

④ 賞讃と承認によって態度や習慣の形成をするようにする。

2. 事 前.事 後 調 査 と そ の 結 果

(1) 各題材（学習題目）の展開前，過程，事後に次ぎのような目あてで調査を行った。

① 児童の生活経験の範囲や程度を知る。

② 児童の知識，理解に対する盲点はどこにあるか知る。

③ 児童の家庭生活に対する考え方の方向を知る。

④ 家庭の施設，設備の実態を知る。

⑤ 家庭のふんい気を知る。

⑥ 技能習得の実態や，製作の困難点を知る。

⑦ 実践的態度を知る。

⑧ 理解の程度を知り，指導の参考とする。

(2) 調査の実際とその結果

○ わたくしたちの家庭（５年）

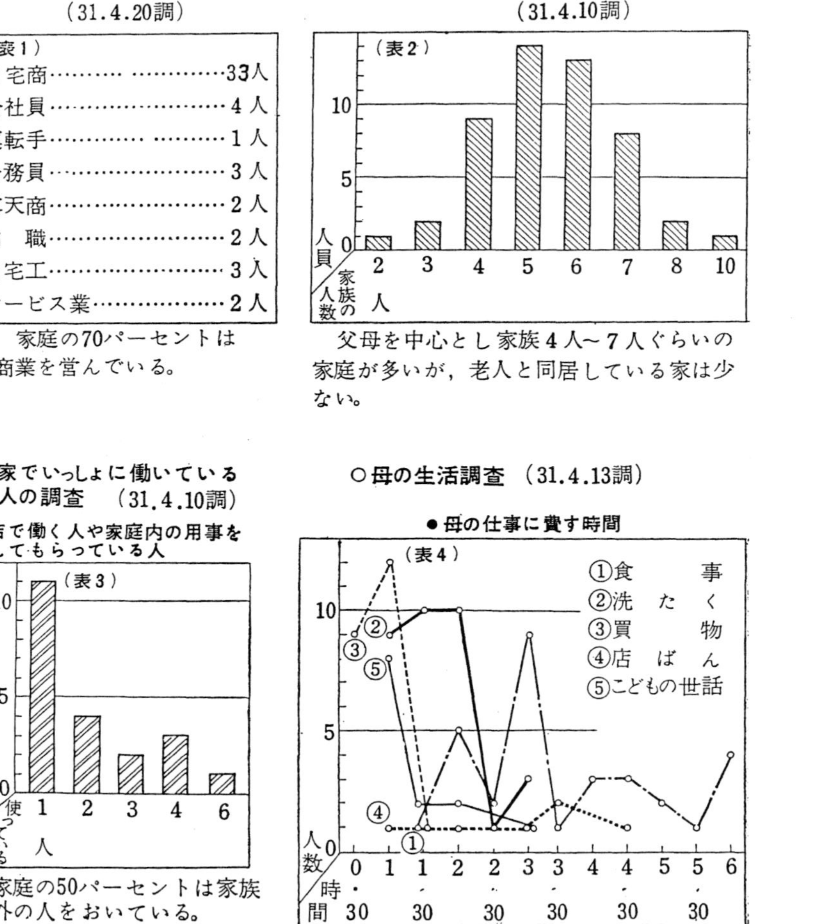

家庭の70パーセントは商業を営んでいる。

父母を中心とし家族４人～７人ぐらいの家庭が多いが，老人と同居している家は少ない。

家庭の50パーセントは家族以外の人をおいている。

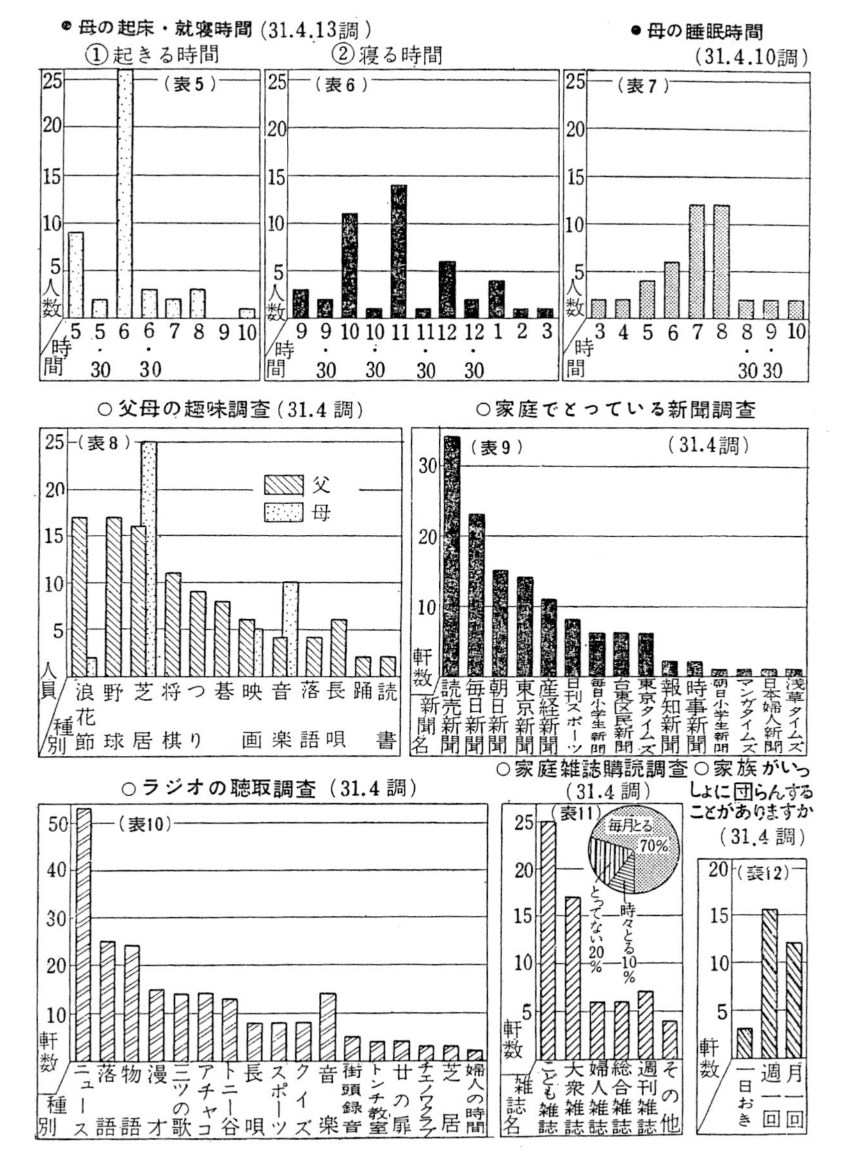

○児童の生活調査（31.4調）

●起床・就寝時間

（表13）

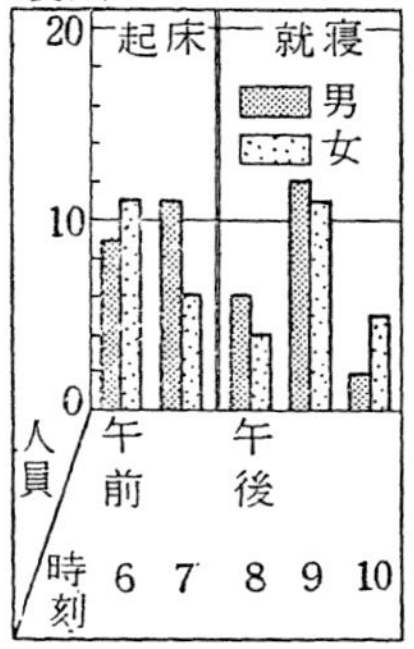

起床　就寝　男　女　人員　時刻　午前　午後　6　7　8　9　10

●睡眠時間

（表14）

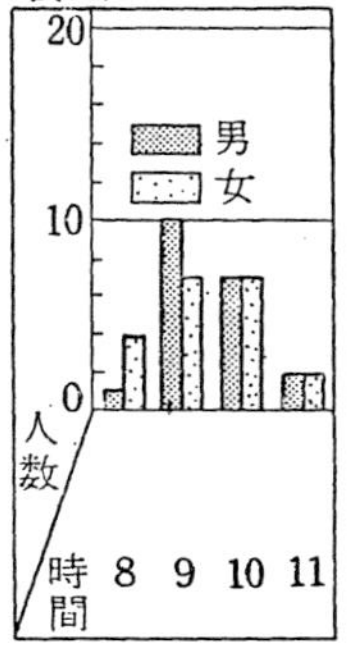

男　女　人数　時間　8　9　10　11

●帰宅後の生活

（表15）

寝るまでの間　帰宅後すぐに　男　女　人数　種別　遊ぶ　手伝い　けいこ　読書　さんぽ　裁縫　ラジオ・テレビ　家の人と話し合う　宿題をする　じゅくへいく　手伝い

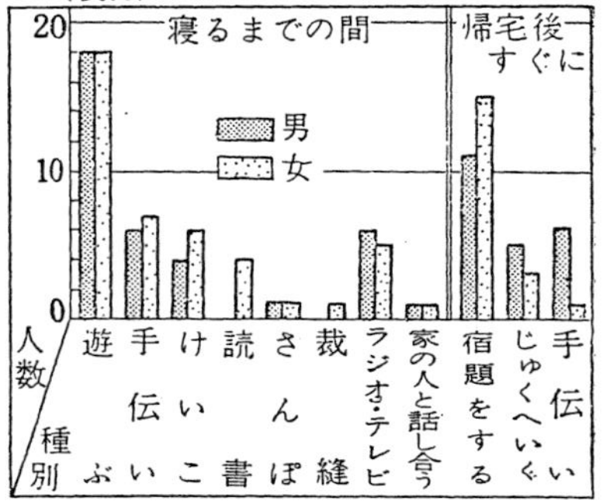

表16　○　家庭でどんな時がうれしく，またどんな時がいやですか。（31.4調）

うれしい事 項目＼性別	男	女	計	いやな事 項目＼性別	男	女	計
皆と遊べる時	4	1	5	病人がある時	1	0	1
何か買ってもらった時	6	1	7	兄弟にいじめられたりいう事をきかない	2	2	4
早くねられる時	1	0	1	そうぞうしい	1	0	1
母と話のできる時	1	0	1	床屋やふろへいけといわれた時	2	0	2
学習をよく教えてもらえる時	1	2	3	祖母が何かいう時	1	0	1
赤ちゃんが生れた時	1	0	1	遊べない時	1	0	1
どこかへつれていってもらう時	3	0	3	ねるところが狭い	1	0	1
ほめられた時	2	7	9	しかられる時	6	6	12
ごはんがたくさんたべられる	1	0	1	家の人のけんか	0	1	1
兄弟仲よくなったこと	0	1	1	小僧さんがつめたい	0	1	1
電話がひかれた時	0	1	1	早くおきられない	0	1	1
な　し	6	9	15	どこかへいけない	0	1	1
				宿題ができない時	1	0	1
				な　し	10	10	20

表 17　○　あなたは父にどうあってほしいと望みますか　（31.4調）

希　望	男	女	計
おこりすぎないようにしてください	5	4	9
朝早くおきてください	4	5	9
母の仕事を手伝うようにしてください	4	4	8
やさしすぎるからこわくしてください	2	3	5
時々学校へ参観にきてください	0	3	3
食事をいっしょにしてください	2	2	4
夕方早く帰つてください	0	2	2
酒を飲まぬようにしてください	2	0	2
勉強を教えてください	2	1	3
病気をしないように注意してください	1	1	2
そ　の　他	1	3	4

表 18　○　あなたは母にどうあってほしいと望みますか（31.4調）

希　望	男	女	計
勉強を教えてください	3	6	9
食事をいっしょにしてください	4	4	8
みんな同じように可愛がってください	3	3	6
仕事を手伝わしてください	2	5	7
夜早くねてください	3	5	8
やさしくしてください	2	2	4
からだをじょうぶにしてください	2	1	3
弟とけんかをしないでください	1	1	2
物を買ってください	3	0	3

その他	0	1	1

表 19　○ あなたの家について不満や希望があったら書いてください

不満や希望	男	女	計
家が狭くてこまる	9	16	25
家の設備が悪い	4	6	10
栄養がかたよる	4	7	11
着物が少ない	1	2	3
その他	1	1	2

以上の調査の結果を総括してみると，

① 父母の学歴は低く，教養の点もあまり高くない。特に下町的な趣味が多く，新聞やラジオの利用状態からもそれがいえる。特に母がほとんど教養面に時間をもつことが少い。

② 職業がら使用人や女中をおく家が多く，それらの人が児童に及ぼす影響が大きいと考えられる。

③ 家族そろって家庭の問題を話し合ったり，団らんの機会をもつ家が少ない。

④ 児童の希望調査からは，父に対する不満が多いが，全般的に言えることは，食事時間のちがい，母の仕事の過重に対する思いやり，父母の児童に対するしつけの態度などについての問題が多くみられる。

また，住居に対する不満は全体の70パーセントを占めていることが目だっている。

○ そうじ（5年）　（31. 5調）

○ 裁縫についての経験調査（今までにものを縫ったことがありますか）

解答	男	女	計
手縫い			
ほころび	14	11	25
ぼたんつけ	6	9	15
小さいもの	0	2	2
ふとん	0	1	1
人形の服	2	20	22
ぞうきん	2	12	14
袋物	7	9	16
前かけ	0	1	1
縫ったことがない	3	0	3
ミシン縫い			
縫ったことがある	12	20	32
縫ったことはない	11	9	20

備考 ○ 針をもった経験のない児童は少なく特に女子は人形の服などほとんど縫っている

○ この調査だけでは児童が正しい運針ができるかどうかがわからなかった，調査をもっとつっこんですべきであった

例
・指ぬきを正しくはめられる
・針を正しくもてる
・針に糸が通せる

というような具体的な縫い方の調査があったほうがよかった

○ よい身なり　(31. 6調)

○ 洗たくについての経験調査（あなたは今までにどんなものを洗ったことがありますか

解答	男	女	計
下着	11	15	26
ハンカチーフ	12	27	39
前かけ	1	5	6
しき布	0	2	2
ねまき	0	3	3
まくらカバー	0	3	3
くつ下	2	9	11
ブラウス（運動服）	1	9	10
したことがない	1	0	1

備　考　下着やハンカチーフ程度のものは男女ともに洗たくの経験はあるが，男子は一般的に少ないことが目だつ

○ 食事の手伝い（5年）　(31. 9調)

○ 食事の手伝い経験調査

解答	男	女	計
ごはんたき	5	18	23
みそしる	15	24	39
卵料理	17	26	43
やさい洗い	3	13	16
魚やき	10	23	33
肉料理	8	18	26
おかし作り	10	18	28

備　考　ごはんたきおかず作りの手伝いは半数以上の児童が経験しており，特に卵料理が多い

○ あなたの家では食事を家族そろってしますか　（解答）	男	女	計
1日1度			24
1度もしない			16
朝夕ともに			11

備　考　食事を家族そろってする家庭が少ない

○ あなたの家ではどのように食器をならべますか　（解答）	男	女	計
・しるわん　右 ・茶わん　左 ・さらはわんや茶わんのむこう			17
・はしは家族いっしょ ・ちゃわんの上へしるわんをかさねて出しておく			22
・あげざるへ食器を入れておきもりつけてから，ならべる			12

○ あなたの家では食器を何で洗いますか （解　答）	男	女	計
せっけん液を使う			17
みがき粉を使う			40

○ ミシンの使いかた

（31. 12調）

○ ミシンの有無調査 （解　答）	男	女	計
ミシンが家にある者	13	15	28
ミシンが家にない者	10	10	20

○ ミシン使用の経験調査 （解　答）	男	女	計
ミシンの出し方をしっている	15	20	35
足ふみができる	18	23	41
上糸がかけられる	3	1	4
下糸が出せる	3	1	4
ボビンへ糸をまくことをしっている	3	1	4
ミシンの各部の名称をしっている	0	0	0

○ 身のまわりの整とん

（32. 1調）

○ あなたの家のへや数をかいてください （解　答）	男	女	計
1　室			7
2　〃			8
3　〃			15
4　〃			8
5　〃			6
6　〃			8

○ 勉強室がありますか （解　答）	男	女	計
自分だけのへやがある			9
兄妹といっしょのへやがある			14
な　い			29

備　考　勉強室のある家は少ないまた机や本箱なども もたない児童も20%ぐらいいる

○ 勉強机がありますか （解　答）	男	女	計
自分だけのものがある			20
兄妹とともに使う			21
その他のものを使う			11

○ 本箱がありますか （解　答）	男	女	計
自分だけのものがある			21
共用のものがある			20
な　い			11

○ 持ち物のしまつはどうしていますか （解　答）	男	女	計
日をきめてしまつしている	3	4	7
ちらかった時にする	16	21	37
したことがない	4	4	8

○ 明るい家庭生活（6 年）

（32. 4. 18調）

○ 老人がいますか （解　答）	男	女	計
い　る			13

いない			37

備考 老人と同居している家庭が比較的少ないので，児童の実際経験が少なくなる

○ 老人にどんな世話をしましたか (解答)	男	女	計
寝具の世話	1	1	2
食事の世話	0	1	1
洗たく	0	1	1
病気の看護	0	2	2
肩たたき	0	2	2
荷物をもった	0	1	1
おふろへいっしょにいった	0	2	2
ない	20	21	41

老人のいる家庭が少ないので，その世話も少なく，限られた児童になっている

○ 弟妹がいますか (解答)	男	女	計
弟がいる	2	6	8
妹がいる	6	9	15
弟も妹もいる	3	6	9
弟も妹もいない	10	8	18

○ 弟妹の世話をしたことがありますか (解答)	男	女	計
遊んでやった	4	22	26
衣服の着がえをさせた	2	11	13
おぶったりだいたりした	1	8	9
勉強をみてやった	1	8	9

うば車にのせた	1	2	3
食事の世話をした	0	3	3
おしめをかえた	0	2	2
おふろに入れた	0	1	1
したことはない	10	2	12

備考 ○ 6年生の弟妹の世話についての程度が，この調査からおのずと明確にされる

○ 弟妹に対する人間関係の調査をする必要があった

○ 健康な生活（6年）

（32．5．16調）

○ 最近かかった家族の病気をしらべましょう (解答)	男	女	計
かぜ	16	25	41
頭痛	10	16	26
腹痛	5	7	12
歯痛	4	6	10
はしか	2	3	5
へん桃せん	4	2	6
神経痛	1	2	3
おでき	3	4	7
胃病	5	4	9
はしか	2	2	4

○ 病人の世話をしたことがありますか (解答)	男	女	計
氷まくらの取かえ	16	27	43
食事の世話	12	19	31
汚物の始末	4	16	20

熱をはかった	15	17	32
消毒をした	2	3	5

備考　氷まくら検温の経験は多い

○ あなた方の睡眠時間を調べましょう (32.5.30調)　(解答)	男	女	計
6 時間	1	1	2
7 時間	4	3	7
8 時間	7	2	9
9 時間	6	6	12
10 時間	3	6	9
11 時間	0	1	1
12 時間	0	1	1

○ 夏のしたく（6年）

(32. 6. 27調)

○ 衣服の補充のしかた　(解答)	男	女	計
ほしい時に買ってくれる	6	6	12
きめた時に買ってくれる	7	17	24
なにかある時に買う	7	12	19
なかなか買ってくれない	3	1	4
買う	18	21	39
家の人が作る	2	4	6
もらう	2	2	4

○ だれが買いにいきますか　(解答)	男	女	計
母が	7	6	13

自分で	2	1	3
家の人といっしょに	10	19	29
きまっていない	2	1	3

○ 既製品を買う時どんな点に注意して買いますか　(解答)	男	女	計
大きさ	10	12	22
じょうぶさ	10	12	22
ねだん	2	5	7
きずがないかどうか	6	7	13
色	2	1	3
洋服	14	19	33
ズボン	11	16	27

○ どんなものをたたんだりアイロンをかけたりしましたか　(解答)	男	女	計
たたみかた			
そでだたみ	17	26	43
本だたみ	0	16	16
アイロンかけ			
毛おりもの	3	8	11
もめんもの	20	26	46

備考　・本たたみの経験は少ない
　　　・もめん物のアイロンかけはほとんど経験していない

○ 下着の持数調査　(解答)	男	女	計
下ばき			

1 ～ 5 枚	5	5	10
6 ～ 10 枚	4	10	14
11 ～ 15 枚	1	2	3
16 ～ 20 枚	0	2	2
20 枚 以 上	0	5	5
シャツ			
1 ～ 5 枚	8	2	10
6 ～ 10 枚	1	10	11
11 ～ 15 枚	1	2	3
16 ～ 20 枚	0	3	3
20 枚 以 上	1	2	3
スリップ			
1 ～ 5 枚		11	11
6 ～ 10 枚		5	5
11 ～ 15 枚		1	1
16 ～ 20 枚		1	1
不明	10	3	13

備考 ・必要以上に多く持っている児童がいる
・男子に自分の衣服の持数を知らない児童が多い

○ よい食事（6年）

（32．9．13調）

○ 今までに調理をしたことがありますか （解答）	男	女	計
ある	12	30	42
ない	10	0	10

備考 簡単な調理の経験は多い

○ ごはんをたいたことがありますか （解答）	男	女	計
手伝ってした	17	12	29
ひとりでした	3	13	16
ない	2	5	7

○ みそしるを作ったことがありますか （解答）	男	女	計
手伝ってした	7	15	22
ひとりでした	3	9	12
ない	2	6	8

○ ほうちょうを使ったことがありますか （解答）	男	女	計
ある	22	30	52
ない	0	0	0

○ 切ったものは何ですか （解答）	男	女	計
やさい	13	27	40
くだもの	20	28	48
さかな，にく	6	7	10
その他	2	3	5

○ ガスに火をつけられますか （解答）	男	女	計
つけられる	20	28	48
つけることができない	2	2	4

○ 献立はだれの意見が多く取り入れられますか　（解　答）	男	女	計
父	0	0	0
母	12	13	25
自分	1	4	5
兄弟姉妹	1	4	5
みんな	5	13	18
祖母	2	2	4
不明	3	2	5

備　考　献立は皆の意見できめる家庭が多いが，予定しおてくのでなくその場で考えることが多く献立表などはあまり作りない

○ 主として調理をするのはだれですか　（解　答）	男	女	計
父	0	3	3
母	16	26	42
自分	4	5	9
姉兄	4	6	10
女中さん	7	6	13
みんな	0	2	2
祖母	1	3	4

○ 献立を作っていますか　（解　答）	男	女	計
1日分	4	11	15
1週間分	0	3	3
1カ月分	0	1	1
時々	3	7	10
なし	15	8	23

○ 食事について特に注意していることは何ですか　（解　答）	男	女	計
栄養	5	10	15
作法	8	12	12
腐敗	0	2	2
なし	9	6	15

○ 食物のすききらいはありますか（ ）はきらい　（解　答）	男	女	計
くだもの	14	20 (1)	34 (1)
めん類	1	0	1
肉	17 (5)	16 (12)	33 (17)
野菜	9 (2)	12 (17)	21 (19)
卵	1	1	2
魚	3 (1)	6	9 (1)
ミルク	(1)		(1)
マカロニ	0	(4)	(4)
なし	13	1	13

○ 献立のちがう人がいますか　（解　答）	男	女	計
父	1	8	9
母が残りもの	1	2	3
弟	0	1	1
なし	17	18	35

備　考　献立のちがう人が父に多くやや封建性が食生活にみられる

◎ 食事について改善したいこと (解答)	男	女	計
いっしょに食べたい	8	17	25
残さぬようにしたい	1	1	2
同じものを食べたい	2	3	5
献立を作りたい	0	1	1
な し	11	7	18

備 考 食事の時間のちがうことは1つの問題である

○ あなたの家で使っている計量器（調理用に） (32.10.24調) (解答)	男	女	計
ま す	22	28	50
計量スプーン	2	2	4
計量カップ	3	2	5
リットルます	1	1	2
台ばかり	0	1	1

備 考 ○ スプーン，カップ，はかりなど使用して科学的に調理をしている家庭が少ない

○ 冬のしたく（6年） (32. 11. 27調)

○ 家庭で使っている暖房用具調査 (解答)	男	女	計
火ばち			
炭	21	28	49
煉 炭	0	2	2
ストーブ			
電 気	2	2	4
ガ ス	1	2	3
煉 炭	0	4	4

	男	女	計
石 炭	0	0	0
石 油	0	0	0
こたつ			
炭	13	19	32
電 気	4	6	10
ゆたんぽ	7	17	24
電気ざぶとん	1	1	2

備 考 文化的な暖房用具を使用している家庭が少ない

○ 暖かい着方について (解答)	男	女	計
冬着の枚数			
6 枚	1	3	4
5 〃	9	13	22
4 〃	11	11	22
3 〃	1	2	3
下着の着方			
メリヤスシャツを下に	14	26	40
不 明	8	3	11
毛糸の着方			
メリヤスシャツの下にきる	1	0	1
メリヤスシャツの上にきる	13	24	37
着ない	4	0	4
不 明	4	2	6
冬着の色彩はどんなものが暖かいか			
黒，赤，茶などがよい	16	20	36

空色	3	4	7
不明	3	4	7
着物の着方			
家の人がいうとおりにする	6	7	13
自分で考えてする	12	15	27
家の人と相談して	3	7	10
下着のかえ方			
家の人にいわれてかえる	3	4	7
自分でする	17	21	38
家の人にいわれる時と自分からする場合がある	1	4	5

○ 毛糸編物の経験調査 (32. 12. 10調)　(解答)	男	女	計
1本ばり			
長あみ	0	4	4
短あみ	0	3	3
くさりあみ	0	5	5
あんだもの			
ざぶとん	0	1	1
手さげ	0	1	1
かびんしき	0	1	1
二本ばり			
表あみ	1	8	9
裏あみ	0	9	9
めの作り方	1	17	18
へらし方	0	4	4

ふやし方	0	4	4
とめ方	0	4	4
あみものについて			
したくない	13	0	13
したい	0	15	15
どちらでもよい	18	13	31

○ 縫い方指導過程の調査 (31.6～32.7調)

○ 正しく縫うことについての調査

調査年月 / 解答	31. 6			31. 7			31. 9			31. 11		
	男	女	計	男	女	計	男	女	計	男	女	計
人さし指が布からはなれてよく動き，手つきもよい	3	4	7	5	8	13	8	11	19	12	25	37
手つきが悪いが両指が動く	5	6	11	7	9	16	7	12	19	4	2	6
人さし指，親ゆびが布についたままで動かない	15	18	33	12	17	29	8	5	13	6	1	7

○ 針目数を主とした調査

調査年月 / 解答	31. 6			31. 9			32. 7		
	男	女	計	男	女	計	男	女	計
10 ～ 1	2	0	2	0	0	0	1	0	1
20 ～ 10	2	0	2	1	0	1	2	0	2
30 ～ 20	5	2	7	2	1	3	2	2	4
40 ～ 30	4	5	9	5	1	6	2	2	4
50 ～ 40	2	7	9	9	8	17	5	3	8
60 ～ 50	3	7	10	2	7	9	1	5	6
70 ～ 60	2	4	6	1	8	9	2	3	5
80 ～ 70				0	1	1	4	3	7
90 ～ 80							0	3	3

100 〜 90							1	2	3
100 以 上							1	2	3

○ ミシン指導過程調査　(32. 12調)

解　答	第1回でできた			第2回でできた			第3回		
	男	女	計	男	女	計	男	女	計
ミシンの出し方	19	25	44	4	3	7			
ベルトかけ	22	26	48	1	2	3			
から踏み	19	24	43	3	4	7			
針つけ	23	25	48	0	3	3			
から縫い	13	15	28	10	13	23			
上糸かけ	20	22	42	3	6	9			
下糸入れ	17	19	36	3	9	12	3	0	3
縫い方	8	18	26	8	6	14			
縫い方不合格							4	4	8

○ 頭おおい作りの過程調査（5年）　(31. 10調)

○ まつりぬい習得調査　（解　答）	男	女	計
第1時合格者	5	9	14
第2時合格者	8	11	19
第3時合格者	7	6	13
不合格	3	2	5

○ 頭おおい製作後の調査（作品）　（解　答）	男	女	計
角のしまつがよくできたもの	12	18	30

いいかげんにしまつしたもの	11	10	21
まつり縫いがきれいにできたもの	17	20	37
よくできなかったもの	6	5	11

○ 製作時間　（解　答）	男	女	計
3 時間	5	4	9
4 時間	5	11	16
5 時間	3	8	11
6 時間	9	5	14

○ まくらカバー作り（6年）　(32.6.17調)

○ まくらカバーの製作時間　（解　答）	男	女	計
2 時間	1	0	1
3 時間	6	4	20
4 時間	6	18	24
5 時間	0	1	1
6 時間	1	0	1

○ はらまきの製作時間　（解　答）	男	女	計
3 時間	2	1	3
6 時間	0	1	1

○ まくらカバーで苦心したところ　（解　答）	男	女	計
ひもつけ	2	4	6

ボタンつけ	1	1	2
ギャザーの始末	13	12	25
三つ折りのミシンかけ	1	0	1
な　い	5	7	12

○ はらまきで苦心したところ　（解答）	男	女	計
かえし縫い	3	2	5
角の始末	1	0	1
ひもつけ	0	1	1

○ あみもの（6年）　(33. 1)

編物指導後の調査

マフラ六時間目の調査	男	女	計
1 ～ 5 cm	2	1	3
6 ～ 10	2	2	2
11 ～ 15	5	4	9
16 ～ 20	2	3	5
21 ～ 25	1	2	3
26 ～ 30	2	3	5
31 ～ 35	0	4	4
35 ～ 40	1	4	5
41 ～ 45	0	0	0
46 ～ 50	1	0	1
51 ～ 55	1	1	2
56 ～ 60	0	0	0
61 ～ 65	0	0	0
66 ～ 70	0	0	0
71 ～ 75	0	1	1
冬休みの宿題にして			
手伝ってもらわない	9	20	29
めがぬけたので，とめ方を教えてもらった	13	10	23
編物をしての感想			
やってよかった	6	4	10
めんどうだった	2	7	9
はじめはむずかしかった	8	6	14
あまりおもしろくなかった	1	1	2
母の手伝いができてよい	1	0	1
2本ばりがやりよい	24	15	39
長あみ，短あみはむずかしい	4	0	4
めがはずれて苦心した	4	0	4

○ 実習中の態度調査

作業の種類	しゃべる			じゃまをする			協力しない			あとしまつをしない			身じたくをしない		
	男	女	計	男	女	計	男	女	計	男	女	計	男	女	計
・洗たくの実習	7	10	17	6	1	7	6	3	9	8	5	13	5	5	10
・食事のしたく	5	5	10	2	1	3	2	1	3	3	1	4	5	3	8
・おやつ作り	4	3	7	1	1	2	1	1	2	1	2	3	2	1	3

○ 手伝い調査

調査年月日 / 手伝いの種類	31. 4. 17			31. 9. 5			32. 1. 12			32. 4. 15						33. 1. 12						33. 3. 11					
	男	女	計	男	女	計	男	女	計	男	女	計	男	女	計	男	女	計	男	女	計	男	女	計	男	女	計
										いつもする			時々する			いつもする			時々する			いつもする			時々する		
お使い	20	28	48	20	25	45	23	25	48	6	11	17	12	13	25	4	8	12	6	5	11	6	18	24	9	9	18
そうじ	18	17	45	17	20	37	21	25	46	2	10	12	4	10	14	3	9	12	6	7	13	3	13	16	5	8	13
店番	15	21	36	8	14	22	15	16	31	6	11	17	12	13	25				3	5	8	2	4	6	3	4	7
食事の手伝い	10	18	28	20	21	41	18	20	39	4	8	12	5	9	14	6	18	24	3	9	12	3	18	21	4	14	18
洗たく	5	15	20	10	15	25	3	4	7	2	5	7	2	3	5				0	6	6	1	0	1	0	11	11
ふろたき	3	7	10	3	4	7	4	6	10	0	4	4	3	1	4				1	2	3				2	3	5
おもり	3	20	23							1	9	10	1	5	6	0	2	2	0	2	2	1	3	4	0	2	2
ぼたんつけ				3	16	19				2	4	6	1	3	4										0	1	1
ふとんしき				10	15	25				5	10	15	12	13	25	4	10	14	3	1	4	6	10	16	3	4	7
家の中の整理																						0	1	1	1	4	5

○ ひとりの児童がやっている手伝いの種類数（きめてやっている）

調査年月日 / 手伝いの数	31. 4. 17			32. 3.			33. 1.			33. 3.		
	男	女	計	男	女	計	男	女	計	男	女	計
1	2	3	5	3	7	10	3	10	13	7	7	14
2	1	2	3	3	2	5	4	1	5	4	8	12
3	1	2	3	3	3	6	4	2	6	0	2	2
4	0	1	1	3	1	4	4	0	4	1	5	6
5				1	1	2	1	0	1	1	1	2
6							0	1	1	0	0	0
7										0	1	1
8										0	1	1
9										0	0	0
10										0	1	1
なし	19	19	38	10	14	24	9	10	19	7	3	10

家庭科学習に対する感想文（5年の終り）の分析

	男	女	計
① いろいろなものを作って生活に役だってよかった	70%	70%	70%
② 整理整とんがよくできるようになった	43%	64%	54%
③ 人に接する態度がよくなった	21%	28%	24%
④ そうじのしかたがよくなった	0%	18%	9%
⑤ その他（人との協力，みなり，こづかいの使い方，食事の作法）	4%	14%	9%
⑥ 家庭科の時間をふやしてもらいたい	30%	80%	55%

2 か年間の家庭科学習の結果についての調査（6年3学期はじめ）

○ 家庭生活についてどんな点に関心を多くもつようになりましたか（32·1.10調）

解答	男	女	計
家族関係			
・家の手伝いについて	3	2	5
・母の苦労について	2	1	3
・兄妹のありかたについ	0	2	2
・団らんの時間について	0	1	1
生活管理			
・整とんについて	11	18	29
・廃物利用について	0	2	2

・生活のしかたについて	0	1	1
被　　服			
・つぎのしかたについて	6	9	15
・あみものについて	2	1	3
・洗たくのしかたについて	1	5	6
・ミシンぬいについて	1	3	4
・衣服の着方について	0	1	1
食　　物			
・栄養について	2	3	5
・食事の作法について	1	0	1
・台所の整理について	0	1	1
・食事の手伝いについて	2	7	9
住　　居			
・清潔について（そうじ）	3	5	8
・暖かくすまうくふう	2	3	5
・まどのあけかた	0	1	1

○ 現在自分の家で改善したいことはなんですか

解　　答	男	女	計
家族関係			
・話し会う機会を多くしたい	0	4	4
・親と子と生活がくいちがわぬようにしたい	0	2	2
・兄妹仲よくしたい	0	3	3
・母の楽しみを多くしたい	0	3	3
生活管理			

・家の中を整とんしたい	0	2	2
・皆が早く起きるようにしたい	0	1	1
・小づかいのつかいかた	0	1	1
被　　服	0	0	0
食　　事			
・献立をきちんと作りたい	0	2	2
・食事をいっしょにしたい	1	4	5
・食事のことをみんなで考えたい	0	1	1
・父とおかずのちがいをなくしたい	1	0	1
住　　居			
・家を広くしたい	1	4	5
・暖かくすめるようにしたい	0	1	1
・清潔で静かにしたい	0	1	1
・台所を能率的にしたい	0	2	2
・特別に改善したい点はない	12	10	22

○ 家庭科の学習をして家で考えたりやってみたことをかきなさい

解　　答	男	女	計
家族関係			
・健康生活について考えた（ふろ・病気・ふとんぼし）	1	3	4
・家の中を明かるくする方法を考えた	0	2	2
生活管理			
・物のおきかた	1	6	7
・室内の整とん	2	5	7
被　　服			

・ぞうきん作り	2	3	5
・つくろい・ボタンつけ	3	1	4
・前かけ作り	0	1	1
・頭おおい作り	0	1	1
・あみもの	1	1	2
・まくらカバー作り	3	5	8
・ざぶとん作り	0	1	1
・整理箱作り	0	1	1
・ミシンかけ作り	0	1	1
・着物の着方のくふう	2	6	8
・かびんしき作り	0	1	1
食　　物			
・ごはんたき	3	10	13
・みそしる	0	8	8
・ほうれん草油いため	0	1	1
・玉子やき	3	2	5
・献立作り	2	6	8
・食事のあとかたづけ	5	10	15
・食事の作法に気をつけた	1	1	2
住　　居			
・障子はり	1	6	7
・火おこし	6	10	16
・暖房のくふう	4	2	6
・特別にやっていない	5	2	7

○ 自分がやってみたいと思っていてもやれないことがあったらかいてください

解　　答	男	女	計
家族関係			
・家の手伝い	2	0	2
・家の封建的な点の改善	1	0	1
生活管理			
・物の動かしかた	0	2	2
被　　服			
・洗たく	1	0	1
・縫い物	3	1	4
・あみもの	1	0	1
食　　物			
・料理	5	3	8
・栄養のことについて	1	0	1
住　　居			
・戸だなの改良	0	1	1
・台所の改善	0	1	1
・障子はり	0	1	1
・暖房のしかた	0	1	1
・特にない	8	20	28

3. 指導の実際例

指導の実際については，毎時間速記式に記録をとれればよかったのであるが，実際それは不可能であったので，指導者は次の点を明らかに記録するようにしてみたのである。

① 事前調査問題の整理，分析

② その時間の指導目標

③ 学習の筋がわかるような児童の主要な発言とそのまとめ

④ 指導上の困難点，留意点，実際必要な資料，標本類，記録表

⑤ 指導法についての反省

⑥ 児童の反応，男女差，学習内容の妥当性，時数

次にその記録のごく一部，および実際の指導例（速記）を示す

指 導 例 (1)

題 材 よ い 食 事（6年）

9月13日（金） 2時間

① 食事について事前調査をする。（10分）

家 庭 科 調 査

6年 組（ ）

1. 今までに調理の手伝いをしたことがありますか （あ る・な い）
2. ごはんをたいたことがありますか 手伝って（ある・ない） 一 人 で（ある・ない） （ない）
3. みそしるを作ったことがありますか 手伝って（ある・ない） 一 人 で（ある・ない）
4. ほうちょうを使ってきったことがありますか （あ る・な い）
   きったものはなんですか （やさい・くだもの・さかな・にく・その他）
5. ガスに火をつけられますか （つけられる・つけられない）
6. あなたの家では1日，または1週間，1か月のこんだてを作っていますか
   こんだてにはだれの意見が多くとり入れられますか
   自分， 父， 母， 姉妹， みんなの， その他の
7. 調理をするのは主として，だれですか
   自分，母，姉，兄，父，女中さん，みんなで，おばあさん
8. あなたの家では，食事について，とくに注意していることがありますか
   あ る（ ）
   な い

9. どんなものがあなたはすきですか（ ）
   どんなものがきらいですか （ ）
10. 家ぞく間で，こんだてのちがう人がいますか （い る・いない）
11. あなたの家の食生活でなおしたいことがありますか
   あ る（ ）
   な い

② 夏休みの食事の手伝いについて発表させる。

・おぜんだてあとかたづけ。

・調理の手伝い（ごはんたき，みそしる作り，副食作り）もかなりしており，ごはんをこがしたり，手を切ったりという失敗が多く発表された。

③ 本時の学習の目標をきめ，話し合い学習の順序をきめる。

④ 栄養について理科の学習をもとにまとめる。（栄養素とその働き）

⑤ どんな食品にどんな栄養が含まれているか調べる。

・6つの基礎食品について（準教科書の図をみながら，また実際のものを考え合わせながら教師が説明する）

・その働きを各自調べる。

・1日の摂取量。

・6つの基礎食品表を作る（画用紙）途中で時間になり家庭作業とする。

⑥ 6つの基礎食品によって各自の家庭の献立を1週間調べる。（次表を児童に配布）

こ ん だ て 表 名まえ（ ）

日	群	1	2	3	4	5	6	こ ん だ て
	朝							
	昼							
	晩							（後略）

9月20日（金） 1時間

① 1週間の食事調べのまとめをグループ別にする。

・仕事の分担をきめる。

｛ 図表のわくとり
　 表のまるをきる

・気づいたことのまとめ。

9月26日（木） 1時間

① 各グループの献立表をまとめたものについて全体で気づいたことを話し合ってまとめる。（六群，一群の摂取が比較的少ないことがわかる）

② 各班で献立を作ることについて話し合う。

次の時間までに，どのように作るか考えてくる。

以上までの指導についての反省

① 導入のしかた，目標のおさえさせ方（食事は家族の健康を保つ上にたいせつである）が明確でなかった。

② 栄養について児童向きの資料（図表，統計類）が必要である。

③ 理科の学習（栄養）を応用して扱ったが既習事項がよく理解されていない。

④ 1週間の献立の記録表をみると細かい点が欠けている。たとえば「カツレツ」という場合，肉は群に入れているが，それを作るに使用した油が群に入っていない。また給食が一食入れられているのであるが，給食の内容をよく観察して記録していない児童が多かった。

⑤ 理論的な（栄養）学習をどのように指導したら理科も確実となり，興味も喚起できるかを考慮する必要がある。

指 導 例 (2)

○題 材　身のまわりの整とん（1～2月・8時間）

○趣 旨　身のまわりの始末は低学年の時から何回となく家庭でも学校でも指導されてきたことであるが自分でできることは自分でする習慣をいっそう理解させて身につけさせる。そして，家庭生活の合理化への関心を深めさせるため，特に年の初めの時期にこの題材をとりあげた。

① 指 導 案

学習題目	時数	具体目標	学習内容と学習活動	指導上の留意点	準備資料	他教科，行事との関係
身のまわりの整とん	2	○身のまわりの品物の能率的な整とんのしかたを理解する	○自分の持ち物をどのように整とんしているか話し合う ・学用品について ・衣類について ・その他の持ち物について どのようにくふうしているか	・事前調査をし，物の整とんの実態を知っておく ・不始末であると仕事の能率を低下することに気づかせる	掛図 （室内の整とん図）	
		○物の整とんは仕事の能率を高める	○便利な整理のしかたを調べて発表する ・どのようにすると便利か ・分類のしかた	・具体的に整理のしかたを発表させる		

整理箱(または袋)作り	6	○進んで身のまわりを整理する	・置き場 ・必要な道具 ○整理に必要な道具を作ることについて話し合う ・整理用具を作った体験 ・みんなで作れる整理箱について ・使うめあてと大きさ ・材料と入手のしかた	・児童の実態にもとづき実際に必要とするものを作らせ全部が一様のものを作るのではない	必要な材料 りんご・みかん箱，ボール紙，あき箱，新聞紙，しょうふ粉，布きれ，針金，くぎ 必要な用具　金づちかんな，のこぎり，くぎぬき，はさみ，ものさし，なべ，さら，のりばけ，はけコンロ，燃料，ペンチ	図工（工作）
		○仕事を計画的能率的にする	○計画表を作る ・順序よい作り方を考える ・計画表を作る ・必要な材料，用具，順序，月日を記入する			
		○廃品を利用する ○箱はりをする	○整理箱を作る ・あき箱の補修をする ・内側のたなをくふうする	・りんご・みかん箱などのあき箱を利用させる ・包装紙などを利用する ・補修は，ていねいにするようにさせ		

			・下ばり上ばりの紙を切る ・のりを作る ・紙をはる	る ・紙の使い方は，よくくふうさせ，むだのないようにさせる ・のりは粉をよく水でといて作らせる ・のりは，うすめのものを使用し，しわにならないようにする		
			○カーテンを作る ・三つ折り縫い ・まつり縫い	・カーテンの布地は家庭に有合せのものを使用させる	カーテンの標本	
			○反省とまとめをする ・感想を発表する	・少しのくふうで生活が便利で楽しくなることに気づかせる		

② **学 習 の 実 際**（身のまわりの整とん第三時）

1. 児童　　起立，礼

―1時18分―

2. 時子（レコーダー）この前は学校での実行について，学校では花びんのこと，天井にかざりをすること，整とん用具を作ること，日をきめて整理することで，家では，実行表を作って実行する。整理用具を作る，日をきめて大そうじをするということがきまりました。（ノートをみつつ）

教　師　（板書している）

実行について

実 行 表

きょうは何をするのですか，では山田さん（リーダー・清子）やってください。

清　子　実行表と整理用具を作る計画ですが，どれからさきにやりますか。

智恵子　生活係が実行表を作ってきてくれたと思いますから，実行表を先にやって整理用具の計画をあとにしたほうがよいと思います。

児　童　よいと思います。　　　　（拍手５分の３）

教　師　古林さんが意見がありそうですよ。

綾　子　わたしは反対で，整理用具の方をさきにやれば用具を使って実行できると思いますから用具のほうをさきにやりたいと思います。

児　童　よいと思います。　　　　（拍手５分の４）

清　子　さんせいの意見が多いようですからそれにきめます。

教　師　柴田さんはいいですか。

智恵子　いいです。

清　子　では用具のほうから先にやります。

教　師　ではその前に山田さん，だいたいの時間をきめてください。

清　子　では実行表に10分とり，残りの時間を整理用具についてやりたいと思いますがどうですか。

児　童　よいと思います。

時　子　どんなものを利用したらいいですか。

原　田　整理用具のことでどんなものを利用したらうまくできるかってことについてやったほうがよいと思います。

児　童　そうです。

清　子　ほかにありませんか。

児　童　ありません。

一　美　それでは原田さんがいったように自分のうちで……。

児　童　きこえません――きこえます。

一　美　家庭でいらない材料を使って作ったらよいと思います。

清　子　そのほかにありませんか。

児　童　ありません。

由紀子　わたしははじめにどんなものを作ったらよいかをさきにやって，その次にどんなものを利用したらよいか話し合ったらよいと思います。

時　子　（首をかしげて）よくわかりません。

由紀子　わかりませんか，わたしのははじめに何を作ったらよいかをやって次に何で作ったらよいかをやるのです。

時　子　ああわかりました。

安　島　まだわからないんですが。

由紀子　はじめに何をつくるかを出して，それから何で作るかをきめるのです。

安　島　わかりました。

児　童　そうです。賛成。

清　子　どんなものがあるかいってください。どうですか。

児　童　よいと思います。

清　子　どれがよいですか。

敬　子　班でまとめて出したらどうでしょうか。

児　童　よいと思います。

清　子　では3分くらいでいいですか。

児　童　はい。

（グループの話合い）

一　美　ちょっと皆さん，これは学校ですか，家庭のですか。

児　童　（5・6人）家庭のです。

一　美　わかりました。ありがとうございます。

（グループの話合いつづく）

清　子　それでは時間がきましたからやめてください。

（杉沢）　もう少し。

清　子　一班から発表してください。

時　子　わたしの班では，ごみやなんかを入れるごみ箱と，整理箱と本箱を作りたいという意見が出ました。

教　師　（話合い中板書をしている。ここで）

ご み 箱　1

整 理 箱　1

本　　箱　1

智恵子　わたしたちは1班と同じで，整理箱と本箱と机です。

教　師　（板書へ班名を記入する）

清　子　ききたいことはありませんか。

児　童　ありません。

純　子　わたしたちの班は，本箱は1班と同じですが，それにカーテンをつけたいと思います。

教　師　（板書　カーテンと記入）

清　子　ききたいことはありませんか。

鏡　子　わたしの班では，1班の人たちと同じです。

教　師　それはどれと同じですか。

鏡　子　整理箱と袋です。

教　師　（板書　袋）

信　子　わたしたちの班では，1班と2班と同じように，本箱と机を作ることにきまりました。

教　師　（板書　班名記入）

（杉沢）　（へー，机つくれるかね）

敏　子　わたしたちの班は，1班と5班と同じです。

日出子　わたしたちは，上にお人形さんを作って，その下に袋をいっぱい作ってそこへいろいろなものを入れるということをきめました。

教　師　（板書　班名記入）

由紀子　わたしたちは，クレヨンの整理箱と大きなものを整理する箱，糸くずを入れるものにきまりました。

清　子　今までたくさんでたんですけれど，どれをやることにしますか。

教　師　ちょっとその前に6班はどれと同じですか。

敏　子　机です。

清　子　ごみ箱や，本箱，整理箱，袋，そのほか何かありませんか。

児　童　何かって？

時　子　それを出したのではありませんか。

清　子　この中から作るのですが，どれがよいのですか。
教　師　よく黒板にかいてあるのを山田さん見てごらんなさい。
　　　（板書の多いのに◎をつける）
清　子　本箱と整理箱が多いですね，机もあります。
杉　沢　みなさんにききたいんですが，机など作れますか。
栄　子　この間幻灯で見たんですけれど，みかん箱を利用して……。
杉　沢　ああそうか。
輝　代　整理箱はみんなで入れられるからよいと思います。
児　童　（拍手）
清　子　さんせいの意見が多いようですから整理箱にきめます。
教　師　本箱と整理箱とだいたい同じようなものですね。
　　　（板書の整理箱へ◎をつける）
清　子　その外作りたいものはありませんか。
栄　子　上にお人形さんのついた袋というものがあったと思うんですが。
杉　沢　それどういう意味かわからないが，なんですか。
清　子　さんせいの意見が少ないようです。
陽　子　わからないのですか，２段になっていてハンカチーフや何か入れるものです。
杉　沢　わかりました。
清　子　それで，今整理箱っていいましたがどんなもので作りますか。
教　師　（板書，何を利用して作るか）
桜　井　木の箱がいいです。
安　山　僕はかんたんなものならみかん箱に色紙をはって，その上に曲げるやつをつけて，かんたんなのを作りたいと思います。
教　師　（板書　みかん箱）

智恵子　曲げるやつって？
安　山　曲げるやつって角に——ちょうつがいをつけるのです。
智恵子　それは器用でなければできないので，ワイシャツのあき箱を利用した方がよいと思います。
教　師　（ワイシャツの箱と板書）
児　童　それでいいじゃないですか。
安　山　柴田さんの意見もよいと思いますが，こわれやすいから木のほうがよいのではないですか。
児　童　（拍手）
栄　子　大きい箱だと困るのじゃないですか。
桜　井　大きい箱だとぶっきらぼうだからいちご箱のような小さい箱を重ねて作ってもよいと思います。
児　童　さんせい。
清　子　ちょっと発言のしかたがかたよっていますから発言しない人どうですか。
教　師　ワイシャツの箱も新しいもので作らないで古いものを利用するということですね。
　　　（板書古いものを使用する）
清　子　古いものといっても，あまり古くては，こわれてしまうので，木の箱がよいのです。
智恵子　どんなものを作ったらよいのですか。
杉　沢　それはめいめいに考えて，作ったらよいと思います。
安　山　終ってからだれがおもしろいのを作ったかくらべてみるのもおもしろいと思います。
清　子　それは作ってきて，もってきてからにしましょう。それでいつの日までにするか月日をきめたいと思います。
栄　子　家庭科の帳面に書いてきて，見せればよいのですか。
原　　　ちょっとききたいんですけど図を書いてくるんですか。
栄　子　図ですか。
原　田　作ったものをもってきて，それに図をはってくるとよいじゃありませんか。
栄　子　みかん箱なんて大きくてもってこられませんよ。
児　童　（少しざわめく）
清　子　みかん箱の大きさですが，どのくらいですか。
栄　子　30センチぐらいでしょう。
智恵子　それをもってくるんですか。
清　子　大きいんですから。
時　子　大きい，あまり大きいならやめて，できてからもってこられたらもってきましょう。
由紀子　それは家で作るんですか。
一　美　わたしは反対ですが——。
皆さん，もしも作ってこない人があつたらどうするんですか。
杉　沢　みんな作るんじゃないですか。
教　師　学校の時間に作るんですよ。
桜　井　先生におききしたいんですが，4年生の時にやったようにやるんですか。
教　師　そうです。
杉　沢　そんならのこぎりなどもってくるんですか。
教　師　のこぎりはいらないでしょう。
桜　井　それをめいめいひとりずつ作るんですか。

児　童　（拍手）
川　田　ふたは？
清　子　ふたは——。
敬　子　ふたは作らない。
清　子　皆さんは学校で作るんですか。
先生におききしたいことはありませんか。
安　山　あっ。あります。
学校でできなかったら家で少し作ってもいいですか。
杉　沢　家で作ったほうが早いな。
安　山　家で作つて学校で組立ててもいいんですか。
時　子　だから古いものを利用するんでしょう。
敬　子　やっぱりノコギリを使わず，カーテンをつければよいと思います。
安山さんわかりましたか。
安　山　わかりました。
清　子　これで用具はできましたが。
教　師　ふたはカーテンがありますからね。（板書をさしながら）
児　童　カーテンなど自由ですか。
教　師　（うなずく）
清　子　それでは今きまったことは，整理箱はみかん箱などを利用して，めいめいで考えて作って，あとでコンクールをやることにします。
清　子　こんどは実行表にうつるんですが，どうしますか。
児　童　それは生活部に発表してもらったらどうですか。
一　美　（図をもって，黒板の前へはる）
まず月日をつけて
どんなに整理したかをつけて次に自分の反省をつけて，次に母に

月 日	どのようにした	反 省	母の点

点を入れてもらいます。

わかりましたか。

清子　ききたいことありませんか。
児童　はい。
清子　表なんですけれど，この表の外に考えたことありませんか。
教師　生活部へみんなでたのんだのですから，これについてみんなの意見をきくんですよ。
清子　それではこれについて意見がありますか。
？　あれはただわくだけ書いてありますね。
細田　自手勝手に入れていいんですか。
教師　ちょっとまって下さい。お話をしている人はよくしていますが，もう少しほかの方へゆずってあげてください。
清子　1班の人どうですか。
教師　このわくの中は自由なんですよ。
児童　いいじゃないですか。
児童　よいと思います。
原田　あの中へ天気も入れたらよいと思います。
児童　どうしてですか。
智恵子　これは整理整とんですね，天気はどのように必要ですか。

女児　もし晴でどのようにできたとか，雨だとよくないなどと，書くのじゃないんですか。
杉沢　雨なんてきもちがわるくないですよ。せいとんすればきもちがよくなります。天気なんか関係ないからいらない。
児童　（拍手）
清子　そのほかありませんか。
時子　自分の反省のところを少なくして，母の点を多くすればよいじゃありませんか。
清子　中のほうは。
原田　紙の大きさはどうですか。
児童　それでいいじゃないですか。
安山　学校で作って家へもっていったらよいじゃないですか。
宮田　自分自分，紙は自由ですか。
時子　これは生活部が原案をたててきまったら，新聞部がガリバンですればよいとこの前話したのではないですか。
清子　それではこれをいつまでに作ってもらいますか。
時子　今日は金曜だから月曜までに作ってもらえばよいと思います。
児童　（拍手）
清子　では月曜からつけることにきめます。
一美　もし書かない人があればどうしますか。
杉沢　書かない人は家庭科のお点がわるくなるのじゃないですか。
桜井　母の点というところがあるから，自分でいくらよく書いてもそことくらべればすぐわかるからそれでよいのではないですか。
児童　（2，3人拍手）
清子　発言しない人はいってください。

児 童 ——

吉 田 桜井君の意見でよいです。

清 子 では，これで話し合いはおわりました。
これで実行表は終りました。
ではノートへ5分間ぐらいで記録しましょう。

児 童 （板書をノートへ写し出す）

教 師 ちょっとまってください。この次の問題は何ですか。

——1時52分——

敬 子 この次は天井のことがあるのじゃないですか。

教 師 天井をやって，次に整理箱製作の計画をたてるのですか。

児 童 そうです。

児 童 （ノートをする）

清 子 書けましたか。

児 童 （2，3人まだまだという）

板書

実行について
　実行表
　月曜日までに作る
整理用具の計画
　1. どんな用具を作るか

ごみ入れ	1
◎本箱	1 3 4 5
とカーテン	7
⊙整理箱	1 2 4 8
○机	1 5 6
袋	7

　2. 何を利用して作るか

｛みかん箱
　ワイシャツの箱
　いちご箱｝
古いものを利用する
3. 仕上げてひひょうする

清 子 やめてください。これでおわりにします。

——2時0分——

（教師の速記による）

指 導 例 (3)

① 題 材 反省会 ——5年を終って——

② 目 標 ○1年間の家庭生活を反省させ，家族の一員としての自覚を高めさせる。
○簡単なおやつ作り，会を楽しくするくふうをし，茶菓のすすめ方，いただき方の作法をみにつけさせる。

③ 指導の画計

○反省会の計画について話し合う。　1時間
○1年間の家庭生活について反省する　1時間（本時）
○おやつを作って茶話会をする。　2時間

④ 本時の目標

○1年間の家庭科学習によって，各自の生活がどのように変ったか，話し合い，さらによき家族の一員としての自覚をもたせる。

学習活動	指導上の留意点
○ 1年間の家庭生活について発表する。 ・学習が役だった点	○ 各児童のそれぞれの発表を1つの方向にまとめるようにする。 ○ 多くの児童が発言するようにさ

・生活が改善された点 ・実行出来なかった点 ○ 6年生になっての希望を話し合う。 ・やってみたいこと（学習） ・改善したいこと　（家庭） ○ きょうの話合いの反省をする。	せる。 ○ 実行できない点は，その理由を研究するようにさせる。 ○ 実行できそうもないことを話し合ってきめないようにさせる。

備　考

○事前調査によって（1年間の家庭科についての感想，作文）

	男	女
・いろいろなものを縫って役だった	16	19
・お客に接する態度やことばづかいがよくなった	0	8
・整理せいとんがよくできるようになった	1	8
・そうじのしかたがよくなった	0	3
・その他（協力，みなり，こづかい，食事）	1	4
・実行表がよくつけられなかった	6	2
・6年では食物について多くやりたい	8	8
・家庭科の時間をふやしたい	7	19

⑤ **学習の実際**　（速記）

児　童　起立，礼。

教　師　いうことをはっきりとね。（司会の子へ）

司　会　（かるくうなずく，注意は全員のほうへむいてきき流した感じ）

女　児　お話合いすることからですね。（独言のよう）

司　会　ではこれから反省会をはじめます。

やることは1学期から習ったことについて，どういう点が悪かったか，どういう点が良かったかということについてやります。

またわたしたちの生活の中でよかった点や，悪かった点があると

思うのですが，どのようにすすめたらよいですか。1学期からよかったこと，ためになったことなどありますが，どのようにすすめますか。

女　児　わたしはことしの1年間の生活や家庭科で習ったことでよかった点をまず話し合って，それから悪かった点を話し合ったらよいと思いますが。

司　会　福沢さんは，よかった点を出してから，悪かった点をやるんですか。

福　沢　はい。

女　児　それから悪かった点はどのようにしたらよいかをやったらよいと思います。

司　会　それではよかったことをやって，それから悪かった点をやって，その次にどのようにやったらよいか，ということをやります。

よかった点はありませんか。

女　児　いいですか。（小声で）わたしは家庭科でおちゃわん洗いを習ってから家でおちゃわんを洗ったんですよ，そうしたらおかあさんがとてもほめてくださったんです。とてもうれしかったわ。それでこのごろは家でも月曜はだれ，火曜はだれと当番をきめて，おちゃわん洗いの実習をやっているんです。

司　会　ほかによかった点はありませんか。

女　児　いろんなくふうをするとてもよいことがわかりました。わたしの家に机のひくいのがあったんです。それへおにいさんがあしをたて高くし，又いすも作ったんです。そしたらとてもよいのができました。

司　会　ほかによかった点はありませんか。

女　児　家で，先生にせんたくを習ってからいろいろしましたので，おかあさんが仕事がだいぶ少なくなったといってほめてくださいました。

司　会　ほかにありませんか。

女　児　わたしははじめせんたくがやりにくかったんですが，理科室で習ってからとても洗いよくなりました。わたしははじめせっけんをせんたく板へばかりつけてよくできませんでしたが，今はきちんとせんたくができるようになりました。

司　会　ほかにありませんか。

女　児　わたしも山田さんのように実習しない前はせっけんばかり多く使ったんですが，今はじょうずになりました。

司　会　おせんたくのことでまだよかったことはありませんか。

児　童　――。

司　会　ほかにおせんたくについてありませんか。

男　児　ぼくは前はせんたくの時あかがおちなかったが，実習をやってからはよくおちるようになりました。

司　会　ではおせんたくはこれくらいにして，ほかによかったことはありませんか。

男　児　ボタンつけのことですが，前にならわなかった時は，すぐおっこちましたが，習ってからおちなくなりました。

司　会　ほかにボタンつけやほころびのことについて，ありませんか。

女　児　やはりほころびのことなんですけれど，今までは大ていおかあさんにしてもらいましたが，今では，くぎでひっかけたくらいのはできるようになりましたから，おかあさんもだいぶ助かるといっています。

司　会　ほかにありませんか。

児　童　ありません。

女　児　わたしは家のせいとんについてですが，家でこの間，絵や習字をあちこちにはったんです。そしたらおとうさんにほめていただきました。

司　会　ほかにありませんか。

女　児　わたしは整理箱を前のより倍ぐらい大きいのを作ったんです。そしていろいろのものを入れましたから家のせいとんがよくなりました。

司　会　では身のまわりのせいとんはこれくらいにして，ほかによかった点はありませんか。

女　児　わたしも家の中の整理をしてみたんです。自分のカバンやおもちゃお人形さんなどを整理しました。おし入れに入れておくんですが，整理したらずいぶんあって，おにいさんのものも入れられるようになったんです。

男　児　ぼくは関さんと少しちがいますが，前に先生にいわれたとおりたんすのおきばしょをかえました。そしたらへやが広くなったみたいでよかったです。

その点がよかったと思います。

司　会　ほかにありませんか。

お客様の取りつぎや，あいさつのことについてなどありませんか。

女　児　わたしははじめお客様がこられても少しはずかしかったんですが，このごろはじょうずにごあいさつができるようになりました。

司　会　ほかにありませんか。

児　童　ありません。

司　会　それでは父兄のかたがたで，こういう点が家でよくなったという点はありませんか。

父　兄　（おかあさんたち数名）

参観者　（にこにこ笑い出す）

司　会　ありませんか。

おかあさん　よかった点というけど――今まであまりいい点はないようですね。

一　同　（けげんな顔）

おかあさん　男の子より女の子のほうがよいようですね。それでもあいさつや，お手伝いや，お客様の応待の態度などはよくなったと思います。（男のほうがの意味）

おふろなんかもしてくださいというとすぐ「はいっ」といってもしてくれますからね。

司　会　男の子は，おうちの手伝いや，お客様のとりつぎがうまくなったといいますが，女の子についてはどうですか。

おかあさん　このごろね。物をせいとんすることをしてくれるようになりました。

司　会　女の子は，おうちのせいとんがうまくなったということですが，悪かったということはありませんか。

教　師　その前にね。家庭科のべんきょうをしたので家の全体がよくなったということはありませんか。きいてごらんなさい。柴田さんの作文にありましたね。

柴　田　わたしの家のことなんですけど，さいきんのことなんです。もうせんはやっていませんでしたが，朝からのことをちゃんと反省するようになったんです。おにいさんもおあかさんもしてくれるん

で，家の中が明るくなりました。

司　会　柴田さんの家では，おうちの中が明るくなったということですね。ほかにおうちの中がよくなった，明るくなったということはありませんか。

女　児　あのわたしの家はあんがいせまいんです。それでよくちらかるんです。するとおにいさんが会社から夜かえってくるとこごとをいうんです。でも家のせいとんに気をつけるようになってからは，おこらなくなったので家の中が明るくなりました。

女　児　わたしもおにいさんのことですが，おにいさんといっしょに机をならべているんですが，このごろわたしがよくせいとんするもんだから，おにいさんもかたづけるようになりました。

司　会　ほかにありませんか。

男　児　ぼくは先生がいったとおり家の中をかたづけたらおとうさんがほめてくださる。その点がうれしいです。

司　会　ほかにありませんか。

女　児　わたしの家では食事のときただだまって食べていましたが，今はたのしく話し合って食べるようになりましたのでよくなりました。

司　会　だいたい家庭科で習ったことを，おうちでやるとおうちの中が明るくなってよくなったということですね。

それでは悪くなったという点はありませんか。

女　児　わたしはおへやをきれいにかざることからなんですが，かざってみたんですよ。写真なんかをはったんです。そしたらあんまりはりすぎて，写真ばかりになってしまったんで，おかあさんにあんまり多すぎるから気をつけなくてはなりませんよって注意されま

した。

男　児　福沢さんと同じようなんですが，ぼくも工作をつくって，天井にはろうとしましたが，そのとき電燈のかさをわってしまいました。

司　会　町田さんあたりどうですか。

男　児　あまりそういうことはやっていませんのでありません。

男　児　家をはいて終ったあと，ほうきをそのままにしておいておかあさんにおこられてしまいました。

司　会　ほかにありませんか。

女　児　わたしはおねえさんといっしょに整理するってきめましたんですが途中でいやになったので，これからは気をつけたいと思います。

司　会　いむらさんはどうですか，男のほうは割合悪い点が多いようですが。

全　員　（笑う）

司　会　まだありませんか。

女　児　わたし自身のことなんですが，いつもおかあさんに注意されるんですが，げたをぬぐときいいかげんにぬぐからといって注意されるんです。きちんとぬがない時が多いのです。

女　児　高野さんにたしてなんですけれど，わたしも玄関のまん中に堂々とぬいでしまうんです。お客さんが来られるとまん中へぬぐでしょう。だからはじっこへぬいできなさいと注意されるのです。

女　児　わたしもそうです。わたしのうちではみんなで相談して「しっかりぬぎましょう」と玄関へ書いてはっておくんですけど――。

全　員　（笑う）

女　児　それでもなかなかやってくれないんです。

司　会　植木さんどうですか。

女　児　わたしは――（よくきこえぬ）

司　会　ほかにありませんか。

女　児　わたしのは整理箱なんですが，小さかったので，あんまりはいりませんでした。

司　会　ほかにありませんか。

男　児　これは自分が悪いと思うんですが，整理箱を作ってもあまり利用しないです。その点なおしたいと思います。

女　児　わたしもそうなんですが，毎日やはり気をつけて，きれいにするようにしたいと思います。

司　会　ほかにありませんか。

女　児　わたしはおへやをきれいにしようと思っていろいろかざったんです。それがくどい色を多くつかったので，おかあさんに注意されました。こんどはくどくなくしたいと思っています。

司　会　ほかにありませんか。

それでは，父兄のほうでありませんか。

おかあさん　あのう先日のことなんですが，同じクラスのかたが，男の子ですが，桜井さんたちですか，うちの××君とどこかへいくってお約束したそうですが，どこのうちへ集まるかきまってなかったそうで家へきたり桜井さんのうちへいかれたりして困られましたが，どこへいくのかどこへ集まるのか時間などきちんときめてね，そうすると時間のせつやくになってよいと思います。予定をきちんときめていくほうがよいと思います。

司　会　予定をたてていくことですね。

おかあさん　そうです。

司　会　ほかにありませんか。

おかあさん　先日うちの子が，おもちゃの整理をしだしたんですよ，たいへんよいことだと思って感心していましたが，もう全部だしてしまったんです。そしたらそこら中いっぱいになってわからなくなってしまったらしいです。途中でいやになってきたらしくて，ついに妹にやってもらってるんですよ。きれいに最後までやりとげるようにしなければいけませんね。

司　会　ほかにありませんか。

××さんどうですか。

おかあさん　――そうね――。ちょっとまってください――。今きたばかりですから。

司　会　整理をするのには最後までするようにしてください。

それから予定をたててやってください。

それからさっき植木さんから実行表がつけられないといわれましたがどうしてつけられないかについて話合いをします。

一　同　いいです。

司　会　実行表がつけられないってどうしてですか。

男　児　なるべく発言していない人がやってください。

児　童　（数名）めんどうくさいです。

司　会　あの，おっくうでつけられないっていうのですね――。ほかにありませんか。

男　児　あそんじゃうんです。つぎからつぎへとあそんじゃってつけるのを忘れてしまうんです。

司　会　ほかにありませんか。

教　師　みんなで整理したりすることはするんでしょう，やることはやるが実行表へつけることしないでしょう。

一　同　（声は立てないが，そのとおりとわかる）

司　会　ほかにありませんか。

男　児　つける時もつけない時もあるが，たいがいつけないことが多い。

女　児　あの，わたしは整理する時実行表がどこへいったかみえなくなって，わすれたころ出てくるのです。

女　児　わたしは整理はしますがそれを実行表へつけるときに忘れてしまうのです。

女　児　あとでつけようと思ってまず遊んでしまうでしょう。すると忘れてしまうのです。

司　会　ほかにありませんか。

女　児　わたしもやっぱりわすれることがありますが，でも，おかあさんにきいて，おかあさんにつけていただかなくても自分でつけたらどうですか。

司　会　今おかあさんにきいて，自分で書くのがよいというのがでていますが，どうですか。

男　児　○○君どうですか。

男　児　ぼくはねる前につけたほうがよいと思います。

司　会　今ねる前につけるというのがありましたが，そういうのがいいですか。

ほかにありませんか。

女　児　おかあさんにきいて自分でつけたらどうですか。

女　児　井出さんがおっくうだといわれましたが……。

女　児　それならおとうさんでもよいでしょう。

男 児　おとうさんは外出しちゃうんですよ。

女 児　その場合は，夜の2時や3時にかえるわけではないからねるときにきけますからねる前につけたほうがよいと思います。

男 児　お店で働いてやれない時はどうするのですか。

女 児　わたしは別にねる前ときめないで，おかあさんやおとうさんのつごうのよいときにきいて自分でつけるほうがよいと思います。

司 会　今，いつつけるか，ということではなく，どのようにしたらつけられるかということについてでありませんか。

教 師　ちょっとまって――その前に，実行表は何のためにするかってことを考えたらどうです。

司 会　皆さん，実行表は何のためにするのかってことを忘れてしまいましたか。

（あちこちで笑い声）

女 児　全部おかあさんがやるのでなく，おかあさんのひまの時に書いてもらって，おかあさんの忙しいときは，自分で書いたらよいじゃありませんか。

児 童　そうです。

司 会　そうですか，今，おかあさんの忙しい時は自分で書いて，おかあさんのひまの時は書いてもらうということはどうですか。

児 童　いいです。

司 会　ほかに家の人に，そんなことはしなくともよいといわれたからしないという人はありませんか。

男 児　小島君はどうですか。

小 島　ありません。

司 会　男の子で，さいほうなんかしなくてもよいといわれたからしない

人とか，お手伝いなんかしなくてもよいなんていわれてしないということはありませんか。

児 童　ありません。

女 児　あまり発言しないかたでどうぞ。

司 会　ではこんどは，6年生になったらどうしたいってこと，ありませんか。

女 児　わたしは今までよく何でもすぐ気がつくとはじめますが途中であきてやめてしまいましたが，こんどからよく考えてやればよくできると思いますのでそうしたいと思います。

司 会　今のようなのどうですか。

男 児　ぼくも関さんと同じように，きちんと計画をたててやりたいと思います。

司 会　ほかにありませんか。

女 児　それからおかあさんたちへですが，おかあさんが学校の家庭科の時間のことをよくしらないで，めんどうくさがって，やらなくてもよいなどというと，すぐわたしたちは遊んでしまうでしょう。だからおかあさんも家庭科のことをよくおぼえていただいてそんなことをしないで，やっぱりやらせるようにしないと遊んでしまいますから――。おかあさんがたのお集りの時によくいってもらいたいと思います。

司 会　ほかにありませんか。

ないようですから父兄のかたで，どうしたらよいかということはありませんか。

教 師　どうしたらよいかということは，こういうことをしたら良いとか，こういう学習にもっていったらよいということですね。

おかあさん　さっきのお話のように，おかあさん自身理解してなくてはなりませんね。みなさんがすすんで，おぞうきんをぬいましょう，といってもわたしたちがミシンをこわすからいいですよといったり，おそうじをしましょうといってもろくにできないでしょうからといってやらせなかったりしては家庭科のおべんきょうもできなくなってしまいますね。

こんどからはみなさんと協力していきたいと思います。

司　会　ほかにありませんか。

ほかにありませんか。

おかあさん　皆さんはね，もう6年生で最上級生ですね，下級生のおにいさん，おねえさんなのでしょう，だから下級生をリードしてくださいね。リードってわかりますか――。指導していくことね。お手本になることね。家の子は少し下の子をかわいがらないからよくありませんね。みんなでよい6年生になってくださいね。

司　会　ほかにありませんか。

おかささん　こんどみなさんは6年からいろいろ上の学校へすすみますね。そうすると入学試験もありますからもっと予習や復習をみっちりしてください。それをみんな自覚してべんきょうしてください。

司　会　ほかにありませんか。

男　児　ありません。（隣の女の子，その男の子をつつく）

全　員　（笑う）

おかあさん　わたしたちはなかなかお商売で忙しくて，こどもに接する機会が少ないでしょう，食事する時だっていっしょにできない日ばかり多いでしょう。

1日のまとめの「母の点」ね。よい悪いをおかあさんにつけても

らうことはよいが，その前に自分で自分を反省してみてノートにかくことはもっとよいことですね。

司　会　では実行表は自分で聞いて自分で書くというんですね。

おかあさん　そうです。

司　会　女の子といっしょに，それはさっききまったんですね。

司　会　ほかにありませんか××さんどうですか。

おかあさん　――けっこうですね――別にないです。

司　会　では，思いついたことをすぐやらないで，よく計画をたてて終りまでやり通すことと，上級生だからよく下級生のリーダーとなることと，家の人たちによく家庭科を理解してもらうということと，6年生ですから予習復習をしっかりやるということと，実行表は，おかあさんは忙しいからきいてもよいが自分でもやるということそんなのがでていますが，そのようにやってよいですか。

児　童　よいと思います。

司　会　では今日の反省会は終りますが。

教　師　全部まとめてみないと――。（司会者へ）

司　会　今日話したことをまとめてみます。（レコーダーの記録をみながら）

すすめ方は

ためになった点，よい点，悪い点をやってから，それをどのようにするかをやりました。

よかった点は

お茶わんをじょうずに洗えるようになったこと，整理箱のようなものを作ってよかった。せんたくがよくできた。ボタンつけがよくできた。成績などはったらとてもよかった。あいさつが

よくできるようになった。ということです。

父兄のかたのいった，よかったことは

あいさつがよい。

やくめをよくはたす。

物をよくせいとんするようになった。

きちんとせいとんしたらおかあさんなどもほめてくれるので，家の中がとても明るくなったことです。

悪かった点は

いろいろのものをはりすぎて，ごちゃごゃしてしまった。あとしまつがよくできなかった。

最後までよくやらなかった，げたをぬぐことがよくできない。

実行表などつけるのをよく忘れる。作ったものをよく利用しないということです。

父兄のかたの意見は

よく予定をたてていけばよい。最後までやり通さないといけないということです。

悪かった点はどうしてかというと

家のかたが男の子はおさいほうなんかしなくてもよいというのであまりやらなかった。お手伝いなんかしなくてもよいというのでしなかった。実行表がつけられなかったのは，めんどうくさかったことと，おかあさんが忙しいからで，自分でつけることにきまりました。

6年生になったらどうしたらよいか。では

おもいついたことをやるのではなくて，計画をたててやること，家の人に家庭科のべんきょうをよくのみこんでもらうこと，上

級生らしく下級生のリーダーになってやること，予習復習をする。実行表をつける。以上です。

発言のしかたで気のついたかたはありませんか。

男　児　きょうは発言が少しかたよっていました。

発言しなかった理由なんですけれど，

よく考えてこなかった人。

児　童　（5人挙手）

男　児　同じことをいわれてしまったためいわなかった人はありませんか。

児　童　（6人挙手）

男　児　いうことなかった人。

児　童　（4人挙手）

男　児　はずかしかった人。

児　童　（なし）

男　児　つまらなかった人。

児　童　（なし）

男　児　そのほかありますか。

児　童　（なし）

司　会　では，これできょうの反省会を終ります。

V 指導計画の検討

1. 児童の必要と興味および実際指導時数からみた指導計画の検討

(1) 計画と実際の指導（5年）

月	題材及び題目	予定時数	実際時数	繰替時数	理由
4月	○わたくしたちの家庭生活	(4)	(4)		
	・わたくしの家	2	2		
	・家の手伝い	1	1		
	・生活の計画	1	1	1	
4〜6月	○そうじ	(12)	(12)		
	・そうじのしかた	2	3	1	・そうじの実習をしたため
	・用具の修理	2	3	1	・マスク作り　・マスク入れ作り｛児童の欲求によって実習したため
	・台ふき作り	8	6	5	
6〜7月	○よい身なり	(9)	(8)		
	・わたくしたちの服そう	2	2		
	・洗たく	4	4	1	
	・ほころ縫ぬい	1	0		・実習ができなかったので，身のまわりの整とんのカーテン縫いで扱った
	・ボタン，スナップつけ	2	2	1	・やりかたを指導し，練習を夏休みにさせた
	夏休みの計画	1	1	1	
		(26)	(25)	(11)	
	・夏休みの反省	1	2	1	・児童の話し合いにより手伝いや，こづかいの使いかたをグラフにしたため
9〜11月	○食事の手伝い	(20)	(14)		
	・食事の用意とあとかたづけ	3	4	1	・食事の用意とあとかたづけは給食時を利用したが，なお時間が足りなかったのは設備の不足による
	・頭おおい作り（前かけ作り）	12	10		・児童の必要から頭おおいの実習をすることにした
	・おやつ作り	5			・計画にあるおやつ作りは反省会にまわした
12月	○お正月にそなえて	(5)	(5)		
	・応接と訪問	3	3	2	
	・冬休みの生活	2	2	2	
		(26)	(23)	(6)	
1〜2月	○身のまわりの整とん	(8)	(9)		
	・身のまわりの整とん	2	3	1	・よい整とんのしかたについて深く調べさせたため　・室内のかざりつけを実習したため
	・整理箱作り	6	6	1	
2〜3月	○ミシンの使い方	(9)	(9)		
	・からふみ	3	3		
	・本縫い	3	3		
	・日用品作り	3	3		・家庭学習にさせた児童もある
3月	○反省会	(1)	(5)		
	・反省会	1	1		
	（・おやつ作り）		4	4	・食事の手伝いでやるべきことをここで扱った
		(18)	(23)	(6)	

(2) 指導計画と実際指導上の問題点

① そうじ用具の修理は，本地域では，はたき作りには，材料の入手が

困難であり，児童の欲求により指導したマスク入れ作りは，技能の体系から考えると台ふき作りよりあとにしたほうがよくはないかと思う。

② 第1学期の終りにほころび縫い，ボタン，スナップつけをおくことは指導の徹底という点から考え，学期末になるので，時数が少なくなる点が問題である。

③ 頭おおい作りは，時数も前かけと同じくらいかかり，斜め布のまつり縫いは児童にむずかしく，いろいろな縫い方が含まれない点を考えなくてはならない。

④ 指導時数の不足をどのようにしたらよいか。

⑤ 家族の人間関係を基盤と考えて作成した計画であるが，児童を実際指導した結果からみると，児童には衣，食，住に関する技術的な面だけが強く残ったようになっている。

⑥ 5，6年の指導内容がはっきりしない題材（わたくしたちの家庭生活，明かるい家庭生活）がある。

など問題点があると思う。次年度の実践と検討によって改訂することにする。

(3) 計画と実際の指導（6年題材）

月	題材及び題目	予定時数	実際時数	繰替時数	問題点
4月	○明かるい家庭生活	(4)	(4)		
	・家族の協力	2	2		・5年との関連が明確でない
	・老人への思いやり	1	1	1	・事前調査の結果，老人のいる家庭が少ない
	・弟妹の世話	1	3	3	・弟妹への贈物を作った
4〜6月	○健康な生活	(11)	(12)		
	・家族の健康	2	2	2	・理科との関連をはっきりさせここで扱う病気を明かにする必要がある
	・応急手当	2	2		
	・休養と睡眠	5	6	1	・まくらカバー，腹まきと実習の材料が2つになって困難であった ・まくらカバーは規格を同じにするほうが指導が徹底する ・ミシン縫いと手縫いを応用させてもよいが，ミシン縫いはかざりミシンをかける程度とするのがよいのではないか
	・清潔なすまいかた	2	2	2	
6〜7月	○夏のしたく	(11)	(8)		
	・衣服の計画と手入れ	2	2	1	
	・しみぬき	1	1	1	
	・洗たく	4	2		・洗たくの実習をやらせず，アイロンかけに重点をおいた
	・つくろい	3	2		・やり方だけ指導し，練習は家庭でやらせた
	・涼しいすまいかた	1	1	1	
		(26)	(24)	(12)	
9〜11月	○よい食事	(15)	(16)		
	・食事と健康	2	2	1	
	・献立作り	3	5	2	・献立作りに時間がかかりすぎた。献立の作らせ方の観点をはっきりさせなくてはならない
	・簡単な調理	8	8	1	
	・働きよい台所	2	1		
11〜	○冬のしたく	(11)	(13)		
	・暖かいすまい方	2	3	1	・理科との関連を明らかにし，家庭科としての扱いをしっかりおさえる必要がある

12月	・暖かい着方 ・防寒用品作り ・冬休みの生活	2 6 1	1 8 1	 2	 ・あみものについて考えなくてはならない
		(26)	(29)	(7)	
1〜2月	○くらしのくふう ・家庭生活の反省 ・いろいろのくふう	(9) 3 6	(10) 4 6		・くらしのくふうについては人間関係と技能面にわけて指導した
	○お別れの会 ・会の計画 ・楽しいつどい	(7) 2 5	(7) 2 5	 2	 ・卒業期に近づきいろいろな会や行事が重なるので扱いにくい点がある ・ホットケーキはさめてしまうので困る
		(16)	(17)	(2)	
		(68)	(70)	(21)	

2. 「家族関係」•「生活管理」の分野から見た指導計画の検討

(1) 指導計画を検討した手順

31年度に作成した本校家庭科指導計画の中で，特に「家族関係」・「生活管理」に関連の深い題材を選び，それらの指導計画について，研究討議を行い，問題として出されたことおよび実際の指導によって得た反省資料から，31年度指導計画の問題点としてまとめてみた。

各指導計画についての問題点をまとめてみると，(1) 学習の展開が一般

に断片的で，目標を達成するためには一貫した学習活動の流れが必要であること，(2) 家庭の機能を外面的に理解させる程度の学習内容が多いこと，(3) 家庭の仕事に対して受動的な態度を身につけさせるような指導のねらいに終っていることなどがあげられた。これらの点を考えていくと，指導計画を全面的に作成し直してみる必要が出てきた。また，題材「夏休みの生活」は5年の題材としてのみ配当されていたのであるが，検討の結果新たに6年にもこの題材を置くことになった。

以上のような経過で，31年度の指導計画が改訂されたわけである。

○ 検討のために取り上げた題材

5 年
- わたくしたちの家庭生活
- 夏休みの生活
- お正月にそなえて （本題材中の学習題目「冬休みの生活」について）

6 年
- 明かるい家庭
- 夏休みの生活
- 冬のしたく （本題材中の学習題目「冬休みの生活」について）
- くらしのくふう

これらの題材を，学習領域の類似したものを並列させることによって，同一領域での学年段階を明確にして，学習内容の質的な相違を考えていくことにした。すなわち

- わたくしたちの家庭生活（5年）／明かるい家庭（6年）
- 夏休みの生活（5年）（6年）
- 冬休みの生活（5年）（6年）

題材「くらしのくふう」（6年）は比較すべき同一領域の題材が5年にないので，実際の指導によって得た反省資料をもとにして検討してみた。

(2) 指導計画の検討

① { わたくしたちの家庭生活（５年）
明るい家庭　　　　　　（６年）

検討の観点／題材	Ⓐ		Ⓑ	
	31年度指導計画による学習の展開例（概略）	31年度指導計画の問題点	指導計画の改訂による学習の展開例（概略）	Ⓐにおける問題点を検討して指導計画を改訂した要点
わたくしたちの家庭生活（５年）	○私の家の作文を発表し話し合う ○家で生活をいっしょにしている人を表にして話し合う ・年　令 ・母の日 ・続がら ・老人の日 ○家族の仕事についてしらべる ・父の仕事 ・母の仕事 ・兄弟の仕事 ○自分たちで，できる家庭の仕事について話し合う ○家族の１日の過ごし方を話し合う ○自分の生活の反省をする ○日課表を作り，生活の計画をたてる （時数・４）	①学習の展開に，一貫した流れがなく，断片的な学習活動になっている ②①の問題点と関連して考えられることは，個々の学習活動の中で，指導のねらいがはっきり出されていないことである	○作文「私の家」の中からいろいろな家のくらし方について発表する ○家の人は，それぞれどんな仕事をしているか，しらべる 1. 家でいっしょにくらしている人々について ・性　質 ・人間関係 2. 家の人々のしている仕事について ・くらしに使うお金を得るためにしている仕事 ・家事的な仕事 ○わたしたちでも，できる仕事について考える ○わたしたちの家を，今までより，もっと楽しく，くらしよくしていくためには，どうしたらよいか話し合う （時数・４）	①（Ⓐの①と②の問題点について） 学習活動が一貫した流れを持つことは，こどもの学習意欲を盛り上げるためにも必要なことでありそれはまた，学習内容に対するこどもたちの問題意識を深めていく上にも考慮しなければならないことだと考えた。 そこで，ここでは，家族間の人間関係や分担している仕事を通して，家庭生活の内面的なものに対する理解をさせて，その発展として，自分が協力できる面について考えさせる学習活動にしてみた
明るい家庭（６年）	○家庭科の学習計画について話し合う ○家庭生活をもっと，楽しく明るくするには，どうしたらよいか話し合う ・１日の生活時間 ・家族の間がら ・仕事の分担と協力 ・団らんのしかた ○老人に喜ばれたことや，いやがられたことについて話し合う ○老人になると，若い時とどう変るか調べて発表する ○老人をいたわることについて，話し合い実行する ○弟妹の世話をした経験を	①この学習の展開例の中では，家庭を明かるくする方法についての学習活動が主流であると考えられるので，左の４つの項目について学習するだけで本題材の目標は達成されるのではなかろうか。したがって，老人や弟妹に対する思いやりや世話についての学習活動は，前の４項目についての学習活動と並列して取り上げるほどの学習内容でなくむしろ，４項目のうち「仕事の分担と協力」「家	○明るい家庭では，人々はどんなくらし方をしているか話し合う 1. 健　康 ・家の人のだれかがじょうぶでないと，どんなことになるか ・だれもが健康であるためには，どうしたらよいか（健康について家族の細かい心づかいを中心にして） 2. 家　事 ・家の中の仕事をどのように手わけしたらよいか 3. 人間関係	①（Ⓐの①の問題点について） 明るい家庭としての基本的な条件を，健康，家事，人間関係の３項目に押えて，その各項目について，学習活動を進めるようにしてみた。こどもたちが頭に描いている理想の家庭（明るい家庭）の姿について発表させながら，現実の各自の家庭の姿と対比させていくことにした。

	発表し合う ○乳幼児の特徴について話し合う ○弟妹の世話のしかたについて話し合う （時数・４）	族の間がら」の両項目の中で取り上げればよいのではないか	・みんなで楽しむ機会をもつにはどうしたらよいか ・家の人が互に仲よくくらすには，どうしたらよいか （時数・４）	

② 夏休みの生活（５年）
　 夏休みの生活（６年）

検討の観点 / 題材	Ⓐ		Ⓑ	
	31年度指導計画による学習の展開例（概略）	31年度指導計画の問題点	指導計画の改訂による学習の展開例（概略）	Ⓐにおける問題点を検討して指導計画を改訂した要点
夏休みの生活 （５年）	○去年の夏休みについて話し合う ・学　習 ・健　康 ・手伝い ○今年の夏休みの計画について，話し合う ・日課表 ・家庭学習計画 ・レクリエーション ・手伝い ○夏休みの反省をする ・計画と実行 ・家族との生活 （時数・２）	①学級児童会などの時間を利用して，いわゆる生活指導で扱う夏休みの問題と内容的に同じではないか。家庭科としての視点にたって夏休みの生活について，考えさせることは，できないだろうか。 ②家庭科で夏休みのすごし方について指導するねらいとしては，１学期間に学習してきたことを，休み中に実践に移すことにあるのだろうか。 ③31年度の５，６年の指導計画の中には，「夏休みの生活」としての題材は５年だけで，６年にはない，これでよいだろうか	○夏休みに，母のくらしのようすを調べることについて話し合う 1.　母はどんな仕事をしているか 2.　母がしている仕事はどれも母でなければできない仕事だろうか 3.　母でなくても，できる仕事は，わたしたちでは，できないだろうか ・わたしたちでも，できる仕事 ・家の人ならできる仕事 ○自分でも，できる仕事をきめて，計画をたてる （時数・２）	①（Ⓐの①，②の問題点から） 夏休みは終日家庭で過ごすことが多く，それだけに，自分の家庭生活について，家庭科としての視点にたって観察させたりあるいは実践させるのによい機会である ②１家のくらしの中心になっている母親の仕事を取り上げて，母でなくてはできない仕事，母でなくてもできる仕事について考えさせ，そこから，自分でもできる仕事を見つけさせて，それを実践させるようにしていく。
夏休みの生活 （６年）			○家の仕事で，自分でもできる仕事をきめて，計画をたてる 1.　計画をたてる 2.　計画を発表し合う ・計画をたてた時に，くふうしたこと ・実行する場合に，むずかしいこと	①（Ⓐの③の問題点から） 家庭科としての視点にたって自分の家庭生活について観察し，理解させ，あるいは，家庭科で学習したことを実践させるのによい機会であることから，６年でも，この題材は必要であると考えた。 したがって，６年では，家庭生活を理解し協力する態度と，その実践の方向を，日ごろこどもたちが経験していないものを仕事として取り上げ，そ

			（時数・1）	れを毎日継続していくことに主眼をおいてみた。

③ { お正月にそなえて（5年）——「冬休みの生活」——
冬のしたく　　　（6年）——「冬休みの生活」——

検討の観点 ＼ 題材	Ⓐ		Ⓑ	
	31年度指導計画による学習の展開例（概略）	31年度指導計画の問題点	指導計画の改訂による学習の展開例（概略）	Ⓐにおける問題点を検討し指導計画を改訂した要点
冬休みの生活 （題材「お正月にそなえてより） （5年）	○冬休みについて話し合う ・自分で，できる仕事の計画をたてる そうじ 子もり お使い 留守番 ○こづかいの使い方について話し合う ○家庭科で学習したことを実習する ・作品を作る ・よいくらし方を考える ○計画表を作る ・各自で形式をくふうする ○生活の反省をする ・冬休みの生活を発表する ・作品を批評し合う （時数・2）	①「夏休みの生活」のところでふれたように，単に自分でできる仕事の計画をたてたり，家庭科で学習したことを実習したりするだけでは，生活指導で扱う領域と同じではないだろうか ②学習の展開が断片的で，一貫した流れがない	○冬休みに，家のくらしのようすをしらべることについて話し合う 1.　ふだんより，いそがしいようすについて ・どんなことで忙しいのか ・だれがいそがしいのか 2.　ふだんのくらしではあまりしないことについて 3.　わたしたちは，どうしたらよいか ○家のくらしのようすについてしらべたことを発表する 1.　いそがしかったようすについて 2.　ふだんのくらしではあまりしないことについて 3.　自分が協力したことについて （時数・2）	①（Ⓐの①の問題点について） 「冬休みの生活」についても，家庭科としての視点にたって考察させ，そこから実践化させることが必要である 特に，冬休みは，この地域では，商店街だけに，非常に多忙な時期になるので，ふだんとちがった家庭生活の忙しさについて考えさせ,そこから,自分たちで実践できることをきめさせるようにした ②（Ⓐの②の問題点について）
冬休みの生活 （題材「冬のしたく」より） （6年）	○暮の仕事について話し合う ○家の手伝い ・家具の手入れや，正月のかざりつけの手伝い ・手伝いにより正月料理の実習 ・台所用品や食器磨 ○こづかいの使い方 ・予　算 ○遊び道具製作 ・指人形，ピンポン，バット，羽子板，羽等 ・材料準備と作り方の研究 ・遊び方のくふう	①5年の学習の展開にくらべて，ここでは，かなり家庭の視点にたった内容としておさえられているが，「家の手伝い」を例として考えてみると，手伝いに対するこどもたちの意識をもたせる指導が考えられていないようである ②学習の展開が断片的で一貫した流れがない	○冬休みに，家の仕事に協力できることについて考える 1.　きょ年の冬休みに使ったレポートを見る 2.　今年は，どんなことをするかきめる 3.　各自で，きめたことを持ち寄って話し合う	①（Ⓐの①の問題点について） 手伝いについて，こどもたちに自主的な意識をもたせるためには，5年の「冬休みの生活」で学習展開したことを顧みさせる意図から，その時のレポートを使うことにした

④　くらしのくふう（6年）

Ⓐ 31年度の指導計画による学習の展開例(概略) →	Ⓑ Ⓐを基準にして指導した学習の展開(概略) →	Ⓑによって，実際に指導して得た反省と問題点 →	Ⓒ 指導計画の改訂による学習の展開例(概略) →	31年度指導計画を改訂した要点
○家のくらし方についてなおしていきたいことについて話し合う 1. すまい 2. 食　事 3. 着ることや着るもの 4. 時間の使い方 5. 家の人どうしの関係 ○家でくらし方を今までよりも，もっとよくしていくためには，どんなことをしていったらよいか話し合う 1. 家の人たちがみんなで話し合う機会を持つこと 2. みんなで楽しむ方法について 3. 家の中を住みよく	○「くらしのくふう」とは，どうすることなのか，考えてみる ○家のくらし方についてなおしていきたいことについて話し合う 1. すまい 2. 食　事 3. 着ることや着るもの 4. 時間の使い方 5. 家の人どうしの関係 ○今まで「くらしのくふう」について学習してきたことをまとめてみる ○家の人が，みんなで話し合える時間を作るにはどうしたらよいか 1. 実際に，この時間	①「くらしのくふう」について，「くらしを便利にする」「くらしを楽しくする」という意味にとったこどもが多かった ②5つの問題の個々について自分だけでできること，家の人の協力があればできること，協力があってもできないこと，などの3つの観点を示して話し合ってみたが，いろいろな事例は出されたが，全体として結論的なものは出なかつた。 ③教師のほうでは，5の家族関係をいちばん重視した指導をするつもりであったが，こども	○今まで家庭科で学習してきたことが，家のくらしの中で役にたっているかどうか，考えてみる 1. 役にたっていること 2. 役にたてようと思ったがうまくいかなかったこと ○家の中のくらしのことで，もっとくふうしていきたいことがあるかどうか，考えてみる 1. 「すまい」について 2. 「食事」について 3. 「着ることや着るもの」について 4. 時間の使い方について	①31年度の本校家庭科題材配当を検討した結果，本題材が指導の内容から見て，家庭科学習の最後のまとめとしての性格をじゅうぶんに持っているので，6年の最終の題材として配当することになり，時数を3時間増して12時間にした ②C欄の1.「すまい」から4.「時間の使い方」までの4項目は各項目ごとに，今までの学習のまとめを兼ねた学習形態をとってみた ○正常な家庭生活の基盤にあるものは，家
することについて ○家のことについてみんなで話し合うには，どのようにしたらよいか 1. 考える何人かの人に，それぞれ家族の一員になってもらって話し合う場面を劇にしてみる 2. 劇についてみんなで批評し合う ○家の人たちが，みんなで楽しむ方法について考える 1. どうしたら家の人たちに楽しむ時の必要なことがわかってもらえるか話し合う 2. みんなで楽しむには，どんなことをしたらよいか話し合う ○家の中を住みよくするために，自分たちで，なにか作ってみる （時数・9）	をつくっている人の話をきく 2. まだ，この時間をつくっていない人の場合は，どうしたらよいか ○家のことについて話し合うにはどのようにしたらよいか 1. 考える即興劇にして，その場面をやってみる 2. 劇について批評し合う ○身近なことでどんなくらしのくふう」をしたらよいか 1. 製作するもの，家の人に働きかけるものの2つのグループにわかれて，計画をたてる 2. 計画について，先生と相談する 3. 製　作	たちは，それほど強い意識をもっていなかった ④家の人みんなで話し合う機会を持っている家庭はほとんどなかった（地域性） また，話し合いの必要性を理解してくれたこどもも少なく，中には話し合いたいと思っていても，家の人が相手にしてくれないから，したくないというこどももかなりあった。 ⑤即興劇では，生の場面がいろいろ出たので，家族関係について，こどもたちのいろいろの見方や考え方が出されて，効果はあったようだ ⑥グループを2つに分けて，一方は，製作についての指導，他方は，	○家の人どうしの関係について考える 1. 家の人の協力が得られなかったためにくふうできなかった事例をまとめてみる 2. 家の人どうしの間が，うまくいっていない例と，うまくいっている例を劇にしてみる ○家の人たちがみんなでくらしのくふうをしていくために，話し合いをどのようにしたらよいか考える 1. 話し合いのしかた 2. 家の人に話し合いの機会を持つことをわかってもらうためには，どうしたらよいか 3. 家の人への働きかけの場面を劇にしてみる	族関係であると考えこれを特に取り出し心理劇を使って具体的な場面を通して家族関係のいろいろなあり方を考えさせてみようとした ④くらしのくふうは，家族がくらしの問題について共通理解を持つことによって，はじめて生活の中に生かさせるのであって，そのために，話合いの機会を持つことについての働きかけの方法を考えさせるために，この学習活動をおいてみた

	(製作グループ)	主として家族関係の問題（家の人に働きかけること）について指導をした ⑦家族関係の問題のグループでは，どのこどもも，いろいろななやみを持っていたが，家の人がこどもの主張を理解してくれないケースが多く，その具体的な指導に困った	○くらしの中で，簡単にくふうできるものを考えて作ってみる (時数・12)	

(3) 研　究　課　題

① 改訂した指導計画が実際指導にうまく生かされるかどうか，指導計画を再改訂していく資料を作る。

② 家族関係の学習内容がかなり高度なところをねらっているのではないか。

③ ここで取り上げた題材では，家族関係や生活管理のロジカルな面が，学習活動の全面に出ていて，技能的な面が下の層にはいってしまっている。したがって，技能的な面をいっせいに全児童（クラス）に指導することができない。

④ 家庭科教育の基盤になるものは，家族間における人間関係（家族関係）についての指導ではないだろうか。したがって，家庭生活についてのもろもろの知識や技能を身につけることも，あるいは，家庭生活を改善していく実践的な態度を養うことも，人間関係の問題と結びつけて指導していかなければ，家庭科本来の目的は達成されないのではなかろうか。

VI 施　設・設　備

指導計画の作成に伴い，指導を充実していくため，施設，設備の拡充も，教育委員会やＰＴＡの援助を得て２か年間で次のように整えられ，31年度，実験学校を引き受けた当初に比べ，毎日の指導も能率的になってきたことは児童のために喜ばしいことである。

1. 図画工作室の一部を改修した家庭科室

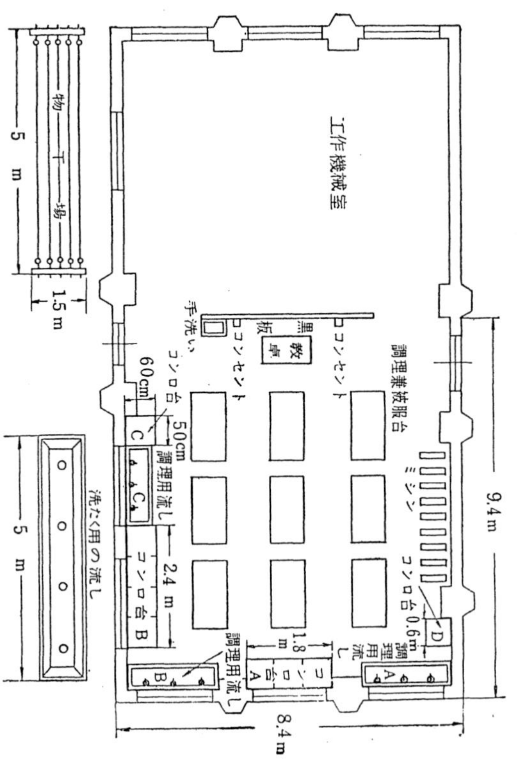

2. 研究中に整えられた備品

年月	品名	指導分野	数量	単価	価格
				円	円
31. 4	ミシン（シンガー）	被服	9	—	—
〃	家庭生活掛図		上下各 1	1,500	3,000
31. 7	洗たく用器（洗面器大）	被服	8	寄贈	—
〃	洗たく板	〃	8	〃	—
〃	ほし綱	〃	5	100	500
31. 11	ミシン用いす	〃	9	350	3,150
〃	ミシンおおい	〃	9	180	1,620
〃	油さし	〃	1	150	150
〃	油	〃	1	100	100
〃	やっとこ	〃	1	400	400
32. 9	ほうちょう	食物	8	130	1,040
〃	〃（ステンレス）	〃	8	270	2,160
〃	まな板	〃	16	250	4,000
32. 10	文化なべ	〃	8	740	5,920
〃	フライパン	〃	8	170	1,360
〃	洗いおけ	〃	8	190	1,520
〃	玉じゃくし	〃	8	40	320
〃	かえし	〃	8	40	320
〃	ごはん，しゃもじ	〃	8	10	80
〃	ビニールあげざる	〃	8	130	1,040
〃	計量スプーン	〃	8	60	480
〃	計量カップ	〃	8	35	280
〃	さいばし	〃	8	10	80
33. 3	アイロン	被服	8	800	6,400
〃	アイロン台	〃	8	170	1,360
〃	きりふき	〃	8	100	800
〃	茶わん	食物	60	20	1,200
〃	しるわん	〃	60	20	1,200
〃	さら（中）	〃	60	20	1,200
〃	茶わんセット	家族	1	500	500

年月	品名	指導分野	数量	単価	価格
33. 3	紅茶茶わんセット	家族 食物	1	500	500
〃	スプーン	〃	6	20	120
〃	台ばかり	食物	4	900	3,600
〃	洗たくばさみ	被服	10	5	50
〃	裁縫用具セット	〃	2	300	600
〃	たちばさみ	〃	1	500	500
33. 3	家庭科掛図	被服 食物 住居	各 1	2,300	6,900

標本

品名	数量	品名	数量
完成標本（5年）		玉どめ	8
マスク	1	重ねつぎ	8
マスク入れ	1	三つ折り縫い	8
台ふき	5	まつり縫い	8
頭おおい	3	半返し縫い	8
前かけ	2	本返し縫い	8
ナプキン	5	わりはぎ	8
整理箱	5	ふくろ縫い	8
（6 年）		ボタン・スナップつけ	8
まくらカバー	5	基礎あみ標本	
えりカバー	1	長あみ	8
マフラー	2	短あみ	8
縫いぐるみ人形	2	ガーターあみ	8
基礎縫い標本		ごむあみ	8
玉むすび	8		

初等教育研究資料　第XXII集
家庭科実験学校の研究報告
(1)

MEJ　2790

昭和34年11月10日　印刷
昭和34年11月15日　発行
定価100円

著作権所有　文部省
発行者　株式会社 学習研究社
印刷所　信陽堂印刷株式会社
東京都新宿区花園町64番地

発行所　東京都大田区南千束町46番地
株式会社 学習研究社
電話 東京(78) 7161-9 振替 東京 142930

株式会社 学習研究社
定価 100 円

編集復刻版
戦後改革期文部省実験学校資料集成（せんごかいかくきもんぶしょうじっけんがっこうしりょうしゅうせい）
第Ⅱ期　第2回配本（第4巻〜第6巻）

2017年8月10日　第1刷発行
揃定価（本体75、000円＋税）

編・解題者　水原克敏
発行者　小林淳子
発行所　不二出版
東京都文京区向丘1-2-12
TEL 03(3812)4433
印刷所　富士リプロ
製本所　青木製本

乱丁・落丁はお取り替えいたします。

第5巻　ISBN978-4-8350-8048-2
第2回配本（全3冊 分売不可 セットISBN978-4-8350-8046-8）